U0895886

# 南宁统计年鉴

NANNING STATISTICAL YEARBOOK

# 2018

南宁市统计局　编

中国统计出版社
China Statistics Press

**图书在版编目（CIP）数据**

南宁统计年鉴 . 2018 / 南宁市统计局编 . -- 北京：
中国统计出版社，2018.10
ISBN 978-7-5037-8629-7

Ⅰ . ①南…
Ⅱ . ①南…
Ⅲ . ①统计资料 - 南宁 - 2018 - 年鉴
Ⅳ . ① C832.671-54

中国版本图书馆 CIP 数据核字 (2018) 第 201414 号

南宁统计年鉴 -2018

作　　者 / 南宁市统计局
责任编辑 / 陈越月
装帧设计 / 李朝晖　林　洁
出版发行 / 中国统计出版社
地　　址 / 北京市丰台区西三环南路甲 6 号　邮政编码 /100073
电　　话 / 邮购（010）63376909　书店（010）68783171
网　　址 / http://csp.stats.gov.cn
印　　刷 / 广西瑞丰印务有限公司
经　　销 / 新华书店
开　　本 / 890mm × 1240mm　1/16
字　　数 / 1200 千字
印　　张 / 28
版　　别 / 2018 年 10 月第 1 版
版　　次 / 2018 年 10 月第 1 次印刷
定　　价 / 300 元

如有印装差错，由本社发行部调换。

# 《南宁统计年鉴—2018》编辑委员会及编辑人员

## GDP总量（亿元）

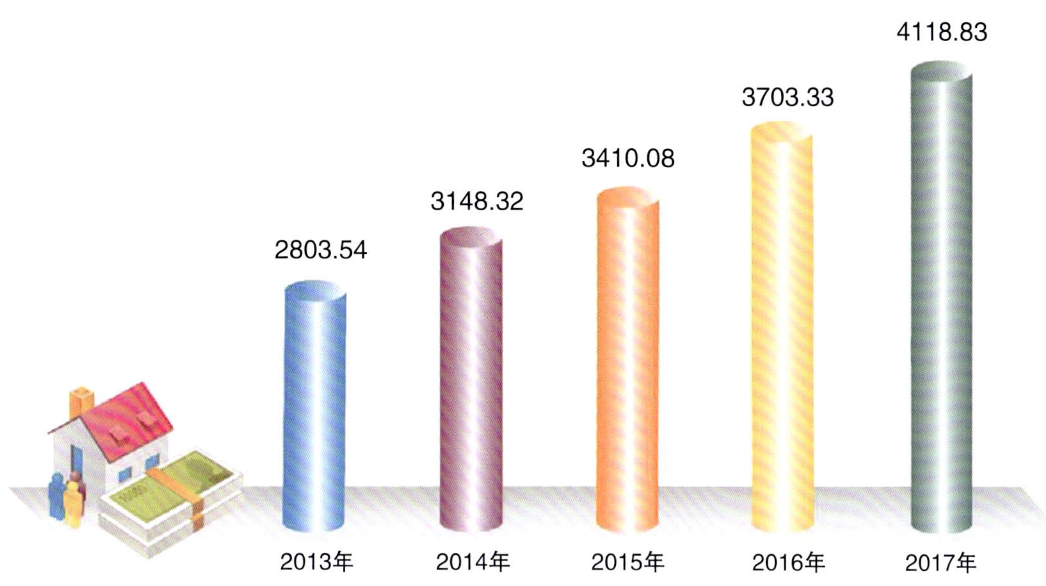


## GDP指数（%）

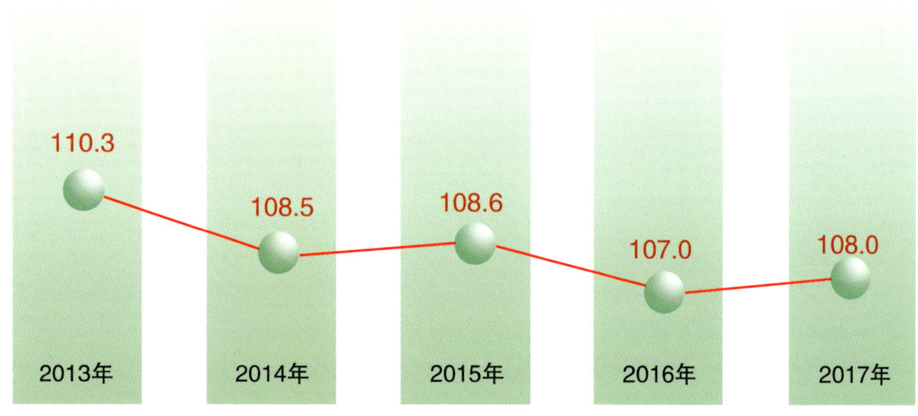

## 三次产业增速（%）

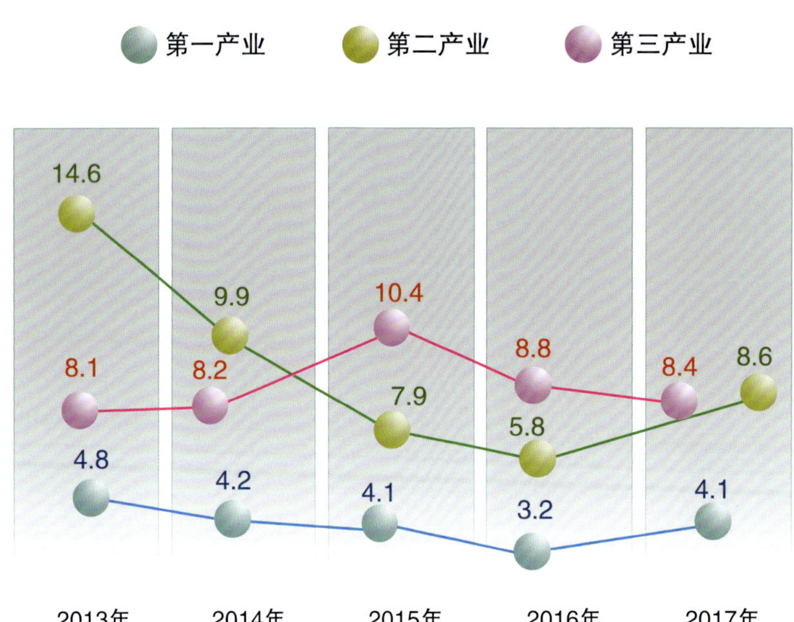


## 三次产业构成（%）

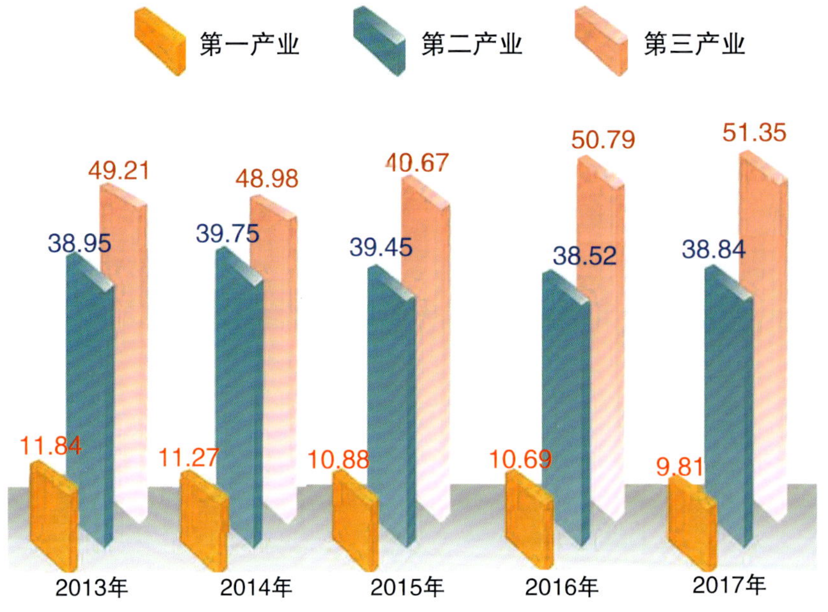

## 财政收入（亿元）

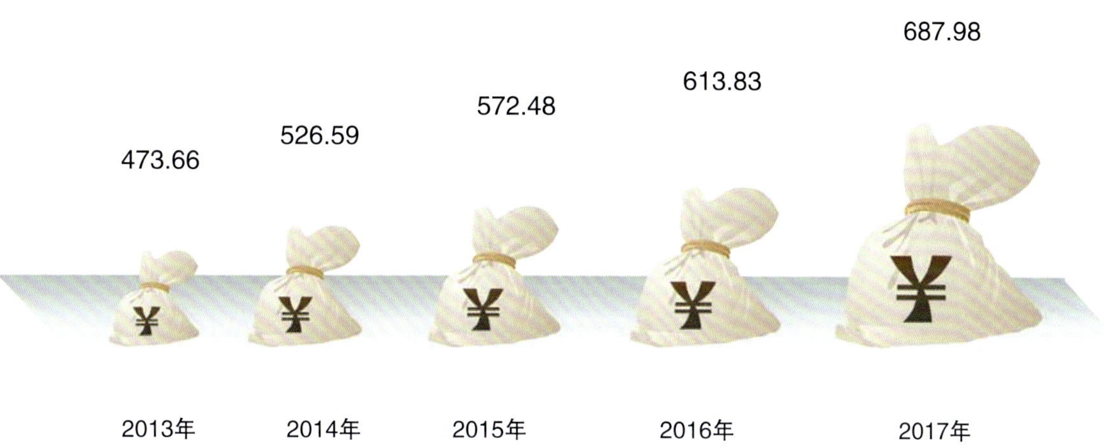


## 金融机构贷款余额（亿元）

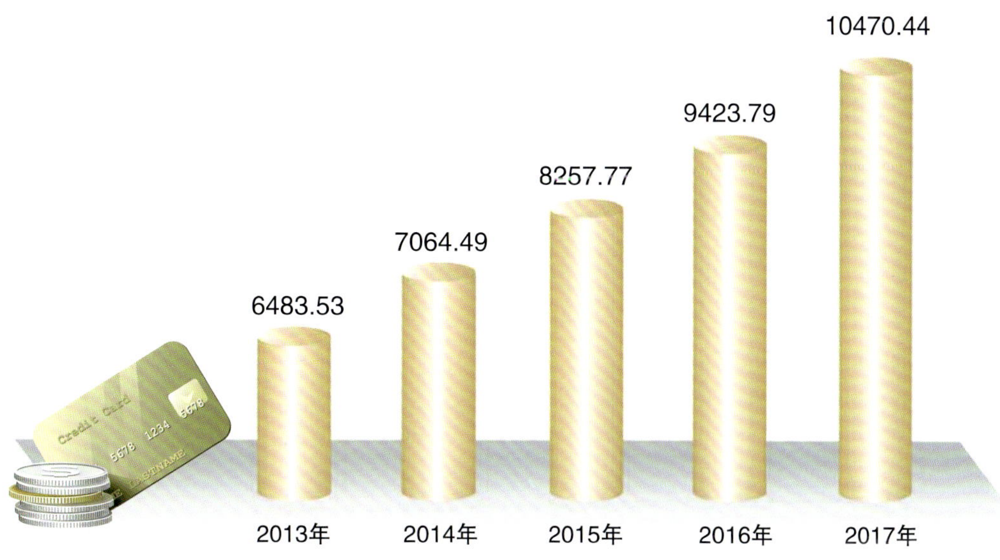

## 城乡居民储蓄存款余额（亿元）

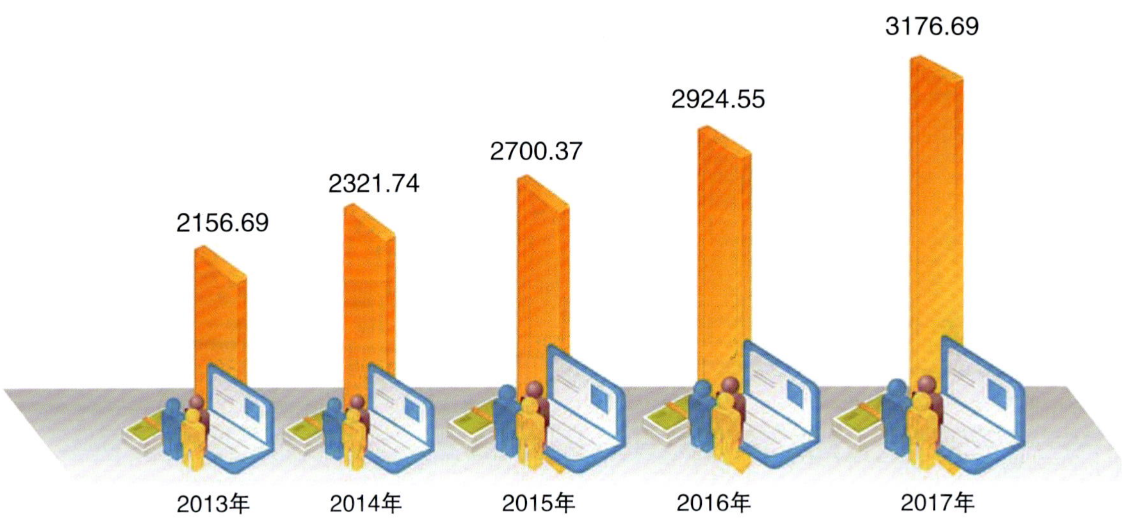


## 农林牧渔业总产值（亿元）

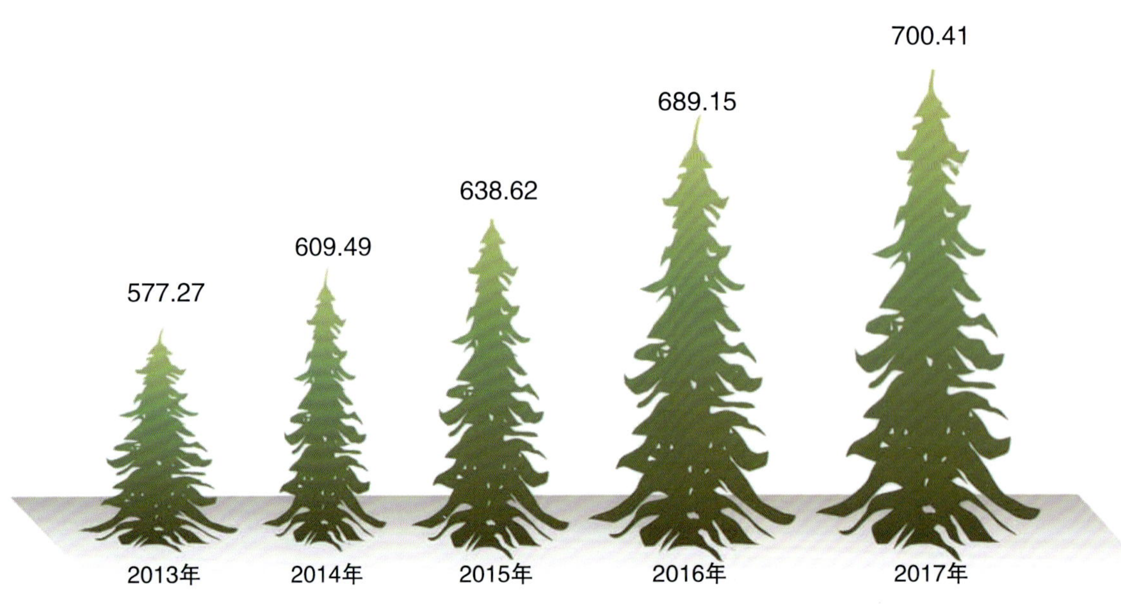

# 农林牧渔业总产值构成（%）

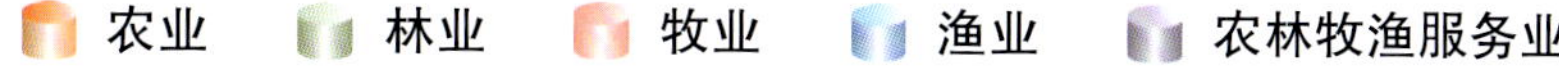


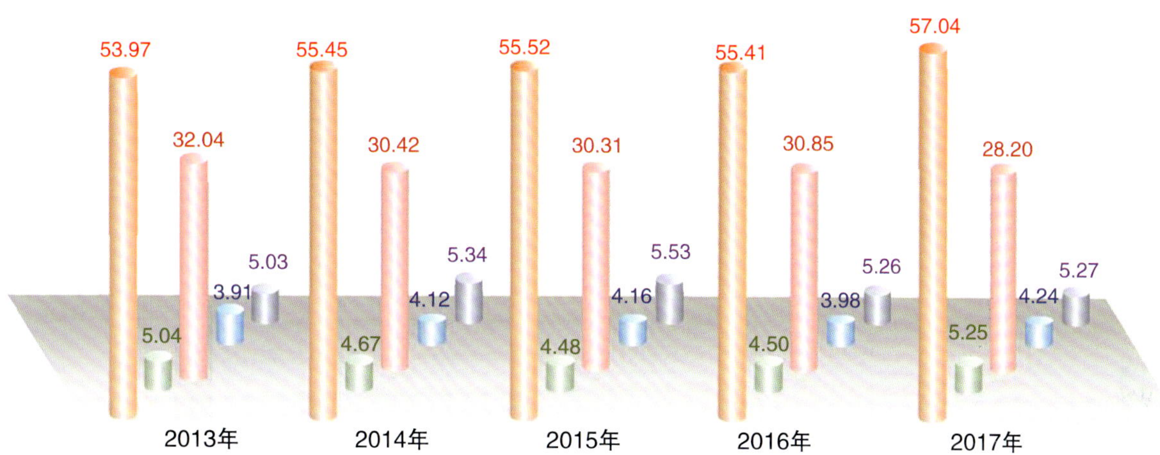


# 全部工业增加值（亿元）

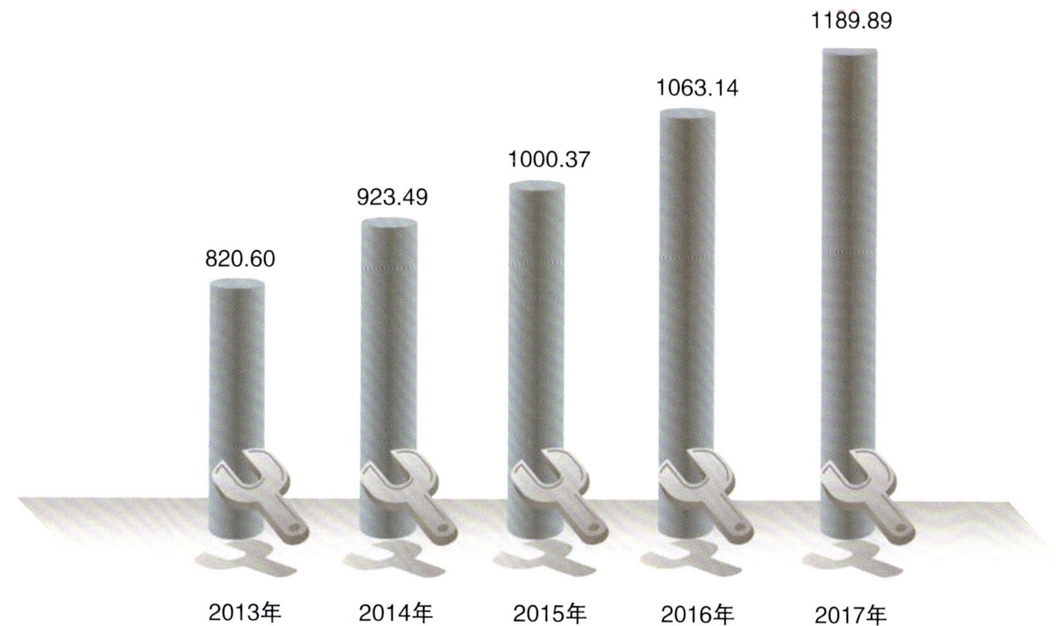

## 全部工业增加值指数（%）

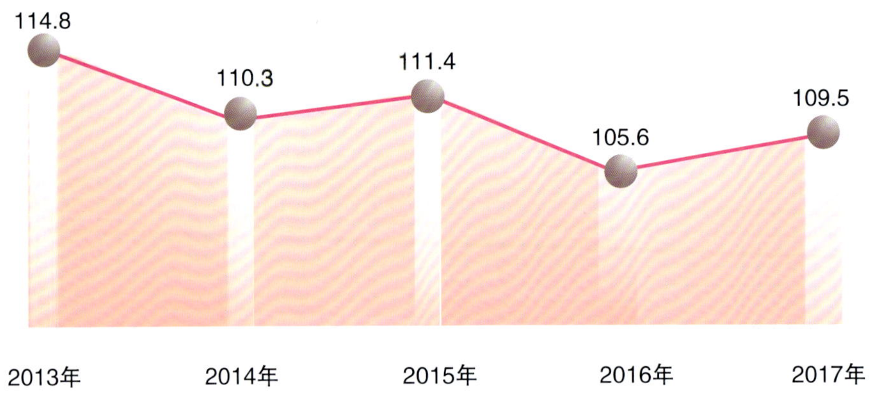


## 固定资产投资总额（亿元）

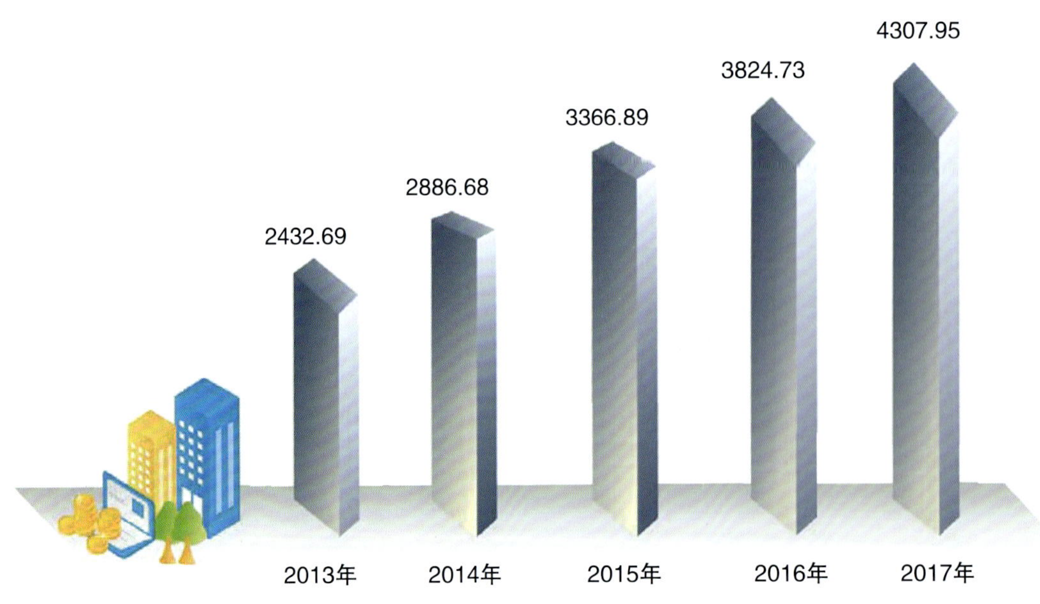

## 固定资产投资总额增速（%）

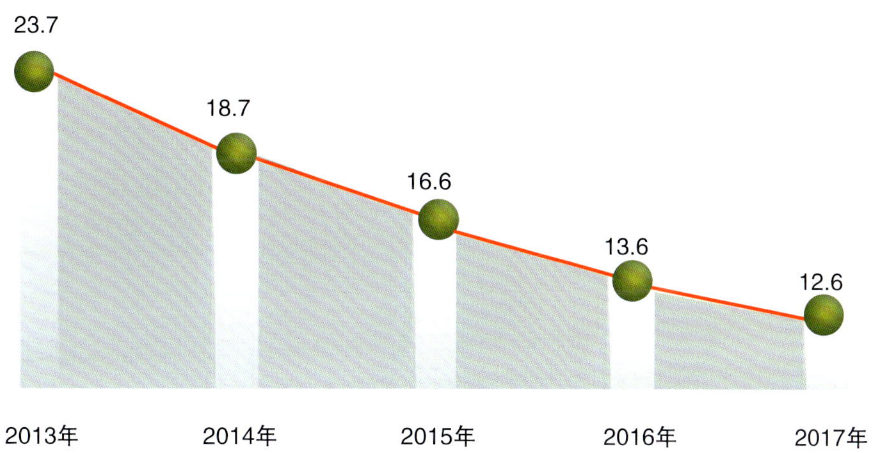


## 社会消费品零售总额（亿元）

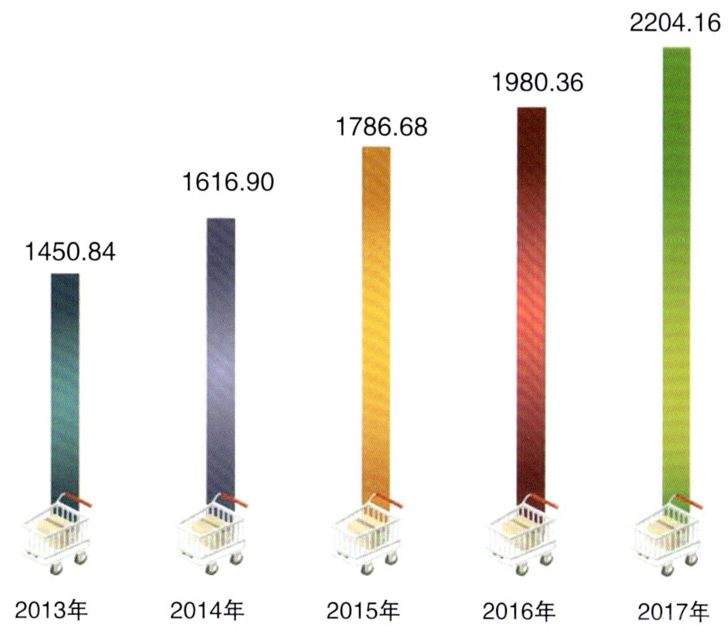

## 进出口总值（亿元）

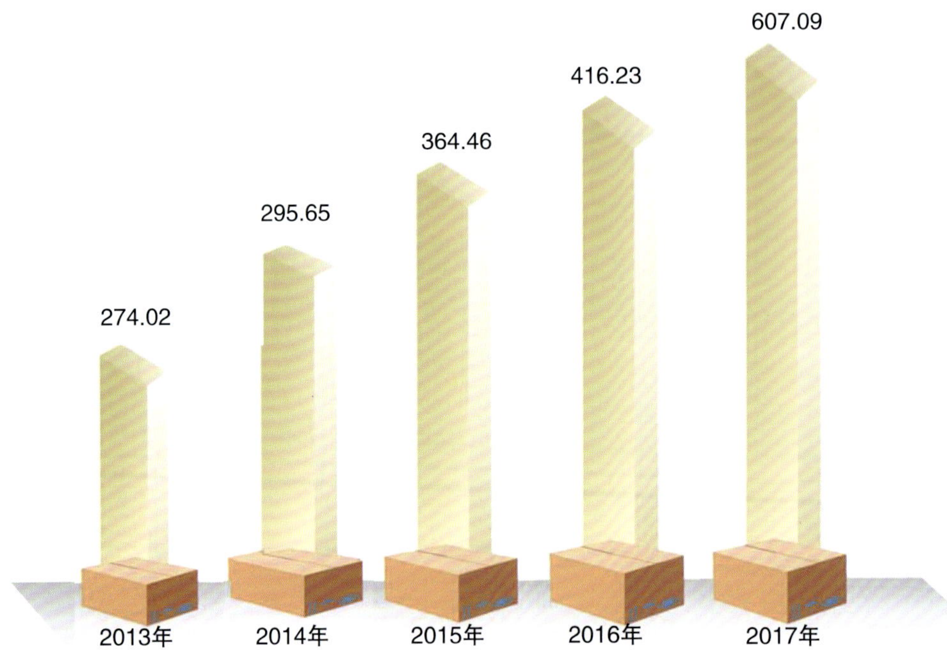


## 外商直接投资(万美元)

## 旅游人数(万人次)

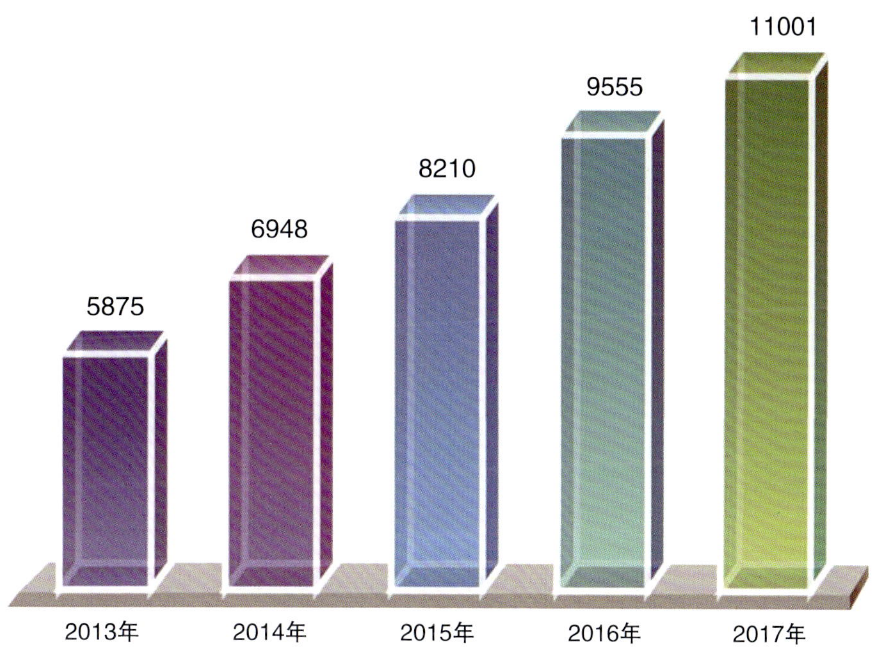


## 入境旅游人数(万人次)

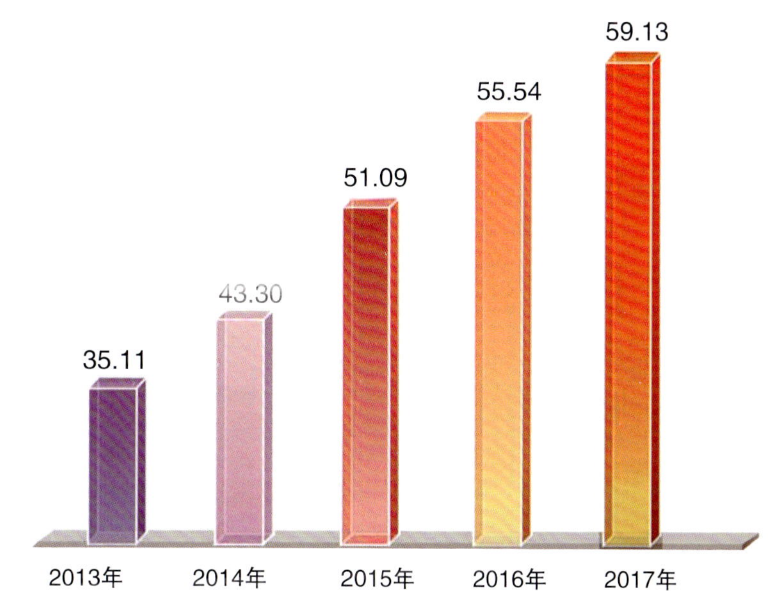

## 旅游收入（亿元）

## 国际旅游收入（万美元）

13700
18400
20498
23233
25996

2013年
2014年
2015年
2016年
2017年

## 年末户籍人口(万人)

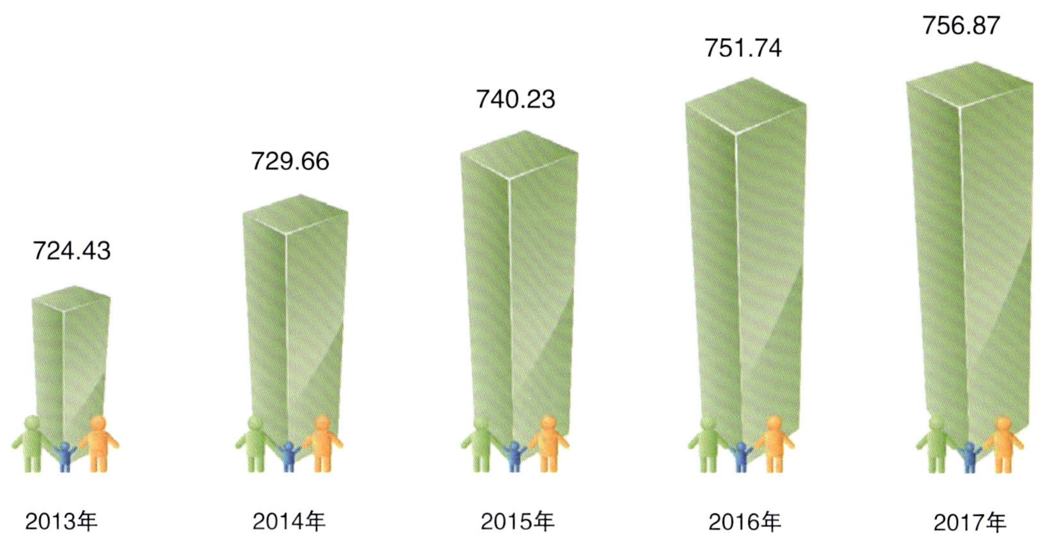


## 居民消费价格指数(%)

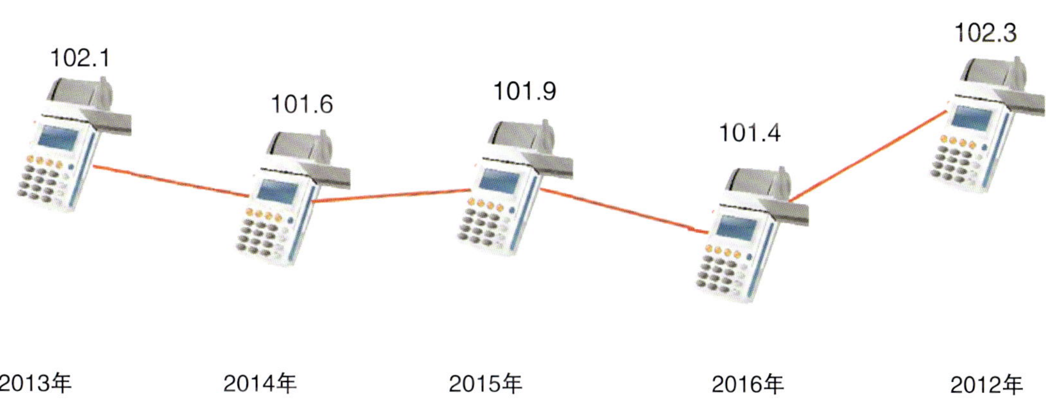

## 粮食总产量（万吨）

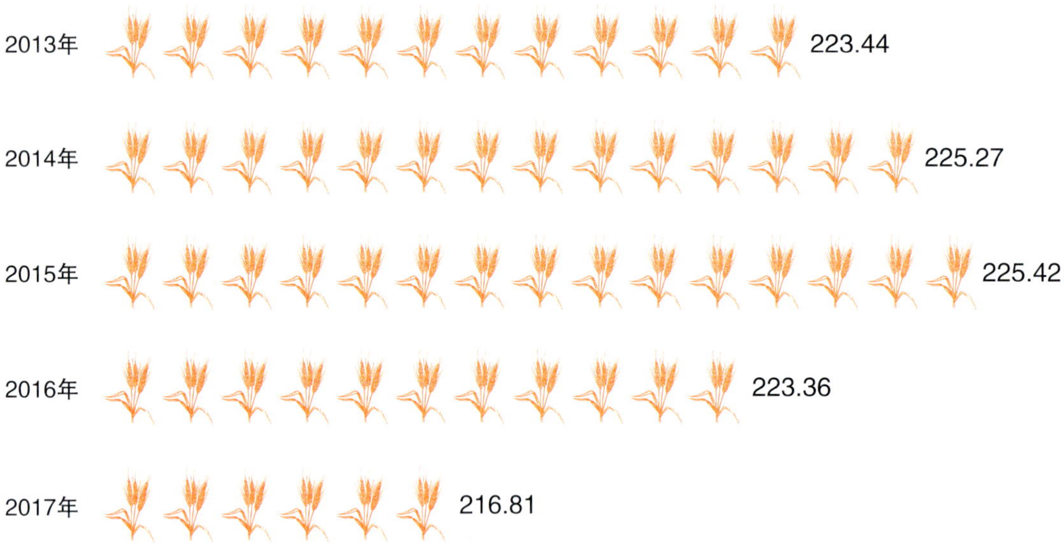


## 甘蔗产量（万吨）

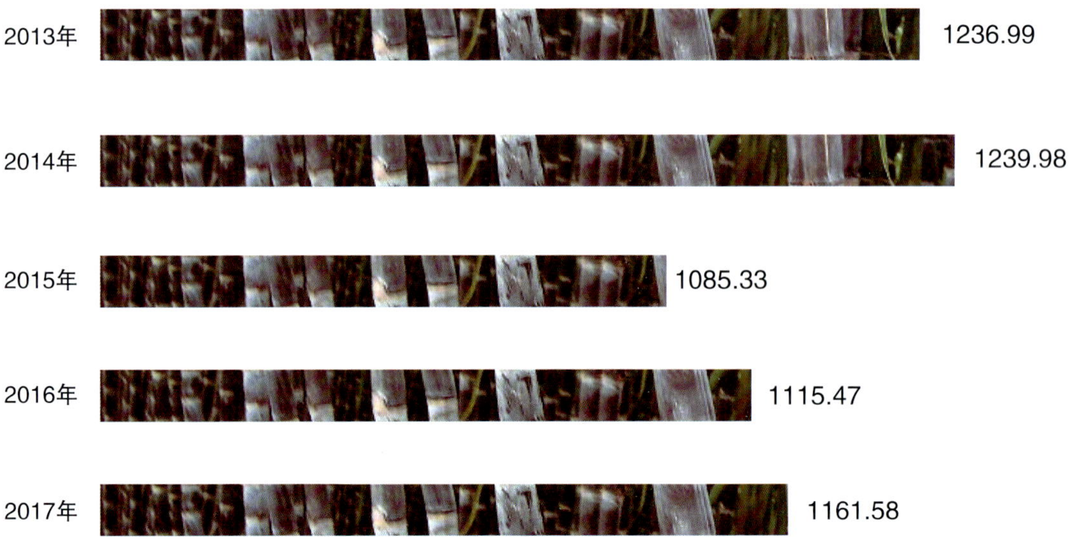

## 水果产量（万吨）

## 蔬菜产量（万吨）

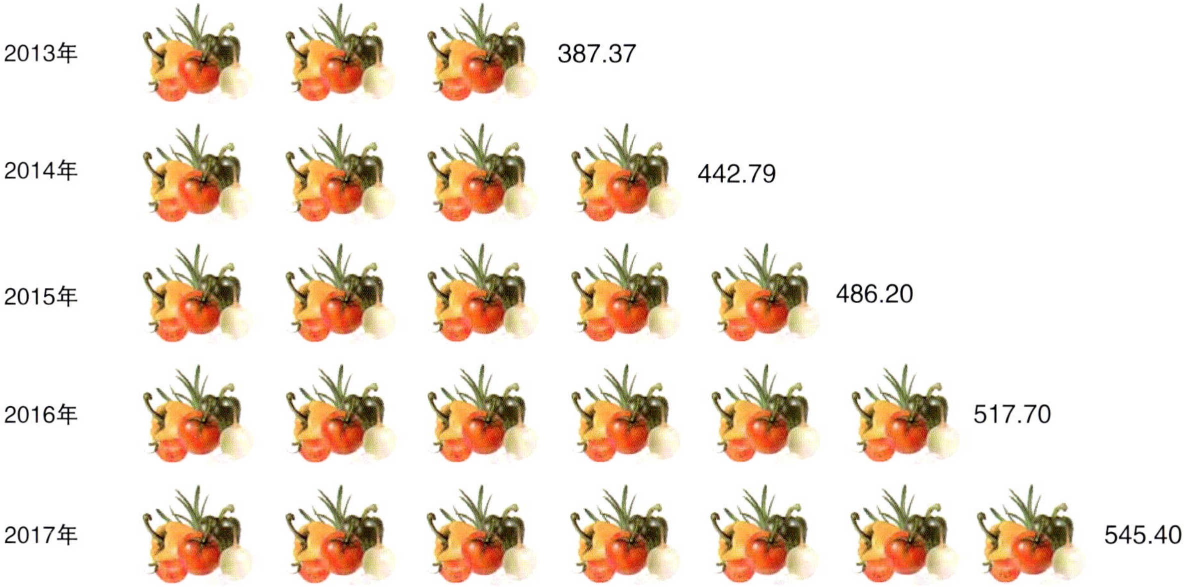

## 人均GDP（元）

## 人均GDP指数（%）

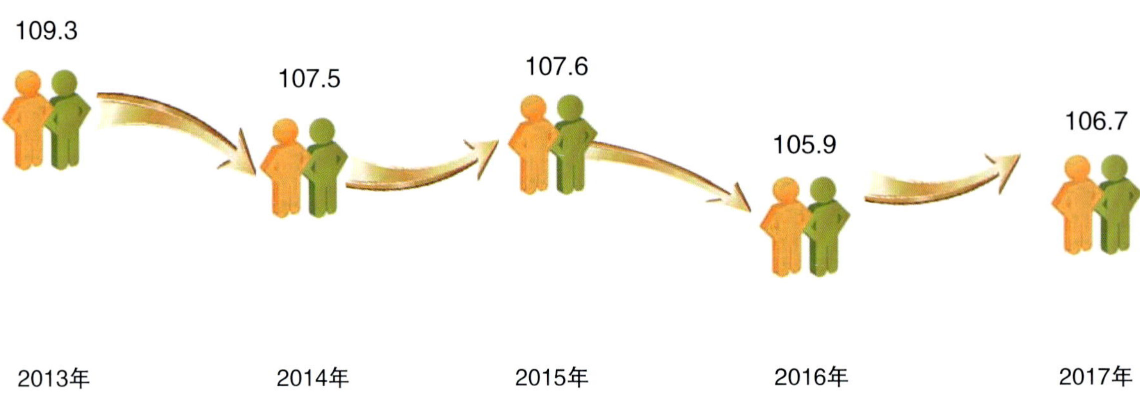

## 人均财政收入（元）

## 在岗职工年平均工资(元)

## 城镇居民人均可支配收入（元）

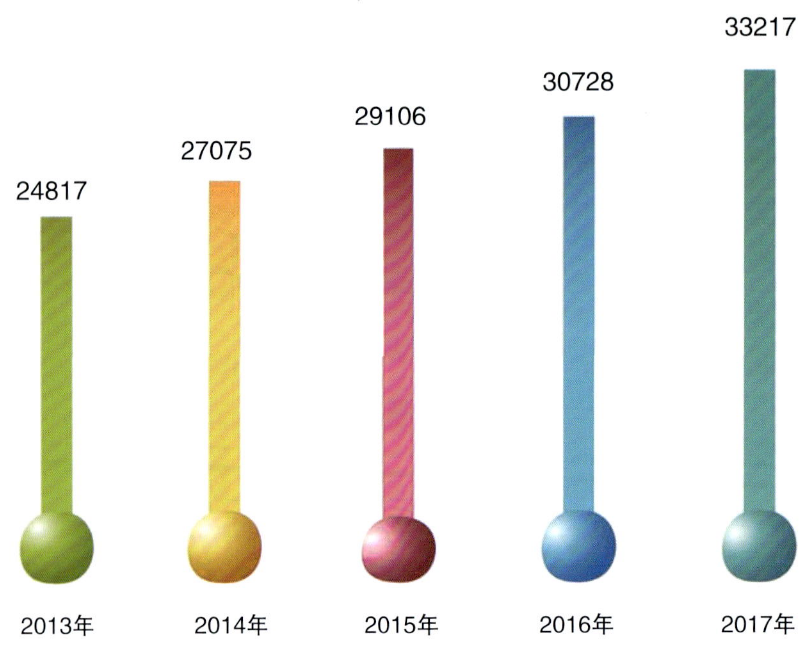


## 农村居民人均可支配收入（元）

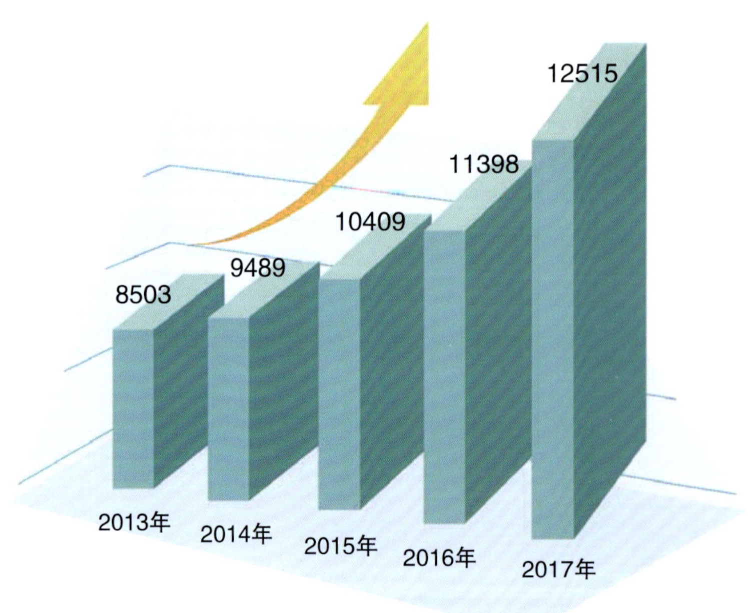

# 编 者 说 明

一、《南宁统计年鉴－2018》是一本经济信息资料性年刊。本书全面系统地汇集了2017年南宁经济数据，以及历史重要年份的主要统计数据，是党政领导和各部门了解市情，进行定性定量分析、预警预测、宏观规划、宏观调控、科学决策的重要依据；是研究机构和各企业事业单位了解社会经济基本情况、进行微观策划的重要依据；也是社会各界了解南宁经济状况的指南。

二、本年鉴内容分两大部分。（一）特辑：包括政府工作报告、统计公报；（二）统计资料：内容分为12个篇目，1.综合；2.国民经济核算；3.人口、劳动力和职工工资；4.农业；5.工业；6.运输、邮电；7.固定资产投资；8.能源购进、消费与库存；9.商业、旅游、物价；10.服务业、行政事业单位；11.财政、金融、保险；12.广西及省会城市主要统计指标。为方便读者使用资料，附有主要统计指标解释。因政府工作报告、统计公报为年初发布，故使用的是初步统计的快报数，如有冲突，以第二部分统计资料的数据为准。

三、本年鉴所采用的广西及各省会城市数据均为年快报数。

四、本年鉴历年全市口径数据中，2000年以后均为现行行政区划的数据，其余年份数据统计口径请注意各页的注脚。

五、本年鉴中符号使用说明：表内“空格”表示该项指标无数据；“…”表示该数据极小，不足计量单位；“#”表示其中的主要项。

六、本年鉴中由于小数位四舍五入，某些指标分项合计数与总计数尾数略有出入。

七、《南宁统计年鉴》公开出版以来，得到广大读者的关心和支持，对此我们深表谢意。限于我们的水平，年鉴中的错误和不足之处，恳请广大读者给予批评指正，同时竭诚欢迎对本年鉴的结构、指标体系提出宝贵意见。

# 目 录

# Contents

## 第一部分 特 辑

## Part I Special Issue



## 第二部分 统计资料

## Part II Statistical Data

### 一、综 合

### Chapter 1 General Survey



### 二、国民经济核算

### Chapter 2 National Accounts

## 三、人口、劳动力和职工工资
Chapter 3 Population, Labor Force And Worker's Salary

## 四、农 业
## Chapter 4 Agriculture

## 五、工 业
## Chapter 5 Industry

## 六、运输、邮电

## Chapter 6 Transport, Postal And Telecommunication



## 七、固定资产投资

## Chapter 7 Investment In Fixed Assets

## 八、能源购进、消费与库存
## Chapter 8 Purchase, Consumption And Stock Of Energy

## 九、商业、旅游、物价

## Chapter 9 Business，Travel, Price

## 十、服务业、行政、事业
Chapter 10　Service Industry，Administration，Public Institution



## 十一、财政、金融、保险
Chapter 11　Government Finance, Banking And Insurance

## 十二、广西及省会城市主要统计指标
Chapter 12 Main Indicators of Guangxi And Provincial Capital Cities

# 第一部分 特辑

PART Ⅰ SPECIAL ISSUE

# 政府工作报告

——2018年1月13日在南宁市第十四届
人民代表大会第三次会议上

市长 周红波

## 一、2017年工作回顾

2017年，是南宁发展历程中极不平凡、砥砺奋进的一年。全市各级各部门认真学习贯彻党的十九大精神，坚持以习近平新时代中国特色社会主义思想为指导，贯彻落实习近平总书记视察广西重要讲话精神，不折不扣落实中央、自治区和市委的决策部署，牢固树立和践行新发展理念，真抓实干，攻坚克难，加快推进“六大升级”工程，经济发展稳中有进、稳中向好，社会保持和谐稳定，全面完成了市十四届人大二次会议确定的主要目标任务。

——经济发展实现新跨越。预计，全市地区生产总值、固定资产投资、全部工业总产值均突破4000亿元，分别增长8%、12%和14%；社会消费品零售总额突破2000亿元，增长11%；财政收入687.98亿元，增长11.95%；农林牧渔业总产值716亿元，增长4%，主要经济指标超额完成全年目标，好于预期，好于全国全区。

——“南宁渠道”影响力持续提升。圆满服务第14届中国—东盟博览会和商务与投资峰会，成功举办环广西公路自行车世界巡回赛（南宁站）、南宁国际马拉松比赛等重大赛事（活动），与东盟及其他“一带一路”沿线国家和地区的经贸、科技、文化等交流合作不断深化。预计，全市外贸进出口总值584.79亿元、增长40.5%，成为全国外贸百强城市；第二轮加工贸易倍增计划实现“开门红”，加工贸易进出口增长47%，总量占全区比重达49%。

——“绿城”品质魅力彰显。轨道交通2号线开通试运营，地铁进入换乘时代。基本完成国家海绵城市建设试点三年任务，那考河流域综合整治项目荣获“中国人居环境奖”范例奖。基本消除建成区黑臭水体。市区空气质量优良率为92.3%，其中优等级的天数创2013年实行环境空气质量新标准以来最高纪录，达191天，“南宁蓝”保持常态。实现全国文明城市“四连冠”。通过国家森林城市复查。跻身中国社科院发布的绿色发展和健康宜居城市全国前十名。在中国生态文明论坛（惠州）年会上获“2017美丽山水城市”称号。

——重点改革富有成效。在全国首创公共资产负债管理智能云平台，对政府公共资产负债的管控和监测进一步加强。市行政审批局规范运行，29个市直部门182项行政许可事项统一由市行政审批局行使，实现“一枚公章管审批”，我市“135审批体制改革路径”获“中国政务服务突出贡献奖”。不动产登记改革举措获国土资源部批示推广。

——法治南宁提上新水平。法治政府建设扎实推进，《中国法治政府评估报告（2017）》综合评价100个主要城市，我市名列第5位、西部城市第1位。

——民生福祉大幅提升。全年财政民生支出500.73亿元、增长14.97%，占一般公共预算支出的77.48%。预计8.37万贫困人口脱贫，101个贫困村摘帽。预计，全市居民人均可支配收入24883元、增长8.8%，居民消费价格指数上涨2.3%。城镇新增就业7.7万人，城镇登记失业率2.63%。

一年来，我们主要做好了以下工作：

**（一）坚持调结构、聚动能，产业转型升级成效显著。**

坚持“二产补短板、三产强优势、一产显特色”，以“稳”为基础，以“进”为目标，着力发展实体经济。预计，工业对经济增长的贡献率达34.5%、同比提高10.8个百分点，三次产业的比例从2016年的10.8:38.5:50.7优化为10:38.9:51.1。

创新动力持续增强。深入实施创新驱动发展战略，突出科技创新对供给侧结构性改革和培育发展新动能的支撑引领作用。预计科技创新对经济增长贡献率达57%。南宁·中关村创新示范基地累计引进行业重点企业33家、入孵创新团队52个、合作高校26所，初步形成智能制造等四个产业微集群，南宁·中关村创新示范基地产业园建设稳步推进。南宁高新区成为广西首个国家双创示范基地。高新技术产业不断壮大，高新技术企业达451家、占全区总量的三分之一，高技术产业产值预计完成760亿元、增长15%，南南铝跨入世界高端铝材加工行业。新建国际科技合作基地15家，南宁学院与科大讯飞合作建设广西首家人工智能学院。新增国家级科技企业孵化器2家、众创空间3个，建成自治区重点实验室4家。实施广西科技成果转化大行动项目76项，中国—以色列科技成果交流转化中心落户南宁。预计全市每万人口发明专利拥有量8.2件、达到全国中等水平。

加快补齐二产短板。深入实施“工业强市”战略，引导各类要素向工业经济聚集发力，工业新动能逐渐形成。预计，全市规模以上工业增加值完成1160亿元，增长10%；电子信息、先进装备制造、生物医药三大重点产业产值增长17%，占全市规模以上工业产值的比重达38.5%、同比提高约1个百分点；三大国家级开发区对全市工业增长贡献率达66%；亿元以上企业达660家、同比增加27家。富士康、源正等龙头企业产能持续释放，申龙客车、瑞声科技等一批项目落地，博世科环保产业园高安基地等23个重点工业产业项目建成投产。市本级工业用地成交面积增长108%，创近四年新高。建筑业加快发展，新增入库建筑企业36家。

服务业升级增效。深入实施金融业、现代物流业、电子商务和信息服务业“三年行动计划”，千方百计优供给促消费。预计第三产业增加值突破2100亿元，增长8.5%。获认定自治区级现代服务业集聚区9家。坚持实施“引金入邕”战略，金融服务实体经济发展能力增强，新增新三板挂牌企业11家，中国进出口银行广西区分行等金融机构开业，村镇银行实现县域全覆盖，预计金融业增加值达450亿元、对经济增长贡献率为10.8%。发展壮大现代物流业，新增3A级以上物流企业5家、总数达17家；预计，快递业务量增长35%，公路、水路客货运周转量分别增长9%、20.5%。加快发展电子商务和信息服务业，五象新区总部基地休闲公园电商小镇建成运营，全国首创建成集国际邮件、跨境电商、国际快件监管于一体的中国邮政东盟跨境电子商务监管中心，预计全市重点企业电子商务交易额2500亿元、增长13.6%，软件和信息技术服务业主营收入130亿元、增长8.3%。举办超万平方米展会45场。万达茂等大型城市综合体开业运营。入围国家中医药健康旅游示范区创建单位，接待旅游总人数突破1亿人次，旅游总消费突破1000亿元。

现代特色农业提质发展。深入推进农业供给侧结构性改革，着力增加绿色优质农产品供给。预计全市完成粮食总产量217万吨，宾阳县获“中国好粮油”行动示范县。糖料蔗恢复性增长，“双高”基地达17.3万亩。全市在建各类特色农业基地112个，其中高标准“菜篮子”基地65个。我市成为全国火龙果和沃柑最大生产地。5个农产品入选全国名特优新农产品目录，新增“三品一标”农产品17个、国家地理标志保护产品1个、国家地理标志商标2个、富硒农产品认证15个，横县茉莉花茶被评为“中国优秀茶叶区域公用品牌”，上林县成功创建国家有机产品认证示范区。新增广西现代特色农业（核心）示范区8个，西乡塘“美丽南方”休闲农业（核心）示范区入选国家农业综合开发田园综合体建设试点项目。大力推进乡村旅游连点成线提质增效，新增广西休闲农业与乡村旅游示范点7个，马山县获评全国休闲农业和乡村旅游示范县。

**（二）坚持优服务、推项目，经济发展后劲明显增强。**

坚持“一线”工作法，强化土地、资金等要素保障，狠抓重大项目建设，发挥投资对稳增长的积极作用。

重大项目顺利推进。按照投资有效益、企业有利润的要求，实行投资项目目录清单管理，加快现代产业、社会民生、基础设施等重点领域重大项目建设。预计亿元以上项目完成投资1181亿元、增长18%。553项区市层面统筹推进重大项目预计完成投资960亿元，拉动投资增长8.5个百分点，南宁牛湾港疏港大道等74个项目竣工。城建计划项目加快推进，预计完成投资476亿元。重大公益性项目扎实推进，广西文化艺术中心、青山大桥、南宁国际会展中心改扩建工程场馆等建成使用。

投资结构持续优化。狠抓工业投资和民间投资两个关键，预计，工业投资完成1075亿元、增长7%，其中电子信息、先进装备制造、生物医药三大重点产业完成投资438亿元、占工业投资的40%；民间投资完成2801亿元、增长14%，占全市投资的64%。基础设施投资、社会事业投资预计分别完成1058亿元、273亿元，增长20%、25%。积极拓宽融资渠道，新落地PPP项目9个，涉及总投资116.23亿元。

营商环境更加便利。做好简政放权的“减法”，取消、调整334项行政审批事项，推行“容缺后补”审批制度；南宁市民中心启用，60个政府职能部门和公共企事业单位共432项政务服务事项集中入驻；137项政务服务事项可通过网上审批大厅办理，实现“零见面、零跑腿”。

做好优化服务的“乘法”，在全区率先开展个体工商户简易注销改革，全面落实“39 证合一”登记制度、企业简易注销、商标注册便利化等改革；设立中小微企业孵化基金，充分发挥“两台一会”中小企业贷款平台作用，有效缓解中小企业融资难问题。做好加强监管的“加法”，扎实推进“双随机一公开”监管改革，搭建公共资源交易市县一体化“1+6”新平台，交易大数据系统在全区率先上线运行。市场经营环境不断改善，市场活力不断激发，新增市场主体 10.98 万户。

**（三）坚持建平台、扩贸易，“南宁渠道”进一步畅通。**

积极融入“一带一路”建设，突出平台支撑、交通支撑、产业支撑，推进“南宁渠道”升级，开放合作水平迈上新台阶。

开放平台支撑有力。积极融入中新互联互通南向通道建设，中新南宁国际物流园启动建设，中欧班列（南宁—河内）集装箱班列开通。中国—东盟信息港南宁核心基地建设扎实推进，广西电子政务外网云计算中心等 10 个项目竣工。南宁综合保税区封关运营，入驻企业 34 家。第十二届中国（南宁）国际园林博览会成功邀请 19 个东盟及“一带一路”沿线国家城市参展。香港特区政府驻广西联络处在邕揭牌成立。

互联互通基础夯实。加快完善公路、铁路、民航、水运立体综合交通网络，贵隆高速公路等项目加快推进，南宁—贵阳高铁、南宁—崇左城际铁路开工建设，南昆铁路南宁至百色段增建二线、黎湛铁路电气化改造项目建成通车。吴圩国际机场旅客年吞吐量达 1391.2 万人次、增长 20.3%。老口航运枢纽发挥效益，邕宁水利枢纽船闸工程蓄水通航。

开放格局持续扩大。大力发展开放型经济，新增进出口实绩企业 181 家，引进加工贸易企业 12 家，培育形成富桂精密等一批出口品牌标杆。坚持以上率下招商，成功签约华润基金、宜家家居等 416 个项目。CEPA 先行先试取得新成效，香港农本方等项目落地。预计，全市实际到位资金突破 800 亿元、增长 14%，其中全口径实际利用外资 9.4 亿美元、增长 22.1%。

**（四）坚持提品质、优环境，生态宜居水平明显提升。**

坚持“治水、建城、为民”的城市工作主线，厚植绿色发展优势，保持南宁青山常在、清水长流、空气常新。

五象新区发展再提速。新区全年在建项目 547 个、新开工项目 136 个（含子项目）、竣工项目 54 个，固定资产投资完成 355 亿元、增长 17.6%。加速产城融合布局，引进广西—东盟地理信息与卫星应用产业园等一批项目，建成南宁现代化建材加工及物流配送中心一期工程等一批项目。加快完善新区基础设施，3 座立交桥、28 条道路建成通车，市国家档案馆（方志馆）等一批公益性项目竣工，十四中五象校区等一批中小学校招生，给排水、电力、燃气等配套项目同步建成。扎实推进国家级绿色生态示范区创建，新区核心区绿色建筑比例达 100%。

打造优美生态环境。持续深化大气污染治理，PM10、PM2.5 浓度分别较上年下降 9.7%、2.8%，市区空气质量综合指数在全国各省会城市（含直辖市）中排名第 6，“南宁蓝”成为市民生态之福。全面推行河长制，建立覆盖市县乡村四级河长组织体系，打好治水“组合拳”。总结那考河整治的成功做法，形成流域治理可复制可推广的南宁经验，南宁水“清”出新典范。全面实施邕江两岸 148 公里岸线综合整治，建成两岸 31 公里景观带，邕江上游引水工程开工。沙江河、心圩江、水塘江等城市内河整治提速。全国水生态文明城市建设试点通过验收。深入推进城市绿化美化彩化，新建自然保护小区 17 个、绿道 34 公里。按国家 5A 级旅游景区标准全面铺开园博园建设，园区面貌勾勒成型。打造环广西公路自行车世界巡回赛（南宁站）沿线景观带，马山“最美赛道”广受好评。推进速生桉林地林种结构调整，改善水源地森林生态环境。横县西津国家级湿地公园试点建设通过验收。万元 GDP 能耗预计下降 4% 以上。全面完成中央环保督察反馈意见整改。

有序推进城市建设。加快新一轮城市总体规划修编，形成南宁城市总体规划（2017—2035 年）基本战略框架。启动总体城市设计，入选全国第二批城市设计试点城市。积极创建公交都市，地铁、快速公交日均客运量分别达 26.6 万、13.5 万人次，市区内公交 500 米覆盖率达 99.5%。拓展加密城市路网，中华—园湖立交、城市东西向快速路东段等重要交通节点项目建成，开展嘉园小区等 4 个片区街区制改造，打通道路微循环，五一路铁路桥段等一批“瓶颈路”“断头路”拓宽或打通。全面开展“城市双修”，不断提升受污染耕地、污染地块安全利用率；完成年度棚户区改造任务，开工建设“三街两巷”核心区（一期），实施老旧居住区综合整治改造 100 个。新建成地下综合管廊 26.13 公里。新建装配式建筑达62万平方米。以BIM等信息技术推动工程质量提升，3个项目同时获中国建筑工程鲁班奖。

科学有效治理城市。城市综合治理常态化，扩大城管综合行政执法范围，实现住房城乡建设领域行政处罚、行政强制权的集中行使。加快智慧城市建设，建成全国首个海绵防涝信息系统——南宁市市区防涝预警监控信息系统。深入开展“美丽南宁·整洁畅通有序大行动”，推进“智慧交通”建设，规范网约车、电动自行车、共享单车等管理，形成城市道路交通管理的南宁经验，“文明行车·礼让斑马线”主题活动获中央媒体点赞。

**（五）坚持强基础、兴产业，县域经济发展迈上新台阶。**

把促进县域经济发展放在更加突出的位置，以城乡一体、产业带动、基础支撑为突破口，推动县域经济稳步发展。

新型城镇化步伐加快。强化规划管理，全市各级土地利用总体规划调整成果获批实施。大力实施大县城战略，加快以县城为中心的重点镇建设，横县校椅镇入选第二批全国特色小镇、六景镇全面启动第三批国家新型城镇化综合试点工作，宾阳县自治区新型城镇化示范县工程持续推进，完成马山县古零镇、西乡塘区金陵镇自治区百镇建设示范工程。深化户籍制度改革，从教育、医疗、社保、就业、住房等方面加快农业转移人口市民化进程。

县域经济实力不断增强。落实主体功能区规划，因地制宜打造“一县一拳头产业”。横县现代农业产业园入选创建第一批国家现代农业产业园，宾阳县入选国家农业综合开发现代农业园，上林县获国家生态文明建设示范县，中国首个攀岩特色体育小镇落户马山县，隆安县金穗生态园获全国休闲农业与乡村旅游示范区“五星级”称号。江南区、青秀区、邕宁区、武鸣区获评2016年度广西科学发展进步县（区）。兴宁区获评2017年度全国投资潜力百强区，青秀区连续两年获评全国“四个百强区”，良庆区被认定为第二批广西可持续发展试验区创建单位。

县域综合承载能力提升。建立健全县域基础设施、公共服务设施能力提升“三年行动计划”项目库，分级分批推进1288个项目实施。以开展“美丽南宁·宜居乡村”活动为抓手，增强服务功能，夯实基础支撑，1383个行政村建成并挂牌村级综合服务中心，硬化350公里非贫困村通屯道路，建成113个行政村光纤网络工程试点项目，新、改建输配电线路1050公里，22个镇级污水处理设施项目通水试运行，完成改厨改厕改圈年度目标任务，农村人居环境明显改善。

**（六）坚持抓改革、破难点，发展活力动力充分释放。**

坚持问题导向，聚焦重点领域和关键环节，坚定不移推进全面深化改革。

“三去一降一补”任务有效落实。化解过剩水泥产能60万吨，全面完成“地条钢”取缔任务，完成77家国有“僵尸企业”职工分流安置。从土地供应、信贷政策等方面加强房地产市场监管，保持市场供需平稳。建立健全政府性债务风险应急处置工作机制，切实防范和化解财政金融风险。全面落实自治区、市降成本各项政策措施，预计全年为企业减负超42亿元。民生短板加快补齐，预计教育领域、卫生和社会工作领域投资分别增长26.9%、49.8%。

重点领域改革统筹推进。承担的26项国家级和28项自治区级改革试点进展顺利，市本级156项年度改革任务基本完成。国资国企改革力度加大，13家企业混合所有制试点稳妥推开。财政改革步伐加快，中期财政规划编制实现市本级预算单位全覆盖，纳入政府购买服务预算管理项目455项、增长19.1%。沿边金融综合改革深入推进，16家驻邕银行机构接入人民币跨境支付系统，跨境人民币结算量超150亿元。持续推进“农金村办”模式，全市“三农金融服务室”覆盖面达69%，武鸣区农村承包土地经营权抵押贷款试点工作成效明显。深化农村综合改革，农村土地承包经营权可颁证率达96.1%。国有林场主体改革基本完成。土地二级市场试点改革有序推进，探索搭律二级市场交易平台。

**（七）坚持惠民生、增福祉，群众获得感不断增强。**

坚持集中力量做好普惠性、基础性、兜底性民生建设，加快推动民生福祉升级，让更多改革发展成果与民共享。

年度脱贫攻坚任务顺利完成。深入推进“七个一批”“七大工程”，筹集安排各级财政专项扶贫资金23.33亿元投入脱贫攻坚。培育和引导149家龙头企业、1239个农民合作社积极参与产业扶贫，带动23万多名贫困人口增收。年度易地扶贫搬迁安置点全部开工建设，累计搬迁入住18258人。317个贫困村村级集体经济收入均达2万元以上。集中研究破解深度贫困问题，落实

61 家企业结对帮扶 56 个深度贫困村，由华润集团对口帮扶隆安县都结乡。扎实推进茂名—南宁扶贫协作。

各项社会事业持续发展。教育事业加快发展。着力解决幼儿“入园难”，建成 18 所公办幼儿园。义务教育均衡发展取得新成效，4 个县区通过国家义务教育均衡发展督导评估认定，学区制管理改革加快推进，集团化办学模式不断拓展，建成并投入使用公办中小学校 18 所。接收进城务工人员随迁子女入学约 14.5 万人。基本普及高中阶段教育，2017 年高考成绩领跑全区。中高职教育与重点产业融合发展取得新成效，南宁职业技术学院入选国家第二批现代学徒制试点院校。南宁教育园区累计签约入驻院校 16 所，其中开工建设 6 所、实现办学招生 1 所。千方百计促进创业就业。扶持创业 1.92 万户，发放创业担保贷款 3220 笔共 2.74 亿元；为高校毕业生等各类群体提供就业岗位超 26 万个。健康南宁建设扎实推进。在全区率先启动实施统一的城乡居民医保制度，实现医疗费用即时结算。在全区首创职工医保“家庭共享”；推进智慧健康信息工程（一期），初步实现 13 家市直属医院化验、检查、档案查阅结果的互认共享。城市公立医院综合改革稳步推进，实现药品“零差价”。上林县医改模式上升为国家推广的医疗共同体改革模式。全面两孩政策顺利实施，荣获“全国创建幸福家庭活动示范市”称号。社会保障水平稳步提升。城乡居民基本养老保险和基本医疗保险参保率分别达 95%、98.95%。企业退休人员基本养老金实现“十三连涨”。城市居民最低生活保障标准提高 20%。新增医养结合机构 12 家，新、改、扩建社区日间照料中心 30 个。基本建成公共租赁住房 2.73 万套，分配入住 2.39 万套。文化和体育事业繁荣发展。持续打造民歌湖大舞台周周演群众性文化活动等特色文化品牌。推动媒体融合发展，精心推出 80 多个主题宣传专栏，举办中国—东盟（南宁）戏剧周等 60 多项大型主题文化活动。深化中国—东盟（南宁）文化、媒体交流合作机制，与 50 多家境内外文化传媒机构达成实质性合作。大型方言话剧《水街》等 4 部作品入选广西第 14 届精神文明建设“五个一工程”。广泛开展全民健身活动，举办市、县级全民健身赛事活动 500 多项，成功申办 2019 年苏迪曼杯世界羽毛球混合团体锦标赛。

推动社会治理创新。深入推进平安南宁建设，积极构建“七位一体”立体化社会治安防控体系，牢牢守住“不打响、不炸响”的反恐维稳工作底线，“智慧警务”积极推进，严厉打击网上虚假信息诈骗等违法犯罪行为，应急管理机制不断完善，人民群众安全感满意度进一步提升。落实市四家班子领导包案制，突出矛盾纠纷问题有效化解。隆安县获评全国平安建设先进县。村（社区）“两委”换届选举工作全面完成。守信联合激励和失信联合惩戒大格局加快构建。健全落实安全生产“党政同责、一岗双责、齐抓共管、失职追责”责任体系，全年无重特大生产安全事故发生。全面实施食品安全战略，落实“四个最严”“四有两责”要求，食品药品安全形势总体稳定，横县获评“国家级出口食品农产品质量安全示范区”。

一批惠民实事顺利实施。基本完成自治区级和市本级为民办实事工程共 71 个子项。

**（八）坚持提效能、转作风，政府自身建设呈现新气象。**

坚持依法行政、从严治政、廉洁勤政，政府自身建设不断加强。法治政府建设加快。提请市人大常委会审议地方性法规草案 4 件，出台政府规章 3 件、规范性文件 40 件，组织清理政府规章和规范性文件近 5000 件，废止规章 4 件、修改 2 件，宣布失效文件 3700 余件、决定修改 13 件。公共法律服务体系加快建设，“七五”普法深入推进。科学决策水平不断提升。认真执行市人大及其常委会的决议、决定，依法接受市人大及其常委会的法律监督和工作监督，主动接受人民政协的民主监督和社会舆论监督，共办理自治区和市级人大代表议案建议 220 件、政协提案 388 件，办结率 100%。进一步密切与各民主党派、工商联、无党派人士、人民团体和社会各界人士的联系。落实重大决策社会稳定风险评估机制，完成“南宁市主体功能区规划”等重大行政决策后评估。加强政府智库建设，聘任政府参事 6 名、第二届专家咨询委员会知名专家 55 名。作风建设持续加强。严守党纪党规，严格落实中央八项规定精神和国务院“约法三章”，深入推进“两学一做”学习教育常态化制度化，驰而不息纠正“四风”，“三公”经费同比下降 12.12%。政务公开透明度在全国 49 个较大城市中位列第 10。我市连续 7 年被评为人民网网友留言办理工作先进单位。举办电视问政节目 10 期、53 个问题完成整改。强化对扶贫等重点领域、关键岗位的审计和监督执纪问责，严查发生在群众身边的腐败问题，促进政府系统廉洁行政。

支持国防和军队改革，巩固军政军民团结。此外，保密、台湾事务、档案、民族宗教、统计、侨务、人防、地震、机关事务管理、地方志、水库移民、供销、双拥、出版、消防、海关、海事、检验检疫、税务、调查、测绘、气象、水文、文史、哲学和社会科学等工作扎实推进，妇女、儿童、老年人、残疾人等事业健康发展。

各位代表，过去一年的成绩来之不易。这是中央、自治区和市委正确领导的结果，也是全市各族人民同心同德、顽强拼搏的结果。在此，我代表市人民政府，向全市各族人民，向人大代表、政协委员，向各民主党派、工商联、无党派人士、各人民团体和社会各界人士，向驻邕人民解放军、武警部队官兵，向所有关心支持南宁建设发展的港澳台同胞、海外侨胞及国际友人，表示衷心的感谢并致以崇高的敬意！

各位代表，在看到成绩的同时，我们也清醒地认识到发展中的困难和问题：经济发展稳的基础还不够牢固，进的动能还不够强劲，补齐民生短板和脱贫攻坚任务还比较艰巨，政府系统少数干部担当意识还不够强，等等。我们将正视问题，切实采取措施加以解决。

## 二、2018年工作安排

2018年是贯彻党的十九大精神的开局之年，是改革开放40周年，是决胜全面建成小康社会、实施“十三五”规划承上启下的关键一年，是自治区成立60周年，做好今年各项工作，具有特殊的意义。我们必须凝心聚力、砥砺奋进，勇于担当、善做善成，奋力推动首府经济社会向更高质量发展。

今年政府工作的总体要求是：全面贯彻党的十九大精神，以习近平新时代中国特色社会主义思想为指导，深入贯彻落实中央、自治区经济工作会议以及市委十二届四次、五次全会的决策部署，坚持稳中求进工作总基调，坚持新发展理念，紧扣我国社会主要矛盾变化，按照高质量发展的要求，统筹推进“五位一体”总体布局和协调推进“四个全面”战略布局，坚持以供给侧结构性改革为主线，统筹推进稳增长、促改革、调结构、惠民生、防风险各项工作，大力推进改革开放，落实国家宏观调控政策，推动质量变革、效率变革、动力变革，坚决打好防范化解重大风险、精准脱贫、污染防治三大攻坚战，持续推进“六大升级”工程，促进经济社会持续健康发展，为加快建设“四个城市”，勇当广西持续营造“三大生态”、加快实现“两个建成”的排头兵，奋力谱写新时代南宁发展新篇章奠定坚实基础。

今年全市发展的主要预期目标是：地区生产总值增长7.5%，财政收入增长7%，固定资产投资增长10.5%，规模以上工业增加值增长8.5%，社会消费品零售总额增长10%，外贸进出口总值增长10%，全市居民人均可支配收入增长9%，居民消费价格指数上涨幅度控制在3.5%以内，城镇登记失业率控制在4%以内，城镇新增就业6.5万人，节能减排降碳控制在自治区下达目标内。

围绕上述目标，我们要着力做好以下八个方面工作：

**（一）做大做强实体经济，持续推进产业转型升级。**

坚持质量第一、效益优先，持续按照“二产补短板、三产强优势、一产显特色”的思路，以供给侧结构性改革为主线，把提高供给体系质量作为主攻方向，促进经济高质量发展。

推动工业提质发展。坚持“工业强市”战略不动摇，以三大重点产业为着力点、工业园区为依托、重点企业为龙头、项目建设为抓手，拉长拓宽延伸产业链，加快打造千亿元产业集群。推动制造业的“进”。发展实体经济，重点在制造业、难点也在制造业。立足我市工业发展实际，集中发力以电子信息、先进装备制造、生物医药为代表的先进制造业，不断提高三大重点产业产值占全市规模以上工业产值的比重。电子信息产业方面。打造以富士康、瑞声科技为龙头的电子信息产业集群，继续在高新区、江南工业园等园区大力引进上下游产业和相关配套产业。在经开区建设新一代信息技术产业发展载体，培育发展微电子产业。大力发展中高端电子信息产品制造，推动大数据、云计算、物联网、人工智能等智慧产业集聚发展，加快广西北斗综合位置服务平台建设，争取南宁北斗信息产业园等项目投入运营。力争电子信息产业产值突破600亿元。先进装备制造产业方面。推动申龙客车、白马环卫车、同捷新能源汽车等项目开工建设，扶持玉柴专汽扩大新能源物流车规模，打造以源正为龙头的新能源汽车产业集群。推进南南电子汽车新材料精深加工等项目建设，发展航空、轨道交通、汽车、IT等领域的高端铝材，打造以南南铝为龙头的新材料产业集群。支持中车精密、中铁广发公司发展壮大，打造以中车为龙头的轨道交通装备产业集群。力争先进装备制造产业产值突破900亿元。生物医药产业方面。着力引进一批国内外知名生物医药及相关配套产业企业，加快广西医疗器械检测中心及培力药业异地扩能等项目建设，重点推进葫芦娃、医大仙晟、鸿博原生药业等一批项目通过生产行政许可并试产，打造以柳药、海王、培力等为重点的生物医药产业集群。力争生物医药产业完成产值 180 亿元。推动传统产业的“转”。传统产业是我市工业的家底和支柱。实施传统优势产业“二次创业”，研究出台振兴传统产业的政策措施，鼓励引入新技术、新管理、新模式，鼓励使用地方名特优产品，促进越来越多的传统产业在转型升级中“凤凰涅槃”。支持化工、建材、造纸和木材加工等企业改造提升，推进食品、轻纺等消费品工业增品种、提品质、创品牌，力争食品加工产业产值率先突破 1000 亿元。实施绿色制造工程，深入推进高新区国家低碳试点园区建设，加快经开区、东盟经开区循环化改造。加快对新兴产业的“育”。积极培育发展以高端铝材、石墨烯等为重点的战略性新兴产业，加快南宁科天水性科技产业园和牛湾港、六景、伶俐装配式建筑产业基地等项目建设，培育工业发展新动能。加大对工业经济的“扶”。着力解决国家级开发区空间拓展问题，以飞地园区的方式与县区工业园区开展合作共建，力争高新区、经开区规模以上工业增加值增长 15% 以上，东盟经开区规模以上工业增加值增长 18% 以上。加大工业用地供给，全面开展工业闲置用地清理工作，提高工业用地效益。发挥人力资本作用，注重激发和保护企业家精神，培育富于创新和敢闯敢为的企业家；大力弘扬劳模精神和工匠精神，继续推进农民工职业技能提升培训计划，加快建设知识型、技能型、创新型劳动者大军。

提升服务业发展水平。以加快现代服务业集聚区建设为抓手，建立服务业发展分类考核机制，发展壮大三大重点服务业产业，促进服务与制造协同发展。推动金融业持续健康发展。大力实施“引金入邕”“引资入邕”，积极推动在 CEPA 项下组建合资证券公司，推动渤海银行等金融机构在邕设立分支机构，推进平安银行南宁分行、国富人寿保险公司开业运营，力争中银香港在邕设立东盟后台服务中心。加强政金企沟通合作，引导金融加大服务实体经济力度。积极发挥财政金融的协同作用，争取更多金融资源倾斜。加大政策性保险力度，持续推进政策性农业保险和科技保险试点。加快发展现代物流业。优化物流通道，发展“公铁”“水铁”“陆空”等多式联运；加快建设物流集聚区，重点抓好中新南宁国际物流园、中国—东盟国际物流基地、空港物流园、牛湾物流园等建设；鼓励大型（零售）企业自建现代物流，加快推进传统物流业由单纯仓储货运向全物流产业链升级，加快建设连接东盟的重要物流节点城市。大力发展电子商务和信息服务业。深入推进“电商南宁”工程，实施电子商务提升工程，引导传统商贸企业转型升级，培育壮大本地电子商务龙头企业，加快高新区国家电子商务示范基地、中国—东盟（南宁）跨境电子商务产业园等项目建设，完善和拓展跨境电子商务业务；大力发展农村电商，推进宾阳县、横县、上林县全国电商进农村试点县工作，加快建设辐射东盟的电子商务中心城市。推进研祥智谷（二、三期）建设，加快供应链集成服务基地等建设，发展壮大信息服务业。大力发展旅游业。持续推进国家全域旅游示范区及国家中医药健康旅游示范区创建，重点推进百里秀美邕江、环首府生态旅游圈、环大明山生态旅游圈、南宁东盟文化博览园等项目建设，开展南宁市国际文化旅游休闲集聚区等项目前期工作。加快建设区域性国际消费中心城市。积极培育消费热点，大力发展品质消费、服务消费、绿色消费，加快发展轨道交通经济，增强消费对经济发展的基础性作用。统筹推进科技研发、咨询设计等现代服务业，支持发展分享经济、数字经济、创意经济等，持续推进青秀区楼宇经济示范区建设。

大力发展现代特色农业。把增加绿色优质农产品供给放在突出位置。严格落实粮食安全行政首长责任制，确保粮食总产量稳定在 214 万吨以上。严格落实耕地保护和占补平衡政策，推进农村土地综合整治，提高耕地质量。深入实施现代特色农业产业“10+3”提升行动，建设 80 个标准化、规模化种养殖基地，扩大富硒农业产业规模，延伸茉莉花产业链，做优香蕉、火龙果、晚熟杂交柑橘、优质大米等优势产业，推进生猪、渔业转型升级，加快肉牛羊产业发展，大力发展林下经济，培育一批农产品加工特色小镇，打造一批“邕系”农产品知名品牌。强化农业科技服务，推进有机肥替代化肥，开展优势水果病虫害统防统治，推进马山全国气象为农服务示范县建设。深化“产村互动、农旅融合”建设模式，务实推进现代特色农业示范区建设增点扩面提质升级，补齐示范区在种业、深加工、冷链物流和销售平台建设等方面的短板，升级打造一批县、市、自治区、国家级示范区。积极开展“三区三园一体”创建，争创更多的国家级、自治区级产业示范园区，重点加快横县国家现代农业产业园和全国糖料蔗生产保护区建设，加快推进西乡塘“美丽南方”国家农业综合开发田园综合体建设试点。持续推进休闲农业与乡村旅游发展，全力加快30个休闲农业示范区建设。

**（二）坚持创新驱动发展，培育经济新动能。**

坚持把创新作为第一动力，着力建平台、育主体、优生态，让适宜的种子在适宜的环境中开花结果。

加快建设创新平台。持续深化南宁·中关村创新示范基地建设，继续培育和引进一批科技领军企业，加快建设南宁·中关村创新示范基地产业园，进一步发挥基地示范引领和辐射带动作用。创建国家自主创新示范区，完善创业孵化链条，新建创业孵化载体4个以上，新增入孵企业和团队50个。加快推进高层次产学研合作，与高校院所共建院士工作站、科技企业孵化器等创新创业平台8个以上。加强国际科技合作基地建设，支持企业与越南、柬埔寨等东盟国家共建研发平台和技术转移中心。培育和提升南南铝加工研究院、富士康东盟硅谷科技园等创新平台，加快高新区生物工程技术中心等公共技术服务平台建设，提升工程技术研究中心20家、国际技术转移中心4个，力争新增市级以上企业技术中心、研发中心8家。

大力培育创新主体。鼓励技术创新和管理创新、商业模式创新融合，推动企业成为研究开发投入、技术创新活动和创新成果应用的主体。实施高新技术企业倍增计划和“瞪羚企业”培育计划，力争新增高新技术企业70家。推动科技型中小企业创新，通过科技创新券、科技信贷风险资金池、科技保险等扶持政策，支持科技型中小企业自主研发或技术引进。深入实施发明专利双倍增计划，争创国家知识产权示范城市，健全打击侵犯知识产权长效机制，强化知识产权创造、保护、运用。

持续优化创新生态。加快提高全社会研究与试验发展经费支出占全市地区生产总值的比重。深化科技体制改革，探索开展第三方专业机构管理科技项目试点。出台提升自主创新能力若干政策，加大对创新平台、人才和创业孵化的支持力度。实施重大科技专项10项、广西科技成果转化大行动项目76项。创建和提升6个自治区级农业科技示范园和10个农业科技扶贫示范基地。

**（三）发挥投资对优化供给侧结构的关键性作用，积极扩大有效投资。**

继续保持适当的投资强度，紧盯重点领域重大项目建设不放松，不断增强发展后劲。

促进有效投资特别是民间投资合理增长。积极谋划、储备、推进一批重大项目，完善领导联系重大项目、服务重点企业制度，建立健全市直部门服务、支持园区重大项目、重点企业工作机制，按照“四定”要求，全力推进区市层面统筹推进重大项目建设，争取完成投资750亿元以上。推动产业项目攻坚，重点推进农业、工业、服务业、建筑业投资额排名前30位的重大项目。推动民生项目攻坚，保持教育、卫生、扶贫、生态环保等社会民生领域投资增长不减。推动基础设施项目攻坚，加大城建计划项目投资力度，加快完善工业园区基础设施，着力抓好连接园区、县区的重点道路建设。激活民间投资，实施投资工程包，通过“捆绑打包”等方式加强政府和社会资本合作，强化项目策划包装和前期工作，推动PPP项目落地并规范实施。

全力推进重大公益性项目建设。按照“保进度、保质量、保安全”的要求，强化精品意识，全力服务好自治区统筹推进的迎接自治区成立60周年公益性项目建设，早日建成南宁国际会展中心改扩建工程、广西国际壮医医院等项目；如期竣工凤岭综合客运枢纽、城市东西向快速路、沙江河环境综合整治、南宁图书馆（新馆）、市儿童医院、南宁国际旅游中心（一期）等项目，“三街两巷”核心区（一期）开街运营，着力打造一批具有广西特色和时代风貌、获得广泛认可的民心工程，让首府南宁以崭新的城市面貌迎接自治区60周年大庆。

狠抓重大交通基础设施项目建设。积极配合建设吴圩经大塘至浦北、贵港经隆安至硕龙、柳州经合山至南宁等高速公路，加快张村至六景、新江至扶绥等公路项目建设，力争开工吴圩国际机场至隆安高速公路，加快建设南宁—贵阳高铁，推进南宁—崇左城际铁路建设，加快南宁—玉林城际铁路前期工作。推进吴圩国际机场军民分离，力争开工建设第二跑道，全面启动建设南宁国际空港综合交通枢纽（GTC），加快伶俐通用机场建设。推进牛湾、六景港口和码头建设，加快建设西津二线船闸，建成邕宁水利枢纽主体工程，提升西江航线的通航能力和港口集散功能。

拓宽投融资渠道。突出企业投资主体地位，加快建立投资项目管理负面清单、权力清单、责任清单，缩减企业投资项目核准范围，推进高新区开展企业投资项目承诺制试点工作。引入市场机制，积极探索融资租赁、特许经营、资产证券化等融资模式。发挥南宁产业发展基金、城市发展基金等基金作用，加快推动华润基金等实质性运作。大力培育和发展资本市场，利用好资本市场扶贫绿色通道政策，推动更多优质企业上市挂牌，推进上市挂牌企业再融资和并购重组；支持符合条件的企业利用债券市场、区域性股权市场、私募市场扩大直接融资规模。持续推进“4321”政府性融资担保体系建设，发挥“两台一会”平台优势，推动南宁市中小微企业孵化基金募资和投放，拓宽专利权质押融资渠道，努力解决中小微企业融资难融资贵问题。

着力优化营商环境。提升政策环境，努力破除歧视性限制和各种隐性障碍，大力支持民营企业发展，构建“亲”“清”新型政商关系。优化政务环境，持续推进“放管服”改革，加快明确行政许可权的审批与监管职责边界，推进行政审批和监管信息共享，建立健全审管联动制度；持续推进行政审批流程优化再造，强化政府部门权责清单“两单融合”后续管理，全面实施“双随机一公开”监管机制；深化商事制度改革，推动国家级开发区开展“证照分离”改革试点。改善经营环境，加快建成统一规范的市县公共资源电子交易平台；加快信用体系建设，建立健全守信联合激励和失信联合惩戒制度，加快推进在行政管理中使用信用记录和信用报告；实施质量强市战略和商标品牌战略，培育一批具有市场竞争力的品牌产品。

**（四）推动形成全面开放新格局，持续推进“南宁渠道”升级。**

按照自治区“四维支撑、四沿联动”布局，大力实施全方位、宽领域、多层次的开放发展战略，加快打造“南宁渠道”升级版。

增强平台支撑作用。建好用好开放平台，服务好第15届中国—东盟博览会和商务与投资峰会，力争五象新区申报国家级新区成功，落实经开区申报临空经济示范区和核准区扩区等工作，积极申报中国（南宁）跨境电子商务综合试验区。加快中国—东盟信息港南宁核心基地建设，以信息港小镇和大数据中心建设为抓手，建设数字经济基地，着力推进中国—东盟检验检测认证高技术服务集聚区、中国电信东盟国际信息园、新型智慧城市协同创新中心等重点项目建设。加快完善南宁综合保税区配套设施，引进一批规模型电商企业和加工贸易企业。推进吴圩空港经济区重点产业发展区域建设，加快产业集聚。

拓展区域合作空间。积极参与中新互联互通“南向通道”建设。加强与西南中南地区在交通物流、文化旅游等领域的产业合作。落实“双核驱动”战略，持续深化北部湾经济区综合配套改革；深度参与珠江—西江经济带建设，落实粤桂共同行动计划。加强与北部湾城市群的协同发展，深化与粤港澳大湾区的融合发展，加快研究建立邕广深合作直通平台。加强与港澳台经贸往来，积极培育自治区级CEPA先行先试示范基地。

大力发展开放型经济。加快建设内陆开放型经济战略高地，深入实施第二轮加工贸易倍增计划，主动承接珠三角地区产业转移，大力发展软件和信息技术、金融、文化创意设计等领域服务外包，打造外贸发展新引擎。支持高新技术产品和机电产品出口，提升出口质量和附加值。推进广西—东盟区域（南宁）外贸一体化综合体通关提速工程上线运行，促进贸易便利化。坚持“引进来”与“走出去”并重，深入实施招商引资三年行动计划，围绕重点产业和重点领域，突出建链、补链、延链、强链，加强产业链招商和以商招商，推动市县工业园区联动招商，加快建设南宁市投资信息服务中心；鼓励优质企业积极参与国际产能合作，支持铝业、机械、食品等优势产业资本到境外投资建厂。

**（五）坚持生态优先绿色发展，持续推进绿城品质升级。**

深入践行绿水青山就是金山银山的理念，坚持“治水、建城、为民”的城市工作主线，积极创建国家生态文明建设示范市，建设美丽南宁。

确保五象新区核心区基本成型。进一步推进新区产城融合，着力推动新区从量的扩张向质的提升转变、从抓具体项目建设向统筹全面可持续发展转变。总部基地金融街基本成型，高层建筑主体结构封顶率达75%以上，一批企业入驻办公、一批商业项目开业，五象商圈初显。加快建设广西—东盟地理信息与卫星应用产业园、南宁启迪东盟科技城等一批产业园，加快推进宜家家居、招商物流等项目，加快集聚先进装备制造、新材料、新能源等新兴产业。加快完善新区基础设施、公共服务配套，续建广西医科大学东盟国际口腔医学院，建成总部基地地下空间、第四实验小学、邻里中心等一批项目，给排水、燃气、电力、公交场站、农贸市场、垃圾转运站、公厕等配套设施同步建成。继续推进国家级绿色生态示范区创建，初步呈现现代、生态、便利、特色的宜居宜业的城市新区形象。

全力以赴办好第十二届中国（南宁）国际园林博览会。紧扣“生态宜居 园林圆梦”主题，紧盯8月园区试运营、12月全面建成开园的目标，全力打造“生态的园博、文化的园博、共享的园博”。重点加快展园区、遗址公园区、田园风光区等片区的主体场馆、园林绿化建设，加大力度整治园区周边市容环境，确保周边路网及快速公交2号线等配套工程如期建成使用。统筹做好园博园建设、园博会筹办及展后的持续运营管理工作，办成永不落幕的园博会。

坚决打好污染防治攻坚战。打赢蓝天保卫战。抓好大气污染联防联控，健全扬尘污染治理长效机制，注重“智慧治尘”，推进市区网格化监测，加大对工地到消纳场“两点一线”、工业及交通排放等污染的整治力度，确保空气质量优良率91%以上，PM10、PM2.5年均浓度分别不超过61微克/立方米、35微克/立方米。提升绿城品质。承办好2018年中国生态文明论坛（南宁）年会。深化国家森林城市和国家生态园林城市建设，全面提升城市主干道路、街区和公园的景观效果，实施重要道路及节点四季鲜花种植项目。持续加大黄土裸露整治及超高土治理力度，继续推进立体绿化建设，提升城市绿化品位和档次。加快湿地保护规划实施，推进大王滩国家湿地公园试点建设。打造提升五象岭森林公园，继续推进青秀山风景区建设，强化对大明山等自然保护区的规范化管理，构建城乡一体化生态格局。做好水的文章。全面完成邕江两岸148公里岸线综合整治，打造“百里秀美邕江”景观带，建成亭子旅游码头，打造邕江水上观光游线路。巩固扩大海绵城市建设试点成果，确保顺利通过国家验收。整治内河两岸乱象，巩固建成区黑臭水体治理成效，启动建成区外18.8公里黑臭水体治理。建设完善河长制信息平台，按照一河（江、湖、库）一策要求，全面落实河长制、湖长制各项工作。完成邕江取水口上移工程，确保城市饮用水安全。积极营建水源涵养林，降低饮用水水源保护区范围内的森林经营强度，保持集中式饮用水水源水质达到或优于Ⅲ类比例达100%。深化生态环境综合治理。深入实施“水十条”，全面实施“土十条”，严格落实生态保护红线、永久基本农田、城镇开发边界三条控制线，贯彻实施环境保护税法，坚决制止和惩处破坏生态环境行为。实施山水林田湖草生态保护与修复工程。继续推进土地整治、表土剥离、土地复垦等工作。开展建筑施工噪声污染专项整治等行动，减少噪声污染。持续深化美丽乡村建设，实施化肥农药使用量零增长行动，加强农业面源污染治理和土壤重金属污染防治，综合治理乡村环境。完成生态环境监管体制改革，落实生态环境保护目标管理责任制。巩固中央环保督察反馈意见整改成效，切实防止问题反弹。

提升城市综合承载能力。坚持规划引领。围绕建设北部湾城市群核心城市，高标准推进中心城控规等各项规划编制工作，力争年底前将新一轮城市总规成果上报国务院审批。优化建设用地布局，精准有效开展存量土地和城镇低效用地盘活工作，建立用地保障共同责任机制。让城市更通畅便捷。加快完善城市路网，完成高速公路改快速路、快环综合整治项目重要节点改造等项目建设，加快主干道建设及旧城区道路改造扩建。落实公交优先发展战略，量力而行、稳步推进轨道交通2号线东延长线和3、4、5号线一期工程建设，开展轨道交通机场专线、教育园区专线项目前期工作，优化公交站点和线网布局，建设立体综合交通枢纽，提升公共交通分担率，不断完善城市绿道等城市慢行交通设施。持续推进城市更新。加快中山路片区等历史文化街区保护改造，稳步推进棚户区改造、旧城改造三年计划。加快城市燃气、油气等管网改造提升工作，创新推进地下综合管廊的建设运营，12个地下综合管廊试点项目全部投入使用。继续推进以BIM等信息技术为支撑的工程质量提升工作。加快城市治理现代化。深化市县城市管理和执法体制、生态环境监管体制改革，推进综合执法。健全政府主导、第三方参与的城建计划精细化管理系统，努力解决市政重复投资和“马路拉链”问题。大力推进新型智慧城市建设，提升医疗、教育、社保、交通、城管、气象等领域的智慧化运用。推进市政污水管网雨污分流改造，加快江南、埌东、三塘等污水处理厂扩容提标改造和“十三五”第二批镇级污水处理设施建设。推进生活垃圾强制分类。扎实推进“厕所革命”。加大“两违”巡查监控和整治力度，深化“美丽南宁·整洁畅通有序大行动”。

**（六）实施乡村振兴战略，发展壮大县域经济。**

坚持农业农村优先发展，按照“产业兴旺、生态宜居、乡风文明、治理有效、生活富裕”总要求，推动城乡融合发展，加快推进农业农村现代化。

构建新型农业生产经营体系。科学制定乡村振兴战略规划。深化农村土地制度改革，落实农村承包地“三权”分置制度，保持土地承包关系稳定并长久不变。深化农村集体产权制度改革，推进农村不动产登记工作，有序推进农村土地流转，保障农民财产权益。稳步推进集体林权制度改革，做好宾阳县集体林地“三权”分置试点工作。巩固国有林场改革成果，确保通过国家和自治区验收。扶持培育新型农业经营主体，积极探索农业产业化联合体，力争新增认定市级以上农业产业化龙头企业10家、农民合作社400家、家庭农场150家。加快培育新型职业农民，打造一支懂农业、爱农村、爱农民的“三农”工作队伍。

强化县域产业支撑。大力实施县域经济三年行动计划。突出县域产业集聚发展，加强县域工业园区规划建设，支持六景、黎塘、伶俐工业园区等县域工业园区做大做强，引导产业向园区集聚。推动县域产业开放发展，引导各县主动承接发达地区产业转移，实施农产品加工、园区支柱产业培育、全域旅游发展、健康产业发展、生态产业发展五大工程，打造“一县一拳头产业”。加强县域与中心城区的产业联动，推进各县围绕市级重点产业大力发展相关配套产业，各培育形成一条以上优势产业链，推动我市县域经济在全区争先进位。

加快县域新型城镇化。深入实施主体功能区规划，健全城乡融合发展体制机制，大力推进城乡建设用地增减挂钩，清除阻碍要素下乡各种障碍。完善城镇体系架构，推进县域扩容提质，打造一批支撑县域经济发展的产业重镇、文化旅游名镇。引导特色小镇健康发展，加快横县六景镇第三批国家新型城镇化试点和校椅镇国家特色小镇建设，继续打造宾阳县新型城镇化示范县，完成武鸣区罗波镇、宾阳县古辣镇等自治区百镇建设示范工程，推进马山县古零镇等市级特色小镇培育建设。夯实县域基础设施支撑，落实自治区县域基础设施和公共服务设施提升三年行动计划项目，扎实推进“四好农村路”建设，加快完善能源、农田水利、信息网络等基础设施，建立和完善基础设施后续管理工作机制。加快户籍制度改革落地步伐，推进农业转移人口市民化进程。谋划启动幸福乡村活动，打造美丽南宁乡村建设升级版。

**（七）坚持问题导向，持续推进深化改革升级。**

坚定改革方向，科学统筹各项改革任务，力争在重点领域和关键环节取得突破性进展，不断增强经济社会发展动力活力。

推动“三去一降一补”取得新成效。出台并实施市本级供给侧结构性改革“1+5”政策文件。强化行业准入管理，确保重点去产能行业无违规新增产能，整合木薯淀粉酒精等过剩产能。推动“三供一业”分离移交，全面完成99家国有“僵尸企业”低效无效产能出清，建立非国有“僵尸企业”处置机制。加大力度化解非住宅商品房库存。做好降本减负各项工作，切实减轻企业负担。加快补齐公共服务、基础设施等方面短板。

持续加强重点领域改革。全面深化国资国企改革。改革国有资本授权经营体制，推进国有资本经营公司试点和混合所有制试点。推动国有资本做强做优做大。深化公共资产负债管理智能云平台建设，不断拓展内涵和外延，推进财政、国资、扶贫资金管理等系统一体化建设，确保公共资产“摸得清、来去明、管得住、利用好”。加快完善以管资本为主的国资监管体制，加强事中、事后监管。突出抓好财政改革。承接做好中央、自治区在具体领域的财政事权和支出责任划分改革，稳步推进市以下财政事权和支出责任划分改革。深化预算绩效管理改革，继续扩大试点覆盖面。加快政府购买服务改革，支持事业单位和社会组织承接政府购买服务。加快推进金融改革。建设沿边金融综合改革试验区升级版，扩大中国—东盟（南宁）货币指数应用，加快建设中国—东盟（南宁）金融服务平台。支持金融机构为“一带一路”沿线国家城市和企业提供跨境金融服务。争取开展绿色金融试点，创新发展绿色金融产品，推动绿色企业上市。引导传统金融机构依托互联网转型升级，规范发展互联网金融。深化不动产登记改革。创新“互联网＋不动产登记”模式，构建“一点为中心、多点辐射”的布设格局。

打好防范化解重大风险攻坚战。加强地方金融监管能力建设，创新和完善金融监管机制，做好金融重点领域风险防范和处置，加大预防、打击和处置非法集资力度，有效打击违法违规金融活动和恶意逃废债务行为，牢牢守住不发生系统性金融风险的底线。加强政府性债务风险评估、预警和监管。坚持房子是用来住的、不是用来炒的定位，保持房地产市场调控政策的连续性和稳定性，积极培育和发展住房租赁市场，合理引导市场预期和购房行为，全面推行存量房交易网签管理，促进房地产市场平稳健康发展。

**（八）坚持精准施策，持续推进民生福祉升级。**

坚持以人民为中心的发展思想，多谋民生之利、多解民生之忧。针对人民群众关心的热点难点问题精准施策，不断提升群众的获得感幸福感安全感。

坚决打好精准脱贫攻坚战。持续推进“七个一批”“七大工程”，扎实推进年度脱贫摘帽滚动计划实施，加大扶贫资金投入，推动扶贫同扶志、扶智相结合。全力推进易地扶贫搬迁，盯紧盯牢进度、质量、资金三个关键，强化“八包”责任，提高建设竣工率和搬迁入住率，加强搬迁人口后续产业、就业扶持，确保贫困群众搬得出、稳得住、有事做、能致富。集中攻克深度贫困地区脱贫任务，将新增脱贫攻坚资金、项目、举措向深度贫困地区集中，重点落实好企业与隆安县都结乡以及56个深度贫困村的结对帮扶工作，确保深度贫困村脱贫摘帽不掉队。扎实推进产业扶贫，推动每个贫困村发展1—3个特色产业，力争做到有劳动能力的贫困户家家有稳定生产经营收入。加快发展贫困村村级集体经济，确保年度脱贫的贫困村村级集体经济收入达到摘帽标准。推进粤桂扶贫协作，健全茂名—南宁“携手奔小康”对口结对帮扶工作机制，实施“贫困村创业致富带头人”试点工程。全面完成自治区下达的年度脱贫攻坚任务。

优先发展教育事业。实施第三期学前教育行动计划，持续扩大多元普惠幼儿园覆盖面。深入推进义务教育学区制管理改革，加快推进“全面改薄”工程，进一步推进义务教育均衡发展，力争5个县区通过义务教育均衡发展国家督导评估认定。实施高中阶段教育提质发展计划，推动普通高中多样性、特色化、优质化发展。着力解决“择校热”“大班额”“大通铺”等突出问题。加快发展现代职业教育，推进中高职教育与重点产业深度融合发展，继续支持南宁学院创建南宁大学。持续实施教育管办评分离等重大教育改革项目。促进南宁教育园区新开工5所学校，加快建设广西医科大学武鸣校区等一批学校。

加快建设健康南宁。健全重大疾病防控机制，重点做好艾滋病、结核病、手足口病等全市重点传染病防控与疫情处置。完善分级诊疗制度，加快组建市级医疗集团、县域医疗共同体。加强全科医生队伍建设，提高基层医疗机构服务能力。加快医保支付方式改革，推行按病种付费为主的多元复合式医保支付方式。全面推进智慧健康信息工程，加快医疗信息共建互享。保障重点人群健康，着力解决婴幼儿照护和儿童早期教育服务问题，广泛开展残疾人康复服务。发展以医养结合为重点的健康养老模式，推进公办示范性养老机构建设，加快建设五象新区、东盟经开区养老产业集聚区，打造一批养老服务业龙头企业和特色品牌。大力发展中医药及健康产业，扶持中西医、壮瑶医事业发展。积极开展爱国卫生运动，全力争创国家卫生城市“三连冠”。大力发展体育事业，深入实施全民健身计划，推进全民健身和全民健康深度融合试点城市建设。抓好体育产业发展，着力打造赛事品牌，办好环广西公路自行车世界巡回赛（南宁站）、2018年“中国杯”国际足球锦标赛、南宁国际马拉松赛等一批重大国际赛事。

大力促进创业就业。积极创建全民创业城市和充分就业城市，推进“邕城创业行”等品牌建设，重点扶持高校毕业生、返乡农民工等群体创业。全面落实“岗位拓展计划”“创业引领计划”和“就业服务与援助计划”，着力解决结构性就业矛盾，实现更高质量和更充分就业。

健全社会保障体系。持续推进全民参保计划。加快完善医保政策，扩大异地就医住院医疗费用直接结算的定点医疗机构范围和职工大额医疗费用统筹支付范围。健全完善社会救助体系，提高农村低保保障标准和城乡低保补助水平。落实好医疗救助制度和特困人员救助供养制度。全力抓好保障性安居工程建设、分配入住和运营管理等工作。加快市第二福利院等项目建设。

提高文化软实力。坚持中国特色社会主义文化发展道路，坚定文化自信，培育和践行社会主义核心价值观。大力发展文化事业，加快完善公共文化服务体系，加强全民阅读的推广和引导，继续办好民歌湖大舞台周周演等群众性文化活动，打造《朱槿花开》《刘三姐》等一批文艺精品。积极发展文化产业，充分发挥广西文化艺术中心的作用，不断满足市民对高品质文化的向往和需求。积极推进文化对外交流，加快建设中国—东盟文化交流协作机制平台，筹办好第20届南宁国际民歌艺术节等活动。弘扬和挖掘优秀传统文化，着力做好“顶蛳山”“壮族歌圩”等地方特色文化的传承保护，推进国家历史文化名城申报工作。

推进社会治理创新。深入推进平安南宁建设，加快建设“智慧警务”，健全完善“七位一体”立体化社会治安防控体系，坚决从严打击黑恶势力、严重暴力犯罪及黄赌毒、网上虚假信息诈骗、倒卖个人信息、传销等违法犯罪行为。加大矛盾纠纷化解和调处力度，进一步畅通和规范群众诉求表达渠道。推进防灾减灾救灾管理体制机制改革，全面提升综合防灾减灾救灾能力。全面提升国防动员能力，抓好优抚安置政策落实，推动军民深度融合发展。健全安全风险分级管控和隐患排查治理双重预防性工作机制，坚决防范重特大安全事故发生。全面实施食品安全战略，积极推动食品安全追溯体系建设，加快创建国家、自治区食品安全示范城市。继续推进“诚信经营、放心消费”创建活动，规范和维护市场经济秩序。巩固创建民族团结进步示范市成果，依法管理宗教事务，促进民族团结和谐稳定。

继续做好为民办实事工程。坚持财政支出更多向民生倾斜，全力推进教育、健康等10大项为民办实事工程，让发展成果更多惠及百姓。

## 三、建设服务型政府

打铁必须自身硬。我们将以党的十九大精神为统领，坚持依法行政，转变政府职能，增强政府公信力和执行力，加快建设人民满意的服务型政府。

旗帜鲜明讲政治。把坚决维护以习近平同志为核心的党中央权威和集中统一领导作为最大的政治、最重要的大局，引导政府系统广大党员干部自觉增强“四个意识”，坚定“四个自信”，自觉做习近平新时代中国特色社会主义思想的坚定信仰者和忠实实践者，不折不扣贯彻落实党中央决策部署。深入学习贯彻党的十九大精神，在学懂弄通做实上下功夫，紧扣我市发展方向和工作重心，深入谋划新时代我市发展新举措，让党的十九大精神在南宁落地生根、开花结果。

全面推进法治政府建设。深入实施法治政府建设工作方案，持续推进法治南宁升级。加快完善政府立法工作机制，加强城乡建设与管理、环保等重点领域精细化立法，继续拓展社会各方有序参与政府立法的途径和方式。完善公共法律服务体系，落实“谁执法谁普法”责任制，深入实施“七五”普法。严格履行重大行政决策程序规定。不断规范行政执法行为。自觉接受市人大及其常委会法律监督和工作监督，主动接受人民政协民主监督和社会舆论监督，切实做好人大代表议案建议和政协提案办理等工作。加强政府参事、专家咨询委员会等新型智库建设，发挥好政府法律顾问作用，提高依法科学决策水平。

提升政务服务水平。推动政务服务体系标准化建设，着力提供无差异、均等化政务服务。开展清理规范证明事项工作，清理取消教育、就业、社保、居住等领域的各种不必要证明。加快建设“互联网＋政务服务”，推进信息系统整合和政务数据共享，逐步推动网上政务服务平台向基层延伸，推动更多涉企涉民政务服务上线。提升南宁市民中心软硬件水平，优化“一窗受理、并联审批、限时办结、一窗出件”的一站式服务。深化政务公开，加强新闻发布，加强重大涉民政策的解读与宣传，推动政务决策、执行、管理、服务和结果“五公开”。

持之以恒改进作风。严格落实党风廉政建设主体责任，切实履行“一岗双责”，加强和规范党内政治生活。巩固和拓展落实中央八项规定精神成果，驰而不息纠正“四风”，认真查找“四风”突出问题特别是形式主义、官僚主义新表现，扎实开展扶贫领域腐败和作风问题专项治理。加强对重点领域、关键岗位的审计和监督执纪问责。结合推进“两学一做”学习教育常态化制度化，开展“不忘初心、牢记使命”主题教育，拓宽培训渠道、创新教育形式，着力提升干部队伍履职尽责能力。落实容错纠错机制，健全激励机制，大力营造想干事、敢干事、干成事的良好氛围。

各位代表！新时代要有新气象，更要展现新作为。让我们更加紧密团结在以习近平同志为核心的党中央周围，在中央、自治区和市委的坚强领导下，不忘初心、牢记使命，攻坚克难、奋力拼搏，以新担当开启新征程、以新作为推动新发展，持续推进“六大升级”工程，加快建设“四个城市”，勇当广西持续营造“三大生态”、加快实现“两个建成”的排头兵，奋力推动首府经济社会向更高质量发展，以优异成绩迎接改革开放40周年和自治区成立60周年！

# 2017年南宁市国民经济发展统计公报

南宁市统计局

2018年5月2日

2017年，全市深入贯彻落实中央、自治区、市各项决策部署，牢牢把握稳中求进的工作总基调，深入贯彻新的发展理念，攻坚克难，精准发力，全市经济呈现总体平稳、结构优化、质量提升的良好态势。

## 一、综合

**经济增长：**初步核算，全年地区生产总值4118.83亿元，按可比价格计算，比上年增长8%。按常住人口计算，全市人均地区生产总值57948元，同比增长6.7%，按平均汇率折算为8583美元。三次产业中，第一产业增加值404.18亿元，增长4.1%；第二产业增加值1599.50亿元，增长8.6%；第三产业增加值2115.15亿元，增长8.4%。

图1 2013年-2017年全市地区生产总值及增长速度

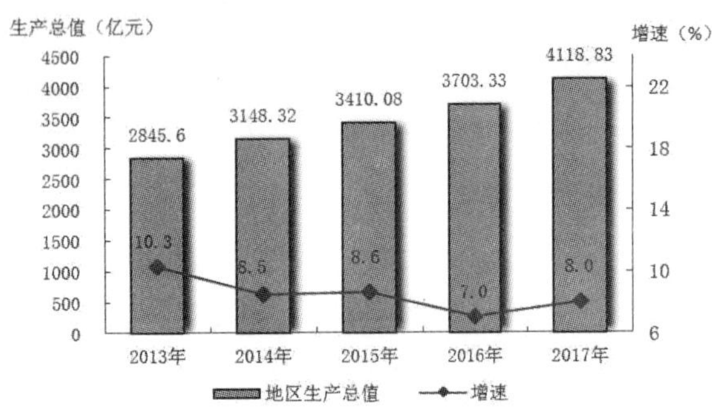


三次产业的比重为9.8:38.8:51.4。与2016年比较，第一产业比重下降1个百分点，第二产业比重上升0.2个百分点，第三产业比重上升0.8个百分点。

图2 2017年三次产业增加值占全市地区生产总值比重

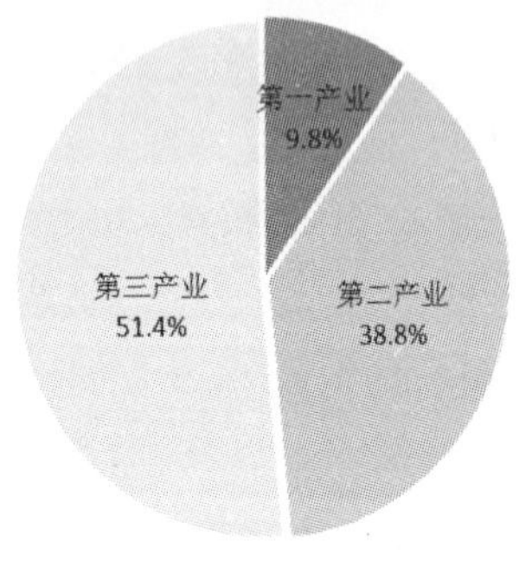


价格：全年居民消费价格比上年上涨2.3%，分类别看，八大类消费价格指数呈“七升一平”。（见表1）

表1 居民消费价格指数

| 指　标 | 2017年 | 比上年涨跌（%） |
|---|---|---|
| 居民消费价格总指数 | 102.3 | 2.3 |
| 食品烟酒 | 100.0 | 持平 |
| 衣着 | 104.2 | 4.2 |
| 居住 | 103.8 | 3.8 |
| 生活用品及服务 | 100.1 | 0.1 |
| 交通和通信 | 101.2 | 1.2 |
| 教育文化和娱乐 | 100.9 | 0.9 |
| 医疗保健 | 110.6 | 10.6 |
| 其他用品和服务 | 101.5 | 1.5 |

图3 2013-2017年居民消费价格涨跌幅度

## 二、农业

**产值：**全年全市实现农林牧渔及服务业总产值704.72亿元，增长4.1%。其中，农业产值393.71亿元，增长3.5%；林业产值39.30亿元，增长24.8%；畜牧业产值198.99亿元，增长2.1%；渔业产值29.35亿元，增长5.2%；农林牧渔服务业产值43.38亿元，增长4.1%。占农林牧渔及服务业产值的比重分别为：农业55.9%，比上年上升0.4个百分点；林业5.6%，上升1.2个百分点；畜牧业28.2%，下降2.7个百分点；渔业4.2%，上升0.1个百分点；农林牧渔服务业6.1%，上升1个百分点。

图4 2016年-2017年农林牧渔及服务业总产值构成（%）

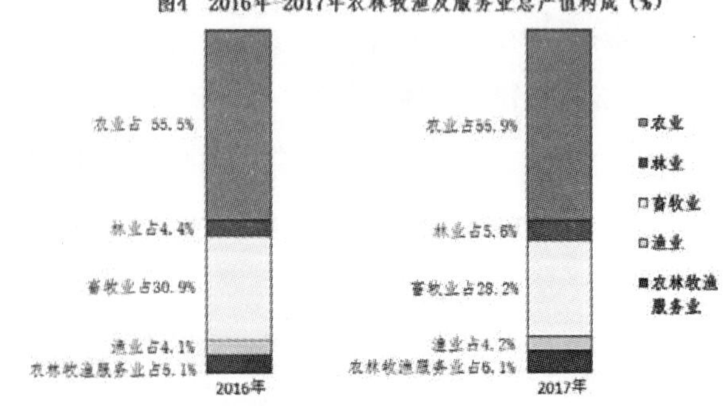

**农作物种植面积**：全年农作物播种面积97.88万公顷，增长0.2%。其中，粮食种植面积43.04万公顷，下降1.4%。经济作物种植面积24.0万公顷，下降0.4%，其中，甘蔗种植面积14.13万公顷，上升0.8%；油料种植面积5.33万公顷，增长1.6%。其他农作物种植面积30.81万公顷，增长3.3%，其中蔬菜种植面积24.12万公顷，增长3.8%。各类经济作物（含其他农作物）种植面积占农作物总播种面积的比重为56.1%，全年粮食作物和各类经济作物的种植面积比例为1 ∶ 1.3。

**农作物产品产量**：全年粮食总产量216.81万吨，比上年下降2.9%；蔬菜产量545.40万吨，增长5.4%；水果产量248.32万吨，增长6.2%；甘蔗产量1161.58万吨，增长4.1%；花生产量15.95万吨，增长3.2%；木薯产量35.20万吨，下降8.1%。

图5 2013年-2017年全市粮食总产量及增长速度

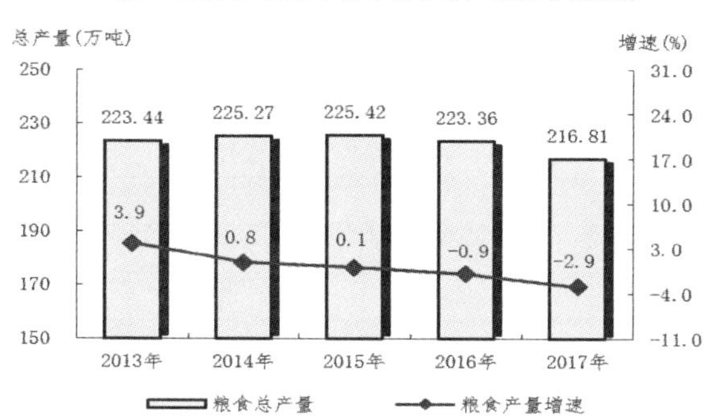


**养殖业产品产量**：全年肉类产量65.81万吨，比上年增长1.2%，其中，猪肉产量38.10万吨，增长2.5%；全年生猪出栏507.11万头，增长1.8%；生猪存栏411.43万头，下降1.5%；禽蛋产量4.11万吨，增长4.0%；牛奶产量4.86万吨，下降3.8%；水产品产量27.45万吨，增长5.1%。

**林业生产**：全社会木材采伐量453.78万立方米，比上年增长30.5%。荒山荒地（沙）造林面积2575公顷，其中，用材林2110公顷，增长23.4%；经济林465公顷，增长156.9%。当年中、幼龄林抚育面积3.37万公顷，增长19.3%。育苗面积2936公顷，下降44%。

**农村基础设施**：全年农村用电量11.83亿千瓦时，比上年增长1.3%。化肥使用量（折纯）53.83万吨，比上年增长10.1%。有效灌溉面积23.16万公顷，比上年增长0.6%。全市1380个行政村中，自来水受益村1369个，比上年增加24个。自来水受益村占行政村数的比例达99.2%。

## 三、工业和建筑业

**工业**：全年全部工业总产值4070.88亿元，比上年增长13.7%。规模以上工业总产值3989.82亿元，增长13.9%；其中国有企业增长7.7%，集体企业增长16.1%，股份制企业增长14.3%，外商及港澳台投资企业增长14.2%。全年全部工业增加值1189.89亿元，比上年增长9.7%。

图6 2013年—2017年全市规模以上工业总产值及增长速度

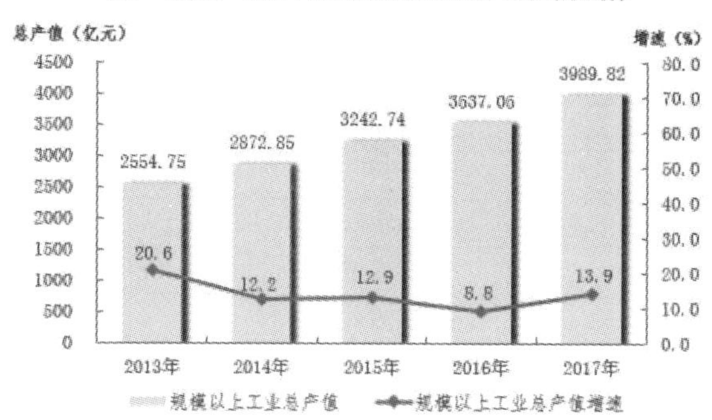


分轻重工业看，全市规模以上轻、重工业总产值分别为1559.68亿元和2430.14亿元，分别增长10.2%和16.4%，重工业增速快于轻工业6.2个百分点。轻重工业产值比例为39.1 ∶ 60.9，重工业产值比例高于轻工业21.8个百分点。

全年规模以上工业产值最高的六个行业共完成工业产值2161.87亿元，占规模以上工业总产值比重达54.2%，拉动规模以上工业总产值增长7.7个百分点。其中计算机、通信和其他电子设备制造业产值570.41亿元，增长19.1%；农副食品加工业产值522.31亿元，增长7.7%；化学原料和化学制品制造业产值319.58亿元，增长20.2%；非金属矿物制品业产值267.87亿元，增长9.4%；电气机械和器材制造业产值261.38亿元，增长13.4%；木材加工和木、竹、藤、棕、草制品业产值220.33亿元，增长17.5%。

全市规模以上工业企业主营业务收入3702.25亿元，比上年增长13.6%；利润227.92亿元，增长8.2%。全年规模以上工业产销率95.8%，比上年下降0.7个百分点。

年末全市拥有规模以上工业企业946家。工业产值超亿元的企业660家，比上年增加27家。

主要产品产量（见表2）。

表2 2017年主要工业产品产量及增长速度

| 产品名称 | 单 位 | 产 量 | 比上年增长（%） |
|---|---|---|---|
| 配混合饲料 | 万吨 | 653.91 | 5.8 |
| 成品糖 | 万吨 | 91.08 | -1.9 |
| 软饮料 | 万吨 | 235.40 | 10.9 |
| 啤酒 | 万升 | 32.48 | -11.5 |
| 卷烟 | 亿支 | 360.63 | -0.5 |
| 人造板 | 万立方米 | 1049.09 | 13.6 |
| 纸浆 | 万吨 | 24.77 | -0.8 |
| 机制纸及纸板 | 万吨 | 17.67 | -17.0 |
| 合成复合肥料 | 万吨 | 129.72 | -4.5 |
| 硅酸盐水泥熟料 | 万吨 | 1225.20 | -2.4 |
| 水泥 | 万吨 | 1488.28 | -4.9 |
| 平板玻璃 | 万重量箱 | 280.75 | -46.0 |
| 铝材 | 万吨 | 40.65 | 6.2 |
| 乳制品 | 万吨 | 21.88 | 14.1 |
| 电力电缆 | 万米 | 210.91 | -12.5 |
| 塑料制品 | 万吨 | 103.51 | 11.6 |

**建筑业：**年末，全市具有资质等级的建筑企业422个，比上年下降3.0%。全年实现建筑业增加值409.61亿元，比上年增长6.0%。全市建筑施工企业（资质企业）完成施工产值1469.11亿元，比上年增长23.9%。

**四、固定资产投资**

全年完成固定资产投资4307.95亿元，比上年增长12.6%。其中，项目投资3349.86亿元，增长12.8%；房地产开发投资958.09亿元，增长12.2%。分投资主体看，国有经济投资1374.33亿元，增长12.4%，占固定资产投资比重的31.9%；集体经济投资52.52亿元，下降28.1%，比重为1.2%；私营个体投资2019.71亿元，增长5.5%，比重为46.9%；港澳台商投资85.73亿元，下降12.7%，比重为2.0%；外商投资37.70亿元，下降7.1%，比重为0.9%；其他经济投资726.25亿元，增长33.5%，比重为16.9%。

图7 2013年-2017年固定资产投资及增长速度

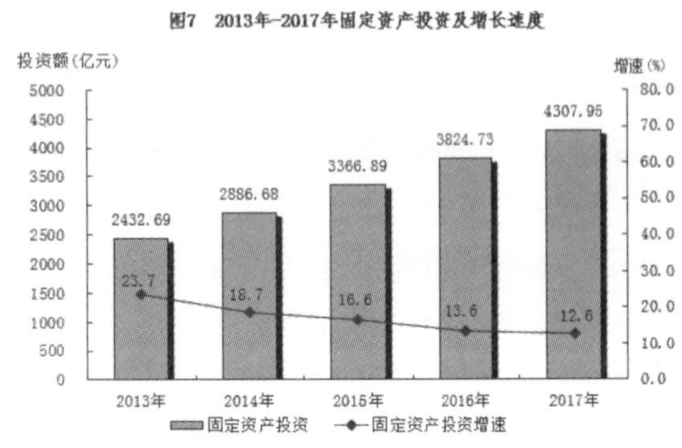


在固定资产投资中，第一产业投资149.07亿元，增长3.2%；第二产业投资1122.15亿元，增长8.9%，其中工业投资1074.13亿元，增长7.5%；第三产业投资3036.73亿元，增长14.7%。固定资产投资主要集中在房地产业，制造业，水利、环境和公共设施管理业，交通运输、仓储和邮政业，批发和零售业等行业。（见表3）

表3 2017年分行业固定资产投资及增长速度

| 行 业 | 投资额（亿元） | 比上年增长（%） |
|---|---|---|
| 固定资产投资 | 4307.95 | 12.6 |
| 农、林、牧、渔业 | 149.07 | 3.2 |
| 采矿业 | 23.65 | -4.8 |
| 制造业 | 954.29 | 8.4 |
| 电力、燃气及水的生产和供应业 | 96.19 | 1.8 |
| 建筑业 | 48.02 | 54.1 |
| 批发和零售业 | 252.63 | 21.7 |
| 交通运输、仓储和邮政业 | 355.69 | -3.3 |
| 住宿和餐饮业 | 53.49 | 9.8 |
| 信息传输、软件和信息技术服务业 | 152.60 | 42.5 |
| 金融业 | 23.78 | -47.8 |
| 房地产业 | 1134.72 | 14.8 |
| 租赁和商务服务业 | 181.29 | 8.6 |
| 科学研究和技术服务业 | 54.18 | -7.7 |
| 水利、环境和公共设施管理业 | 523.14 | 35.7 |
| 居民服务、修理和其他服务业 | 23.81 | 4.5 |
| 教育 | 132.23 | 4.8 |
| 卫生和社会工作 | 58.33 | 36.4 |
| 文化、体育和娱乐业 | 69.47 | 11.6 |
| 公共管理、社会保障和社会组织 | 21.37 | 9.8 |

全年房地产开发投资958.09亿元，比上年增长12.2%。其中，商品住宅投资679.13亿元，增长16.5%；办公楼投资65.95亿元，下降1.9%；商业营业用房投资77.49亿元，下降8.4%。商品房施工面积7171.62万平方米，增长15.8%，商品房竣工面积578.22万平方米，增长22.6%；商品房销售面积1544.13万平方米，增长16.3%；商品房销售额1200.77亿元，增长31.3%。（见表4）

表4 2017年房地产开发和销售主要指标及增长速度

| 指 标 | 单位 | 绝对数 | 比上年增长(%) |
|---|---|---|---|
| 房地产开发投资 | 亿元 | 958.09 | 12.2 |
| 其中：住宅 | 亿元 | 679.13 | 16.5 |
| 商品房施工面积 | 万平方米 | 7171.62 | 15.8 |
| 其中：住宅 | 万平方米 | 4704.22 | 16.6 |
| 商品房新开工面积 | 万平方米 | 1486.21 | -0.6 |
| 其中：住宅 | 万平方米 | 1021.72 | 7.2 |
| 商品房竣工面积 | 万平方米 | 578.22 | 22.6 |

| 其中：住宅 | 万平方米 | 440.47 | 30.3 |
| --- | --- | --- | --- |
| 商品房销售面积 | 万平方米 | 1544.13 | 16.3 |
| 其中：住宅 | 万平方米 | 1307.68 | 13.7 |
| 商品房销售额 | 亿元 | 1200.77 | 31.3 |
| 其中：住宅 | 亿元 | 1006.96 | 29.4 |
| 本年实际到位资金小计 | 亿元 | 1423.03 | 12.9 |
| 其中：国内贷款 | 亿元 | 225.91 | 13.9 |
| 自筹资金 | 亿元 | 385.30 | 11.4 |
| 定金及预收款 | 亿元 | 404.60 | 0.1 |
| 个人按揭贷款 | 亿元 | 327.91 | 19.5 |

## 五、交通和邮电通信业

**交通运输：**全年货物运输总量35142.27万吨，比上年增长8.4%。旅客运输总量9244.53万人，增长3.9%。其中，铁路货物运输量226.46万吨，下降14.7%；铁路旅客运输量3040.33万人，增长18.0%；公路货物运输量31212万吨，增长8.9%；公路旅客运输量5482万人，下降4.1%；水路货物运输量3697.5万吨，增长6.1%；民航旅客发送量722.2万人，增长19.8%；航空货邮发送量6.31万吨，增长15.6%。

**邮电通信：**全年邮电业务总量191.43亿元，比上年增长40.9%，其中电信业务总量185.79亿元，增长42.5%；邮政业务总量5.64亿元，增长2.3%。

## 六、国内贸易

全年全市社会消费品零售总额2204.16亿元，比上年增长11.3%。其中限额以上消费品零售额1095.11亿元，增长11.6%。按销售单位所在地统计，城镇消费品零售额2030.84亿元，增长11.3%；乡村消费品零售额173.31亿元，增长11.7%。按消费类型统计，商品零售额2000.45亿元，增长11.3%；餐饮收入额203.70亿元，增长10.8%。

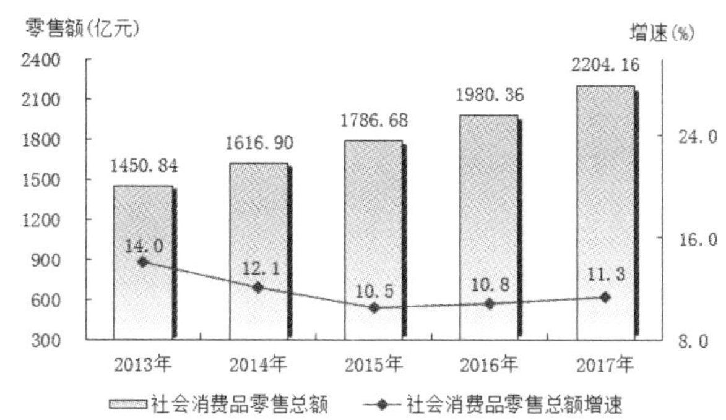

图8 2013年-2017年社会消费品零售总额及增长速度

在限额以上企业商品零售额中，汽车类零售额比上年增长12.9%，家用电器和音像器材类增长8.2%，通讯器材类增长5.5%，体育娱乐用品类增长14.4%，文化办公用品类增长8.2%，家具类增长0.5%，建筑及装潢材料类增长26.1%，日用品类增长8.0%，粮油、食品类增长11.8%，饮料类下降25.9%，烟酒类增长14.3%，服装、鞋帽、针纺织品类增长13.0%，化妆品类增长16.5%，金银珠宝类增长10.0%，中西药品类增长18.3%。

## 七、对外开放和旅游业

**对外贸易：**全年外贸进出口总值607.09亿元，比上年增长48.8%。其中，出口总值275.69亿元，增长35.8%；进口总值331.40亿元，增长61.6%。

图9 2013年-2017年全市进出口总值及增长速度

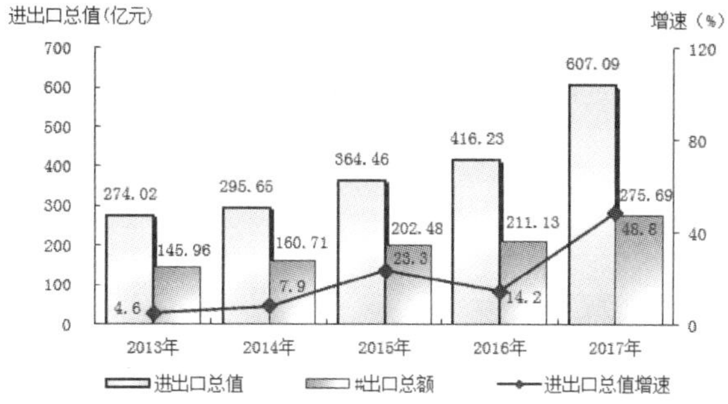

**招商引资：**全年区外境内实际到位内资776.89亿元，增长13.8%。全年全口径实际利用外资9.6亿美元，增长24.4%。年末全市实有三资企业1129家，其中建成投产三资企业595家。

**开发区：**年末全市共有开发区、工业集中区15个。其中，南宁高新技术产业开发区、南宁经济技术开发区和广西－东盟经济技术开发区年末累计入园企业18781家，比上年末增加2394家；财政收入90.35亿元，比上年增长9.5%；实现规模以上工业总产值2240.03亿元，增长17.5%；完成固定资产投894.10亿元，增长13.3%。

**旅游：**全年共接待国内游客11001.08万人次，比上年增长15.8%；接待入境过夜游客59.13万人次，增长6.5%。其中，外国游客40.77万人次，下降3.5%；香港游客6.73万人次，增长50.0%；澳门游客4.53万人次，增长52.3%；台湾同胞7.10万人次，增长22.0%。国内旅游消费1109.80亿元，增长22.9%。国际旅游（外汇）消费2.60亿美元，增长11.9%。年末全市实有星级宾馆49家。拥有4A级旅游景区24个，5A级旅游景区1个。拥有旅行社131家，其中出境旅行社38家。

## 八、财政、金融和保险

**财政收入：**全年财政收入687.98亿元，比上年增长

12.0%。其中一般公共预算收入332.15亿元，增长6.2%。一般公共预算收入中，税收收入248.10亿元，增长6.5%。全年一般公共预算支出646.31亿元，比上年增长10.1%。财政支出中，投向城乡社区、科学技术、教育的支出增长较快。其中，城乡社区支出104.07亿元，增长40.9%；科学技术支出6.47亿元，增长25.3%；教育支出117.14亿元，增长20.2%。

**金融**：年末全市共有金融机构42家，营业网点1236个。年末全市金融机构人民币各项存款余额9367.53亿元，比上年增长5.2%。其中，住户存款余额3176.69亿元，增长8.6%。金融机构人民币贷款余额10470.44亿元，增长11.1%。

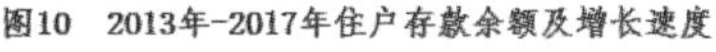

图10 2013年-2017年住户存款余额及增长速度

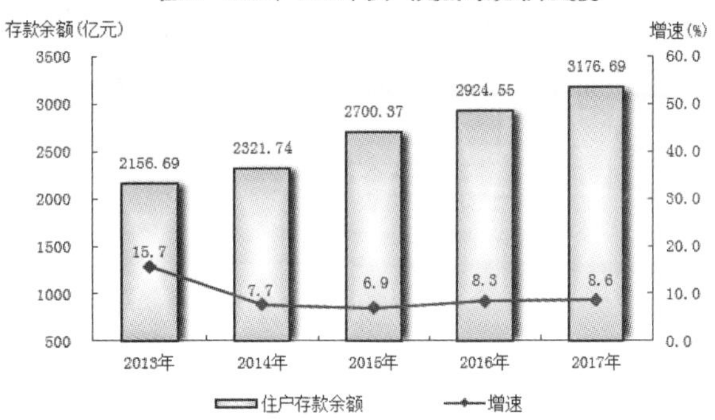


**保险**：年末全市共有各类保险公司40家，其中，财险公司23家，寿险公司17家。全年保费收入181.66亿元，比上年增长23.6%。其中，财产险保费收入73.50亿元，增长18.8%；寿险保费收入108.16亿元，增长27.1%。全年各项保险赔款及给付51.15亿元，其中，财产险业务赔款及给付31.20亿元；寿险、健康险和意外伤害险赔款及给付19.95亿元。

**九、人口、人民生活和社会保障**

**人口**：年末全市户籍人口756.87万人，比上年增加5.13万人，增长0.7%，其中市区人口375.38万人，增加5.29万人，同比增长1.4%。全市人口出生率为15.2‰，比上年增长1.7个千分点；人口死亡率5.7‰，比上年增长0.4个千分点；人口自然增长率9.5‰，比上年增长1.3个千分点。年末常住人口715.33万人。

**城乡居民生活**：全年全市居民人均可支配收入24984元，比上年增加2122元，增长9.3%。按常住地分，城镇居民人均可支配收入33217元，增加2489元，增长8.1%；农村居民人均可支配收入12515元，增加1117元，增长9.8%。

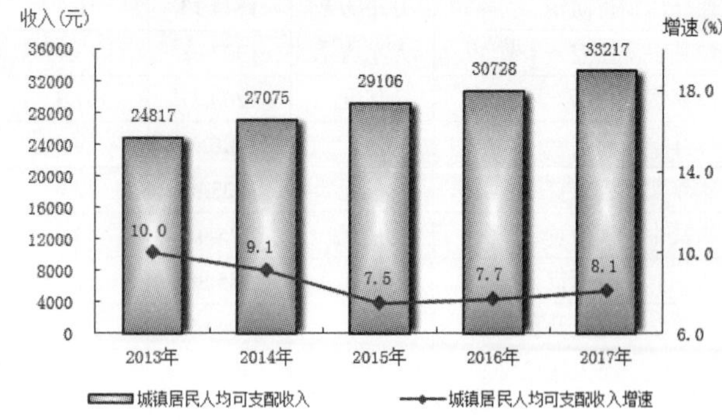


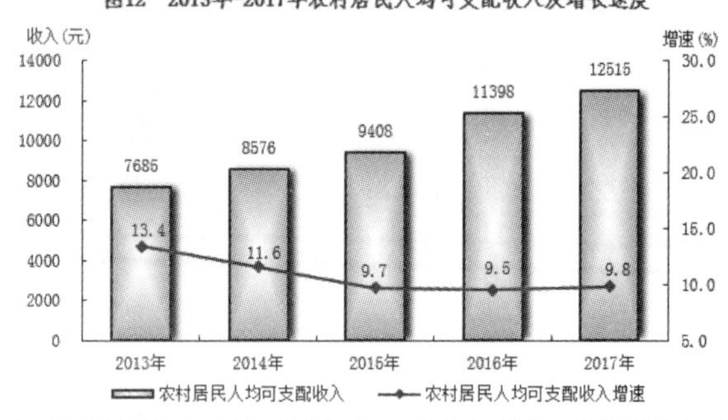


注：2012-2015年统计口径为农民人均纯收入，2016年起统计口径更改为农村居民人均可支配收入。

注：

1. 本公报中数据均为初步统计数。

2. 地区生产总值、三次产业增加值、工业增加值、农业产值绝对数按现行价格计算，增长速度按可比价格计算；工业总产值增速按现行价格计算。

3. 规模以上工业企业是指年主营业务收入2000万元及以上的全部法人工业企业；限额以上批发零售企业是指年主营业务收入2000万元及以上批发企业和年主营业务收入500万元及以上零售企业。

4. 邮电业务总量按2010年不变价格计算。

5. 部分数据因四舍五入的原因，存在着总项与分项合计不等的情况。

6. 资料来源：本公报中户籍总人口数据来自南宁市公安局；财政数据来自南宁市财政局；物价、居民收入部分农业数据来自国家统计局南宁调查队；进出口数据来自南宁海关；招商引资数据来自南宁市投资促进局；金融数据来自中国人民银行南宁中心支行；保险数据来自中国保险监督委员会广西监管局；旅游数据来自南宁市旅发委；旅客、货物运输量数据来自南宁市交通运输局、南宁铁路局、广西沿海铁路公司和广西机场管理集团有限责任公司南宁吴圩国际机场；邮政业务数据来自广西邮政公司南宁市分公司、广西邮政速递物流有限公司南宁分公司；电信业务数据来自中国移动广西有限公司南宁分公司、中国联合网络通信有限公司南宁分公司、铁通公司南宁分公司和中国电信股份有限公司南宁分公司；人口出生率、人口死亡率、人口自然增长率数据来自南宁市卫生和计划生育委员会；开发区数据来自南宁高新技术产业开发区、南宁经济技术开发区和广西-东盟经济技术开发区；其他数据均来自南宁市统计局。

# 第二部分 统计资料

PART Ⅱ STATISTICAL DATA

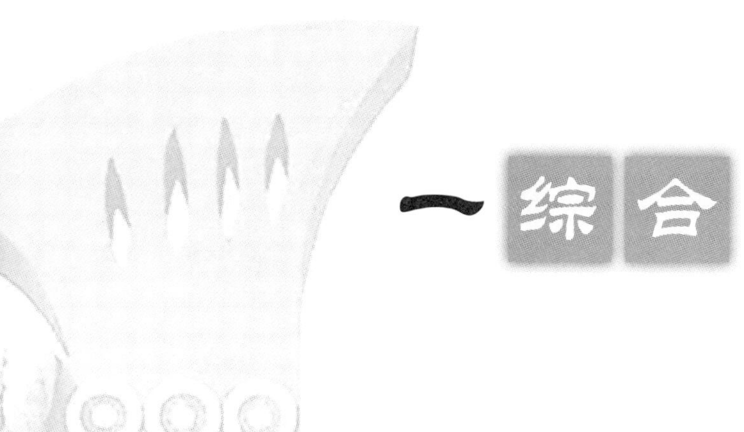

# 一 综合

# CHAPTER 1 GENERAL SURVEY

# 1-1 行政区划

## Administrative Divisions

（2017 年）　　单位：个 (unit)

| 县（区）<br>County(District) | 乡镇、街道办事处<br>Township、Town and Urban Sub-district Office | 乡<br>Township | 镇<br>Town | 办事处<br>Urban Subdistrict Office | 村民、居民委员会<br>Village and Neighbourhood Committees | 村委会<br>Village Committees | 社区居委会<br>Neighbourhood Committees |
|---|---|---|---|---|---|---|---|
| **全市<br>Nanning** | **127** | **16** | **86** | **25** | **1769** | **1383** | **386** |
| 市区<br>Urban District | 62 | 1 | 36 | 25 | 816 | 549 | 267 |
| 兴宁区<br>Xingning District | 6 | | 3 | 3 | 74 | 37 | 37 |
| 青秀区<br>Qingxiu District | 9 | | 4 | 5 | 104 | 46 | 58 |
| 江南区<br>Jiangnan District | 9 | | 4 | 5 | 115 | 68 | 47 |
| 西乡塘区<br>Xixiangtang District | 13 | | 3 | 10 | 150 | 78 | 72 |
| 良庆区<br>Liangqing District | 7 | | 5 | 2 | 78 | 57 | 21 |
| 邕宁区<br>Yongning District | 5 | 1 | 4 | | 74 | 65 | 9 |
| 武鸣区<br>Wuming District | 13 | | 13 | | 221 | 198 | 23 |
| 隆安县<br>Long'an County | 10 | 4 | 6 | | 131 | 118 | 13 |
| 马山县<br>Mashan County | 11 | 4 | 7 | | 151 | 133 | 18 |
| 上林县<br>Shanglin County | 11 | 4 | 7 | | 131 | 115 | 16 |
| 宾阳县<br>Binyang County | 16 | | 16 | | 233 | 192 | 41 |
| 横　县<br>Hengxian County | 17 | 3 | 14 | | 307 | 276 | 31 |

注：江南区含经济技术开发区，西乡塘区含高新技术开发区，武鸣区含广西－东盟经济开发区。

# 1-2 乡(镇)、街道办事处一览表

## List Of Counties (Towns) And Subdistrict Offices

(2017 年)

| 县(区)<br>County(District) | 乡(镇)、街道办事处 | Township(Town)、Urban Subdistrict Office |
|---|---|---|
| 隆安县<br>Long'an County | 城厢镇、南圩镇、乔建镇、那桐镇、丁当镇、雁江镇、布泉乡、都结乡、屏山乡、古潭乡 | Chengxiang、Nanxu、Qiaojian、Natong、Dingdang、Yanjiang、Buquan、Dujie、Pingshan、Gutan |
| 马山县<br>Mashan County | 白山镇、百龙滩镇、古零镇、金钗镇、永州镇、林圩镇、周鹿镇、乔利乡、加方乡、古寨瑶族乡、里当瑶族乡 | Baishan、Bailongtan、Guling、Jinchai、Yongzhou、Linxu、Zhoulu、Qiaoli、Jiafang、Guzhaiyaozu、Lidangyaozu |
| 上林县<br>Shanglin County | 大丰镇、明亮镇、巷贤镇、白圩镇、三里镇、乔贤镇、西燕镇、澄泰乡、木山乡、塘红乡、镇圩瑶族乡 | Dafeng、Mingliang、Xiangxian、Baixu、Sanli、Qiaoxian、Xiyan、Chengtai、Mushan、Tanghong、Zhenxuyaozu |
| 宾阳县<br>Binyang County | 思陇镇、新桥镇、宾州镇、新圩镇、大桥镇、邹圩镇、王灵镇、黎塘镇、和吉镇、洋桥镇、武陵镇、中华镇、古辣镇、露圩镇、甘棠镇、陈平镇 | Silong、Xinqiao、binzhou、Xinxu、Daqiao、Zouxu、Wangling、Litang、Heji、Yangqiao、Wuling、Zhonghua、Gula、Luxu、Gantang、Chenping |
| 横　县<br>Hengxian County | 横州镇、百合镇、那阳镇、南乡镇、新福镇、莲塘镇、平马镇、峦城镇、六景镇、石塘镇、陶圩镇、校椅镇、云表镇、马岭镇、马山乡、平朗乡、镇龙乡 | Hengzhou、Baihe、Nayang、Nanxiang、Xinfu、Liantang、Pingma、Luancheng、Liujing、Shitang、Taoxu、Xiaoyi、Yunbiao、Maling、Mashan、Pinglang、Zhenlong |
| 兴宁区<br>Xingning District | 三塘镇、五塘镇、昆仑镇、朝阳街道办事处、民生街道办事处、兴东街道办事处 | Santang、Wutang、Kunlun、Chaoyang、Minsheng、Xingdong |
| 青秀区<br>Qingxiu District | 新竹街道办事处、中山街道办事处、建政街道办事处、南湖街道办事处、津头街道办事处、刘圩镇、伶俐镇、南阳镇、长塘镇 | Xinzhu、Zhongshan、Jianzheng、Nanhu、Jintou、Liuxu、Lingli、Nanyang、Changtang |
| 江南区<br>Jiangnan District | 福建园街道办事处、江南街道办事处、沙井街道办事处、那洪街道办事处、苏圩镇、延安镇、江西镇、吴圩镇、金凯街道办事处 | Fujianyuan、Jiangnan、Shajing、nahong、Suxu、Yan'an、Jiangxi、wuxu、jinkai |
| 西乡塘区<br>Xixiangtang District | 衡阳街道办事处、北湖街道办事处、西乡塘街道办事处、安吉街道办事处、华强街道办事处、新阳街道办事处、上尧街道办事处、石埠街道办事处、安宁街道办事处、心圩街道办事处、金陵镇、双定镇、坛洛镇 | Hengyang、Beihu、Xixiangtang、Anji、Huaqiang、Xinyang、Shangrao、Shibu、Anning、Xinxu、Jinling、Shuangding、Tanluo |
| 良庆区<br>Liangqing District | 大沙田街道办事处、玉洞街道办事处、良庆镇、那马镇、大塘镇、那陈镇、南晓镇 | Dashatian、yudong、Liangqing、Nama、Datang、Nachen、Nanxiao |
| 邕宁区<br>Yongning District | 蒲庙镇、那楼镇、新江镇、百济镇、中和乡 | Pumiao、Nalou、Xinjiang、Baiji、Zhonghe |
| 武鸣区<br>Wuming District | 城厢镇、锣圩镇、陆斡镇、双桥镇、宁武镇、太平镇、罗波镇、灵马镇、仙湖镇、府城镇、两江镇、马头镇、甘圩镇 | Chengxiang、Luoxu、Luwo、Shuangqiao、Ningwu、taiping、Luobo、Lingma、Xianhu、Fucheng、Liangjiang、Matou、Ganxu |

注：江南区含经济技术区的那洪街道办事处、金凯街道办事处、吴圩镇；西乡塘区含高新技术开发区的安宁街道办、心圩街道办事处。

# 1-3 南宁市国民经济主要指标占全区比重

## Main Indicators Of Nanning's National Economy As Percentage In Guangxi

(2017 年)

| 指标名称<br>Item | 单位<br>Unit | 南宁市<br>Nanning | 广西<br>Guangxi | 南宁市占广西的比重(%)<br>Nanning As Percentage In Guangxi |
|---|---|---|---|---|
| 年末总人口<br>Population at Year-end | 万人<br>(10000 persons) | 756.87 | 5600 | 13.5 |
| 生产总值<br>Gross Domestic Product | 亿元<br>(100 million yuan) | 4118.83 | 20396.25 | 20.2 |
| 第一产业<br>Primary Industry | 亿元<br>(100 million yuan) | 404.18 | 2906.87 | 13.9 |
| 第二产业<br>Secondary Industry | 亿元<br>(100 million yuan) | 1599.50 | 9297.84 | 17.2 |
| #工业<br>Industry | 亿元<br>(100 million yuan) | 1189.89 | 7663.71 | 15.5 |
| 第三产业<br>Tertiary Industry | 亿元<br>(100 million yuan) | 2115.15 | 8191.54 | 25.8 |
| 固定资产投资<br>Investment in Fixed Assets | 亿元<br>(100 million yuan) | 4307.95 | 19908.27 | 21.6 |
| #第一产业投资<br>Primary industry investment | 亿元<br>(100 million yuan) | 149.07 | 1203.60 | 12.4 |
| 第二产业投资<br>Second industry investment | 亿元<br>(100 million yuan) | 1122.15 | 7004.23 | 16.0 |
| 第三产业投资<br>Third industry investment | 亿元<br>(100 million yuan) | 3036.73 | 11700.05 | 26.0 |
| #项目投资<br>Project Investment | 亿元<br>(100 million yuan) | 3349.86 | 17224.79 | 19.4 |
| 房地产开发投资<br>Real Estate Development | 亿元<br>(100 million yuan) | 958.09 | 2683.48 | 35.7 |
| 社会消费品零售总额<br>Total Retail Sales of Consumer Goods | 亿元<br>(100 million yuan) | 2204.16 | 7813.03 | 28.2 |
| 海关进出口总额<br>Total Value of Exports and Imports | 亿元<br>(100 million yuan) | 607.09 | 3866.34 | 15.7 |
| #出口总额<br>Exports | 亿元<br>(100 million yuan) | 275.69 | 1855.20 | 14.9 |
| 财政收入<br>Financial Revenue | 亿元<br>(100 million yuan) | 687.98 | 2604.21 | 26.4 |
| #一般公共预算收入<br>Public Budget Income | 亿元<br>(100 million yuan) | 332.15 | 1615.03 | 20.6 |
| 一般公共预算支出<br>Public Budget Expenditure | 亿元<br>(100 million yuan) | 646.37 | 4912.89 | 13.2 |
| 金融机构存款余额<br>Urban & Rural Savings Deposits | 亿元<br>(100 million yuan) | 9367.53 | 27899.64 | 33.6 |
| 金融机构贷款余额<br>Total Wages Bill of Staff & Workers on the Job | 亿元<br>(100 million yuan) | 10470.44 | 23226.14 | 45.1 |

# 1-4 全市各时期主要经济指标平均增长率

## Average Growth Rate Of Main Economic Indicators In Each Period

单位：%

| 时期<br>Period | 生产总值<br>Gross Domestic Product | 第一产业<br>Primary Industry | 第二产业<br>Secondary Industry | 第三产业<br>Tertiary Industry | 全社会固定资产投资<br>Total Investment in Fixed Assets | 地方财政收入<br>Local Government Revenue | 地方财政支出<br>Local Government Expenditure | 社会消费品零售总额<br>Total Retail Sales of Consumer Goods |
|---|---|---|---|---|---|---|---|---|
| "一五" 时期 (1953-1957)<br>"First Five-Year Plan" Period | 9.5 | 4.4 | 29.5 | 16.5 | 42.2 | 24.9 | 14.9 | 12.5 |
| "二五" 时期 (1958-1962)<br>"Second Five-Year Plan" Period | 5.3 | -1.3 | 8.8 | 10.0 | 5.4 | -2.3 | 2.5 | 7.1 |
| 调整时期 (1963-1965)1963-1965<br>Period of Adjustment | 10.8 | 11.4 | 22.7 | 4.7 | 28.1 | 7.5 | 11.2 | 3.9 |
| "三五" 时期 (1966-1970)<br>"Third Five-Year Plan" Period | 6.9 | 7.6 | 13.1 | 3.1 | -7.6 | 9.6 | 4.2 | 2.8 |
| "四五" 时期 (1971-1975)<br>"Fourth Five-Year Plan" Period | 9.0 | 9.2 | 11.2 | 5.9 | 13.6 | 14.6 | 9.0 | 8.4 |
| "五五" 时期 (1976-1980)<br>"Fifth Five-Year Plan" Period | 8.0 | 3.2 | 13.9 | 8.2 | 12.9 | 7.3 | 13.2 | 11.9 |
| "六五" 时期 (1981-1985)<br>"Sixth Five-Year Plan" Period | 8.6 | 6.9 | 9.1 | 11.5 | 20.3 | 9.0 | 18.2 | 16.8 |
| "七五" 时期 (1986-1990)<br>"Seventh Five-Year Plan" Period | 9.4 | 3.5 | 10.4 | 15.9 | 11.6 | 14.3 | 20.2 | 16.3 |
| "八五" 时期 (1991-1995)<br>"Eighth Five-Year Plan" Period | 14.6 | 8.5 | 16.6 | 18.0 | 51.7 | 8.3 | 16.1 | 25.0 |
| "九五" 时期 (1996-2000)<br>"Ninth Five-Year Plan" Period | 10.5 | 7.2 | 8.4 | 14.4 | 9.7 | 12.9 | 15.1 | 14.3 |
| "十五" 时期 (2001-2005)<br>"Tenth Five-Year Plan" Period | 11.5 | 5.5 | 14.2 | 12.3 | 26.2 | 23.7 | 20.4 | 12.2 |
| "十一五" 时期 (2006-2010)<br>"Eleventh Five-Year Plan" Period | 15.6 | 6.5 | 19.2 | 15.9 | 32.5 | 24.6 | 28.9 | 19.0 |
| "十二五" 时期 (2011-2015)<br>"Twelve Five-Year Plan" Period | 10.6 | 4.8 | 14.2 | 9.2 | 24.4 | 13.7 | 19.2 | 14.4 |
| "十三五" 时期 (2016-2017)<br>"Thirteen Five-Year Plan" Period | 7.5 | 3.6 | 7.2 | 8.6 | 13.1 | 5.7 | 10.8 | 11.1 |

# 1-5 全市历年主要指标
## Main Indicators Of Nanning City Over The Years

| 年份 Year | 年末户籍人口(万人) Population at Year-end (10000 persons) | 生产总值(万元) Gross Domestic Product (10000 yuan) | 第一产业 Primary Industry | 第二产业 Secondary Industry | 第三产业 Tertiary Industry | 生产总值指数(%) Indices of Gross Domestic Product(%) | 第一产业 Primary Industry | 第二产业 Secondary Industry | 第三产业 Tertiary Industry |
|---|---|---|---|---|---|---|---|---|---|
| 1950 | 228.55 | 14272 | 10376 | 587 | 3309 | 100 | 100 | 100 | 100 |
| 1951 | 233.89 | 16885 | 12045 | 844 | 3996 | 113.2 | 110.1 | 147.6 | 119.0 |
| 1952 | 239.35 | 19369 | 13449 | 1228 | 4692 | 112.7 | 109.2 | 146.4 | 116.0 |
| 1953 | 245.81 | 22355 | 14565 | 2283 | 5507 | 115.3 | 108.1 | 199.9 | 117.8 |
| 1954 | 251.68 | 23675 | 14713 | 2557 | 6405 | 108.4 | 103.7 | 112.6 | 119.7 |
| 1955 | 254.93 | 25529 | 15113 | 3053 | 7363 | 108.3 | 102.9 | 118.6 | 118.0 |
| 1956 | 261.44 | 28189 | 15404 | 4048 | 8737 | 109.9 | 102.3 | 129.6 | 118.5 |
| 1957 | 266.89 | 30015 | 16262 | 4163 | 9590 | 105.6 | 104.9 | 105.2 | 109.0 |
| 1958 | 279.89 | 34627 | 15512 | 7887 | 11228 | 112.4 | 96.3 | 158.0 | 114.4 |
| 1959 | 286.78 | 43541 | 16522 | 12986 | 14033 | 127.9 | 106.3 | 170.1 | 128.1 |
| 1960 | 290.98 | 46193 | 14144 | 15527 | 16522 | 109.7 | 89.2 | 123.6 | 117.8 |
| 1961 | 292.75 | 36679 | 13623 | 8305 | 14751 | 79.9 | 94.2 | 52.7 | 95.3 |
| 1962 | 298.48 | 37274 | 14913 | 7279 | 15082 | 102.5 | 109.0 | 87.1 | 104.3 |
| 1963 | 309.93 | 39195 | 15925 | 7771 | 15499 | 104.3 | 106.5 | 102.9 | 103.0 |
| 1964 | 318.88 | 44568 | 17948 | 10157 | 16463 | 111.6 | 112.7 | 136.0 | 101.5 |
| 1965 | 329.84 | 53362 | 21483 | 13309 | 18570 | 116.8 | 115.2 | 132.0 | 109.6 |
| 1966 | 338.72 | 59518 | 23441 | 16911 | 19166 | 113.2 | 109.0 | 125.2 | 111.1 |
| 1967 | 345.70 | 59634 | 25458 | 15366 | 18810 | 101.2 | 108.0 | 92.8 | 102.4 |
| 1968 | 352.82 | 55120 | 25297 | 11956 | 17867 | 93.0 | 99.2 | 79.0 | 94.7 |
| 1969 | 361.74 | 67743 | 29168 | 20006 | 18569 | 118.4 | 109.7 | 172.4 | 103.6 |
| 1970 | 368.74 | 75982 | 33585 | 23099 | 19298 | 110.7 | 112.9 | 117.1 | 104.3 |
| 1971 | 380.39 | 82528 | 37749 | 25116 | 19663 | 107.1 | 108.7 | 107.7 | 104.3 |
| 1972 | 390.19 | 92412 | 43136 | 27863 | 21413 | 112.1 | 113.0 | 115.0 | 108.0 |
| 1973 | 401.91 | 103457 | 48440 | 31523 | 23494 | 111.5 | 113.9 | 113.6 | 104.8 |
| 1974 | 413.16 | 109354 | 49650 | 34988 | 24716 | 106.4 | 103.2 | 109.8 | 107.6 |
| 1975 | 423.38 | 117937 | 52955 | 38654 | 26328 | 107.9 | 107.6 | 110.3 | 104.8 |
| 1976 | 432.37 | 121775 | 51557 | 42621 | 27597 | 103.2 | 97.0 | 109.7 | 107.0 |
| 1977 | 440.08 | 130702 | 54687 | 46009 | 30006 | 107.9 | 103.5 | 112.7 | 109.8 |
| 1978 | 451.77 | 147407 | 61866 | 52192 | 33349 | 111.5 | 110.3 | 112.1 | 112.6 |
| 1979 | 460.86 | 166868 | 66443 | 64096 | 36329 | 112.4 | 100.3 | 127.9 | 110.2 |
| 1980 | 470.05 | 180111 | 70093 | 70017 | 40001 | 105.5 | 105.3 | 108.0 | 101.7 |
| 1981 | 480.27 | 194836 | 75578 | 72684 | 46574 | 109.0 | 107.0 | 107.5 | 117.4 |
| 1982 | 490.35 | 225795 | 96967 | 79171 | 49657 | 114.9 | 125.3 | 110.1 | 106.2 |
| 1983 | 497.86 | 241907 | 100133 | 84744 | 57030 | 106.9 | 103.6 | 108.0 | 113.3 |
| 1984 | 509.27 | 247810 | 98513 | 84852 | 64445 | 100.2 | 97.2 | 99.2 | 107.9 |
| 1985 | 519.06 | 309278 | 118263 | 108351 | 82664 | 112.7 | 103.4 | 122.1 | 113.1 |

注：本表数据均为2003年行政区划调整后大南宁范围口径的数据。

1-5 续表 1

| 年份 Year | 年末总人口（万人）Population at Year-end (10000 persons) | 生产总值（万元）Gross Domestic Product (10000 yuan) | 第一产业 Primary Industry | 第二产业 Secondary Industry | 第三产业 Tertiary Industry | 生产总值指数（%）Indices of Gross Domestic Product(%) | 第一产业 Primary Industry | 第二产业 Secondary Industry | 第三产业 Tertiary Industry |
|---|---|---|---|---|---|---|---|---|---|
| 1986 | 529.34 | 351522 | 126421 | 127214 | 97887 | 107.9 | 101.4 | 111.7 | 114.1 |
| 1987 | 538.79 | 420513 | 146358 | 156696 | 117459 | 112.6 | 105.2 | 117.6 | 114.2 |
| 1988 | 540.52 | 537786 | 178831 | 191331 | 167624 | 109.7 | 92.8 | 109.0 | 129.6 |
| 1989 | 547.50 | 620446 | 191616 | 219227 | 209603 | 107.4 | 107.7 | 102.8 | 114.9 |
| 1990 | 558.20 | 708788 | 231018 | 248354 | 229416 | 109.6 | 111.1 | 111.6 | 107.8 |
| 1991 | 563.74 | 793241 | 239063 | 274634 | 279544 | 106.3 | 100.6 | 106.9 | 111.6 |
| 1992 | 571.55 | 918098 | 277741 | 304726 | 335631 | 112.7 | 115.1 | 109.3 | 114.3 |
| 1993 | 579.54 | 1346171 | 344360 | 499312 | 502499 | 123.5 | 106.9 | 134.4 | 128.3 |
| 1994 | 587.86 | 1872259 | 491029 | 675122 | 706108 | 116.5 | 107.7 | 119.6 | 120.7 |
| 1995 | 594.92 | 2358085 | 615225 | 807943 | 934917 | 114.5 | 112.6 | 114.9 | 115.7 |
| 1996 | 601.95 | 2671991 | 690541 | 845891 | 1135559 | 111.4 | 105.9 | 110.4 | 116.5 |
| 1997 | 607.19 | 3044914 | 785856 | 922155 | 1336903 | 112.5 | 113.9 | 108.8 | 115.2 |
| 1998 | 612.20 | 3395532 | 834421 | 997314 | 1563797 | 111.5 | 108.4 | 110.3 | 114.8 |
| 1999 | 615.11 | 3569886 | 852645 | 1019933 | 1697308 | 109.4 | 107.4 | 108.1 | 111.7 |
| 2000 | 625.27 | 3779364 | 876615 | 1053679 | 1849070 | 107.7 | 100.7 | 104.6 | 113.9 |
| 2001 | 629.75 | 4181684 | 907401 | 1131645 | 2142638 | 108.8 | 102.2 | 106.4 | 113.2 |
| 2002 | 634.68 | 4631795 | 943479 | 1255606 | 2432710 | 110.9 | 107.7 | 112.2 | 111.6 |
| 2003 | 641.67 | 5217793 | 997023 | 1523485 | 2697285 | 110.9 | 103.7 | 119.3 | 109.4 |
| 2004 | 648.85 | 6191189 | 1076785 | 1933768 | 3180636 | 113.2 | 105.9 | 118.2 | 113.1 |
| 2005 | 659.54 | 7279032 | 1242538 | 2312059 | 3724435 | 113.4 | 108.2 | 115.6 | 114.0 |
| 2006 | 671.89 | 8801064 | 1443354 | 2973069 | 4384641 | 116.8 | 108.4 | 125.3 | 114.4 |
| 2007 | 683.51 | 10890730 | 1780002 | 3722713 | 5388015 | 117.4 | 107.3 | 121.1 | 117.9 |
| 2008 | 691.69 | 13204348 | 2031087 | 4579360 | 6593901 | 114.7 | 105.3 | 114.8 | 117.4 |
| 2009 | 697.90 | 15247144 | 2123780 | 5274575 | 7848789.242 | 115.1 | 105.8 | 117.0 | 116.3 |
| 2010 | 707.37 | 18002613 | 2444349 | 6518841 | 9039423 | 114.2 | 105.7 | 117.8 | 113.7 |
| 2011 | 711.49 | 22114358 | 3055458 | 8296138 | 10762762 | 113.5 | 105.7 | 118.3 | 112.2 |
| 2012 | 713.50 | 25031812 | 3229563 | 9607494 | 12194755 | 112.3 | 105.2 | 118.1 | 109.6 |
| 2013 | 724.43 | 28455976 | 3367878 | 11082707.23 | 14005390.68 | 110.3 | 104.8 | 114.6 | 108.1 |
| 2014 | 729.66 | 31483154 | 3546924 | 12515380.34 | 15420849.66 | 108.5 | 104.2 | 109.9 | 108.2 |
| 2015 | 740.23 | 34100779.72 | 3711012 | 13451457.81 | 16938309.91 | 108.6 | 104.1 | 110.4 | 107.9 |
| 2016 | 751.74 | 37033288 | 3959322 | 14265027 | 18808938.98 | 107.0 | 103.2 | 105.8 | 108.8 |
| 2017 | 756.87 | 41188293 | 4041842 | 15994975 | 21151476 | 108.0 | 104.1 | 108.6 | 108.4 |

1-5 续表 2

单位：万元 (10000 yuan)

| 年份<br>Year | 全社会固定资产投资<br>Total Investment in Fixed Assets | 财政收入<br>Financial Revenue | #一般公共预算收入<br>Public Budget Income | 一般公共预算支出<br>Public Budget Expenditure | 农业总产值<br>Gross Output Value of Farming,Forestry,Animal,Husbandry & Fishery | 工业总产值<br>Gross Industrial Output Value | 社会消费品零售总额<br>Total Retail Sales of Consumer Goods |
|---|---|---|---|---|---|---|---|
| 1950 | 388 | 781 | 774 | 317 | 14674 | 1223 | 5834 |
| 1951 | 458 | 1648 | 1624 | 545 | 17009 | 1932 | 7482 |
| 1952 | 547 | 1898 | 1850 | 1084 | 19131 | 2967 | 9021 |
| 1953 | 2287 | 2733 | 2680 | 1184 | 20602 | 4941 | 11127 |
| 1954 | 1682 | 3464 | 3454 | 1298 | 20769 | 5981 | 13165 |
| 1955 | 1697 | 3468 | 3416 | 1322 | 21545 | 7290 | 13434 |
| 1956 | 3621 | 4659 | 4617 | 1939 | 22043 | 9151 | 16912 |
| 1957 | 3178 | 5676 | 5618 | 2168 | 23144 | 9678 | 16248 |
| 1958 | 6860 | 5744 | 5645 | 4037 | 22060 | 18666 | 18312 |
| 1959 | 14569 | 7654 | 7604 | 4446 | 23646 | 30235 | 23701 |
| 1960 | 16761 | 6725 | 6616 | 5933 | 20471 | 36901 | 25139 |
| 1961 | 6162 | 4613 | 4561 | 3442 | 19772 | 19501 | 20949 |
| 1962 | 4126 | 5058 | 5006 | 2456 | 21665 | 17648 | 22843 |
| 1963 | 4649 | 5205 | 5140 | 2648 | 23266 | 18857 | 22905 |
| 1964 | 7710 | 5339 | 5263 | 3548 | 26084 | 23917 | 22851 |
| 1965 | 8662 | 6293 | 6212 | 3377 | 31782 | 32618 | 25626 |
| 1966 | 7217 | 7402 | 7286 | 3538 | 34898 | 44529 | 27943 |
| 1967 | 3709 | 6435 | 6310 | 3493 | 37765 | 40518 | 26755 |
| 1968 | 2725 | 5081 | 4839 | 3196 | 37156 | 31260 | 22728 |
| 1969 | 4764 | 7946 | 7858 | 4223 | 43077 | 53287 | 29638 |
| 1970 | 5851 | 9930 | 9819 | 4142 | 50570 | 63861 | 29429 |
| 1971 | 6615 | 12178 | 12023 | 4692 | 56731 | 65930 | 29591 |
| 1972 | 8515 | 14032 | 13628 | 8047 | 64208 | 75342 | 32041 |
| 1973 | 8848 | 16591 | 16175 | 5748 | 70500 | 86364 | 36544 |
| 1974 | 9725 | 19180 | 18711 | 6645 | 71747 | 96037 | 39891 |
| 1975 | 11062 | 19813 | 19405 | 6381 | 75695 | 106363 | 43954 |
| 1976 | 12086 | 19461 | 19270 | 6581 | 73039 | 117477 | 45133 |
| 1977 | 11396 | 21537 | 21273 | 7579 | 76148 | 127749 | 49347 |
| 1978 | 20349 | 23188 | 23184 | 10879 | 81632 | 136758 | 54365 |
| 1979 | 28550 | 24008 | 23992 | 9962 | 91527 | 144489 | 62380 |
| 1980 | 20248 | 27538 | 27538 | 11833 | 97019 | 157057 | 76941 |
| 1981 | 18437 | 28864 | 28864 | 12399 | 106454 | 168984 | 83388 |
| 1982 | 22813 | 31563 | 31563 | 13174 | 126695 | 182935 | 92740 |
| 1983 | 24934 | 32792 | 32757 | 13577 | 136535 | 198420 | 104626 |

1-5 续表 3

单位：万元 (10000 yuan)

| 年份 Year | 全社会固定资产投资 Total Investment in Fixed Assets | 财政收入 Financial Revenue | #一般公共预算收入 General Public Bugetary Revenue of Local Government Revenue | 一般公共预算支出 Public Budget Expenditure | 农业总产值 Gross Output Value of Farming,Forestry,Animal,Husbandry & Fishery | 工业总产值 Gross Industrial Output Value | 居民消费价格指数 (%) | 社会消费品零售总额 Total Retail Sales of Consumer Goods |
|---|---|---|---|---|---|---|---|---|
| 1984 | 28394 | 33915 | 33813 | 16635 | 143894 | 211645 | 104.4 | 123936 |
| 1985 | 51008 | 42633 | 42321 | 27267 | 172481 | 260770 | 118.3 | 167304 |
| 1986 | 67233 | 47723 | 47376 | 39718 | 184142 | 305786 | 105.2 | 186098 |
| 1987 | 78940 | 55007 | 54675 | 45438 | 215076 | 376240 | 111.1 | 224707 |
| 1988 | 108827 | 64246 | 64246 | 60931 | 272515 | 490246 | 121.6 | 294082 |
| 1989 | 84519 | 74593 | 74593 | 60261 | 286725 | 607592 | 119.4 | 339300 |
| 1990 | 88386 | 82478 | 82478 | 68441 | 361702 | 671708 | 98.0 | 356467 |
| 1991 | 103255 | 89637 | 89637 | 71913 | 379696 | 766803 | 104.1 | 410693 |
| 1992 | 147118 | 94542 | 94542 | 75287 | 444538 | 938925 | 106.7 | 493513 |
| 1993 | 288531 | 141425 | 141425 | 107415 | 563494 | 1337414 | 125.1 | 669925 |
| 1994 | 447150 | 193018 | 107076 | 128398 | 791925 | 1774347 | 124.8 | 828756 |
| 1995 | 711065 | 219576 | 122823 | 144050 | 995180 | 1984448 | 118.6 | 1088523 |
| 1996 | 825818 | 240141 | 138598 | 155555 | 1116908 | 2044709 | 103.3 | 1293125 |
| 1997 | 969255 | 273637 | 159742 | 178987 | 1242108 | 2159248 | 100.2 | 1464026 |
| 1998 | 1049861 | 308392 | 178092 | 202323 | 1317691 | 2332161 | 96.7 | 1618304 |
| 1999 | 1111761 | 339803 | 201008 | 245770 | 1342494 | 2311969 | 95.9 | 1724235 |
| 2000 | 1131659 | 375390 | 225728 | 290667 | 1377932 | 2417251 | 100.0 | 2124265 |
| 2001 | 1214061 | 452926 | 291860 | 348556 | 1407186 | 2608100 | 102.8 | 2313462 |
| 2002 | 1455615 | 525341 | 312805 | 452120 | 1455675 | 2911858 | 99.4 | 2567758 |
| 2003 | 1903567 | 610594 | 362435 | 524981 | 1519259 | 3341979 | 100.8 | 2884483 |
| 2004 | 2627634 | 746328 | 432526 | 621191 | 1798585 | 4040693 | 104.2 | 3320502 |
| 2005 | 3628975 | 1002186 | 451954 | 735508 | 2045862 | 4909198 | 101.1 | 3780023 |
| 2006 | 4472211 | 1203603 | 566191 | 930781 | 2384753 | 6392812 | 102.5 | 4355090 |
| 2007 | 5602200 | 1508393 | 701510 | 1180007 | 2944579 | 8302142 | 104.4 | 5156225 |
| 2008 | 6934353 | 1911682 | 928812 | 1660830 | 3380719 | 10598632 | 108.4 | 6431973 |
| 2009 | 10439120 | 2313664 | 1204628 | 2035519 | 3511968 | 11757647 | 98.2 | 7570122 |
| 2010 | 14830158 | 3008756 | 1560958 | 2612785 | 4032427 | 15011824 | 102.5 | 9059318 |
| 2011 | 20189453 | 3635192 | 1862928 | 3018491 | 5071561 | 20002301 | 105.7 | 10731541 |
| 2012 | 25851818 | 4219938 | 2297183 | 3765096 | 5345172 | 22827319 | 102.9 | 12555902 |
| 2013 | 24750080 | 4736625 | 2562467 | 4172858 | 5772670 | 26591777 | 102.1 | 14508367 |
| 2014 | 29338739 | 5265905 | 2748518 | 4657665 | 6094853 | 29550538 | 101.6 | 16169020 |
| 2015 | 34184261 | 5724781 | 2970501 | 5267231 | 6386212 | 33238249 | 101.9 | 17866839 |
| 2016 | 38247267 | 6138706 | 3127921 | 5869793 | 6891485 | 36280744 | 101.4 | 19803601 |
| 2017 | 43079465 | 6879808 | 3321500 | 6463707 | 7004068 | 37941377 | 102.3 | 22041551 |

注：1、社会消费品零售总额 2000 年以后不含制造业零售和农业生产零售，2005 年—2008 年数根据二经普结果相应调整；2、2013 年起，固定资产投资起报点从计划总投资 50 万起报调整为计划总投资 500 万元起报；3、2016 年起，全社会固定资产投资统计指标口径改为固定资产投资。

# 1-6 全市历年人均主要指标

## Per Capita Main Indicators Of Nanning City Over The Years

单位：元 (yuan)

| 年份 Year | 生产总值 Gross Domestic Product | 财政收入 Financial Revenue | 全社会固定资产投资 Total Investment in Fixed Assets | 社会消费品零售总额 Total Retail Sales of Consumer Goods | 住户存款余额 Savings Deposit of Urban and Rural Households | 在岗职工年平均工资 Average Annual Wage of Staff and Workers | 农村居民人均可支配收入 Per Capita Annual Net Income of Rural Residents |
|---|---|---|---|---|---|---|---|
| 1950 | 62 | 3 | 2 | 26 | … | 338 | 54 |
| 1951 | 73 | 7 | 2 | 32 | … | 356 | 56 |
| 1952 | 82 | 8 | 2 | 38 | 1 | 427 | 63 |
| 1953 | 92 | 11 | 9 | 46 | 1 | 458 | 61 |
| 1954 | 95 | 14 | 7 | 53 | 2 | 461 | 62 |
| 1955 | 101 | 14 | 7 | 53 | 2 | 488 | 60 |
| 1956 | 109 | 18 | 14 | 66 | 2 | 527 | 67 |
| 1957 | 114 | 21 | 12 | 62 | 2 | 551 | 68 |
| 1958 | 127 | 21 | 25 | 67 | 4 | 510 | 62 |
| 1959 | 154 | 27 | 51 | 84 | 6 | 448 | 56 |
| 1960 | 160 | 23 | 58 | 87 | 5 | 435 | 49 |
| 1961 | 126 | 16 | 21 | 72 | 3 | 457 | 56 |
| 1962 | 126 | 17 | 14 | 77 | 2 | 502 | 58 |
| 1963 | 129 | 17 | 15 | 75 | 3 | 535 | 51 |
| 1964 | 142 | 17 | 25 | 73 | 4 | 549 | 64 |
| 1965 | 165 | 19 | 27 | 79 | 4 | 539 | 66 |
| 1966 | 178 | 22 | 22 | 84 | 5 | 507 | 68 |
| 1967 | 174 | 19 | 11 | 78 | 5 | 537 | 70 |
| 1968 | 158 | 15 | 8 | 65 | 6 | 518 | 72 |
| 1969 | 190 | 22 | 13 | 83 | 5 | 490 | 70 |
| 1970 | 208 | 27 | 16 | 81 | 6 | 516 | 68 |
| 1971 | 220 | 33 | 18 | 79 | 6 | 482 | 74 |
| 1972 | 240 | 36 | 22 | 83 | 7 | 499 | 82 |
| 1973 | 261 | 42 | 22 | 92 | 8 | 528 | 87 |
| 1974 | 268 | 47 | 24 | 98 | 9 | 540 | 80 |
| 1975 | 282 | 47 | 26 | 105 | 10 | 549 | 81 |
| 1976 | 285 | 45 | 28 | 105 | 10 | 519 | 74 |
| 1977 | 300 | 49 | 26 | 113 | 11 | 528 | 76 |
| 1978 | 331 | 52 | 46 | 122 | 13 | 565 | 88 |
| 1979 | 366 | 53 | 63 | 137 | 16 | 612 | 105 |
| 1980 | 387 | 59 | 44 | 165 | 22 | 730 | 107 |
| 1981 | 410 | 61 | 39 | 175 | 28 | 746 | 135 |
| 1982 | 465 | 65 | 47 | 191 | 34 | 791 | 158 |
| 1983 | 490 | 66 | 50 | 212 | 43 | 818 | 239 |
| 1984 | 492 | 67 | 56 | 246 | 62 | 963 | 316 |
| 1985 | 602 | 83 | 99 | 325 | 84 | 1051 | 367 |

注：1、本表中人均城乡居民储蓄存款余额、在岗职年平均工资、农民人均纯收入 1950–1999 年为原南宁口径的数据，2000 年以后为行政区划调整后的数据。2、自 2016 年起，农民人均纯收入统计口径更改为农村居民人均可支配收入。

1-6 续表

单位：元 (yuan)

| 年份<br>Year | 生产总值<br>Gross Domestic Product | 财政收入<br>Financial Revenue | 全社会固定资产投资<br>Total Investment in Fixed Assets | 社会消费品零售总额<br>Total Retail Sales of Consumer Goods | 住户存款余额<br>Savings Deposit of Urban and Rural Househoulds | 在岗职工年平均工资<br>Average Annual Wage of Staff and Workers | 农村居民人均可支配收入<br>Per Capita Annual Net Income of Rural Residents |
|---|---|---|---|---|---|---|---|
| 1986 | 671 | 91 | 128 | 355 | 116 | 1292 | 404 |
| 1987 | 787 | 103 | 148 | 421 | 153 | 1428 | 461 |
| 1988 | 997 | 119 | 202 | 545 | 185 | 1685 | 521 |
| 1989 | 1141 | 137 | 155 | 624 | 253 | 1784 | 574 |
| 1990 | 1282 | 149 | 160 | 645 | 354 | 2111 | 624 |
| 1991 | 1414 | 160 | 184 | 732 | 459 | 2331 | 683 |
| 1992 | 1617 | 167 | 259 | 869 | 598 | 2720 | 778 |
| 1993 | 2339 | 246 | 501 | 1164 | 890 | 3786 | 912 |
| 1994 | 3208 | 331 | 766 | 1420 | 1365 | 4976 | 1093 |
| 1995 | 3987 | 371 | 1202 | 1841 | 1889 | 5668 | 1326 |
| 1996 | 4465 | 401 | 1380 | 2161 | 2392 | 6009 | 1553 |
| 1997 | 5036 | 453 | 1603 | 2422 | 2665 | 6508 | 1788 |
| 1998 | 5569 | 506 | 1722 | 2654 | 3269 | 7315 | 1942 |
| 1999 | 5817 | 554 | 1812 | 2810 | 3562 | 8077 | 2079 |
| 2000 | 6086 | 605 | 1825 | 3425 | 4700 | 8185 | 1791 |
| 2001 | 6656 | 722 | 1935 | 3687 | 5287 | 9572 | 1954 |
| 2002 | 7327 | 831 | 2302 | 4062 | 6170 | 11363 | 2111 |
| 2003 | 8176 | 957 | 2983 | 4520 | 7036 | 13172 | 2231 |
| 2004 | 9595 | 1157 | 4072 | 5146 | 7949 | 15447 | 2467 |
| 2005 | 11127 | 1532 | 5547 | 5778 | 9070 | 17520 | 2680 |
| 2006 | 13220 | 1808 | 6718 | 6542 | 10142 | 20650 | 3033 |
| 2007 | 16070 | 2226 | 8266 | 7608 | 10458 | 24789 | 3462 |
| 2008 | 19204 | 2780 | 10085 | 9354 | 12924 | 29377 | 4001 |
| 2009 | 21945 | 3330 | 15025 | 10896 | 16065 | 32596 | 4385 |
| 2010 | 27069 | 4524 | 22298 | 13621 | 20687 | 37042 | 5005 |
| 2011 | 33017 | 5427 | 30143 | 16022 | 23605 | 40120 | 5848 |
| 2012 | 37016 | 6240 | 38229 | 18567 | 27561 | 43847 | 6777 |
| 2013 | 41711 | 6943 | 36278 | 21266 | 31613 | 48188 | 7685 |
| 2014 | 45735 | 7650 | 42620 | 23489 | 33728 | 54826 | 8576 |
| 2015 | 49360 | 8237 | 49186 | 25708 | 38854 | 63820 | 9408 |
| 2016 | 53067 | 8739 | 54451 | 28194 | 41636 | 68560 | 11398 |
| 2017 | 57948 | 9679 | 60609 | 31011 | 44693 | 75481 | 12515 |

注：1、自2010年起人均指标按常住人口计算。2、自2016年起，农民人均纯收入统计口径更改为农村居民人均可支配收入。3、2016年起，全社会固定资产投资统计指标口径改为固定资产投资。

# 1-7 全市社会经济主要指标

## Main Social Economic Indicators Of Nanning City

| 指标名称<br>Item | 单位<br>Unit | 2017 年 | 2016 年 | 2017 年为 2016 年%<br>Rate of Development (%) |
|---|---|---|---|---|
| **人口、土地面积<br>Population,Land Area** | | | | |
| 年末户籍人口<br>Population at Year-end | 人<br>(person) | 7568656 | 7517446 | 100.7 |
| # 男性人口<br>Male | 人<br>(person) | 3944813 | 3929997 | 100.4 |
| 女性人口<br>Female | 人<br>(person) | 3623843 | 3587449 | 101.0 |
| # 城镇人口<br>Town population | 人<br>(person) | 3324893 | 3272396 | 101.6 |
| 乡村人口<br>Rural population | 人<br>(person) | 4243763 | 4245050 | 100.0 |
| 年平均人口<br>Annual Average Population | 人<br>(person) | 7543051 | 7459874 | 101.1 |
| 自然增长率<br>Natural Growth Rate of Population | ‰ | 7.43 | 6.23 | 1.2 ▲ |
| 年末常住人口<br>Residents Population | 万人 | 715.33 | 706.22 | 101.3 |
| # 城镇人口<br>Town population | 万人 | 438.83 | 425.34 | 103.2 |
| 城镇化率<br>Urbanization Rate | % | 61.35 | 60.23 | 1.1* |
| 土地面积<br>Land Area | 平方公里<br>(sq.km) | 22099 | 22099 | 100.0 |
| # 建成区面积<br>Urban Area | 平方公里<br>(sq.km) | 393 | 387 | 101.7 |
| **生产总值（当年价）<br>Gross Domestic Product** | **万元<br>(10000 yuan)** | **41188293** | **37033288** | **108.0** |
| 第一产业<br>Primary Industry | 万元<br>(10000 yuan) | 4041842 | 3959322 | 104.1 |
| 第二产业<br>Secondary Industry | 万元<br>(10000 yuan) | 15994975 | 14265027 | 108.6 |
| 工业<br>Industry | 万元<br>(10000 yuan) | 11898899 | 10631406 | 109.5 |
| 建筑业<br>Construction | 万元<br>(10000 yuan) | 4096076 | 3640200 | 106.0 |
| 第三产业<br>Tertiary Industry | 万元<br>(10000 yuan) | 21151476 | 18808939 | 108.4 |
| 人均生产总值（当年价）<br>Per Capita Gross Domestic Product | 元<br>(yuan) | 57948 | 52723 | 106.7 |
| **生产总值构成<br>Composition of Gross Domestic Product** | **%** | **100** | **100** | |
| 第一产业<br>Primary Industry | % | 9.81 | 10.69 | -0.88* |
| 第二产业<br>Secondary Industry | % | 38.84 | 38.52 | 0.32* |
| 工业<br>Industry | % | 28.89 | 28.71 | 0.18* |
| 建筑业<br>Construction | % | 9.95 | 9.83 | 0.12* |
| 第三产业<br>Tertiary Industry | % | 51.35 | 50.79 | 0.56* |

注：1. 生产总值发展速度按可比价计算。2. "▲" 为增减千分点，"*" 为增减百分点。

1-7 续表 1

| 指标名称<br>Item | 单位<br>Unit | 2017 年 | 2016 年 | 2017 年为 2016 年%<br>Rate of Development (%) |
|---|---|---|---|---|
| **农业<br>Agriculture** | | | | |
| 农林牧渔业总产值(当年价)<br>Gross Output Value of Agriculture, Forestry, Animal Husbandry and Fishery | 万元<br>(10000 yuan) | 7004068 | 6891485 | 103.9 |
| 农业<br>Farming | 万元<br>(10000 yuan) | 3994748 | 3818375 | 103.5 |
| 林业<br>Forestry | 万元<br>(10000 yuan) | 367388 | 310431 | 117.2 |
| 牧业<br>Animal Husbandry | 万元<br>(10000 yuan) | 1975377 | 2125962 | 101.6 |
| 渔业<br>Fishery | 万元<br>(10000 yuan) | 297169 | 274368 | 106.5 |
| 服务业<br>Services in support of Agriculture | 万元<br>(10000 yuan) | 369386 | 362350 | 108.1 |
| 乡(镇)村从业人员<br>Number of Rural(Town Governments) Laborers | 万人<br>(10000 persons) | 309.40 | 310.13 | 99.8 |
| 粮食总产量<br>Output of Grain | 吨<br>(ton) | 2168063 | 2233587 | 97.1 |
| 油料产量<br>Output of Oil-bearing Grops | 吨<br>(ton) | 160221 | 155344 | 103.1 |
| 蔬菜产量<br>Output of Vegetables | 吨<br>(ton) | 5453998 | 5176992 | 105.4 |
| 甘蔗产量<br>Output of Sugarcane | 吨<br>(ton) | 11615755 | 11154659 | 104.1 |
| 水果产量<br>Output of Fruits | 吨<br>(ton) | 2483209 | 2338025 | 106.2 |
| 肉类产量<br>Output of Meat | 吨<br>(ton) | 658062 | 650442 | 101.2 |
| 水产品产量<br>Output of Aquatic Products | 吨<br>(ton) | 274533 | 261172 | 105.1 |
| 农业机械总动力<br>Total Agricultural Machinery Power | 万千瓦<br>(10000 kw) | 481.15 | 468.14 | 102.8 |
| 农村用电量<br>Electricity Consumed in Rural Areas | 万千瓦时<br>(10000 kwh) | 118349 | 117555 | 100.7 |
| 农用化肥施用量(折纯量)<br>Consumption of Chemical Fertilizers | 吨<br>(ton) | 538258 | 488690 | 110.1 |

1-7 续表 2

| 指标名称<br>Item | 单位<br>Unit | 2017 年 | 2016 年 | 2017 年为 2016 年%<br>Rate of Development<br>(%) |
|---|---|---|---|---|
| **工业<br>Industry** | | | | |
| 全部工业总产值(当年价)<br>ALL Included Gross IndustrialOutput Value(current prices) | 万元<br>(10000 yuan) | 37941377 | 36280744 | 104.6 |
| # 规模以上工业总产值<br>Above Designated Size | 万元<br>(10000 yuan) | 37130696 | 35219998 | 105.4 |
| 规模以上工业企业主要指标<br>Main Indicators of IndustrialEnterprises above Designated Size | | | | |
| 企业单位数<br>Number of Enterprises | 个<br>(unit) | 960 | 910 | 105.5 |
| # 亏损企业<br>Loss-making Enterprises | 个<br>(unit) | 92 | 81 | 113.6 |
| 工业总产值(现价)<br>Gross Industrial Output Value (current prices) | 万元<br>(10000 yuan) | 37130696 | 35219998 | 105.4 |
| 内资企业<br>Domestic Funded | 万元<br>(10000 yuan) | 29967565 | 28324718 | 105.8 |
| 国有企业<br>State-owned Enterprises | 万元<br>(10000 yuan) | 1327571 | 1683493 | 78.9 |
| 集体企业<br>Collective-owned Enterprises | 万元<br>(10000 yuan) | 65904 | 52072 | 126.6 |
| 股份合作企业<br>Cooperative Enterprises | 万元<br>(10000 yuan) | | | |
| 有限责任公司<br>Limited Liability Companies | 万元<br>(10000 yuan) | 9677078 | 9229431 | 104.9 |
| 股份有限公司<br>Share-holding Enterprises | 万元<br>(10000 yuan) | 1588758 | 1793209 | 88.6 |
| 私营企业<br>Private Enterprises | 万元<br>(10000 yuan) | 17308253 | 15557691 | 111.3 |
| 其他企业<br>Other Enterprises | 万元<br>(10000 yuan) | | 8822 | 0.0 |
| 外商及港澳台商投资企业<br>Enterprises with Funds from Foreign,Hong Kong,Macao and Taiwan | 万元<br>(10000 yuan) | 7163131 | 6895280 | 103.9 |
| **按轻重工业分<br>Grouped by Light & Heavy Industries** | | | | |
| 轻工业<br>Light Industry | 万元<br>(10000 yuan) | 14956160 | 14136445 | 105.8 |
| 重工业<br>Heavy Industry | 万元<br>(10000 yuan) | 22174536 | 21083553 | 105.2 |
| **按企业规模分<br>Grouped by Size of Enterprises** | | | | |
| 大型企业<br>Large Enterprises | 万元<br>(10000 yuan) | 7820961 | 7869403 | 99.4 |
| 中型企业<br>Medium-sized Enterprises | 万元<br>(10000 yuan) | 11935825 | 11766690 | 101.4 |
| 小型、微型企业<br>Small and Micro-Enterprises | 万元<br>(10000 yuan) | 17373910 | 15583906 | 111.5 |
| 主营业务收入<br>Revenue from Principal Business | 万元<br>(10000 yuan) | 34775110 | 33142068 | 104.9 |
| 利税总额<br>Total Profits & Taxes | 万元<br>(10000 yuan) | 2085922 | 2253421 | 92.6 |
| 亏损企业亏损额<br>Total Losses of Loss-making Enterprise | 万元<br>(10000 yuan) | 95062 | 45782 | 207.6 |

1-7 续表 3

| 指标名称 Item | 单位 Unit | 2017 年 | 2016 年 | 2017 年为 2016 年% Rate of Development (%) |
|---|---|---|---|---|
| **交通、邮电、电力 Transport,Postal and Telecommunication Services** | | | | |
| 货运总量 Freight Traffic | 万吨 (10000 tons) | 35142 | 32429 | 108.4 |
| 客运总量 Passenger Traffic | 万人 (10000 persons) | 9245 | 8898 | 103.9 |
| 内河港口货物吞吐量 Volume of Freight Handled in Major Ports of Inland Rivers | 万吨 (10000 tons) | 1380 | 1312 | 105.2 |
| 邮电业务总量 (2010 年价) Business Volume of Postal and Telecommunication Services (2010 constant prices) | 万元 (10000 yuan) | 2062507 | 2415421 | 85.4 |
| 年末电话用户数 Number of Telephone Subscribers at Year-end | 户 (subscribers) | 10096927 | 8478748 | 119.1 |
| # 移动电话用户数 Number of Mobile Telephone Subscribers at Year-end | 户 (subscribers) | 9377964 | 7853759 | 119.4 |
| 年末互联网用户 Number of Internet Users | 户 (subscribers) | 7138465 | 6385714 | 111.8 |
| 全年用电量 Electricity Consumption | 万千瓦时 (10000 kwh) | 1962368 | 1895586 | 103.5 |
| # 工业用电量 Industry | 万千瓦时 (10000 kwh) | 736587 | 753114 | 97.8 |
| 城乡居民生活用电量 Residentrial Consumption | 万千瓦时 (10000 kwh) | 539672 | 523997 | 103.0 |
| **固定资产投资 Investment in Fixed Assets** | | | | |
| # 固定资产投资额 Investment in Urban Fixed Assets | 万元 (10000 yuan) | 43079465 | 38247267 | 112.6 |
| # 项目投资 Project investment | 万元 (10000 yuan) | 33498598 | 29707291 | 112.8 |
| 房地产开发投资 Real Estate Development | 万元 (10000 yuan) | 9580867 | 8539976 | 112.2 |
| 第一产业 Primary Industry | 万元 (10000 yuan) | 1490671 | 1444801 | 103.2 |
| 第二产业 Secondary Industry | 万元 (10000 yuan) | 11221543 | 10307697 | 108.9 |
| 工业 Industry | 万元 (10000 yuan) | 10741294 | 9996036 | 107.5 |
| 第三产业 Tertiary Industry | 万元 (10000 yuan) | 30367251 | 26494769 | 114.6 |
| 民间投资 Private investment | 万元 (10000 yuan) | 28017935 | 24609655 | 113.8 |
| 非公投资 Non-Public Ownership Investment | 万元 (10000yuan) | 28693900 | 25255600 | 113.6 |

注：1. 年末互联网用户为宽度用户数。2.2013 年起，固定资产投资起报点从计划总投资 50 万起报调整为计划总投资 500 万元起报，发展速度按可比口径计算。3. 房屋施工、竣工面积不含私人建房。

1-7 续表 4

| 指标名称 Item | 单位 Unit | 2017年 | 2016年 | 2017年为2016年% Rate of Development (%) |
|---|---|---|---|---|
| **商业、外贸、旅游 Domestic Trade** | | | | |
| 社会消费品零售总额 Total Retail Sales of Consumer Goods | 万元 (10000 yuan) | 22041551 | 19803601 | 111.3 |
| #城镇零售额 Retail Sales of Consumer Goods in Urban District | 万元 (10000 yuan) | 20308449 | 18295563 | 111.0 |
| 乡村零售额 Retail Sales of Consumer Goods in Rural District | 万元 (10000 yuan) | 1733102 | 1508038 | 114.9 |
| 批发零售贸易业商品销售总额 Sale Values of Enterprises of Wholesale and Retail rades | 万元 (10000 yuan) | 55184950 | 49231802 | 112.1 |
| 外贸进出口总值（海关数） Total Exports & Imports | 万元 (10000 yuan) | 6070866 | 4162345 | 145.9 |
| 进口总值 Exports | 万元 (10000 yuan) | 3313969 | 2051000 | 161.6 |
| 出口总值 Imports | 万元 (10000 yuan) | 2756897 | 2111345 | 130.6 |
| 外商直接投资 Direct Foreign Investments | 万美元 (10000 USD) | 95753 | 77000 | 124.4 |
| 旅游者人数 Number of Tourists | 万人次 (10000 person-times) | 11001 | 9555 | 115.1 |
| #国际旅游人数 International Tourists | 万人次 (10000 person-times) | 59.13 | 55.54 | 106.5 |
| 旅游收入 Earnings from Tourism | 万元 (10000 yuan) | 11273500 | 9186700 | 122.7 |
| #国际旅游收入 International Tourism | 万美元 (10000 USD) | 25996 | 23233 | 111.9 |
| **财政、金融 Finance,Banking&Insurance** | | | | |
| 全部财政收入 Financial Revenue | 万元 (10000 yuan) | 6879808 | 6138706 | 112.1 |
| #一般公共预算收入 Public finance budget income | 万元 (10000 yuan) | 3321500 | 3127921 | 106.2 |
| 一般公共预算支出 Local Government Expenditure | 万元 (10000 yuan) | 6463707 | 5869793 | 110.1 |
| 金融机构各项存款余额 Total Deposits of Financial Institutions | 万元 (10000 yuan) | 93675341 | 89017247 | 105.2 |
| #住户存款余额 Householder Savings Deposits | 万元 (10000 yuan) | 31766881 | 29245457 | 108.6 |
| 金融机构各项贷款余额 Total Loans of Financial Institutions | 万元 (10000 yuan) | 104704409 | 94237920 | 111.1 |

1-7 续表 5

| 指标名称<br>Item | 单位<br>Unit | 2017 年 | 2016 年 | 2017 年为 2016 年%<br>Rate of Development (%) |
|---|---|---|---|---|
| **劳动工资<br>Employment and Wages** | | | | |
| 年末在岗职工人数<br>Number of Staff & Workers on the Job at Year-end | 人<br>(person) | 724807 | 734898 | 98.6 |
| 国有单位<br>State-owned Units | 人<br>(person) | 326268 | 336374 | 97.0 |
| 城镇集体单位<br>Urban Collective Owned Units | 人<br>(person) | 7407 | 8004 | 92.5 |
| 其他经济类型单位<br>Units of Other Types of Ownership | 人<br>(person) | 391132 | 390520 | 100.2 |
| 在岗职工工资总额<br>Total Wages Bill of Staff & Workers on the Job | 万元<br>(10000 yuan) | 5763215 | 5216656 | 110.5 |
| 国有单位<br>State-owned Units | 万元<br>(10000 yuan) | 2908728 | 2615948 | 111.2 |
| 城镇集体单位<br>Urban Collective Owned Units | 万元<br>(10000 yuan) | 39664 | 37613 | 105.5 |
| 其他经济类型单位<br>Units of Other Types of Ownership | 万元<br>(10000 yuan) | 2814823 | 2563095 | 109.8 |
| 在岗职工年平均工资<br>Average Wage of Staff & Workers on the Job | 元 / 人<br>(yuan/person) | 75481 | 68560 | 110.1 |
| 国有单位<br>State-owned Units | 元 / 人<br>(yuan/person) | 87999 | 77362 | 113.7 |
| 城镇集体单位<br>Urban Collective Owned Units | 元 / 人<br>(yuan/person) | 59207 | 50920 | 116.3 |
| 其他经济类型单位<br>Units of Other Types of Ownership | 元 / 人<br>(yuan/person) | 68026 | 63043 | 107.9 |
| **居民消费价格指数<br>Consumer Price index** | % | **102.3** | **101.4** | **102.3** |

# 1-8 市区社会经济主要指标
## Main Social Economic Indicators Of Urban Districts

| 指标名称 | 单位 Unit | 2017 年 | 2016 年 | 2017 年为 2016 年% Rate of Development (%) |
|---|---|---|---|---|
| **人口、土地面积 Population,Land Area** | | | | |
| 年末户籍人口 Population at Year-end | 人 (person) | 3753763 | 3700817 | 101.4 |
| # 男性人口 Male | 人 (person) | 1918606 | 1901969 | 100.9 |
| 女性人口 Female | 人 (person) | 1835157 | 1798848 | 102.0 |
| 年平均人口 Average Annual Population | 人 (person) | 3727290 | 3302727 | 112.9 |
| 自然增长率 Natural Growth Rate of Population | ‰ | 9.16 | 8.88 | 0.28 ▲ |
| 年末常住人口 Residents Population | 万人 | 433.36 | 426.81 | 101.5 |
| # 城镇人口 Town population | 万人 | 335.74 | 326.64 | 102.8 |
| 城镇化率 Urbanization Rate | % | 77.47 | 76.53 | 0.94* |
| 土地面积 Land Area | 平方公里 (sq.km) | 9836 | 9836 | 100.0 |
| # 建成区面积 Urban Area | 平方公里 (sq.km) | 315.22 | 310.47 | 101.5 |
| **生产总值(当年价) Gross Domestic Product** | **万元 (10000 yuan)** | **34107372** | **30512839** | **108.2** |
| 第一产业 Primary Industry | 万元 (10000 yuan) | 2108721 | 2201371 | 104.2 |
| 第二产业 Secondary Industry | 万元 (10000 yuan) | 13695708 | 12093164 | 109.3 |
| 工业 Industry | 万元 (10000 yuan) | 10364896 | 9144649 | 110.1 |
| 建筑业 Construction | 万元 (10000 yuan) | 3330812 | 2948515 | 106.4 |
| 第三产业 Tertiary Industry | 万元 (10000 yuan) | 18302943 | 16218304 | 107.8 |
| 人均生产总值(当年价) Per Capita Gross Domestic Product(current prices) | 元 (yuan) | 79292 | 71996 | 106.6 |
| **生产总值构成 Composition of Gross Domestic Product** | **%** | **100** | **100** | |
| 第一产业 Primary Industry | % | 6.18 | 7.21 | -1.03* |
| 第二产业 Secondary Industry | % | 40.15 | 39.63 | 0.52* |
| 工业 Industry | % | 30.39 | 29.97 | 0.42* |
| 建筑业 Construction | % | 9.77 | 9.66 | 0.11* |
| 第三产业 Tertiary Industry | % | 53.66 | 53.15 | 0.51* |

注：1. 生产总值、农业总产值发展速度按可比价计算。2. “▲”为增减千分点，“*”为增减百分点。2、2016 年起，市区年末常住人口含武鸣区。3、2016 年起，建成区面积含武鸣区。

1-8 续表 1

| 指标名称 | 单位<br>Unit | 2017 年 | 2016 年 | 2017 年为 2016 年%<br>Rate of Development<br>(%) |
|---|---|---|---|---|
| **工业**<br>**Industry** | | | | |
| 规模以上工业总产值(当年价)<br>Above Designated Size(current prices) | 万元<br>(10000 yuan) | 31823134 | 30491328 | 104.4 |
| **规模以上工业企业主要指标**<br>**Main Indicators of Industrial Enterprises above Designated Size** | | | | |
| 企业单位数<br>Number of Enterprises | 个<br>(unit) | 729 | 687 | 106.1 |
| # 亏损企业<br>Loss-making Enterprises | 个<br>(unit) | 64 | 58 | 110.3 |
| 主营业务收入<br>Revenue from Principal Business | 万元<br>(10000 yuan) | 29730117 | 28470244 | 104.4 |
| 利润总额<br>Total Profits | 万元<br>(10000 yuan) | 1727236 | 1923529 | 89.8 |
| 亏损企业亏损额<br>Total Losses of Loss-making Enterprise | 万元<br>(10000 yuan) | 45649 | 24103 | 189.4 |
| **固定资产投资**<br>**Investment in Fixed Assets** | | | | |
| 固定资产投资额<br>Investment in Urban Fixed Assets | 万元<br>(10000 yuan) | 36150747 | 32014789 | 112.9 |
| # 项目投资<br>Project investment | 万元<br>(10000 yuan) | 27141409 | 23902926 | 113.5 |
| 房地产开发投资<br>Real Estate Development | 万元<br>(10000 yuan) | 9009338 | 8111863 | 111.1 |

注：1. 其他投资含城镇工矿区私人建房。2.2013 年起，固定资产投资起报点从计划总投资 50 万起报调整为计划总投资 500 万元起报，发展速度按可比口径计算。

1-8 续表 2

| 指标名称<br>Item | 单位<br>Unit | 2017 年 | 2016 年 | 2017 年为 2016 年%<br>Rate of Development (%) |
|---|---|---|---|---|
| **商业<br>Domestic** | | | | |
| 社会消费品零售总额<br>Total Retail Sales of Consumer Goods | 万元<br>(10000 yuan) | 19157836 | 17221755 | 111.2 |
| # 城镇零售额<br>Retail Sales of Consumer Goods in Urban District | 万元<br>(10000 yuan) | 18022402 | 16249157 | 110.9 |
| 乡村零售额<br>Retail Sales of Consumer Goods in Rural District | 万元<br>(10000 yuan) | 1135433 | 972599 | 116.7 |
| **财政、金融<br>Finance,Banking&Insurance** | | | | |
| 全部财政收入<br>Financial Revenue | 万元<br>(10000 yuan) | 6221236 | 5518428 | 112.7 |
| # 一般公共预算收入<br>Public finance budget income | 万元<br>(10000 yuan) | 2940318 | 2705885 | 108.7 |
| 一般公共预算政支出<br>Local Government Expenditure | 万元<br>(10000 yuan) | 4160161 | 3795113 | 109.6 |
| 金融机构各项存款余额<br>Total Deposits of Financial Institutions | 万元<br>(10000 yuan) | 86155312 | 82220220 | 104.8 |
| # 城乡居民储蓄存款余额<br>Urban & Rural Savings Deposits | 万元<br>(10000 yuan) | 25863151 | 23865365 | 108.4 |
| 金融机构各项贷款余额<br>Total Loans of Financial Institutions | 万元<br>(10000 yuan) | 100521464 | 90462353 | 111.1 |

# 1-9 各县区社会经济主要指标

## Main Social Economic Indicators By County

| 指标名称<br>Item | 单位<br>Unit | 隆安县 | | | 马山县 | | |
|---|---|---|---|---|---|---|---|
| | | 2017 年 | 2016 年 | 2017 年为 2016 年% Rate of Development (%) | 2017 年 | 2016 年 | 2017 年为 2016 年% Rate of Development (%) |
| **人口、土地面积<br>Population,Land Area** | | | | | | | |
| 年末户籍人口<br>Population at Year-end | 人<br>(person) | 422396 | 422049 | 100.1 | 571237 | 568572 | 100.5 |
| 男性人口<br>Male | 人<br>(person) | 224323 | 223918 | 100.2 | 301051 | 299567 | 100.5 |
| 女性人口<br>Female | 人<br>(person) | 198073 | 198131 | 100.0 | 270186 | 269005 | 100.4 |
| 年平均人口<br>Average Annual Population | 人<br>(person) | 422223 | 420705 | 100.4 | 569905 | 565941 | 100.7 |
| 年末常住人口<br>Residents Population | 万人 | 31.54 | 31.25 | 100.9 | 41.11 | 40.72 | 101.0 |
| # 城镇人口<br>Town population | 万人 | 9.55 | 9.16 | 104.3 | 10.92 | 10.53 | 103.7 |
| 城镇化率<br>Urbanization Rate | % | 30.28 | 29.31 | 0.97* | 26.56 | 25.86 | 0.7* |
| 土地面积<br>Land Area | 平方公里<br>(sq.km) | 2306 | 2306 | 100.0 | 2341 | 2341 | 100.0 |
| **生产总值（当年价）<br>Gross Domestic Product** | **万元<br>(10000 yuan)** | **731841** | **664094** | **106.6** | **551826** | **500954** | **105.2** |
| 第一产业<br>Primary Industry | 万元<br>(10000 yuan) | 279486 | 256807 | 104.1 | 202636 | 176958 | 104.3 |
| 第二产业<br>Secondary Industry | 万元<br>(10000 yuan) | 197709 | 184396 | 106.9 | 103532 | 103488 | 101.4 |
| 工业<br>Industry | 万元<br>(10000 yuan) | 106233 | 101884 | 109.0 | 33066 | 37520 | 102.8 |
| 建筑业<br>Construction | 万元<br>(10000 yuan) | 91476 | 82512 | 104.4 | 70467 | 65968 | 100.6 |
| 第三产业<br>Tertiary Industry | 万元<br>(10000 yuan) | 254645 | 222891 | 109.2 | 245658 | 220508 | 107.7 |
| 人均生产总值（当年价）<br>Per Capita Gross Domestic Product(current prices) | 元<br>(yuan) | 23311 | 21333 | 105.7 | 13487 | 12352 | 104.3 |
| **生产总值构成<br>Composition of Gross Domestic Product** | **%** | **100** | **100** | | **100** | **100** | |
| 第一产业<br>Primary Industry | % | 38.19 | 38.67 | -0.48* | 36.72 | 35.32 | 1.4* |
| 第二产业<br>Secondary Industry | % | 27.02 | 27.77 | -0.75* | 18.76 | 20.66 | -1.9* |
| 工业<br>Industry | % | 14.52 | 15.34 | -0.83* | 5.99 | 7.49 | -1.5* |
| 建筑业<br>Construction | % | 12.50 | 12.42 | 0.07* | 12.77 | 13.17 | -0.4* |
| 第三产业<br>Tertiary Industry | % | 34.79 | 33.56 | 1.23* | 44.52 | 44.02 | 0.5* |

注：1. 生产总值发展速度按可比价计算。2. “▲”为增减千分点，“*”为增减百分点。

1-9 续表 1

| 指标名称 Item | 单位 Unit | 隆安县 | | | 马山县 | | |
|---|---|---|---|---|---|---|---|
| | | 2017 年 | 2016 年 | 2017 年为 2016 年% Rate of Development (%) | 2017 年 | 2016 年 | 2017 年为 2016 年% Rate of Development (%) |
| **农业 Agriculture** | | | | | | | |
| 农林牧渔业总产值(当年价) Gross Output Value of Agriculture, Forestry,Animal Husbandry and Fishery | 万元 (10000 yuan) | 413795 | 428528 | 104.7 | 297442 | 298791 | 104.0 |
| 农业 Farming | 万元 (10000 yuan) | 247657 | 253003 | 104.1 | 140995 | 131421 | 106.5 |
| 林业 Forestry | 万元 (10000 yuan) | 22086 | 16698 | 127.7 | 29208 | 28045 | 103.1 |
| 牧业 Animal Husbandry | 万元 (10000 yuan) | 112474 | 129059 | 103.0 | 113187 | 126028 | 101.7 |
| 渔业 Fishery | 万元 (10000 yuan) | 18567 | 17571 | 103.9 | 13098 | 12396 | 103.7 |
| 农林牧渔服务业 Services in support of Agriculture | 万元 (10000 yuan) | 13011 | 12197 | 104.7 | 955 | 901 | 104.0 |
| **工业 Industry** | | | | | | | |
| 规模以上工业企业主要指标 Main Indicators of Industrial Enterprises above Designated Size | | | | | | | |
| 企业单位数 Number of Enterprises | 个 (unit) | 37 | 36 | 102.8 | 13 | 14 | 92.9 |
| # 亿元工业企业 Above 100 million yuan | 个 (unit) | 18 | 12 | 150.0 | 3 | 3 | 100.0 |
| # 亏损企业 Loss-making Enterprises | 个 (unit) | 8 | 6 | 133.3 | 4 | 3 | 133.3 |
| 规模以上工业总产值 Above Designated Size | 万元 (10000 yuan) | 506991 | 455493 | 111.3 | 86595 | 88747 | 97.6 |
| **固定资产投资 Investment in Fixed Assets** | | | | | | | |
| 固定资产投资额 Investment in Fixed Assets | 万元 (10000 yuan) | 578107 | 534845 | 108.1 | 421921 | 381034 | 110.7 |
| # 项目投资 Project Investment | 万元 (10000 yuan) | 371184 | 493814 | 75.2 | 403046 | 353685 | 114.0 |
| 房地产开发投资 Real Estate Development | 万元 (10000 yuan) | 206923 | 41031 | 504.3 | 18875 | 27349 | 69.0 |

1-9 续表 2

| 指标名称 Item | 单位 Unit | 隆安县 | | | 马山县 | | |
|---|---|---|---|---|---|---|---|
| | | 2017 年 | 2016 年 | 2017 年为 2016 年% Rate of Development (%) | 2017 年 | 2016 年 | 2017 年为 2016 年% Rate of Development (%) |
| **商业 Domestic** | | | | | | | |
| 社会消费品零售总额 Total Retail Sales of Consumer Goods | 万元 (10000 yuan) | 212160 | 191774 | 110.6 | 253396 | 230360 | 110.0 |
| # 城镇零售额 Retail Sales of Consumer Goods in Urban District | 万元 (10000 yuan) | 148679 | 120134 | 123.8 | 182353 | 165449 | 110.2 |
| 乡村零售额 Retail Sales of Consumer Goods in Rural District | 万元 (10000 yuan) | 63481 | 71640 | 88.6 | 71043 | 64911 | 109.4 |
| **财政、金融 Finance,Banking&Insurance** | | | | | | | |
| 财政收入 Financial Revenue | 万元 (10000 yuan) | 49951 | 45801 | 109.1 | 34222 | 33395 | 102.5 |
| # 一般公共预算收入 Public finance budget income | 万元 (10000 yuan) | 27062 | 25472 | 106.2 | 19495 | 22086 | 88.3 |
| 一般公共预算支出 Local Government Expenditure | 万元 (10000 yuan) | 259101 | 235499 | 110.0 | 337584 | 280155 | 120.5 |
| 金融机构各项存款余额 Total Deposits of Financial Institutions | 万元 (10000 yuan) | 978390 | 891952 | 109.7 | 97909 | 897664 | 10.9 |
| # 住户存款余额 Householder Savings Deposits | 万元 (10000 yuan) | 780289 | 717392 | 108.8 | 640503 | 567417 | 112.9 |
| 金融机构各项贷款余额 Total Loans of Financial Institutions | 万元 (10000 yuan) | 518139 | 453012 | 114.4 | 477818 | 434575 | 110.0 |
| **城乡居民收入 The income of urban and rural residents** | | | | | | | |
| 全体居民年人均可支配收入 Per capita disposable income of all residents | 元 / 人 (yuan/person) | 15173 | 13825 | 109.8 | 13966 | 12686 | 110.1 |
| # 城镇居民年人均可支配收入 Disposable income of urban residents | 元 / 人 (yuan/person) | 25912 | 23970 | 108.1 | 25889 | 24016 | 107.8 |
| 农村居民年人均可支配收入 Per capita disposable income of rural residents | 元 / 人 (yuan/person) | 10720 | 9799 | 109.4 | 9807 | 8973 | 109.3 |

1-9 续表 3

| 指标名称<br>Unit | 单位<br>Unit | 上林县 | | | 宾阳县 | | |
|---|---|---|---|---|---|---|---|
| | | 2017 年 | 2016 年 | 2017 年为 2016 年% Rate of Development (%) | 2017 年 | 2016 年 | 2017 年为 2016 年% Rate of Development (%) |
| **人口、土地面积<br>Population,Land Area** | | | | | | | |
| 年末户籍人口<br>Population at Year-end | 人<br>(person) | 499733 | 498892 | 100.2 | 1055912 | 1057876 | 99.8 |
| 男性人口<br>Male | 人<br>(person) | 262958 | 262208 | 100.3 | 564468 | 565511 | 99.8 |
| 女性人口<br>Female | 人<br>(person) | 236775 | 236684 | 100.0 | 491444 | 492365 | 99.8 |
| 年平均人口<br>Average Annual Population | 人<br>(person) | 499313 | 497450 | 100.4 | 1056894 | 1054579 | 100.2 |
| 年末常住人口<br>Residents Population | 万人 | 36.32 | 35.85 | 101.3 | 82.03 | 81.42 | 100.7 |
| # 城镇人口<br>Town population | 万人 | 11.69 | 11.24 | 104.0 | 34.7 | 33.46 | 103.7 |
| 城镇化率<br>Urbanization Rate | % | 32.19 | 31.35 | 0.84* | 42.3 | 41.1 | 1.2* |
| 土地面积<br>Land Area | 平方公里<br>(sq.km) | 1871 | 1871 | 100.0 | 2298 | 2298 | 100.0 |
| **生产总值（当年价）<br>Gross Domestic Product** | **万元<br>(10000 yuan)** | **567493** | **532091** | **104.8** | **2183924** | **1981758** | **109.4** |
| 第一产业<br>Primary Industry | 万元<br>(10000 yuan) | 219900 | 211111 | 104.3 | 502491 | 481086 | 103.8 |
| 第二产业<br>Secondary Industry | 万元<br>(10000 yuan) | 107291 | 103981 | 102.2 | 681795 | 663851 | 106.1 |
| 工业<br>Industry | 万元<br>(10000 yuan) | 51916 | 53609 | 101.1 | 454005 | 457202 | 107.2 |
| 建筑业<br>Construction | 万元<br>(10000 yuan) | 55374 | 50372 | 103.5 | 227789 | 206648 | 103.8 |
| 第三产业<br>Tertiary Industry | 万元<br>(10000 yuan) | 240302 | 216999 | 106.4 | 999710 | 836822 | 115.2 |
| 人均生产总值（当年价）<br>Per Capita Gross Domestic Product(current prices) | 元 | 15727 | 14873 | 103.9 | 26722 | 24388 | 108.8 |
| **生产总值构成<br>Composition of Gross Domestic Product** | % | **100** | **100** | | **100** | **100** | |
| 第一产业<br>Primary Industry | % | 38.75 | 39.68 | -0.93* | 23.00 | 24.28 | -1.27* |
| 第二产业<br>Secondary Industry | % | 18.91 | 19.54 | -0.64* | 31.22 | 33.50 | -2.28* |
| 工业<br>Industry | % | 9.15 | 10.08 | -0.93* | 20.79 | 23.07 | -2.28* |
| 建筑业<br>Construction | % | 9.76 | 9.47 | 0.29* | 10.43 | 10.43 | 0* |
| 第三产业<br>Tertiary Industry | % | 42.34 | 40.78 | 1.56* | 45.78 | 42.23 | 3.55* |

1-9 续表 4

| 指标名称 Item | 单位 Unit | 上林县 | | | 宾阳县 | | |
|---|---|---|---|---|---|---|---|
| | | 2017 年 | 2016 年 | 2017 年为 2016 年% Rate of Development (%) | 2017 年 | 2016 年 | 2017 年为 2016 年% Rate of Development (%) |
| **农业 Agriculture** | | | | | | | |
| 农林牧渔业总产值(当年价) Gross Output Value of Agriculture, Forestry,Animal Husbandry and Fishery | 万元 (10000 yuan) | 372368 | 360788 | 103.9 | 846773 | 796222 | 105.5 |
| 农业 Farming | 万元 (10000 yuan) | 165054 | 158347 | 101.4 | 476341 | 433427 | 107.5 |
| 林业 Forestry | 万元 (10000 yuan) | 23817 | 15303 | 153.6 | 41198 | 37883 | 105.4 |
| 牧业 Animal Husbandry | 万元 (10000 yuan) | 158413 | 163827 | 101.3 | 270156 | 268976 | 102.5 |
| 渔业 Fishery | 万元 (10000 yuan) | 23841 | 22135 | 105.8 | 47310 | 44984 | 103.4 |
| 农林牧渔服务业 Services in support of Agriculture | 万元 (10000 yuan) | 1243 | 1175 | 103.8 | 11768 | 10952 | 105.5 |
| **工业 Industry** | | | | | | | |
| 规模以上工业企业主要指标 Main Indicators of Industrial Enterprises above Designated Size | | | | | | | |
| 企业单位数 Number of Enterprises | 个 (unit) | 16 | 16 | 100.00 | 65 | 61 | 106.56 |
| # 亿元工业企业 Above 100 million yuan | 个 (unit) | 9 | 11 | 81.82 | 44 | 46 | 95.65 |
| # 亏损企业 Loss-making Enterprises | 个 (unit) | 3 | 1 | 300.00 | 10 | 4 | 250.00 |
| 规模以上工业总产值 Above Designated Size | 万元 (10000 yuan) | 191952 | 194649 | 98.61 | 1683695 | 1470133 | 114.53 |
| **固定资产投资 Investment in Fixed Assets** | | | | | | | |
| 固定资产投资额 Investment in Fixed Assets | 万元 (10000 yuan) | 462457 | 416626 | 111.00 | 2760991 | 2442291 | 113.05 |
| # 项目投资 Project Investment | 万元 (10000 yuan) | 359692 | 304371 | 118.18 | 2642725 | 2317582 | 114.03 |
| 房地产开发投资 Real Estate Development | 万元 (10000 yuan) | 102765 | 112255 | 91.55 | 118266 | 124709 | 94.83 |

1-9 续表 5

| 指标名称 Item | 单位 Unit | 上林县 | | | 宾阳县 | | |
|---|---|---|---|---|---|---|---|
| | | 2017 年 | 2016 年 | 2017 年为 2016 年% Rate of Development (%) | 2017 年 | 2016 年 | 2017 年为 2016 年% Rate of Development (%) |
| **商业 Domestic** | | | | | | | |
| 社会消费品零售总额 Total Retail Sales of Consumer Goods | 万元 (10000 yuan) | 219741 | 199946 | 109.9 | 1158224 | 1030356 | 112.4 |
| # 城镇零售额 Retail Sales of Consumer Goods in Urban District | 万元 (10000 yuan) | 93612 | 93534 | 100.1 | 957862 | 860694 | 111.3 |
| 乡村零售额 Retail Sales of Consumer Goods in Rural District | 万元 (10000 yuan) | 126129 | 106412 | 118.5 | 200361 | 169662 | 118.1 |
| **财政、金融 Finance,Banking&Insurance** | | | | | | | |
| 财政收入 Financial Revenue | 万元 (10000 yuan) | 43108 | 40471 | 106.5 | 184310 | 174386 | 105.7 |
| # 一般公共预算收入 Public finance budget income | 万元 (10000 yuan) | 25322 | 25443 | 99.5 | 126007 | 122889 | 102.5 |
| 一般公共预算支出 Local Government Expenditure | 万元 (10000 yuan) | 313817 | 262506 | 119.5 | 481231 | 447914 | 107.4 |
| 金融机构各项存款余额 Total Deposits of Financial Institutions | 万元 (10000 yuan) | 944504 | 876939 | 107.7 | 2127211 | 1981895 | 107.3 |
| # 住户存款余额 Householder Savings Deposits | 万元 (10000 yuan) | 763043 | 701326 | 108.8 | 1683495 | 1537683 | 109.5 |
| 金融机构各项贷款余额 Total Loans of Financial Institutions | 万元 (10000 yuan) | 551956 | 504312 | 109.4 | 1191999 | 1107173 | 107.7 |
| **城乡居民收入 The income of urban and rural residents** | | | | | | | |
| 全体居民年人均可支配收入 Per capita disposable income of all residents | 元 / 人 (yuan/person) | 14910 | 13527 | 110.2 | 20520 | 18640 | 110.1 |
| # 城镇居民年人均可支配收入 Disposable income of urban residents | 元 / 人 (yuan/person) | 25225 | 23249 | 108.5 | 31489 | 29103 | 108.2 |
| 农村居民年人均可支配收入 Per capita disposable income of rural residents | 元 / 人 (yuan/person) | 10199 | 9289 | 109.8 | 12867 | 11644 | 110.5 |

1-9 续表 6

| 指标名称<br>Unit | 单位<br>Unit | 横 县 | | | 兴宁区 | | |
|---|---|---|---|---|---|---|---|
| | | 2017 年 | 2016 年 | 2017 年为 2016 年% Rate of Development (%) | 2017 年 | 2016 年 | 2017 年为 2016 年% Rate of Development (%) |
| **人口、土地面积<br>Population,Land Area** | | | | | | | |
| 年末户籍人口<br>Population at Year-end | 人<br>(person) | 1265615 | 1269240 | 99.7 | 334134 | 327033 | 102.2 |
| 男性人口<br>Male | 人<br>(person) | 673407 | 676824 | 99.5 | 169402 | 167093 | 101.4 |
| 女性人口<br>Female | 人<br>(person) | 592208 | 592416 | 100.0 | 164732 | 159940 | 103.0 |
| 年平均人口<br>Average Annual Population | 人<br>(person) | 1267428 | 1264408 | 100.2 | 330584 | 321897 | 102.7 |
| 年末常住人口<br>Residents Population | 万人 | 90.84 | 90.17 | 100.7 | 43.54 | 42.89 | 101.5 |
| # 城镇人口<br>Town population | 万人 | 36.35 | 34.31 | 105.9 | 37.18 | 36.15 | 102.8 |
| 城镇化率<br>Urbanization Rate | % | 40.02 | 38.05 | 1.97* | 85.39 | 84.29 | 1.1* |
| 土地面积<br>Land Area | 平方公里<br>(sq.km) | 3448 | 3448 | 100.0 | 723 | 723 | 100.0 |
| **生产总值(当年价)<br>Gross Domestic Product** | **万元<br>(10000 yuan)** | **3045838** | **2749718** | **107.0** | **4135500** | **3677896** | **108.0** |
| 第一产业<br>Primary Industry | 万元<br>(10000 yuan) | 728680 | 672283 | 103.9 | 109843 | 107326 | 104.7 |
| 第二产业<br>Secondary Industry | 万元<br>(10000 yuan) | 1208939 | 1122687 | 104.5 | 701936 | 635733 | 103.9 |
| 工业<br>Industry | 万元<br>(10000 yuan) | 888782 | 836542 | 104.2 | 121246 | 115115 | 99.0 |
| 建筑业<br>Construction | 万元<br>(10000 yuan) | 320157 | 286145 | 105.4 | 580690 | 520619 | 105.0 |
| 第三产业<br>Tertiary Industry | 万元<br>(10000 yuan) | 1108219 | 954748 | 112.3 | 3323721 | 2934837 | 109.0 |
| 人均生产总值(当年价)<br>Per Capita Gross Domestic Product(current prices) | 元<br>(yuan) | 33654 | 30593 | 106.3 | 95696 | 86447 | 106.3 |
| **生产总值构成<br>Composition of Gross Domestic Product** | **%** | **100** | **100** | | **100** | **100** | |
| 第一产业<br>Primary Industry | % | 23.92 | 24.45 | −0.53* | 2.66 | 2.92 | −0.26* |
| 第二产业<br>Secondary Industry | % | 39.69 | 40.83 | −1.14* | 16.97 | 17.29 | −0.31* |
| 工业<br>Industry | % | 29.18 | 30.42 | −1.24* | 2.93 | 3.13 | −0.2* |
| 建筑业<br>Construction | % | 10.51 | 10.41 | 0.1* | 14.04 | 14.16 | −0.11* |
| 第三产业<br>Tertiary Industry | % | 36.39 | 34.72 | 1.66* | 80.37 | 79.80 | 0.57* |

1-9 续表 7

| 指标名称<br>Unit | 单位<br>Unit | 横 县 | | | 兴宁区 | | |
|---|---|---|---|---|---|---|---|
| | | 2017 年 | 2016 年 | 2017 年为 2016 年% Rate of Development (%) | 2017 年 | 2016 年 | 2017 年为 2016 年% Rate of Development (%) |
| **农业<br>Agriculture** | | | | | | | |
| 农林牧渔业总产值(当年价)<br>Gross Output Value of Agriculture, Forestry,Animal Husbandry and Fishery | 万元<br>(10000 yuan) | 1238367 | 1137302 | 103.6 | 180916 | 177320 | 105.6 |
| 农业<br>Farming | 万元<br>(10000 yuan) | 743562 | 686937 | 102.4 | 109036 | 104505 | 102.9 |
| 林业<br>Forestry | 万元<br>(10000 yuan) | 55560 | 40500 | 135.9 | 16024 | 14522 | 109.0 |
| 牧业<br>Animal Husbandry | 万元<br>(10000 yuan) | 348816 | 323894 | 101.9 | 44176 | 47441 | 110.5 |
| 渔业<br>Fishery | 万元<br>(10000 yuan) | 51703 | 49272 | 103.2 | 8575 | 7965 | 105.5 |
| 农林牧渔服务业<br>Services in support of Agriculture | 万元<br>(10000 yuan) | 38726 | 36699 | 103.6 | 3105 | 2886 | 105.6 |
| **工业<br>Industry** | | | | | | | |
| 规模以上工业企业主要指标<br>Main Indicators of Industrial Enterprises above Designated Size | | | | | | | |
| 企业单位数<br>Number of Enterprises | 个<br>(unit) | 100 | 96 | 104.2 | 26 | 25 | 104.0 |
| # 亿元工业企业<br>Above 100 million yuan | 个<br>(unit) | 66 | 67 | 98.5 | 11 | 11 | 100.0 |
| # 亏损企业<br>Loss-making Enterprises | 个<br>(unit) | 3 | 9 | 33.3 | 4 | 4 | 100.0 |
| 规模以上工业总产值<br>Above Designated Size | 万元<br>(10000 yuan) | 2838329 | 2633745 | 107.8 | 352829 | 332061 | 106.3 |
| **固定资产投资<br>Investment in Fixed Assets** | | | | | | | |
| 固定资产投资额<br>Investment in Fixed Assets | 万元<br>(10000 yuan) | 2705242 | 2457682 | 110.1 | 2746179 | 2514139 | 109.2 |
| # 项目投资<br>Project Investment | 万元<br>(10000 yuan) | 2580542 | 2334913 | 110.5 | 1796091 | 1417394 | 126.7 |
| 房地产开发投资<br>Real Estate Development | 万元<br>(10000 yuan) | 124700 | 122769 | 101.6 | 950088 | 1096745 | 86.6 |

1-9 续表 8

| 指标名称 Item | 单位 Unit | 横县 | | | 兴宁区 | | |
|---|---|---|---|---|---|---|---|
| | | 2017 年 | 2016 年 | 2017 年为 2016 年% Rate of Development (%) | 2017 年 | 2016 年 | 2017 年为 2016 年% Rate of Development (%) |
| **商业 Domestic** | | | | | | | |
| 社会消费品零售总额 Total Retail Sales of Consumer Goods | 万元 (10000 yuan) | 1040195 | 929410 | 111.9 | 4649313 | 4157854 | 111.8 |
| # 城镇零售额 Retail Sales of Consumer Goods in Urban District | 万元 (10000 yuan) | 903540 | 806595 | 112.0 | 4525592 | 4055743 | 111.6 |
| 乡村零售额 Retail Sales of Consumer Goods in Rural District | 万元 (10000 yuan) | 136655 | 122815 | 111.3 | 123720 | 102111 | 121.2 |
| **财政、金融 Finance,Banking&Insurance** | | | | | | | |
| 财政收入 Financial Revenue | 万元 (10000 yuan) | 190669 | 183817 | 103.7 | 411593 | 386067 | 106.6 |
| # 一般公共预算收入 Public finance budget income | 万元 (10000 yuan) | 134252 | 130319 | 103.0 | 91542 | 91126 | 100.5 |
| 一般公共预算支出 Local Government Expenditure | 万元 (10000 yuan) | 537099 | 479531 | 112.0 | 178464 | 168721 | 105.8 |
| 金融机构各项存款余额 Total Deposits of Financial Institutions | 万元 (10000 yuan) | 2490014 | 2148577 | 115.9 | | | |
| # 住户存款余额 Householder Savings Deposits | 万元 (10000 yuan) | 2036401 | 1856273 | 109.7 | | | |
| 金融机构各项贷款余额 Total Loans of Financial Institutions | 万元 (10000 yuan) | 1443034 | 1276495 | 113.0 | | | |
| **城乡居民收入 The income of urban and rural residents** | | | | | | | |
| 全体居民年人均可支配收入 Per capita disposable income of all residents | 元 / 人 (yuan/person) | 19955 | 18163 | 109.9 | 32749 | 30299 | 108.1 |
| # 城镇居民年人均可支配收入 Disposable income of urban residents | 元 / 人 (yuan/person) | 31762 | 29574 | 107.4 | 36322 | 33725 | 107.7 |
| 农村居民年人均可支配收入 Per capita disposable income of rural residents | 元 / 人 (yuan/person) | 12703 | 11538 | 110.1 | 13585 | 12406 | 109.5 |

1-9 续表 9

| 指标名称 Item | 单位 Unit | 青秀区 | | | 江南区 | | |
|---|---|---|---|---|---|---|---|
| | | 2017 年 | 2016 年 | 2017 年为 2016 年% Rate of Development (%) | 2017 年 | 2016 年 | 2017 年为 2016 年% Rate of Development (%) |
| **人口、土地面积 Population,Land Area** | | | | | | | |
| 年末户籍人口 Population at Year-end | 人 (person) | 733436 | 712342 | 103.0 | 524286 | 514119 | 102.0 |
| 男性人口 Male | 人 (person) | 363222 | 354796 | 102.4 | 268655 | 265473 | 101.2 |
| 女性人口 Female | 人 (person) | 370214 | 357546 | 103.5 | 255631 | 248646 | 102.8 |
| 年平均人口 Average Annual Population | 人 (person) | 722889 | 699695 | 103.3 | 519203 | 505745 | 102.7 |
| 年末常住人口 Residents Population | 万人 | 79.17 | 77.75 | 101.8 | 64.03 | 62.68 | 102.2 |
| # 城镇人口 Town population | 万人 | 72.55 | 70.77 | 102.5 | 51.2 | 49.8 | 102.8 |
| 城镇化率 Urbanization Rate | % | 91.64 | 91.02 | 0.62* | 79.96 | 79.45 | 0.51* |
| 土地面积 Land Area | 平方公里 (sq.km) | 865 | 865 | 100.0 | 1183 | 1183 | 100.0 |
| **生产总值(当年价) Gross Domestic Product** | **万元 (10000 yuan)** | **9139620** | **8314445** | **106.1** | **6029689** | **5370882** | **110.0** |
| 第一产业 Primary Industry | 万元 (10000 yuan) | 178800 | 179417 | 102.0 | 300192 | 281001 | 102.3 |
| 第二产业 Secondary Industry | 万元 (10000 yuan) | 1047785 | 954329 | 105.8 | 4228928 | 3741935 | 111.7 |
| 工业 Industry | 万元 (10000 yuan) | 130873 | 144101 | 102.0 | 3910302 | 3441670 | 113.0 |
| 建筑业 Construction | 万元 (10000 yuan) | 916913 | 810228 | 106.6 | 318626 | 300265 | 99.9 |
| 第三产业 Tertiary Industry | 万元 (10000 yuan) | 7913035 | 7180699 | 106.2 | 1500569 | 1347945 | 107.5 |
| 人均生产总值(当年价) Per Capita Gross Domestic Product(current prices) | 元 (yuan) | 116488 | 107679 | 104.4 | 95173 | 86872 | 107.3 |
| **生产总值构成 Composition of Gross Domestic Product** | % | **100** | **100** | | **100** | **100** | |
| 第一产业 Primary Industry | % | 1.96 | 2.16 | -0.2* | 4.98 | 5.23 | -0.25* |
| 第二产业 Secondary Industry | % | 11.46 | 11.48 | -0.01* | 70.14 | 69.67 | 0.46* |
| 工业 Industry | % | 1.43 | 1.73 | -0.3* | 64.85 | 64.08 | 0.77* |
| 建筑业 Construction | % | 10.03 | 9.74 | 0.29* | 5.28 | 5.59 | -0.31* |
| 第三产业 Tertiary Industry | % | 86.58 | 86.36 | 0.22* | 24.89 | 25.10 | -0.21* |

1-9 续表 10

| 指标名称<br>Item | 单位<br>Unit | 青秀区 | | | 江南区 | | |
|---|---|---|---|---|---|---|---|
| | | 2017 年 | 2016 年 | 2017 年为 2016 年% Rate of Development (%) | 2017 年 | 2016 年 | 2017 年为 2016 年% Rate of Development (%) |
| **农业<br>Agriculture** | | | | | | | |
| 农林牧渔业总产值（当年价）<br>Gross Output Value of Agriculture, Forestry,Animal Husbandry and Fishery | 万元<br>(10000 yuan) | 348176 | 350917 | 102.1 | 323621 | 305016 | 103.8 |
| 农业<br>Farming | 万元<br>(10000 yuan) | 155221 | 148781 | 101.3 | 249946 | 229310 | 104.0 |
| 林业<br>Forestry | 万元<br>(10000 yuan) | 31493 | 33710 | 100.6 | 7077 | 6402 | 110.2 |
| 牧业<br>Animal Husbandry | 万元<br>(10000 yuan) | 96295 | 107750 | 101.6 | 39723 | 44240 | 101.4 |
| 渔业<br>Fishery | 万元<br>(10000 yuan) | 12361 | 9906 | 123.7 | 14328 | 13206 | 106.4 |
| 农林牧渔服务业<br>Services in support of Agriculture | 万元<br>(10000 yuan) | 52806 | 50770 | 102.1 | 12547 | 11858 | 103.8 |
| **工业<br>Industry** | | | | | | | |
| 规模以上工业企业主要指标<br>Main Indicators of Industrial Enterprises above Designated Size | | | | | | | |
| 企业单位数<br>Number of Enterprises | 个<br>(unit) | 29 | 27 | 107.4 | 167 | 157 | 106.4 |
| # 亿元工业企业<br>Above 100 million yuan | 个<br>(unit) | 7 | 7 | 100.0 | 119 | 111 | 107.2 |
| # 亏损企业<br>Loss-making Enterprises | 个<br>(unit) | 4 | 3 | 133.3 | 16 | 20 | 80.0 |
| 规模以上工业总产值<br>Above Designated Size | 万元<br>(10000 yuan) | 501357 | 485856 | 103.2 | 13439015 | 11582392 | 116.0 |
| **固定资产投资<br>Investment in Fixed Assets** | | | | | | | |
| 固定资产投资额<br>Investment in Fixed Assets | 万元<br>(10000 yuan) | 8852072 | 7896491 | 112.1 | 5076811 | 4404988 | 115.3 |
| # 项目投资<br>Project Investment | 万元<br>(10000 yuan) | 7427341 | 6259588 | 118.7 | 3629375 | 3203374 | 113.3 |
| 房地产开发投资<br>Real Estate Development | 万元<br>(10000 yuan) | 1424731 | 1636903 | 87.0 | 1447436 | 1201614 | 120.5 |

1-9 续表 11

| 指标名称<br>Item | 单位<br>Unit | 青秀区 | | | 江南区 | | |
|---|---|---|---|---|---|---|---|
| | | 2017 年 | 2016 年 | 2017 年为 2016 年% Rate of Development (%) | 2017 年 | 2016 年 | 2017 年为 2016 年% Rate of Development (%) |
| **商业**<br>**Domestic** | | | | | | | |
| 社会消费品零售总额<br>Total Retail Sales of Consumer Goods | 万元<br>(10000 yuan) | 4486378 | 4068760 | 110.3 | 3572755 | 3188031 | 112.1 |
| # 城镇零售额<br>Retail Sales of Consumer Goods in Urban District | 万元<br>(10000 yuan) | 4275680 | 3844644 | 111.2 | 3531309 | 3140615 | 112.4 |
| 乡村零售额<br>Retail Sales of Consumer Goods in Rural District | 万元<br>(10000 yuan) | 210698 | 224116 | 94.0 | 41446 | 47416 | 87.4 |
| **财政**<br>**Finance** | | | | | | | |
| 财政收入<br>Financial Revenue | 万元<br>(10000 yuan) | 1841409 | 1476785 | 124.7 | 223305 | 202521 | 110.3 |
| # 一般公共预算收入<br>Public finance budget income | 万元<br>(10000 yuan) | 310514 | 319314 | 97.2 | 51532 | 44544 | 115.7 |
| 一般公共预算支出<br>Local Government Expenditure | 万元<br>(10000 yuan) | 370098 | 342773 | 108.0 | 197772 | 161843 | 122.2 |
| **城乡居民收入**<br>**The income of urban and rural residents** | | | | | | | |
| 全体居民年人均可支配收入<br>Per capita disposable income of all residents | 元 / 人<br>(yuan/person) | 39614 | 36424 | 108.8 | 28388 | 26060 | 108.9 |
| # 城镇居民年人均可支配收入<br>Disposable income of urban residents | 元 / 人<br>(yuan/person) | 42138 | 38873 | 108.4 | 32156 | 29610 | 108.6 |
| 农村居民年人均可支配收入<br>Per capita disposable income of rural residents | 元 / 人<br>(yuan/person) | 14021 | 12712 | 110.3 | 13819 | 12655 | 109.2 |

1-9 续表 12

| 指标名称<br>Item | 单位<br>Unit | 西乡塘区 | | | 良庆区 | | |
|---|---|---|---|---|---|---|---|
| | | 2017 年 | 2016 年 | 2017 年为 2016 年% Rate of Development (%) | 2017 年 | 2016 年 | 2017 年为 2016 年% Rate of Development (%) |
| **人口、土地面积<br>Population,Land Area** | | | | | | | |
| 年末户籍人口<br>Population at Year-end | 人<br>(person) | 795982 | 792036 | 100.5 | 288470 | 279640 | 103.2 |
| 男性人口<br>Male | 人<br>(person) | 399675 | 400048 | 99.9 | 151803 | 148085 | 102.5 |
| 女性人口<br>Female | 人<br>(person) | 396307 | 391988 | 101.1 | 136667 | 131555 | 103.9 |
| 年平均人口<br>Average Annual Population | 人<br>(person) | 794009 | 784697 | 101.2 | 284055 | 275830 | 103.0 |
| 年末常住人口<br>Residents Population | 万人 | 123.38 | 121.77 | 101.3 | 37.61 | 37.02 | 101.6 |
| # 城镇人口<br>Town population | 万人 | 111.68 | 109.29 | 102.2 | 26.79 | 25.89 | 103.5 |
| 城镇化率<br>Urbanization Rate | % | 90.52 | 89.75 | 0.77* | 71.23 | 69.94 | 1.29* |
| 土地面积<br>Land Area | 平方公里<br>(sq.km) | 1076 | 1076 | 100.0 | 1369 | 1369 | 100.0 |
| **生产总值(当年价)<br>Gross Domestic Product** | **万元<br>(10000 yuan)** | **8884120** | **7974089** | **108.5** | **1562091** | **1342430** | **108.2** |
| 第一产业<br>Primary Industry | 万元<br>(10000 yuan) | 199421 | 218325 | 102.2 | 230493 | 222338 | 103.9 |
| 第二产业<br>Secondary Industry | 万元<br>(10000 yuan) | 4963915 | 4375306 | 110.1 | 863570 | 714127 | 108.6 |
| 工业<br>Industry | 万元<br>(10000 yuan) | 4144455 | 3658032 | 110.5 | 503596 | 423615 | 103.1 |
| 建筑业<br>Construction | 万元<br>(10000 yuan) | 819460 | 717273 | 107.6 | 359975 | 290512 | 116.7 |
| 第三产业<br>Tertiary Industry | 万元<br>(10000 yuan) | 3720784 | 3380459 | 106.5 | 468028 | 405965 | 109.7 |
| 人均生产总值(当年价)<br>Per Capita Gross Domestic Product(current prices) | 元<br>(yuan) | 72479 | 65891 | 107.1 | 41862 | 36370 | 107.0 |
| **生产总值构成<br>Composition of Gross Domestic Product** | **%** | **100** | **100** | | **100** | **100** | |
| 第一产业<br>Primary Industry | % | 2.24 | 2.74 | -0.49* | 14.76 | 16.56 | -1.81* |
| 第二产业<br>Secondary Industry | % | 55.87 | 54.87 | 1* | 55.28 | 53.20 | 2.09* |
| 工业<br>Industry | % | 46.65 | 45.87 | 0.78* | 32.24 | 31.56 | 0.68* |
| 建筑业<br>Construction | % | 9.22 | 9.00 | 0.23* | 23.04 | 21.64 | 1.4* |
| 第三产业<br>Tertiary Industry | % | 41.88 | 42.39 | -0.51* | 29.96 | 30.24 | -0.28* |

1-9 续表 13

| 指标名称<br>Item | 单位<br>Unit | 西乡塘区 | | | 良庆区 | | |
|---|---|---|---|---|---|---|---|
| | | 2017 年 | 2016 年 | 2017 年为 2016 年% Rate of Development (%) | 2017 年 | 2016 年 | 2017 年为 2016 年% Rate of Development (%) |
| **农业<br>Agriculture** | | | | | | | |
| 农林牧渔业总产值(当年价)<br>Gross Output Value of Agriculture, Forestry,Animal Husbandry and Fishery | 万元<br>(10000 yuan) | 332105 | 358359 | 104.4 | 369323 | 360278 | 104.2 |
| 农业<br>Farming | 万元<br>(10000 yuan) | 215578 | 227999 | 106.0 | 235650 | 219702 | 104.0 |
| 林业<br>Forestry | 万元<br>(10000 yuan) | 4161 | 5532 | 75.8 | 27387 | 28652 | 93.2 |
| 牧业<br>Animal Husbandry | 万元<br>(10000 yuan) | 83723 | 98312 | 102.0 | 84958 | 93713 | 106.0 |
| 渔业<br>Fishery | 万元<br>(10000 yuan) | 13590 | 12368 | 107.8 | 17359 | 14473 | 118.4 |
| 农林牧渔服务业<br>Services in support of Agriculture | 万元<br>(10000 yuan) | 15053 | 14149 | 104.4 | 3970 | 3738 | 104.2 |
| **工业<br>Industry** | | | | | | | |
| 规模以上工业企业主要指标<br>Main Indicators of Industrial Enterprises above Designated Size | | | | | | | |
| 企业单位数<br>Number of Enterprises | 个<br>(unit) | 229 | 223 | 102.7 | 58 | 55 | 105.5 |
| # 亿元工业企业<br>Above 100 million yuan | 个<br>(unit) | 194 | 191 | 101.6 | 35 | 36 | 97.2 |
| # 亏损企业<br>Loss-making Enterprises | 个<br>(unit) | 15 | 7 | 214.3 | 6 | 6 | 100.0 |
| 规模以上工业总产值<br>Above Designated Size | 万元<br>(10000 yuan) | 10374991 | 9455902 | 109.7 | 1593010 | 1434557 | 111.0 |
| **固定资产投资<br>Investment in Fixed Assets** | | | | | | | |
| 固定资产投资额<br>Investment in Fixed Assets | 万元<br>(10000 yuan) | 6778120 | 6084414 | 111.4 | 4283932 | 3333547 | 128.5 |
| # 项目投资<br>Project Investment | 万元<br>(10000 yuan) | 5861158 | 5286909 | 110.9 | 1423743 | 1351373 | 105.4 |
| 房地产开发投资<br>Real Estate Development | 万元<br>(10000 yuan) | 916962 | 797505 | 115.0 | 2860189 | 1982174 | 144.3 |

| 指标名称<br>Item | 单位<br>Unit | 西乡塘区 | | | 良庆区 | | |
|---|---|---|---|---|---|---|---|
| | | 2017 年 | 2016 年 | 2017 年为 2016 年% Rate of Development (%) | 2017 年 | 2016 年 | 2017 年为 2016 年% Rate of Development (%) |
| **商业**<br>**Domestic** | | | | | | | |
| 社会消费品零售总额<br>Total Retail Sales of Consumer Goods | 万元<br>(10000 yuan) | 4967526 | 4472949 | 111.1 | 371416 | 333288 | 111.4 |
| #城镇零售额<br>Retail Sales of Consumer Goods in Urban District | 万元<br>(10000 yuan) | 4632009 | 4187817 | 110.6 | 352404 | 315946 | 111.5 |
| 乡村零售额<br>Retail Sales of Consumer Goods in Rural District | 万元<br>(10000 yuan) | 335516 | 285133 | 117.7 | 19012 | 17342 | 109.6 |
| **财政**<br>**Finance** | | | | | | | |
| 财政收入<br>Financial Revenue | 万元<br>(10000 yuan) | 360302 | 317881 | 113.3 | 381867 | 321192 | 118.9 |
| #一般公共预算收入<br>Public finance budget income | 万元<br>(10000 yuan) | 80226 | 78339 | 102.4 | 78862 | 75160 | 104.9 |
| 一般公共预算支出<br>Local Government Expenditure | 万元<br>(10000 yuan) | 288649 | 256427 | 112.6 | 192182 | 164238 | 117.0 |
| **城乡居民收入**<br>**The income of urban and rural residents** | | | | | | | |
| 全体居民年人均可支配收入<br>Per capita disposable income of all residents | 元/人<br>(yuan/person) | 29292 | 27033 | 108.4 | 24228 | 22270 | 108.8 |
| #城镇居民年人均可支配收入<br>Disposable income of urban residents | 元/人<br>(yuan/person) | 31188 | 28905 | 107.9 | 28901 | 26885 | 107.5 |
| 农村居民年人均可支配收入<br>Per capita disposable income of rural residents | 元/人<br>(yuan/person) | 12679 | 11537 | 109.9 | 13356 | 12065 | 110.7 |

1-9 续表 15

| 指标名称 Item | 单位 Unit | 邕宁区 | | | 武鸣区 | | |
|---|---|---|---|---|---|---|---|
| | | 2017 年 | 2016 年 | 2017 年为 2016 年% Rate of Development (%) | 2017 年 | 2016 年 | 2017 年为 2016 年% Rate of Development (%) |
| 人口、土地面积 Population,Land Area | | | | | | | |
| 年末户籍人口 Population at Year-end | 人 (person) | 361754 | 359746 | 100.6 | 715701 | 715901 | 100.0 |
| 男性人口 Male | 人 (person) | 192696 | 192645 | 100.0 | 373153 | 373829 | 99.8 |
| 女性人口 Female | 人 (person) | 169058 | 167101 | 101.2 | 342548 | 342072 | 100.1 |
| 年平均人口 Average Annual Population | 人 (person) | 360750 | 356911 | 101.1 | 715801 | 712014 | 100.5 |
| 年末常住人口 Residents Population | 万人 | 28.58 | 28.16 | 101.5 | 57.18 | 56.54 | 101.1 |
| # 城镇人口 Town population | 万人 | 11.04 | 10.46 | 105.5 | 25.18 | 24.28 | 103.7 |
| 城镇化率 Urbanization Rate | % | 38.63 | 37.14 | 1.49* | 44.04 | 42.94 | 1.1* |
| 土地面积 Land Area | 平方公里 (sq.km) | 1231 | 1231 | 100.0 | 3389 | 3389 | 100.0 |
| **生产总值（当年价） Gross Domestic Product** | **万元 (10000 yuan)** | **908814** | **771079** | **112.5** | **3531974** | **3204431** | **108.7** |
| 第一产业 Primary Industry | 万元 (10000 yuan) | 276546 | 271598 | 103.2 | 811704 | 820159 | 104.9 |
| 第二产业 Secondary Industry | 万元 (10000 yuan) | 227126 | 173291 | 114.0 | 1623616 | 1486589 | 105.0 |
| 工业 Industry | 万元 (10000 yuan) | 136708 | 79753 | 142.6 | 1378885 | 1274924 | 105.4 |
| 建筑业 Construction | 万元 (10000 yuan) | 90418 | 93538 | 91.0 | 244731 | 211666 | 102.7 |
| 第三产业 Tertiary Industry | 万元 (10000 yuan) | 405142 | 326189 | 119.3 | 1096654 | 897683 | 118.3 |
| 人均生产总值（当年价） Per Capita Gross Domestic Product(current prices) | 元 (yuan) | 32034 | 27558 | 11.0 | 62117 | 56897 | 107.7 |
| **生产总值构成 Composition of Gross Domestic Product** | **%** | **100** | **100** | | **100** | **100** | |
| 第一产业 Primary Industry | % | 30.43 | 35.22 | -4.79* | 22.98 | 25.59 | -2.61* |
| 第二产业 Secondary Industry | % | 24.99 | 22.47 | 2.52* | 45.97 | 46.39 | -0.42* |
| 工业 Industry | % | 15.04 | 10.34 | 4.7* | 39.04 | 39.79 | -0.75* |
| 建筑业 Construction | % | 9.95 | 12.13 | -2.18* | 6.93 | 6.61 | 0.32* |
| 第三产业 Tertiary Industry | % | 44.58 | 42.30 | 2.28* | 31.05 | 28.01 | 3.04* |

1-9 续表 16

| 指标名称 Item | 单位 Unit | 邕宁区 | | | 武鸣区 | | |
|---|---|---|---|---|---|---|---|
| | | 2017 年 | 2016 年 | 2017 年为 2016 年% Rate of Development (%) | 2017 年 | 2016 年 | 2017 年为 2016 年% Rate of Development (%) |
| **农业 Agriculture** | | | | | | | |
| 农林牧渔业总产值(当年价) Gross Output Value of Agriculture, Forestry,Animal Husbandry and Fishery | 万元 (10000 yuan) | 461024 | 457456 | 103.2 | 1389070 | 1383078 | 105.2 |
| 农业 Farming | 万元 (10000 yuan) | 261665 | 244985 | 103.2 | 868070 | 840226 | 104.2 |
| 林业 Forestry | 万元 (10000 yuan) | 14776 | 12140 | 117.6 | 69317 | 47012 | 144.2 |
| 牧业 Animal Husbandry | 万元 (10000 yuan) | 164870 | 181896 | 101.9 | 362660 | 414073 | 102.6 |
| 渔业 Fishery | 万元 (10000 yuan) | 14444 | 13423 | 105.5 | 53018 | 48195 | 108.2 |
| 农林牧渔服务业 Services in support of Agriculture | 万元 (10000 yuan) | 5269 | 5013 | 103.2 | 36005 | 33573 | 105.3 |
| **工业 Industry** | | | | | | | |
| 规模以上工业企业主要指标 Main Indicators of Industrial Enterprises above Designated Size | | | | | | | |
| 企业单位数 Number of Enterprises | 个 (unit) | 24 | 18 | 133.3 | 196 | 179 | 109.5 |
| # 亿元工业企业 Above 100 million yuan | 个 (unit) | 15 | 11 | 136.4 | 132 | 122 | 108.2 |
| # 亏损企业 Loss-making Enterprises | 个 (unit) | 7 | 4 | 175.0 | 11 | 14 | 78.6 |
| 规模以上工业总产值 Above Designated Size | 万元 (10000 yuan) | 553931 | 336710 | 164.5 | 5008001 | 4435391 | 112.9 |
| **固定资产投资 Investment in Fixed Assets** | | | | | | | |
| 固定资产投资额 Investment in Fixed Assets | 万元 (10000 yuan) | 2190119 | 1761779 | 124.3 | 3864936 | 3559774 | 108.6 |
| # 项目投资 Project Investment | 万元 (10000 yuan) | 1072603 | 731705 | 146.6 | 3572520 | 3192926 | 111.9 |
| 房地产开发投资 Real Estate Development | 万元 (10000 yuan) | 1117516 | 1030074 | 108.5 | 292416 | 366848 | 79.7 |

1–9 续表 17

| 指标名称<br>Item | 单位<br>Unit | 邕宁区 | | | 武鸣区 | | |
|---|---|---|---|---|---|---|---|
| | | 2017 年 | 2016 年 | 2017 年为 2016 年% Rate of Development (%) | 2017 年 | 2016 年 | 2017 年为 2016 年% Rate of Development (%) |
| **商业**<br>**Domestic** | | | | | | | |
| 社会消费品零售总额<br>Total Retail Sales of Consumer Goods | 万元<br>(10000 yuan) | 232076 | 205631 | 112.9 | 878374 | 795241 | 110.5 |
| # 城镇零售额<br>Retail Sales of Consumer Goods in Urban District | 万元<br>(10000 yuan) | 209034 | 185303 | 112.8 | 496374 | 519089 | 95.6 |
| 乡村零售额<br>Retail Sales of Consumer Goods in Rural District | 万元<br>(10000 yuan) | 23041 | 20328 | 113.3 | 382000 | 276153 | 138.3 |
| **财政**<br>**Finance** | | | | | | | |
| 财政收入<br>Financial Revenue | 万元<br>(10000 yuan) | 143533 | 128385 | 111.8 | 156312 | 142412 | 109.8 |
| # 一般公共预算收入<br>Public finance budget income | 万元<br>(10000 yuan) | 29858 | 30632 | 97.5 | 93143 | 95827 | 97.2 |
| 一般公共预算支出<br>Local Government Expenditure | 万元<br>(10000 yuan) | 235407 | 177201 | 132.8 | 373993 | 369075 | 101.3 |
| **城乡居民收入**<br>**The income of urban and rural residents** | | | | | | | |
| 全体居民年人均可支配收入<br>Per capita disposable income of all residents | 元 / 人<br>(yuan/person) | 19264 | 17475 | 110.2 | 22075 | 20046 | 110.1 |
| # 城镇居民年人均可支配收入<br>Disposable income of urban residents | 元 / 人<br>(yuan/person) | 30609 | 28133 | 108.8 | 32014 | 29398 | 108.9 |
| 农村居民年人均可支配收入<br>Per capita disposable income of rural residents | 元 / 人<br>(yuan/person) | 12559 | 11459 | 109.6 | 14594 | 13304 | 109.7 |

# 二 国民经济核算

## CHAPTER 2 NATIONAL ACCOUNTS

# 2-1 全市主要年份生产总值

（按当年价格计算） 单位：万元

| 年份 | 生产总值 | 第一产业 | 第二产业 | | | 第三产业 |
|---|---|---|---|---|---|---|
| | | | | 工业 | 建筑业 | |
| 1950 | 14272 | 10376 | 587 | 485 | 102 | 3309 |
| 1965 | 53362 | 21483 | 13309 | 11307 | 2002 | 18570 |
| 1978 | 147407 | 61866 | 52192 | 47482 | 4710 | 33349 |
| 1980 | 180111 | 70093 | 70017 | 64475 | 5542 | 40001 |
| 1985 | 309278 | 118263 | 108351 | 95852 | 12499 | 82664 |
| 1990 | 708788 | 231018 | 248354 | 228325 | 20029 | 229416 |
| 1991 | 793241 | 239063 | 274634 | 252011 | 22623 | 279544 |
| 1992 | 918098 | 277741 | 304726 | 275905 | 28821 | 335631 |
| 1993 | 1346171 | 344360 | 499312 | 436528 | 62784 | 502499 |
| 1994 | 1872259 | 491029 | 675122 | 578013 | 97109 | 706108 |
| 1995 | 2358085 | 615225 | 807943 | 652156 | 155787 | 934917 |
| 1996 | 2671991 | 690541 | 845891 | 666448 | 179443 | 1135559 |
| 1997 | 3044914 | 785856 | 922155 | 709756 | 212399 | 1336903 |
| 1998 | 3395532 | 834421 | 997314 | 767099 | 230215 | 1563797 |
| 1999 | 3569886 | 852645 | 1019933 | 772336 | 247597 | 1697308 |
| 2000 | 3779364 | 876615 | 1053679 | 790913 | 262766 | 1849070 |
| 2001 | 4181684 | 907401 | 1131645 | 852455 | 279190 | 2142638 |
| 2002 | 4631795 | 943479 | 1255606 | 933896 | 321710 | 2432710 |
| 2003 | 5217793 | 997023 | 1523485 | 1096218 | 427267 | 2697285 |
| 2004 | 6191189 | 1076785 | 1933768 | 1378322 | 555446 | 3180636 |
| 2005 | 7279032 | 1242538 | 2312059 | 1651780 | 660279 | 3724435 |
| 2006 | 8801064 | 1443354 | 2973069 | 2212890 | 760179 | 4384641 |
| 2007 | 10890730 | 1780002 | 3722713 | 2840933 | 881780 | 5388015 |
| 2008 | 13204348 | 2031087 | 4579360 | 3522664 | 1056696 | 6593901 |
| 2009 | 15247144 | 2123780 | 5274575 | 3957991 | 1316584 | 7848789 |
| 2010 | 18002613 | 2444349 | 6518841 | 4837803 | 1681038 | 9039423 |
| 2011 | 22114358 | 3055458 | 8296138 | 6125938 | 2170200 | 10762762 |
| 2012 | 25031812 | 3229563 | 9607494 | 7061092 | 2546402 | 12194755 |
| 2013 | 28455976 | 3367878 | 11082707 | 8127601 | 2955106 | 14005391 |
| 2014 | 31483154 | 3546903 | 12515400 | 9234900 | 3280500 | 15420851 |
| 2015 | 34304970 | 3711012 | 13603348 | 10155590 | 3452891 | 16990610 |
| 2016 | 37275137 | 3959322 | 14443868 | 10810247 | 3640200 | 18871947 |
| 2017 | 41188293 | 4041842 | 15994975 | 11898899 | 4096076 | 21151476 |

注：1. 全市国民经济核算指标均为行政区划调整后大南宁口径；

2. 全市 2005 年至 2007 年生产总值及其他各项国民经济核算指标均为与第二次经济普查资料衔接后的数据，下同；

3. 全市 2013 年、2014 年生产总值及其他各项国民经济核算指标均为与第三次经济普查资料衔接后的数据，下同。

4. 2015 年广西生产总值核算方案发生调整，将工业中的开采辅助活动，金属制品、机械和设备修理业两类行业归类到第三产业中，故从 2015 年开始，第二产业增加值不等于工业、建筑业增加值之和。

5. 2015 年及以后年份全市生产总值数据已包含研发经费支出，下同。

## 2-2 全市主要年份生产总值构成

（按当年价格计算）　　　　　　　　单位：%

| 年份 | 生产总值 | 第一产业 | 第二产业 | 工业 | 建筑业 | 第三产业 |
|---|---|---|---|---|---|---|
| 1950 | 100.00 | 72.70 | 4.11 | 3.40 | 0.71 | 23.19 |
| 1965 | 100.00 | 40.26 | 24.94 | 21.19 | 3.75 | 34.80 |
| 1978 | 100.00 | 41.97 | 35.41 | 32.21 | 3.20 | 22.62 |
| 1980 | 100.00 | 38.92 | 38.87 | 35.80 | 3.07 | 22.21 |
| 1985 | 100.00 | 38.24 | 35.03 | 30.99 | 4.04 | 26.73 |
| 1990 | 100.00 | 32.59 | 35.04 | 32.21 | 2.83 | 32.37 |
| 1991 | 100.00 | 30.14 | 34.62 | 31.77 | 2.85 | 35.24 |
| 1992 | 100.00 | 30.25 | 33.19 | 30.05 | 3.14 | 36.56 |
| 1993 | 100.00 | 25.58 | 37.09 | 32.43 | 4.66 | 37.33 |
| 1994 | 100.00 | 26.23 | 36.06 | 30.87 | 5.19 | 37.71 |
| 1995 | 100.00 | 26.09 | 34.26 | 27.66 | 6.60 | 39.65 |
| 1996 | 100.00 | 25.84 | 31.66 | 24.94 | 6.72 | 42.50 |
| 1997 | 100.00 | 25.81 | 30.29 | 23.31 | 6.98 | 43.90 |
| 1998 | 100.00 | 24.57 | 29.37 | 22.59 | 6.78 | 46.06 |
| 1999 | 100.00 | 23.88 | 28.57 | 21.63 | 6.94 | 47.55 |
| 2000 | 100.00 | 23.19 | 27.88 | 20.93 | 6.95 | 48.93 |
| 2001 | 100.00 | 21.70 | 27.06 | 20.39 | 6.67 | 51.24 |
| 2002 | 100.00 | 20.37 | 27.11 | 20.16 | 6.95 | 52.52 |
| 2003 | 100.00 | 19.11 | 29.20 | 21.01 | 8.19 | 51.69 |
| 2004 | 100.00 | 17.39 | 31.23 | 22.26 | 8.97 | 51.38 |
| 2005 | 100.00 | 17.07 | 31.76 | 22.69 | 9.07 | 51.17 |
| 2006 | 100.00 | 16.40 | 33.78 | 25.14 | 8.64 | 49.82 |
| 2007 | 100.00 | 16.34 | 34.18 | 26.09 | 8.09 | 49.48 |
| 2008 | 100.00 | 15.38 | 34.68 | 26.68 | 8.00 | 49.94 |
| 2009 | 100.00 | 13.93 | 34.59 | 25.96 | 8.63 | 51.48 |
| 2010 | 100.00 | 13.58 | 36.21 | 26.87 | 9.34 | 50.21 |
| 2011 | 100.00 | 13.82 | 37.51 | 27.70 | 9.81 | 48.67 |
| 2012 | 100.00 | 12.90 | 38.38 | 28.21 | 10.17 | 48.72 |
| 2013 | 100.00 | 11.84 | 38.95 | 28.56 | 10.39 | 49.21 |
| 2014 | 100.00 | 11.27 | 39.75 | 29.33 | 10.42 | 48.98 |
| 2015 | 100.00 | 10.82 | 39.65 | 29.60 | 10.07 | 49.53 |
| 2016 | 100.00 | 10.62 | 38.75 | 29.00 | 9.77 | 50.63 |
| 2017 | 100.00 | 9.81 | 38.84 | 28.89 | 9.95 | 51.35 |

# 2-3 全市主要年份生产总值指数

（按可比价计算，以上年为100）　　单位：%

| 年份 | 生产总值 | 第一产业 | 第二产业 | | | 第三产业 |
|---|---|---|---|---|---|---|
| | | | | 工业 | 建筑业 | |
| 1951 | 113.2 | 110.1 | 147.6 | 100.0 | 100.0 | 119.0 |
| 1965 | 116.8 | 115.2 | 132.0 | 136.3 | 112.3 | 109.6 |
| 1978 | 111.5 | 110.3 | 112.1 | 108.1 | 180.2 | 112.6 |
| 1980 | 105.5 | 105.3 | 108.0 | 112.6 | 73.4 | 101.7 |
| 1985 | 112.7 | 103.4 | 122.1 | 117.7 | 171.6 | 113.1 |
| 1990 | 109.6 | 111.1 | 111.6 | 112.1 | 106.0 | 107.8 |
| 1991 | 106.3 | 100.6 | 106.9 | 106.7 | 109.2 | 111.6 |
| 1992 | 112.7 | 115.1 | 109.3 | 107.9 | 125.5 | 114.3 |
| 1993 | 123.5 | 106.9 | 134.4 | 129.7 | 178.6 | 128.3 |
| 1994 | 116.5 | 107.7 | 119.6 | 117.1 | 136.8 | 120.7 |
| 1995 | 114.5 | 112.6 | 114.9 | 108.3 | 154.0 | 115.7 |
| 1996 | 111.4 | 105.9 | 110.4 | 107.7 | 121.4 | 116.5 |
| 1997 | 112.5 | 113.9 | 108.8 | 106.3 | 118.1 | 115.2 |
| 1998 | 111.5 | 108.4 | 110.3 | 110.3 | 110.6 | 114.8 |
| 1999 | 109.4 | 107.4 | 108.1 | 106.4 | 113.7 | 111.7 |
| 2000 | 107.7 | 100.7 | 104.6 | 105.4 | 102.1 | 113.9 |
| 2001 | 108.8 | 102.2 | 106.4 | 106.7 | 105.5 | 113.2 |
| 2002 | 110.9 | 107.7 | 112.0 | 112.2 | 111.2 | 111.6 |
| 2003 | 110.9 | 103.7 | 119.3 | 113.4 | 140.5 | 109.4 |
| 2004 | 113.2 | 105.9 | 118.2 | 116.8 | 122.2 | 113.1 |
| 2005 | 113.4 | 108.2 | 115.6 | 115.0 | 117.4 | 114.0 |
| 2006 | 116.8 | 108.4 | 125.3 | 129.9 | 113.9 | 114.4 |
| 2007 | 117.4 | 107.3 | 121.2 | 124.2 | 112.6 | 117.9 |
| 2008 | 114.7 | 105.3 | 114.8 | 116.9 | 108.3 | 117.4 |
| 2009 | 115.1 | 105.8 | 117.0 | 113.5 | 128.7 | 116.3 |
| 2010 | 114.2 | 105.7 | 117.8 | 115.9 | 123.6 | 113.7 |
| 2011 | 113.5 | 105.7 | 118.3 | 118.1 | 118.8 | 112.2 |
| 2012 | 112.3 | 105.2 | 118.1 | 118.7 | 116.4 | 109.6 |
| 2013 | 110.3 | 104.8 | 114.6 | 114.8 | 114.1 | 108.1 |
| 2014 | 108.5 | 104.2 | 109.9 | 110.3 | 108.6 | 108.2 |
| 2015 | 108.6 | 104.1 | 110.5 | 111.5 | 107.4 | 108.0 |
| 2016 | 107.0 | 103.2 | 105.8 | 105.7 | 106.4 | 108.8 |
| 2017 | 108.0 | 104.1 | 108.6 | 109.5 | 106.0 | 108.4 |

# 2-4 全市主要年份人均生产总值

（按当年价格计算）

| 年份 | 人均生产总值（元） | 以上年为 100 的发展速度（%） |
| --- | --- | --- |
| 1950 | 62 | |
| 1965 | 165 | 120.5 |
| 1978 | 331 | 114.0 |
| 1980 | 387 | 107.6 |
| 1985 | 602 | 115.1 |
| 1990 | 1282 | 111.4 |
| 1991 | 1414 | 107.9 |
| 1992 | 1617 | 114.1 |
| 1993 | 2339 | 125.2 |
| 1994 | 3208 | 118.2 |
| 1995 | 3987 | 116.0 |
| 1996 | 4465 | 112.7 |
| 1997 | 5036 | 113.7 |
| 1998 | 5569 | 112.4 |
| 1999 | 5817 | 110.1 |
| 2000 | 6086 | 109.0 |
| 2001 | 6656 | 110.1 |
| 2002 | 7327 | 111.6 |
| 2003 | 8176 | 110.9 |
| 2004 | 9595 | 111.9 |
| 2005 | 11127 | 111.9 |
| 2006 | 13220 | 114.8 |
| 2007 | 16070 | 115.3 |
| 2008 | 19204 | 113.1 |
| 2009 | 21945 | 113.9 |
| 2010 | 27069 | 114.2 |
| 2011 | 33017 | 112.7 |
| 2012 | 37016 | 111.2 |
| 2013 | 41711 | 109.3 |
| 2014 | 45735 | 107.5 |
| 2015 | 49360 | 107.6 |
| 2016 | 53067 | 105.9 |
| 2017 | 57948 | 106.7 |

注：1. 发展速度按可比价计算。

2. 2010 年以前人均生产总值按户籍人口计算，2010-2017 年人均生产总值按常住人口计算。

## 2-5 全市各时期生产总值平均指数

（按可比价格计算，以上年为 100） 单位：%

| 时期 | 生产总值 | 第一产业 | 第二产业 | | | 第三产业 |
|---|---|---|---|---|---|---|
| | | | | 工业 | 建筑业 | |
| 恢复时期 (1950–1952) | 108.5 | 106.3 | 129.3 | 132.5 | 110.7 | 111.3 |
| “一五”时期 (1953–1957) | 109.5 | 104.4 | 129.5 | 127.3 | 143.0 | 116.5 |
| “二五”时期 (1958–1962) | 105.3 | 98.7 | 108.8 | 110.0 | 102.7 | 111.4 |
| 调整时期 (1963–1965) | 110.8 | 111.4 | 122.7 | 121.9 | 127.2 | 104.7 |
| “三五”时期 (1966–1970) | 106.9 | 107.6 | 113.1 | 115.5 | 93.3 | 103.1 |
| “四五”时期 (1971–1975) | 109.0 | 109.2 | 111.2 | 111.1 | 113.9 | 105.9 |
| “五五”时期 (1976–1980) | 108.0 | 103.2 | 113.9 | 113.5 | 118.5 | 108.2 |
| “六五”时期 (1981–1985) | 108.6 | 106.9 | 109.1 | 108.3 | 117.7 | 111.5 |
| “七五”时期 (1986–1990) | 109.4 | 103.5 | 110.4 | 111.3 | 102.8 | 115.9 |
| “八五”时期 (1991–1995) | 114.6 | 108.5 | 116.6 | 113.6 | 138.8 | 118.0 |
| “九五”时期 (1996–2000) | 110.5 | 107.2 | 108.4 | 107.2 | 113.0 | 114.4 |
| “十五”时期 (2001–2005) | 111.5 | 105.5 | 114.2 | 112.8 | 118.8 | 112.3 |
| “十一五”时期 (2006–2010) | 115.6 | 106.5 | 119.2 | 119.9 | 117.2 | 115.9 |
| “十二五”时期 (2011–2015) | 110.6 | 104.8 | 114.2 | 114.6 | 113.0 | 109.2 |
| 1951 年至 2017 年 | 110.0 | 105.8 | 115.0 | 114.8 | 115.6 | 111.5 |
| 1979 年至 2017 年 | 111.2 | 105.8 | 113.0 | 112.5 | 116.0 | 113.2 |
| 1993 年至 2017 年 | 112.4 | 106.2 | 114.4 | 113.6 | 118.9 | 113.6 |

## 2-6 全市财政收入相当于地区生产总值的比例

（按当年价格计算）

| 年份 | 财政收入（万元） | 地区生产总值（万元） | 比重（%） |
|---|---|---|---|
| 1950 | 781 | 14272 | 5.47 |
| 1965 | 6293 | 53362 | 11.79 |
| 1978 | 23188 | 147407 | 15.73 |
| 1980 | 27538 | 180111 | 15.29 |
| 1985 | 42633 | 309278 | 13.78 |
| 1990 | 82478 | 708788 | 11.64 |
| 1991 | 89637 | 793241 | 11.30 |
| 1992 | 94542 | 918098 | 10.30 |
| 1993 | 141425 | 1346171 | 10.51 |
| 1994 | 193018 | 1872259 | 10.31 |
| 1995 | 219576 | 2358085 | 9.31 |
| 1996 | 240141 | 2671991 | 8.99 |
| 1997 | 273637 | 3044914 | 8.99 |
| 1998 | 308392 | 3395532 | 9.08 |
| 1999 | 339803 | 3569886 | 9.52 |
| 2000 | 375390 | 3779364 | 9.93 |
| 2001 | 452926 | 4181684 | 10.83 |
| 2002 | 529594 | 4631795 | 11.43 |
| 2003 | 610594 | 5217793 | 11.70 |
| 2004 | 746328 | 6191189 | 12.05 |
| 2005 | 1002186 | 7279032 | 13.77 |
| 2006 | 1203609 | 8801064 | 13.68 |
| 2007 | 1508393 | 10890730 | 13.85 |
| 2008 | 1911682 | 13204348 | 14.48 |
| 2009 | 2313664 | 15247144 | 15.17 |
| 2010 | 3008756 | 18002613 | 16.71 |
| 2011 | 3635192 | 22114358 | 16.44 |
| 2012 | 4219938 | 25031812 | 16.86 |
| 2013 | 4736644 | 28455976 | 16.65 |
| 2014 | 5265905 | 31483154 | 16.73 |
| 2015 | 5724781 | 34304970 | 16.69 |
| 2016 | 6138280 | 37275137 | 16.47 |
| 2017 | 6879808 | 41188293 | 16.70 |

# 2-7 全市生产总值及指数

（按当年价格计算）

单位：万元

| 指标名称 | 2017 年 | 2016 年 | 以上年为 100 的发展速度（%） |
|---|---|---|---|
| **地区生产总值** | **41188293** | **37275137** | **108.0** |
| 农林牧渔业 | 4255869 | 4147145 | 104.1 |
| 工业 | 11898899 | 10810247 | 109.5 |
| 建筑业 | 4096076 | 3640200 | 106.0 |
| 批发和零售业 | 3103088 | 2900378 | 105.7 |
| 批发业 | 1403264 | 1321454 | 104.9 |
| 零售业 | 1699824 | 1578924 | 106.4 |
| 交通运输、仓储和邮政业 | 1744961 | 1569157 | 108.8 |
| 住宿和餐饮业 | 1030673 | 939021 | 106.8 |
| 住宿业 | 166264 | 152588 | 106.9 |
| 餐饮业 | 864409 | 786433 | 106.7 |
| 金融业 | 4505732 | 4061245 | 107.7 |
| 房地产业 | 2377253 | 2037470 | 107.2 |
| 房地产业 (K 门类) | 1936231 | 1641990 | 107.8 |
| 自有房地产经营活动 | 441022 | 395480 | 105.0 |
| 其他服务业 | 8175741 | 7170275 | 110.6 |
| 营利性服务业 | 3552302 | 2892062 | 119.7 |
| 非营利性服务业 | 4623439 | 4278213 | 104.1 |
| **第一产业** | **4041842** | **3959322** | **104.1** |
| **第二产业** | **15994974** | **14443868** | **108.6** |
| **第三产业** | **21151476** | **18871947** | **108.4** |

注：发展速度按可比价计算。

# 2-8 全市生产总值构成

（按当年价格计算） 单位：%

| 指标名称 | 2017 年 | 2016 年 |
|---|---|---|
| **地区生产总值** | **100.00** | **100.00** |
| 农林牧渔业 | 10.33 | 11.13 |
| 工业 | 28.89 | 29.00 |
| 建筑业 | 9.95 | 9.77 |
| 批发和零售业 | 7.53 | 7.78 |
| 批发业 | 3.41 | 3.55 |
| 零售业 | 4.13 | 4.24 |
| 交通运输、仓储和邮政业 | 4.24 | 4.21 |
| 住宿和餐饮业 | 2.50 | 2.52 |
| 住宿业 | 0.40 | 0.41 |
| 餐饮业 | 2.10 | 2.11 |
| 金融业 | 10.94 | 10.90 |
| 房地产业 | 5.77 | 5.47 |
| 房地产业（K 门类） | 4.70 | 4.41 |
| 自有房地产经营活动 | 1.07 | 1.06 |
| 其他服务业 | 19.85 | 19.24 |
| 营利性服务业 | 8.62 | 7.76 |
| 非营利性服务业 | 11.23 | 11.48 |
| **第一产业** | **9.81** | **10.62** |
| **第二产业** | **38.84** | **38.75** |
| **第三产业** | **51.35** | **50.63** |

# 2-9 隆安县主要年份生产总值

（按当年价格计算）

单位：万元

| 年份 | 生产总值 | 第一产业 | 第二产业 | 第三产业 |
| --- | --- | --- | --- | --- |
| 1950 | 665 | 636 | 14 | 15 |
| 1965 | 1191 | 989 | 87 | 115 |
| 1978 | 6584 | 4443 | 1397 | 744 |
| 1980 | 7035 | 5051 | 952 | 1032 |
| 1985 | 11226 | 7978 | 1595 | 1653 |
| 1990 | 22680 | 15139 | 3539 | 4002 |
| 1991 | 22769 | 12989 | 3976 | 5804 |
| 1992 | 30629 | 18985 | 4185 | 7459 |
| 1993 | 42693 | 22609 | 10867 | 9217 |
| 1994 | 54271 | 30404 | 12689 | 11178 |
| 1995 | 66397 | 41404 | 12175 | 12818 |
| 1996 | 79632 | 47148 | 17033 | 15451 |
| 1997 | 83434 | 51527 | 15774 | 16133 |
| 1998 | 89193 | 52396 | 19124 | 17673 |
| 1999 | 87159 | 49569 | 19408 | 18182 |
| 2000 | 90831 | 54288 | 16685 | 19858 |
| 2001 | 101901 | 57762 | 21035 | 23104 |
| 2002 | 113014 | 62918 | 22496 | 27600 |
| 2003 | 122210 | 61994 | 29286 | 30930 |
| 2004 | 151386 | 73454 | 37668 | 40264 |
| 2005 | 187889 | 87368 | 50092 | 50429 |
| 2006 | 223503 | 94072 | 68896 | 60535 |
| 2007 | 279143 | 116435 | 83140 | 79568 |
| 2008 | 332916 | 136589 | 103347 | 92980 |
| 2009 | 337085 | 133668 | 106277 | 97140 |
| 2010 | 389769 | 149040 | 132156 | 108573 |
| 2011 | 488000 | 193334 | 170821 | 123845 |
| 2012 | 496441 | 199881 | 162922 | 133638 |
| 2013 | 547683 | 218972 | 170511 | 158200 |
| 2014 | 571956 | 231771 | 171316 | 168869 |
| 2015 | 625863 | 238163 | 184929 | 202771 |
| 2016 | 664094 | 256807 | 184396 | 222891 |
| 2017 | 731841 | 279486 | 197709 | 254645 |

# 2-10 隆安县主要年份生产总值构成

（按当年价格计算）　　单位：%

| 年份 | 生产总值 | 第一产业 | 第二产业 | 第三产业 |
| --- | --- | --- | --- | --- |
| 1950 | 100.00 | 95.64 | 2.11 | 2.25 |
| 1965 | 100.00 | 83.04 | 7.30 | 9.66 |
| 1978 | 100.00 | 67.48 | 21.22 | 11.30 |
| 1980 | 100.00 | 71.80 | 13.53 | 14.67 |
| 1985 | 100.00 | 71.07 | 14.21 | 14.72 |
| 1990 | 100.00 | 66.75 | 15.60 | 17.65 |
| 1991 | 100.00 | 57.05 | 17.46 | 25.49 |
| 1992 | 100.00 | 61.98 | 13.66 | 24.36 |
| 1993 | 100.00 | 52.96 | 25.45 | 21.59 |
| 1994 | 100.00 | 56.02 | 23.38 | 20.60 |
| 1995 | 100.00 | 62.36 | 18.34 | 19.30 |
| 1996 | 100.00 | 59.21 | 21.39 | 19.40 |
| 1997 | 100.00 | 61.76 | 18.91 | 19.33 |
| 1998 | 100.00 | 58.74 | 21.44 | 19.82 |
| 1999 | 100.00 | 56.87 | 22.27 | 20.86 |
| 2000 | 100.00 | 59.77 | 18.37 | 21.86 |
| 2001 | 100.00 | 56.68 | 20.64 | 22.68 |
| 2002 | 100.00 | 55.67 | 19.91 | 24.42 |
| 2003 | 100.00 | 50.73 | 23.96 | 25.31 |
| 2004 | 100.00 | 48.52 | 24.88 | 26.60 |
| 2005 | 100.00 | 46.50 | 26.66 | 26.84 |
| 2006 | 100.00 | 42.09 | 30.83 | 27.08 |
| 2007 | 100.00 | 41.71 | 29.78 | 28.51 |
| 2008 | 100.00 | 41.03 | 31.04 | 27.93 |
| 2009 | 100.00 | 39.65 | 31.53 | 28.82 |
| 2010 | 100.00 | 38.24 | 33.91 | 27.85 |
| 2011 | 100.00 | 39.62 | 35.00 | 25.38 |
| 2012 | 100.00 | 40.26 | 32.82 | 26.92 |
| 2013 | 100.00 | 39.98 | 31.13 | 28.89 |
| 2014 | 100.00 | 40.52 | 29.95 | 29.53 |
| 2015 | 100.00 | 38.05 | 29.55 | 32.40 |
| 2016 | 100.00 | 38.67 | 27.77 | 33.56 |
| 2017 | 100.00 | 38.19 | 27.02 | 34.79 |

# 2-11 隆安县主要年份生产总值指数

（按可比价格计算，以上年为 100）　单位：%

| 年份 | 生产总值 | 第一产业 | 第二产业 | 第三产业 |
|---|---|---|---|---|
| 1951 | 107.8 | 107.1 | 121.4 | 126.7 |
| 1965 | 101.1 | 100.9 | 101.2 | 102.3 |
| 1978 | 105.3 | 104.1 | 109.0 | 107.8 |
| 1980 | 104.4 | 103.7 | 97.5 | 115.5 |
| 1985 | 106.0 | 107.1 | 118.3 | 93.1 |
| 1990 | 100.3 | 109.0 | 109.0 | 83.2 |
| 1991 | 104.7 | 91.6 | 120.4 | 140.4 |
| 1992 | 113.8 | 115.4 | 96.3 | 123.2 |
| 1993 | 116.3 | 101.9 | 194.1 | 103.4 |
| 1994 | 106.5 | 114.5 | 96.7 | 98.9 |
| 1995 | 104.3 | 113.2 | 86.6 | 100.2 |
| 1996 | 113.4 | 105.0 | 137.8 | 115.5 |
| 1997 | 111.8 | 119.1 | 98.1 | 107.4 |
| 1998 | 111.3 | 105.0 | 132.4 | 108.4 |
| 1999 | 108.1 | 108.0 | 110.8 | 105.0 |
| 2000 | 103.5 | 103.0 | 98.9 | 111.3 |
| 2001 | 105.8 | 104.5 | 110.7 | 105.4 |
| 2002 | 110.0 | 108.7 | 120.5 | 104.4 |
| 2003 | 114.2 | 103.3 | 152.3 | 106.0 |
| 2004 | 107.1 | 104.8 | 107.3 | 113.8 |
| 2005 | 113.4 | 106.0 | 125.4 | 116.5 |
| 2006 | 115.7 | 109.2 | 126.0 | 116.8 |
| 2007 | 119.7 | 107.8 | 131.9 | 125.7 |
| 2008 | 111.5 | 106.6 | 116.9 | 112.2 |
| 2009 | 104.9 | 103.8 | 105.0 | 106.0 |
| 2010 | 111.5 | 106.7 | 118.7 | 109.5 |
| 2011 | 113.1 | 106.4 | 125.2 | 107.3 |
| 2012 | 106.9 | 105.8 | 109.3 | 105.0 |
| 2013 | 107.3 | 105.1 | 109.2 | 107.3 |
| 2014 | 104.8 | 104.8 | 105.6 | 105.2 |
| 2015 | 107.6 | 105.0 | 103.8 | 116.6 |
| 2016 | 103.7 | 106.9 | 101.5 | 102.0 |
| 2017 | 106.6 | 104.1 | 106.9 | 109.2 |

# 2-12 隆安县各时期生产总值平均指数

（按可比价格计算，以上年为 100）

单位：%

| 时期 | 生产总值 | 第一产业 | 第二产业 | 第三产业 |
|---|---|---|---|---|
| 恢复时期 (1950-1952) | 106.7 | 106.6 | 108.7 | 110.1 |
| “一五”时期 (1953-1957) | 107.8 | 106.6 | 125.9 | 125.8 |
| “二五”时期 (1958-1962) | 99.0 | 97.1 | 110.2 | 112.4 |
| 调整时期 (1963-1965) | 102.1 | 102.7 | 97.8 | 100.5 |
| “三五”时期 (1966-1970) | 106.3 | 103.3 | 121.0 | 114.6 |
| “四五”时期 (1971-1975) | 107.3 | 104.8 | 112.9 | 118.5 |
| “五五”时期 (1976-1980) | 103.5 | 104.3 | 95.7 | 110.0 |
| “六五”时期 (1981-1985) | 104.9 | 103.0 | 110.0 | 108.8 |
| “七五”时期 (1986-1990) | 102.8 | 101.3 | 108.2 | 105.2 |
| “八五”时期 (1991-1995) | 109.0 | 106.9 | 113.5 | 112.1 |
| “九五”时期 (1996-2000) | 109.6 | 107.9 | 114.4 | 109.5 |
| “十五”时期 (2001-2005) | 110.0 | 105.4 | 122.3 | 109.1 |
| “十一五”时期 (2006-2010) | 112.5 | 106.8 | 119.4 | 113.8 |
| “十二五”时期 (2011-2015) | 107.9 | 105.4 | 110.4 | 108.2 |
| 1951 年至 2017 年 | 106.5 | 104.5 | 112.4 | 111.5 |
| 1979 年至 2017 年 | 107.5 | 105.2 | 111.4 | 109.6 |
| 1993 年至 2017 年 | 109.5 | 106.7 | 115.6 | 108.6 |

# 2-13 马山县主要年份生产总值

（按当年价格计算）

单位：万元

| 年份 | 生产总值 | 第一产业 | 第二产业 | 第三产业 |
|---|---|---|---|---|
| 1950 | 1552 | 1162 | 34 | 356 |
| 1965 | 2983 | 2095 | 307 | 581 |
| 1978 | 5207 | 3721 | 602 | 884 |
| 1980 | 5791 | 4184 | 771 | 836 |
| 1985 | 8164 | 5661 | 1072 | 1431 |
| 1990 | 16751 | 9325 | 1866 | 5560 |
| 1991 | 18721 | 10702 | 2202 | 5817 |
| 1992 | 20354 | 10739 | 2838 | 6777 |
| 1993 | 25374 | 13413 | 4236 | 7725 |
| 1994 | 31672 | 16943 | 7295 | 7434 |
| 1995 | 47879 | 25708 | 8362 | 13809 |
| 1996 | 52488 | 27413 | 9117 | 15958 |
| 1997 | 65433 | 35111 | 9963 | 20359 |
| 1998 | 78920 | 38167 | 19120 | 21633 |
| 1999 | 85021 | 39430 | 22151 | 23440 |
| 2000 | 89021 | 39117 | 24132 | 25772 |
| 2001 | 93432 | 41004 | 22727 | 29701 |
| 2002 | 101700 | 44001 | 24275 | 33424 |
| 2003 | 128181 | 47399 | 42967 | 37815 |
| 2004 | 140115 | 55210 | 40572 | 44333 |
| 2005 | 157182 | 58579 | 49007 | 49596 |
| 2006 | 186151 | 65034 | 60099 | 61018 |
| 2007 | 219836 | 79808 | 67193 | 72835 |
| 2008 | 258689 | 90440 | 80172 | 88077 |
| 2009 | 279447 | 90632 | 89335 | 99480 |
| 2010 | 313555 | 102023 | 96928 | 114604 |
| 2011 | 393711 | 129209 | 136370 | 128132 |
| 2012 | 403895 | 135964 | 121846 | 146085 |
| 2013 | 441644 | 147197 | 119635 | 174812 |
| 2014 | 467751 | 153446 | 124569 | 189736 |
| 2015 | 471243 | 161442 | 101957 | 207844 |
| 2016 | 500954 | 176958 | 103488 | 220508 |
| 2017 | 551826 | 202636 | 103532 | 245658 |

## 2-14 马山县主要年份生产总值构成

（按当年价格计算）

单位：%

| 年份 | 生产总值 | 第一产业 | 第二产业 | 第三产业 |
|---|---|---|---|---|
| 1950 | 100.00 | 74.87 | 2.19 | 22.94 |
| 1965 | 100.00 | 70.23 | 10.29 | 19.48 |
| 1978 | 100.00 | 71.46 | 11.56 | 16.98 |
| 1980 | 100.00 | 72.25 | 13.31 | 14.44 |
| 1985 | 100.00 | 69.34 | 13.13 | 17.53 |
| 1990 | 100.00 | 55.67 | 11.14 | 33.19 |
| 1991 | 100.00 | 57.17 | 11.76 | 31.07 |
| 1992 | 100.00 | 52.76 | 13.94 | 33.30 |
| 1993 | 100.00 | 52.86 | 16.69 | 30.45 |
| 1994 | 100.00 | 53.50 | 23.03 | 23.47 |
| 1995 | 100.00 | 53.69 | 17.46 | 28.85 |
| 1996 | 100.00 | 52.23 | 17.37 | 30.40 |
| 1997 | 100.00 | 53.66 | 15.23 | 31.11 |
| 1998 | 100.00 | 48.36 | 24.23 | 27.41 |
| 1999 | 100.00 | 46.38 | 26.05 | 27.57 |
| 2000 | 100.00 | 43.94 | 27.11 | 28.95 |
| 2001 | 100.00 | 43.89 | 24.32 | 31.79 |
| 2002 | 100.00 | 43.27 | 23.87 | 32.86 |
| 2003 | 100.00 | 36.98 | 33.52 | 29.50 |
| 2004 | 100.00 | 39.40 | 28.96 | 31.64 |
| 2005 | 100.00 | 37.27 | 31.18 | 31.55 |
| 2006 | 100.00 | 34.94 | 32.29 | 32.77 |
| 2007 | 100.00 | 36.30 | 30.57 | 33.13 |
| 2008 | 100.00 | 34.96 | 30.99 | 34.05 |
| 2009 | 100.00 | 32.43 | 31.97 | 35.60 |
| 2010 | 100.00 | 32.54 | 30.91 | 36.55 |
| 2011 | 100.00 | 32.82 | 34.64 | 32.54 |
| 2012 | 100.00 | 33.66 | 30.17 | 36.17 |
| 2013 | 100.00 | 33.33 | 27.09 | 39.58 |
| 2014 | 100.00 | 32.81 | 26.63 | 40.56 |
| 2015 | 100.00 | 34.26 | 21.64 | 44.10 |
| 2016 | 100.00 | 35.32 | 20.66 | 44.02 |
| 2017 | 100.00 | 36.72 | 18.76 | 44.52 |

## 2-15 马山县主要年份生产总值指数

（按可比价格计算，以上年为 100）

单位：%

| 年份 | 生产总值 | 第一产业 | 第二产业 | 第三产业 |
| --- | --- | --- | --- | --- |
| 1951 | | | | |
| 1965 | 100.7 | 100.6 | 101.7 | 100.2 |
| 1978 | 101.2 | 103.0 | 90.3 | 101.9 |
| 1980 | 105.0 | 115.8 | 102.2 | 75.1 |
| 1985 | 104.9 | 104.8 | 104.7 | 104.8 |
| 1990 | 97.7 | 95.1 | 110.2 | 98.4 |
| 1991 | 108.5 | 111.9 | 126.2 | 96.7 |
| 1992 | 108.0 | 103.8 | 106.5 | 116.6 |
| 1993 | 106.9 | 110.1 | 120.4 | 96.0 |
| 1994 | 94.5 | 89.6 | 146.5 | 78.2 |
| 1995 | 131.1 | 124.8 | 117.6 | 158.3 |
| 1996 | 108.8 | 103.7 | 114.6 | 113.7 |
| 1997 | 121.3 | 123.6 | 106.3 | 128.3 |
| 1998 | 119.3 | 108.9 | 166.3 | 108.3 |
| 1999 | 109.7 | 108.1 | 115.5 | 109.5 |
| 2000 | 105.2 | 99.3 | 108.5 | 111.4 |
| 2001 | 104.4 | 108.6 | 90.7 | 110.8 |
| 2002 | 107.9 | 105.6 | 104.7 | 113.6 |
| 2003 | 109.2 | 108.8 | 115.0 | 105.5 |
| 2004 | 103.7 | 100.7 | 99.5 | 111.0 |
| 2005 | 112.9 | 109.2 | 122.8 | 109.7 |
| 2006 | 113.8 | 106.7 | 116.8 | 119.3 |
| 2007 | 114.0 | 106.8 | 120.3 | 115.4 |
| 2008 | 111.0 | 103.2 | 114.4 | 115.3 |
| 2009 | 111.5 | 104.1 | 114.8 | 114.8 |
| 2010 | 112.5 | 105.8 | 117.4 | 113.0 |
| 2011 | 109.8 | 105.0 | 120.3 | 105.3 |
| 2012 | 107.3 | 104.8 | 105.7 | 111.1 |
| 2013 | 107.2 | 105.0 | 106.4 | 109.8 |
| 2014 | 104.5 | 104.3 | 102.2 | 106.7 |
| 2015 | 103.5 | 104.0 | 96.3 | 109.1 |
| 2016 | 105.0 | 104.9 | 100.6 | 107.3 |
| 2017 | 105.2 | 104.3 | 101.4 | 107.7 |

# 2-16 马山县各时期生产总值平均指数

（按可比价格计算，以上年为 100）　　单位：%

| 时期 | 生产总值 | 第一产业 | 第二产业 | 第三产业 |
|---|---|---|---|---|
| 恢复时期 (1950-1952) | | | | |
| “一五”时期 (1953-1957) | 104.6 | 104.5 | 113.6 | 103.6 |
| “二五”时期 (1958-1962) | 98.9 | 97.0 | 103.0 | 101.8 |
| 调整时期 (1963-1965) | 103.9 | 104.5 | 115.3 | 97.1 |
| “三五”时期 (1966-1970) | 105.4 | 104.6 | 121.1 | 99.7 |
| “四五”时期 (1971-1975) | 105.6 | 107.6 | 99.6 | 102.1 |
| “五五”时期 (1976-1980) | 103.6 | 106.4 | 99.8 | 96.7 |
| “六五”时期 (1981-1985) | 104.8 | 103.9 | 102.6 | 110.0 |
| “七五”时期 (1986-1990) | 104.5 | 101.3 | 103.3 | 113.6 |
| “八五”时期 (1991-1995) | 109.2 | 107.4 | 122.7 | 106.0 |
| “九五”时期 (1996-2000) | 112.7 | 108.4 | 120.5 | 114.0 |
| “十五”时期 (2001-2005) | 107.6 | 106.5 | 105.9 | 110.1 |
| “十一五”时期 (2006-2010) | 112.6 | 105.3 | 116.7 | 115.5 |
| “十二五”时期 (2011-2015) | 106.4 | 104.6 | 105.9 | 108.4 |
| 1951 年至 2017 年 | 105.9 | 104.6 | 109.0 | 106.0 |
| 1979 年至 2017 年 | 107.9 | 105.5 | 109.9 | 109.6 |
| 1993 年至 2017 年 | 109.4 | 106.2 | 112.9 | 110.9 |

# 2-17 上林县主要年份生产总值

（按当年价格计算）

单位：万元

| 年份 | 生产总值 | 第一产业 | 第二产业 | 第三产业 |
|---|---|---|---|---|
| 1950 | 1830 | 1670 | 12 | 148 |
| 1965 | 3249 | 2770 | 76 | 403 |
| 1978 | 5387 | 4069 | 530 | 788 |
| 1980 | 5729 | 3876 | 747 | 1106 |
| 1985 | 12477 | 9229 | 1437 | 1811 |
| 1990 | 30386 | 16962 | 4578 | 8846 |
| 1991 | 34809 | 17956 | 5612 | 11241 |
| 1992 | 39327 | 20221 | 5639 | 13467 |
| 1993 | 48910 | 24042 | 9622 | 15246 |
| 1994 | 69971 | 43636 | 11353 | 14982 |
| 1995 | 78742 | 49884 | 10633 | 18225 |
| 1996 | 85830 | 50853 | 14013 | 20964 |
| 1997 | 91990 | 51775 | 14971 | 25244 |
| 1998 | 97597 | 54281 | 16260 | 27056 |
| 1999 | 102412 | 57221 | 16719 | 28472 |
| 2000 | 105567 | 57572 | 17673 | 30322 |
| 2001 | 110386 | 57804 | 18026 | 34556 |
| 2002 | 118584 | 51147 | 19091 | 48346 |
| 2003 | 116299 | 54507 | 24201 | 37591 |
| 2004 | 135008 | 64180 | 30359 | 40469 |
| 2005 | 165733 | 75174 | 37681 | 52878 |
| 2006 | 195079 | 90289 | 44447 | 60343 |
| 2007 | 231935 | 100051 | 57278 | 74606 |
| 2008 | 265183 | 110519 | 70469 | 84195 |
| 2009 | 271785 | 108041 | 69108 | 94636 |
| 2010 | 318502 | 128018 | 81794 | 108690 |
| 2011 | 390554 | 160428 | 106591 | 123535 |
| 2012 | 403080 | 166752 | 97553 | 138775 |
| 2013 | 449293 | 177700 | 104177 | 167416 |
| 2014 | 466025 | 184289 | 100927 | 180809 |
| 2015 | 503281 | 192349 | 113642 | 197290 |
| 2016 | 532091 | 211111 | 103981 | 216999 |
| 2017 | 567493 | 219900 | 107291 | 240302 |

# 2-18 上林县主要年份生产总值构成

（按当年价格计算）

单位：%

| 年份 | 生产总值 | 第一产业 | 第二产业 | 第三产业 |
|---|---|---|---|---|
| 1950 | 100.00 | 91.26 | 0.66 | 8.08 |
| 1965 | 100.00 | 85.26 | 2.34 | 12.40 |
| 1978 | 100.00 | 75.53 | 9.84 | 14.63 |
| 1980 | 100.00 | 67.66 | 13.04 | 19.30 |
| 1985 | 100.00 | 73.97 | 11.52 | 14.51 |
| 1990 | 100.00 | 55.82 | 15.07 | 29.11 |
| 1991 | 100.00 | 51.58 | 16.12 | 32.30 |
| 1992 | 100.00 | 51.42 | 14.34 | 34.24 |
| 1993 | 100.00 | 49.16 | 19.67 | 31.17 |
| 1994 | 100.00 | 62.36 | 16.23 | 21.41 |
| 1995 | 100.00 | 63.35 | 13.50 | 23.15 |
| 1996 | 100.00 | 59.25 | 16.33 | 24.42 |
| 1997 | 100.00 | 56.28 | 16.27 | 27.45 |
| 1998 | 100.00 | 55.62 | 16.66 | 27.72 |
| 1999 | 100.00 | 55.87 | 16.33 | 27.80 |
| 2000 | 100.00 | 54.54 | 16.74 | 28.72 |
| 2001 | 100.00 | 52.37 | 16.33 | 31.30 |
| 2002 | 100.00 | 43.13 | 16.10 | 40.77 |
| 2003 | 100.00 | 46.87 | 20.81 | 32.32 |
| 2004 | 100.00 | 47.54 | 22.49 | 29.97 |
| 2005 | 100.00 | 45.36 | 22.74 | 31.90 |
| 2006 | 100.00 | 46.28 | 22.78 | 30.94 |
| 2007 | 100.00 | 43.14 | 24.70 | 32.16 |
| 2008 | 100.00 | 41.68 | 26.57 | 31.75 |
| 2009 | 100.00 | 39.75 | 25.43 | 34.82 |
| 2010 | 100.00 | 40.19 | 25.68 | 34.13 |
| 2011 | 100.00 | 41.08 | 27.29 | 31.63 |
| 2012 | 100.00 | 41.37 | 24.20 | 34.43 |
| 2013 | 100.00 | 39.55 | 23.19 | 37.26 |
| 2014 | 100.00 | 39.54 | 21.66 | 38.80 |
| 2015 | 100.00 | 38.22 | 22.58 | 39.20 |
| 2016 | 100.00 | 39.68 | 19.54 | 40.78 |
| 2017 | 100.00 | 38.75 | 18.91 | 42.34 |

# 2-19 上林县主要年份生产总值指数

（按可比价格计算，以上年为 100）

单位：%

| 年份 | 生产总值 | 第一产业 | 第二产业 | 第三产业 |
|---|---|---|---|---|
| 1951 | 109.2 | 110.0 | 108.3 | 108.8 |
| 1965 | 110.9 | 111.3 | 97.3 | 62.9 |
| 1978 | 114.0 | 108.1 | 126.5 | 132.8 |
| 1980 | 100.4 | 96.3 | 121.5 | 103.9 |
| 1985 | 86.3 | 77.2 | 121.7 | 114.4 |
| 1990 | 105.8 | 103.6 | 111.4 | 107.5 |
| 1991 | 113.5 | 107.6 | 115.3 | 123.9 |
| 1992 | 112.9 | 117.5 | 105.4 | 108.9 |
| 1993 | 102.8 | 95.4 | 140.6 | 98.4 |
| 1994 | 101.7 | 105.7 | 122.8 | 80.6 |
| 1995 | 101.2 | 100.2 | 98.3 | 106.5 |
| 1996 | 106.8 | 100.8 | 117.2 | 110.1 |
| 1997 | 116.3 | 114.4 | 115.3 | 121.1 |
| 1998 | 106.5 | 106.3 | 103.5 | 109.5 |
| 1999 | 105.0 | 103.0 | 106.6 | 107.1 |
| 2000 | 104.4 | 102.5 | 105.0 | 107.1 |
| 2001 | 104.7 | 103.3 | 100.2 | 109.9 |
| 2002 | 107.8 | 106.6 | 104.1 | 111.8 |
| 2003 | 107.4 | 105.0 | 121.6 | 104.3 |
| 2004 | 106.0 | 106.9 | 107.1 | 103.5 |
| 2005 | 107.6 | 106.0 | 112.8 | 107.2 |
| 2006 | 110.7 | 109.0 | 113.6 | 111.1 |
| 2007 | 115.2 | 106.7 | 125.0 | 120.0 |
| 2008 | 110.4 | 105.0 | 123.2 | 107.4 |
| 2009 | 104.4 | 99.8 | 99.4 | 114.3 |
| 2010 | 111.6 | 106.3 | 117.3 | 112.9 |
| 2011 | 108.4 | 102.3 | 119.5 | 107.3 |
| 2012 | 106.4 | 105.2 | 104.5 | 109.4 |
| 2013 | 108.7 | 104.9 | 112.9 | 109.3 |
| 2014 | 106.9 | 104.8 | 110.3 | 106.3 |
| 2015 | 107.0 | 103.6 | 109.4 | 108.4 |
| 2016 | 102.5 | 102.1 | 93.7 | 108.0 |
| 2017 | 104.8 | 104.3 | 102.2 | 106.4 |

# 2-20 上林县各时期生产总值平均指数

（按可比价格计算，以上年为 100）

单位：%

| 时期 | 生产总值 | 第一产业 | 第二产业 | 第三产业 |
|---|---|---|---|---|
| 恢复时期 (1950-1952) | 104.9 | 105.1 | 114.5 | 104.7 |
| “一五”时期 (1953-1957) | 104.1 | 102.9 | 130.1 | 112.0 |
| “二五”时期 (1958-1962) | 96.5 | 94.3 | 94.1 | 106.9 |
| 调整时期 (1963-1965) | 108.6 | 108.8 | 110.8 | 84.2 |
| “三五”时期 (1966-1970) | 103.6 | 103.5 | 106.8 | 121.6 |
| “四五”时期 (1971-1975) | 108.1 | 107.7 | 126.2 | 104.7 |
| “五五”时期 (1976-1980) | 102.3 | 98.1 | 114.3 | 115.2 |
| “六五”时期 (1981-1985) | 109.0 | 109.1 | 105.6 | 110.7 |
| “七五”时期 (1986-1990) | 111.9 | 101.2 | 125.5 | 128.0 |
| “八五”时期 (1991-1995) | 106.3 | 105.0 | 115.6 | 102.6 |
| “九五”时期 (1996-2000) | 107.7 | 105.3 | 109.4 | 110.9 |
| “十五”时期 (2001-2005) | 106.7 | 105.5 | 108.9 | 107.3 |
| “十一五”时期 (2006-2010) | 110.4 | 105.3 | 115.3 | 113.1 |
| “十二五”时期 (2011-2015) | 107.5 | 104.2 | 111.2 | 108.1 |
| 1951 年至 2017 年 | 106.2 | 103.8 | 112.8 | 109.9 |
| 1979 年至 2017 年 | 107.7 | 104.2 | 112.4 | 111.4 |
| 1993 年至 2017 年 | 106.9 | 104.4 | 111.0 | 107.6 |

## 2-21 宾阳县主要年份生产总值

（按当年价格计算）　　　　单位：万元

| 年份 | 生产总值 | 第一产业 | 第二产业 | 第三产业 |
|---|---|---|---|---|
| 1950 | 1104 | 873 | 82 | 149 |
| 1965 | 4915 | 3273 | 692 | 950 |
| 1978 | 17179 | 10385 | 2514 | 4280 |
| 1980 | 18504 | 10820 | 2624 | 5060 |
| 1985 | 37507 | 23285 | 7741 | 6481 |
| 1990 | 57140 | 32925 | 16251 | 7964 |
| 1991 | 73981 | 33258 | 19235 | 21488 |
| 1992 | 83599 | 37236 | 22255 | 24108 |
| 1993 | 117440 | 47222 | 40089 | 30129 |
| 1994 | 159806 | 65305 | 55536 | 38965 |
| 1995 | 187576 | 80338 | 56221 | 51017 |
| 1996 | 212482 | 90587 | 63589 | 58306 |
| 1997 | 220185 | 92024 | 64539 | 63622 |
| 1998 | 231395 | 93508 | 69887 | 68000 |
| 1999 | 231655 | 94285 | 62778 | 74592 |
| 2000 | 232591 | 90922 | 59639 | 82030 |
| 2001 | 261909 | 92456 | 74232 | 95221 |
| 2002 | 294093 | 98389 | 87133 | 108571 |
| 2003 | 354618 | 102774 | 114609 | 137235 |
| 2004 | 434304 | 119321 | 159134 | 155849 |
| 2005 | 520234 | 151038 | 196020 | 173176 |
| 2006 | 592612 | 164269 | 231116 | 197227 |
| 2007 | 698957 | 199648 | 269174 | 230135 |
| 2008 | 822741 | 228131 | 320165 | 274445 |
| 2009 | 888748 | 235731 | 351918 | 301099 |
| 2010 | 1128954 | 279286 | 469734 | 379934 |
| 2011 | 1375181 | 357612 | 565307 | 452262 |
| 2012 | 1401260 | 375979 | 529109 | 496172 |
| 2013 | 1571698 | 406284 | 578723 | 586690 |
| 2014 | 1730158 | 419340 | 651189 | 659628 |
| 2015 | 1842456 | 432191 | 647966 | 762299 |
| 2016 | 1981758 | 481086 | 663851 | 836822 |
| 2017 | 2183924 | 502419 | 681795 | 999710 |

# 2-22 宾阳县主要年份生产总值构成

（按当年价格计算）　　单位：%

| 年份 | 生产总值 | 第一产业 | 第二产业 | 第三产业 |
|---|---|---|---|---|
| 1950 | 100.00 | 79.08 | 7.43 | 13.49 |
| 1965 | 100.00 | 66.59 | 14.08 | 19.33 |
| 1978 | 100.00 | 60.45 | 14.63 | 24.92 |
| 1980 | 100.00 | 58.47 | 14.18 | 27.35 |
| 1985 | 100.00 | 62.08 | 20.64 | 17.28 |
| 1990 | 100.00 | 57.62 | 28.44 | 13.94 |
| 1991 | 100.00 | 44.95 | 26.00 | 29.05 |
| 1992 | 100.00 | 44.54 | 26.62 | 28.84 |
| 1993 | 100.00 | 40.21 | 34.14 | 25.65 |
| 1994 | 100.00 | 40.87 | 34.75 | 24.38 |
| 1995 | 100.00 | 42.83 | 29.97 | 27.20 |
| 1996 | 100.00 | 42.63 | 29.93 | 27.44 |
| 1997 | 100.00 | 41.79 | 29.31 | 28.90 |
| 1998 | 100.00 | 40.41 | 30.20 | 29.39 |
| 1999 | 100.00 | 40.70 | 27.10 | 32.20 |
| 2000 | 100.00 | 39.09 | 25.64 | 35.27 |
| 2001 | 100.00 | 35.30 | 28.34 | 36.36 |
| 2002 | 100.00 | 33.46 | 29.63 | 36.91 |
| 2003 | 100.00 | 28.98 | 32.32 | 38.70 |
| 2004 | 100.00 | 27.47 | 36.64 | 35.89 |
| 2005 | 100.00 | 29.03 | 37.68 | 33.29 |
| 2006 | 100.00 | 27.72 | 39.00 | 33.28 |
| 2007 | 100.00 | 28.56 | 38.51 | 32.93 |
| 2008 | 100.00 | 27.73 | 38.91 | 33.36 |
| 2009 | 100.00 | 26.52 | 39.60 | 33.88 |
| 2010 | 100.00 | 24.74 | 41.61 | 33.65 |
| 2011 | 100.00 | 26.00 | 41.11 | 32.89 |
| 2012 | 100.00 | 26.83 | 37.76 | 35.41 |
| 2013 | 100.00 | 25.85 | 36.82 | 37.33 |
| 2014 | 100.00 | 24.24 | 37.64 | 38.12 |
| 2015 | 100.00 | 23.46 | 35.17 | 41.37 |
| 2016 | 100.00 | 24.28 | 33.50 | 42.22 |
| 2017 | 100.00 | 23.00 | 31.22 | 45.78 |

# 2-23 宾阳县主要年份生产总值指数

（按可比价格计算，以上年为 100）　　单位：%

| 年份 | 生产总值 | 第一产业 | 第二产业 | 第三产业 |
|---|---|---|---|---|
| 1951 | 117.1 | 115.0 | 131.7 | 118.6 |
| 1965 | 109.4 | 107.9 | 115.8 | 112.7 |
| 1978 | 115.1 | 115.3 | 115.0 | 114.5 |
| 1980 | 108.6 | 113.5 | 114.2 | 93.1 |
| 1985 | 128.3 | 133.0 | 133.0 | 104.3 |
| 1990 | 104.2 | 106.5 | 117.6 | 94.5 |
| 1991 | 106.9 | 103.6 | 113.6 | 107.0 |
| 1992 | 108.1 | 104.5 | 113.7 | 109.3 |
| 1993 | 110.5 | 105.9 | 118.8 | 110.1 |
| 1994 | 109.4 | 104.8 | 117.8 | 108.0 |
| 1995 | 108.9 | 108.1 | 106.3 | 113.1 |
| 1996 | 110.5 | 107.7 | 114.1 | 110.7 |
| 1997 | 107.9 | 105.9 | 108.8 | 109.7 |
| 1998 | 107.4 | 105.8 | 109.0 | 107.8 |
| 1999 | 106.0 | 104.2 | 103.3 | 111.5 |
| 2000 | 102.0 | 96.4 | 101.0 | 110.3 |
| 2001 | 107.9 | 102.6 | 112.0 | 110.7 |
| 2002 | 109.7 | 106.8 | 114.2 | 109.5 |
| 2003 | 113.8 | 104.4 | 117.9 | 120.1 |
| 2004 | 110.1 | 105.7 | 118.7 | 108.1 |
| 2005 | 114.1 | 113.2 | 117.5 | 112.1 |
| 2006 | 111.0 | 109.5 | 113.0 | 110.2 |
| 2007 | 112.9 | 108.2 | 115.7 | 113.7 |
| 2008 | 110.6 | 106.8 | 111.3 | 113.1 |
| 2009 | 109.6 | 103.0 | 112.6 | 111.3 |
| 2010 | 120.4 | 106.7 | 125.4 | 124.3 |
| 2011 | 113.9 | 107.3 | 118.6 | 112.9 |
| 2012 | 107.7 | 104.8 | 110.0 | 106.6 |
| 2013 | 109.3 | 105.1 | 113.2 | 107.2 |
| 2014 | 108.0 | 103.4 | 108.1 | 110.8 |
| 2015 | 108.8 | 103.9 | 106.7 | 114.5 |
| 2016 | 108.3 | 105.3 | 103.3 | 114.5 |
| 2017 | 109.4 | 103.8 | 106.1 | 115.2 |

# 2-24 宾阳县各时期生产总值平均指数

（按可比价格计算，以上年为 100）

单位：%

| 时期 | 生产总值 | 第一产业 | 第二产业 | 第三产业 |
| --- | --- | --- | --- | --- |
| 恢复时期 (1950-1952) | 118.8 | 114.5 | 148.4 | 118.6 |
| “一五”时期 (1953-1957) | 112.5 | 113.1 | 111.7 | 110.7 |
| “二五”时期 (1958-1962) | 106.6 | 108.4 | 95.0 | 107.5 |
| 调整时期 (1963-1965) | 112.9 | 113.0 | 119.8 | 108.2 |
| “三五”时期 (1966-1970) | 107.3 | 107.3 | 103.7 | 110.1 |
| “四五”时期 (1971-1975) | 111.1 | 111.1 | 113.1 | 110.1 |
| “五五”时期 (1976-1980) | 103.3 | 99.1 | 117.7 | 109.1 |
| “六五”时期 (1981-1985) | 116.3 | 116.6 | 124.0 | 106.1 |
| “七五”时期 (1986-1990) | 105.1 | 93.6 | 114.2 | 123.2 |
| “八五”时期 (1991-1995) | 108.8 | 105.4 | 114.0 | 109.5 |
| “九五”时期 (1996-2000) | 106.7 | 103.9 | 107.1 | 110.0 |
| “十五”时期 (2001-2005) | 111.1 | 106.5 | 116.0 | 112.0 |
| “十一五”时期 (2006-2010) | 112.8 | 106.8 | 115.5 | 114.4 |
| “十二五”时期 (2011-2015) | 109.5 | 104.9 | 111.3 | 110.4 |
| 1951 年至 2017 年 | 109.6 | 106.7 | 113.1 | 111.3 |
| 1979 年至 2017 年 | 109.3 | 104.5 | 114.0 | 111.8 |
| 1993 年至 2017 年 | 109.9 | 105.5 | 112.0 | 111.8 |

# 2-25 横县主要年份生产总值

（按当年价格计算）

单位：万元

| 年份 | 生产总值 | 第一产业 | 第二产业 | 第三产业 |
| --- | --- | --- | --- | --- |
| 1950 | 2545 | 2327 | 115 | 103 |
| 1965 | 8027 | 4033 | 2540 | 1454 |
| 1978 | 24204 | 14749 | 7107 | 2348 |
| 1980 | 26146 | 15527 | 7334 | 3285 |
| 1985 | 40663 | 23746 | 10827 | 6090 |
| 1990 | 89305 | 44969 | 22192 | 22144 |
| 1991 | 103261 | 51189 | 25027 | 27045 |
| 1992 | 119391 | 57465 | 29032 | 32894 |
| 1993 | 170404 | 70668 | 55506 | 44230 |
| 1994 | 224688 | 97339 | 69744 | 57605 |
| 1995 | 262239 | 124194 | 65074 | 72971 |
| 1996 | 287040 | 140137 | 58408 | 88495 |
| 1997 | 321477 | 157297 | 61787 | 102393 |
| 1998 | 322694 | 155913 | 57645 | 109136 |
| 1999 | 318133 | 148457 | 53283 | 116393 |
| 2000 | 318352 | 148626 | 44415 | 125311 |
| 2001 | 324768 | 141005 | 46378 | 137385 |
| 2002 | 353303 | 142135 | 60888 | 150280 |
| 2003 | 383406 | 147166 | 96675 | 139565 |
| 2004 | 435213 | 168671 | 107689 | 158853 |
| 2005 | 538036 | 223947 | 134627 | 179462 |
| 2006 | 647019 | 249125 | 181085 | 216809 |
| 2007 | 809990 | 302345 | 237571 | 270074 |
| 2008 | 980181 | 337257 | 327165 | 315759 |
| 2009 | 1136532 | 358537 | 405184 | 372811 |
| 2010 | 1348911 | 424495 | 496008 | 428408 |
| 2011 | 1762178 | 534026 | 698445 | 529707 |
| 2012 | 2226099 | 569227 | 1079757 | 577115 |
| 2013 | 2496785 | 608449 | 1212669 | 675667 |
| 2014 | 2486787 | 650484 | 1077301 | 759002 |
| 2015 | 2630940 | 673798 | 1109151 | 847992 |
| 2016 | 2749718 | 672283 | 1122687 | 954748 |
| 2017 | 3045838 | 728680 | 1208939 | 1108219 |

# 2-26 横县主要年份生产总值构成

（按当年价格计算）　　　　单位：%

| 年份 | 生产总值 | 第一产业 | 第二产业 | 第三产业 |
|---|---|---|---|---|
| 1950 | 100.00 | 91.43 | 4.52 | 4.05 |
| 1965 | 100.00 | 50.24 | 31.64 | 18.12 |
| 1978 | 100.00 | 60.94 | 29.36 | 9.70 |
| 1980 | 100.00 | 59.39 | 28.05 | 12.56 |
| 1985 | 100.00 | 58.40 | 26.63 | 14.97 |
| 1990 | 100.00 | 50.35 | 24.85 | 24.80 |
| 1991 | 100.00 | 49.57 | 24.24 | 26.19 |
| 1992 | 100.00 | 48.13 | 24.32 | 27.55 |
| 1993 | 100.00 | 41.47 | 32.57 | 25.96 |
| 1994 | 100.00 | 43.32 | 31.04 | 25.64 |
| 1995 | 100.00 | 47.36 | 24.81 | 27.83 |
| 1996 | 100.00 | 48.82 | 20.35 | 30.83 |
| 1997 | 100.00 | 48.93 | 19.22 | 31.85 |
| 1998 | 100.00 | 48.32 | 17.86 | 33.82 |
| 1999 | 100.00 | 46.67 | 16.75 | 36.58 |
| 2000 | 100.00 | 46.69 | 13.95 | 39.36 |
| 2001 | 100.00 | 43.42 | 14.28 | 42.30 |
| 2002 | 100.00 | 40.23 | 17.23 | 42.54 |
| 2003 | 100.00 | 38.38 | 25.21 | 36.41 |
| 2004 | 100.00 | 38.76 | 24.74 | 36.50 |
| 2005 | 100.00 | 41.62 | 25.02 | 33.36 |
| 2006 | 100.00 | 38.50 | 27.99 | 33.51 |
| 2007 | 100.00 | 37.33 | 29.33 | 33.34 |
| 2008 | 100.00 | 34.41 | 33.38 | 32.21 |
| 2009 | 100.00 | 31.55 | 35.65 | 32.80 |
| 2010 | 100.00 | 31.47 | 36.77 | 31.76 |
| 2011 | 100.00 | 30.30 | 39.64 | 30.06 |
| 2012 | 100.00 | 25.57 | 48.50 | 25.93 |
| 2013 | 100.00 | 24.37 | 48.57 | 27.06 |
| 2014 | 100.00 | 26.16 | 43.32 | 30.52 |
| 2015 | 100.00 | 25.61 | 42.16 | 32.23 |
| 2016 | 100.00 | 24.45 | 40.83 | 34.72 |
| 2017 | 100.00 | 23.92 | 39.69 | 36.39 |

# 2-27 横县主要年份生产总值指数

（按可比价格计算，以上年为 100）　　单位：%

| 年份 | 生产总值 | 第一产业 | 第二产业 | 第三产业 |
|---|---|---|---|---|
| 1951 | 113.4 | 112.4 | 114.3 | 138.8 |
| 1965 | 118.4 | 119.8 | 125.1 | 97.3 |
| 1978 | 115.1 | 112.1 | 115.7 | 132.0 |
| 1980 | 103.8 | 104.2 | 105.9 | 97.4 |
| 1985 | 92.3 | 91.0 | 88.1 | 107.3 |
| 1990 | 110.8 | 112.7 | 111.1 | 108.4 |
| 1991 | 105.8 | 103.1 | 102.8 | 114.4 |
| 1992 | 115.8 | 116.3 | 112.1 | 118.4 |
| 1993 | 114.7 | 103.9 | 139.8 | 112.7 |
| 1994 | 104.7 | 98.3 | 111.7 | 107.9 |
| 1995 | 110.6 | 117.3 | 101.3 | 110.8 |
| 1996 | 106.5 | 110.5 | 91.2 | 115.6 |
| 1997 | 112.6 | 113.8 | 104.9 | 116.8 |
| 1998 | 105.0 | 104.6 | 99.1 | 109.8 |
| 1999 | 104.2 | 101.6 | 104.1 | 107.9 |
| 2000 | 100.5 | 102.3 | 84.1 | 108.0 |
| 2001 | 103.4 | 100.3 | 97.2 | 109.4 |
| 2002 | 107.7 | 102.0 | 125.4 | 108.2 |
| 2003 | 106.7 | 102.1 | 150.2 | 94.3 |
| 2004 | 107.1 | 109.2 | 97.5 | 110.6 |
| 2005 | 113.3 | 109.8 | 121.0 | 112.7 |
| 2006 | 117.9 | 112.3 | 128.3 | 117.2 |
| 2007 | 117.3 | 109.3 | 126.1 | 119.7 |
| 2008 | 113.6 | 103.4 | 128.6 | 111.7 |
| 2009 | 115.9 | 103.9 | 123.8 | 120.0 |
| 2010 | 112.4 | 105.3 | 118.2 | 112.7 |
| 2011 | 120.1 | 107.9 | 133.2 | 116.9 |
| 2012 | 117.3 | 104.6 | 134.7 | 105.9 |
| 2013 | 110.7 | 104.9 | 115.3 | 108.3 |
| 2014 | 103.4 | 104.5 | 98.8 | 110.7 |
| 2015 | 106.2 | 104.9 | 104.6 | 109.9 |
| 2016 | 106.0 | 102.2 | 102.2 | 114.3 |
| 2017 | 107.0 | 103.9 | 104.5 | 112.3 |

## 2-28 横县各时期生产总值平均指数

（按可比价格计算，以上年为 100）

单位：%

| 时期 | 生产总值 | 第一产业 | 第二产业 | 第三产业 |
|---|---|---|---|---|
| 恢复时期 (1950–1952) | 108.8 | 107.3 | 120.7 | 124.1 |
| “一五”时期 (1953–1957) | 106.0 | 103.0 | 119.4 | 124.7 |
| “二五”时期 (1958–1962) | 100.1 | 95.4 | 114.6 | 106.9 |
| 调整时期 (1963–1965) | 112.4 | 108.8 | 127.6 | 99.1 |
| “三五”时期 (1966–1970) | 109.6 | 111.8 | 106.7 | 107.0 |
| “四五”时期 (1971–1975) | 110.3 | 112.3 | 106.8 | 107.9 |
| “五五”时期 (1976–1980) | 107.1 | 102.0 | 111.2 | 114.5 |
| “六五”时期 (1981–1985) | 101.9 | 99.2 | 103.7 | 107.7 |
| “七五”时期 (1986–1990) | 111.2 | 105.6 | 109.1 | 125.7 |
| “八五”时期 (1991–1995) | 110.2 | 107.5 | 112.7 | 112.8 |
| “九五”时期 (1996–2000) | 105.7 | 106.4 | 96.3 | 111.6 |
| “十五”时期 (2001–2005) | 107.6 | 104.6 | 116.7 | 106.8 |
| “十一五”时期 (2006–2010) | 115.4 | 106.8 | 125.0 | 116.2 |
| “十二五”时期 (2011–2015) | 111.4 | 105.4 | 116.4 | 110.3 |
| 1951 年至 2017 年 | 108.3 | 105.2 | 112.3 | 112.6 |
| 1979 年至 2017 年 | 108.6 | 104.7 | 110.2 | 112.9 |
| 1993 年至 2017 年 | 109.7 | 105.6 | 112.7 | 111.2 |

# 2-29 各县主要年份人均生产总值

（按当年价格计算）

单位：元

| 年份 | 隆安县 | 马山县 | 上林县 | 宾阳县 | 横　县 |
|---|---|---|---|---|---|
| 1950 | 52 | 63 | 95 | 29 | 56 |
| 1965 | 56 | 101 | 126 | 102 | 136 |
| 1978 | 225 | 122 | 156 | 254 | 306 |
| 1980 | 231 | 130 | 161 | 263 | 321 |
| 1985 | 340 | 166 | 322 | 487 | 456 |
| 1990 | 644 | 367 | 730 | 679 | 931 |
| 1991 | 640 | 404 | 828 | 860 | 1059 |
| 1992 | 854 | 438 | 926 | 961 | 1209 |
| 1993 | 1183 | 544 | 1141 | 1336 | 1704 |
| 1994 | 1497 | 673 | 1620 | 1789 | 2220 |
| 1995 | 1825 | 1008 | 1812 | 2066 | 2562 |
| 1996 | 2184 | 1094 | 1966 | 2317 | 2784 |
| 1997 | 2284 | 1353 | 2098 | 2378 | 3101 |
| 1998 | 2441 | 1622 | 2215 | 2481 | 3096 |
| 1999 | 2383 | 1740 | 2314 | 2463 | 3041 |
| 2000 | 2464 | 1812 | 2361 | 2436 | 3014 |
| 2001 | 2758 | 1893 | 2449 | 2711 | 3044 |
| 2002 | 3067 | 2048 | 2622 | 3026 | 3298 |
| 2003 | 2259 | 2563 | 2560 | 3626 | 3565 |
| 2004 | 4091 | 2785 | 2949 | 4429 | 4025 |
| 2005 | 5047 | 3105 | 3567 | 5256 | 4929 |
| 2006 | 5943 | 3646 | 4137 | 5913 | 5788 |
| 2007 | 7320 | 4236 | 4853 | 6883 | 7074 |
| 2008 | 8604 | 4910 | 5528 | 7983 | 8454 |
| 2009 | 8590 | 5257 | 5664 | 8588 | 9703 |
| 2010 | 9774 | 5827 | 6565 | 10835 | 11347 |
| 2011 | 12095 | 7216 | 7969 | 13138 | 14617 |
| 2012 | 12257 | 7336 | 8212 | 13465 | 18379 |
| 2013 | 13378 | 7945 | 9178 | 15093 | 20349 |
| 2014 | 18664 | 11698 | 13296 | 21626 | 28163 |
| 2015 | 20281 | 11708 | 14203 | 22834 | 29526 |
| 2016 | 21333 | 12352 | 14873 | 24388 | 30593 |
| 2017 | 23311 | 13487 | 15727 | 26722 | 33654 |

注：从2014年开始，各县的人均生产总值根据常住人口口径计算。

# 2-30 各县生产总值

（2017 年，按当年价格计算）　　单位：万元

| 指标名称 | 隆安县 | 马山县 | 上林县 | 宾阳县 | 横　县 |
|---|---|---|---|---|---|
| **地区生产总值** | **731841** | **551826** | **567493** | **2183924** | **3045838** |
| 农、林、牧、渔业 | 283017 | 203053 | 220419 | 506997 | 762842 |
| 工业 | 106233 | 33066 | 51916 | 454005 | 888782 |
| 建筑业 | 91476 | 70467 | 55374 | 227789 | 320157 |
| 批发和零售业 | 18894 | 27758 | 24995 | 113352 | 170941 |
| 批发业 | 798 | 3492 | 7297 | 19200 | 18543 |
| 零售业 | 18096 | 24266 | 17698 | 94152 | 152397 |
| 交通运输、仓储和邮政业 | 16080 | 11995 | 18312 | 56221 | 140017 |
| 住宿和餐饮业 | 8489 | 10345 | 8303 | 31470 | 42451 |
| 住宿业 | 404 | 375 | 284 | 1805 | 3604 |
| 餐饮业 | 8085 | 9970 | 8018 | 29665 | 38847 |
| 金融业 | 36989 | 35866 | 36147 | 86978 | 90626 |
| 房地产业 | 37322 | 31283 | 24954 | 81735 | 115870 |
| 房地产业（k） | 19738 | 6177 | 7246 | 38935 | 39247 |
| 居民自有住房折旧 | 17584 | 25106 | 17708 | 42801 | 76624 |
| 其他服务业 | 133340 | 127993 | 127073 | 625375 | 514152 |
| 营利性服务业 | 22834 | 31965 | 24223 | 318113 | 246688 |
| 非营利性服务业` | 110506 | 96029 | 102850 | 307262 | 267464 |
| 第一产业（不含农林牧渔服务业） | 279486 | 202636 | 219900 | 502419 | 728680 |
| 第二产业（不含工业服务业） | 197709 | 103532 | 107291 | 681795 | 1208939 |
| 第三产业（含农服和工服） | 254645 | 245658 | 240302 | 999710 | 1108219 |
| 人均生产总值（元）（常住人口口径） | 23311 | 13487 | 15727 | 26722 | 33654 |

注：从 2014 年开始，各县的人均生产总值根据常住人口口径计算。

## 2-31 各县生产总值指数

（2017 年，按可比价格计算，以上年为 100）　　单位：%

| 指标名称 | 隆安县 | 马山县 | 上林县 | 宾阳县 | 横　县 |
|---|---|---|---|---|---|
| **地区生产总值** | **106.6** | **105.2** | **104.8** | **109.4** | **107.0** |
| 农、林、牧、渔业 | 104.1 | 105.0 | 104.3 | 103.8 | 103.7 |
| 工业 | 109.0 | 102.8 | 101.1 | 107.2 | 104.2 |
| 建筑业 | 104.4 | 100.6 | 103.5 | 103.8 | 105.4 |
| 批发和零售业 | 105.7 | 106.8 | 101.7 | 108.0 | 104.3 |
| 批发业 | 101.1 | 99.9 | 99.9 | 107.1 | 108.7 |
| 零售业 | 105.9 | 107.9 | 102.5 | 108.2 | 103.7 |
| 交通运输、仓储和邮政业 | 104.9 | 104.1 | 104.0 | 106.6 | 108.5 |
| 住宿和餐饮业 | 101.5 | 99.6 | 102.2 | 103.2 | 108.6 |
| 住宿业 | 102.1 | 102.1 | 101.6 | 103.4 | 101.9 |
| 餐饮业 | 101.5 | 99.5 | 102.3 | 103.2 | 109.3 |
| 金融业 | 105.9 | 106.1 | 105.7 | 107.0 | 111.2 |
| 房地产业 | 129.0 | 104.7 | 106.3 | 106.7 | 110.8 |
| 房地产业（k） | 166.5 | 103.4 | 109.8 | 108.8 | 125.6 |
| 居民自有住房折旧 | 105.0 | 105.0 | 105.0 | 105.0 | 105.0 |
| 其他服务业 | 107.4 | 109.1 | 108.5 | 121.1 | 118.4 |
| 营利性服务业 | 123.5 | 125.4 | 128.3 | 141.4 | 137.5 |
| 非营利性服务业 | 104.4 | 104.3 | 104.4 | 104.8 | 104.3 |
| 第一产业（不含农林牧渔服务业） | 104.1 | 104.3 | 104.3 | 103.8 | 103.9 |
| 第二产业（不含工业服务业） | 106.9 | 101.4 | 102.2 | 106.1 | 104.5 |
| 第三产业（含农服和工服） | 109.2 | 107.7 | 106.4 | 115.2 | 112.3 |
| 人均生产总值（元）（常住人口口径） | 105.7 | 104.3 | 103.9 | 108.8 | 106.3 |

注：从 2014 年开始，各县的人均生产总值根据常住人口口径计算。

## 2-32 各县财政收入相当于地区生产总值的比例

单位：%

| 年份 | 隆安县 | 马山县 | 上林县 | 宾阳县 | 横　县 |
| --- | --- | --- | --- | --- | --- |
| 1950 | 16.39 | 0.45 | 0.00 | 3.08 | 9.31 |
| 1965 | 16.12 | 8.08 | 6.28 | 10.32 | 8.35 |
| 1978 | 7.72 | 5.99 | 5.07 | 4.76 | 4.86 |
| 1980 | 8.60 | 4.70 | 5.32 | 5.44 | 6.38 |
| 1985 | 7.02 | 8.68 | 3.86 | 5.44 | 7.79 |
| 1990 | 8.94 | 6.73 | 5.87 | 10.81 | 8.32 |
| 1991 | 8.92 | 5.84 | 5.43 | 9.24 | 7.49 |
| 1992 | 6.92 | 5.98 | 5.01 | 8.59 | 7.20 |
| 1993 | 9.12 | 6.28 | 6.31 | 10.01 | 8.58 |
| 1994 | 9.49 | 9.62 | 5.09 | 8.63 | 7.67 |
| 1995 | 9.45 | 8.37 | 3.19 | 8.90 | 7.25 |
| 1996 | 8.69 | 8.61 | 3.64 | 8.02 | 6.29 |
| 1997 | 8.54 | 8.08 | 4.35 | 8.11 | 7.33 |
| 1998 | 9.43 | 7.45 | 5.13 | 8.34 | 7.61 |
| 1999 | 10.71 | 7.52 | 7.10 | 9.14 | 8.02 |
| 2000 | 11.24 | 7.58 | 7.18 | 9.38 | 8.17 |
| 2001 | 9.96 | 6.47 | 6.35 | 8.09 | 7.16 |
| 2002 | 10.92 | 6.75 | 6.65 | 9.15 | 7.31 |
| 2003 | 10.06 | 5.70 | 7.67 | 7.34 | 7.35 |
| 2004 | 8.63 | 5.75 | 7.47 | 6.91 | 7.06 |
| 2005 | 7.70 | 6.12 | 6.82 | 6.74 | 6.56 |
| 2006 | 7.01 | 5.92 | 6.61 | 0.63 | 6.44 |
| 2007 | 7.20 | 5.73 | 6.49 | 5.89 | 5.93 |
| 2008 | 6.66 | 5.85 | 6.65 | 6.10 | 5.93 |
| 2009 | 6.61 | 6.23 | 6.59 | 6.79 | 6.25 |
| 2010 | 7.19 | 6.98 | 7.08 | 7.17 | 6.54 |
| 2011 | 7.03 | 6.71 | 7.00 | 7.46 | 6.25 |
| 2012 | 8.65 | 8.25 | 8.62 | 9.21 | 7.74 |
| 2013 | 8.47 | 7.39 | 8.16 | 8.94 | 6.04 |
| 2014 | 8.96 | 7.04 | 8.56 | 9.01 | 6.75 |
| 2015 | 8.80 | 7.08 | 8.94 | 9.36 | 6.95 |
| 2016 | 6.90 | 6.67 | 7.61 | 8.80 | 6.68 |
| 2017 | 6.83 | 6.20 | 7.60 | 8.44 | 6.26 |

# 2-33 各城区生产总值

（2017 年，按当年价格计算） 单位：万元

| 指标名称 | 市 区 | 兴宁区 | 青秀区 | 江南区 | 西乡塘区 | 良庆区 | 邕宁区 | 武鸣区 |
|---|---|---|---|---|---|---|---|---|
| **地区生产总值** | **34107372** | **4135500** | **9139620** | **6029689** | **8884120** | **1562091** | **908814** | **3531974** |
| 农、林、牧、渔业 | 2279541 | 111215 | 199911 | 305816 | 204928 | 232571 | 278765 | 823419 |
| 工业 | 10364896 | 121246 | 130873 | 3910302 | 4144455 | 503596 | 136708 | 1378885 |
| 建筑业 | 3330812 | 580690 | 916913 | 318626 | 819460 | 359975 | 90418 | 244731 |
| 批发和零售业 | 2747149 | 763591 | 821834 | 212064 | 850304 | 44653 | 20265 | 104497 |
| 批发业 | 1353934 | 215989 | 512930 | 66316 | 559142 | 16274 | 8221 | 11762 |
| 零售业 | 1393214 | 547603 | 308903 | 145748 | 291162 | 28379 | 12044 | 92734 |
| 交通运输、仓储和邮政业 | 1502336 | 276865 | 518453 | 208575 | 375448 | 49193 | 26982 | 65314 |
| 住宿和餐饮业 | 929616 | 251276 | 366787 | 68962 | 189321 | 20171 | 5635 | 42923 |
| 住宿业 | 159792 | 41007 | 73231 | 13586 | 24505 | 3968 | 916 | 1800 |
| 餐饮业 | 769824 | 210268 | 293556 | 55376 | 164816 | 16203 | 4719 | 41123 |
| 金融业 | 4219127 | 585766 | 2424195 | 342044 | 726399 | 6028 | 37753 | 95568 |
| 房地产业 | 2086088 | 548085 | 790664 | 133331 | 294391 | 139013 | 59096 | 93941 |
| 房地产业（k） | 1824890 | 513064 | 727705 | 105218 | 253218 | 112504 | 44153 | 41482 |
| 居民自有住房折旧 | 261199 | 35021 | 62959 | 28113 | 41173 | 26509 | 14943 | 52459 |
| 其他服务业 | 6647807 | 896765 | 2969991 | 529968 | 1279414 | 206892 | 253192 | 682696 |
| 营利性服务业 | 2908479 | 484720 | 1233475 | 223442 | 418555 | 92778 | 123528 | 471730 |
| 非营利性服务业 | 3739329 | 412046 | 1736517 | 306526 | 860859 | 114115 | 129664 | 210966 |
| 第一产业（不含农林牧渔服务业） | 2108721 | 109843 | 178800 | 300192 | 199421 | 230493 | 276546 | 811704 |
| 第二产业（不含工业服务业） | 13695708 | 701936 | 1047785 | 4228928 | 4963915 | 863570 | 227126 | 1623616 |
| 第三产业（含农服和工服） | 18302943 | 3323721 | 7913035 | 1500569 | 3720784 | 468028 | 405142 | 1096654 |
| 人均生产总值（元）（常住人口口径） | 79292 | 95696 | 116488 | 95173 | 72479 | 41862 | 32034 | 62117 |

注：从 2014 年开始，各城区的人均生产总值根据常住人口口径计算。

# 2-34 各城区生产总值指数

（2017 年，按可比价格计算，以上年为 100）

单位：%

| 指标名称 | 市 区 | 兴宁区 | 青秀区 | 江南区 | 西乡塘区 | 良庆区 | 邕宁区 | 武鸣区 |
|---|---|---|---|---|---|---|---|---|
| **地区生产总值** | **108.2** | **108.0** | **106.1** | **110.0** | **108.5** | **108.2** | **112.5** | **108.7** |
| 农、林、牧、渔业 | 104.2 | 104.8 | 102.1 | 101.4 | 102.1 | 104.0 | 103.2 | 104.8 |
| 工业 | 110.1 | 99.0 | 102.0 | 113.0 | 110.5 | 103.1 | 142.6 | 105.4 |
| 建筑业 | 106.4 | 105.0 | 106.6 | 99.9 | 107.6 | 116.7 | 91.0 | 102.7 |
| 批发和零售业 | 105.7 | 106.7 | 105.0 | 106.3 | 105.4 | 106.2 | 107.0 | 104.7 |
| 批发业 | 104.9 | 108.3 | 104.0 | 107.5 | 104.4 | 105.9 | 104.7 | 103.4 |
| 零售业 | 106.6 | 106.1 | 106.7 | 105.7 | 107.4 | 106.4 | 108.6 | 104.9 |
| 交通运输、仓储和邮政业 | 109.0 | 106.2 | 107.2 | 107.4 | 108.0 | 105.9 | 107.0 | 105.2 |
| 住宿和餐饮业 | 107.0 | 111.2 | 106.0 | 103.2 | 108.6 | 101.5 | 106.0 | 103.4 |
| 住宿业 | 107.1 | 107.1 | 106.8 | 104.0 | 108.2 | 101.7 | 102.1 | 102.1 |
| 餐饮业 | 106.9 | 112.1 | 105.8 | 103.1 | 108.6 | 101.5 | 106.8 | 103.5 |
| 金融业 | 107.7 | 107.7 | 107.7 | 107.3 | 106.9 | 107.7 | 107.3 | 113.9 |
| 房地产业 | 106.8 | 108.0 | 103.8 | 105.6 | 94.7 | 111.0 | 105.9 | 109.8 |
| 房地产业（k） | 107.1 | 108.2 | 103.6 | 105.7 | 93.1 | 112.7 | 106.2 | 117.1 |
| 居民自有住房折旧 | 105.0 | 105.0 | 105.0 | 105.0 | 105.0 | 105.0 | 105.0 | 105.0 |
| 其他服务业 | 109.2 | 113.1 | 105.8 | 110.0 | 109.2 | 111.6 | 128.5 | 126.0 |
| 营利性服务业 | 116.3 | 119.8 | 115.0 | 117.6 | 125.8 | 117.3 | 170.7 | 139.0 |
| 非营利性服务业 | 104.0 | 105.9 | 99.8 | 104.7 | 102.3 | 107.2 | 103.0 | 103.2 |
| 第一产业（不含农林牧渔服务业） | 104.2 | 104.7 | 102.0 | 102.3 | 102.2 | 103.9 | 103.2 | 104.9 |
| 第二产业（不含工业服务业） | 109.3 | 103.9 | 105.8 | 111.7 | 110.1 | 108.6 | 114.0 | 105.0 |
| 第三产业（含农服和工服） | 107.8 | 109.0 | 106.2 | 107.5 | 106.5 | 109.7 | 119.3 | 118.3 |
| 人均生产总值（元）（常住人口口径） | 6.6 | 6.3 | 4.4 | 7.3 | 7.1 | 7.0 | 11.0 | 7.7 |

注：从 2014 年开始，各城区的人均生产总值根据常住人口口径计算。

# 三 人口

# CHAPTER 3 POPULATION

# 3-1 全市主要年份人口

| 年份 | 户籍总户数（户） | 户籍总人口（人） | 男 | 女 | 城镇人口 | 人口自然增长率（‰） | 常住人口（万人） | 城镇人口 | 城镇化率（%） |
|---|---|---|---|---|---|---|---|---|---|
| 1950 | 203312 | 887405 | 438013 | 449392 | 157630 | | | | |
| 1965 | 299085 | 1429352 | 732110 | 697242 | 412728 | 29.3 | | | |
| 1978 | 387853 | 1960454 | 1013310 | 947144 | 516796 | 16.4 | | | |
| 1980 | 410131 | 2055433 | 1059660 | 995773 | 576965 | 16.6 | | | |
| 1985 | 479524 | 2294642 | 1191771 | 1102871 | 703285 | 14.0 | | | |
| 1986 | 497956 | 2346191 | 1219054 | 1127137 | 732040 | 14.2 | | | |
| 1987 | 520280 | 2402548 | 1247705 | 1154843 | 775932 | 12.2 | | | |
| 1988 | 546451 | 2451770 | 1272979 | 1178791 | 815688 | 8.9 | | | |
| 1989 | 565288 | 2483593 | 1290928 | 1192665 | 835634 | 7.9 | | | |
| 1990 | 586171 | 2521885 | 1314990 | 1206895 | 851694 | 8.2 | | | |
| 1991 | 595112 | 2547957 | 1328493 | 1219464 | 871597 | 6.6 | | | |
| 1992 | 619613 | 2594228 | 1355291 | 1238937 | 917878 | 7.6 | | | |
| 1993 | 642254 | 2646075 | 1384775 | 1261300 | 958649 | 6.1 | | | |
| 1994 | 663893 | 2686557 | 1407350 | 1279207 | 995856 | 4.9 | | | |
| 1995 | 677603 | 2731908 | 1429732 | 1302176 | 1034903 | 5.4 | | | |
| 1996 | 702328 | 2779142 | 1454335 | 1324807 | 1073692 | 4.9 | | | |
| 1997 | 719455 | 2812025 | 1469086 | 1342939 | 1103802 | 4.7 | | | |
| 1998 | 744972 | 2846264 | 1485054 | 1361210 | 1142897 | 6.0 | | | |
| 1999 | 764494 | 2858711 | 1489427 | 1369284 | 1161833 | 5.8 | | | |
| 2000 | 1582100 | 6252697 | 3256917 | 2995780 | 1578160 | 6.1 | | | |
| 2001 | 1584300 | 6297521 | 3281911 | 3015601 | 1591821 | 4.9 | | | |
| 2002 | 1615500 | 6346838 | 3306515 | 3040323 | 1614238 | 5.1 | | | |
| 2003 | 1656644 | 6416736 | 3347842 | 3068894 | 1679929 | 6.5 | | | |
| 2004 | 1750997 | 6488450 | 3393652 | 3094798 | 1718176 | 7.9 | | | |
| 2005 | 1807185 | 6595402 | 3452663 | 3142739 | 1773200 | 8.5 | | | |
| 2006 | 1902477 | 6718928 | 3513115 | 3205813 | 1817485 | 11.2 | | | |
| 2007 | 1958717 | 6835117 | 3571952 | 3263165 | 1859508 | 10.5 | | | |
| 2008 | 2011573 | 6916874 | 3614759 | 3302115 | 1889351 | 10.5 | | | |
| 2009 | 2062411 | 6978957 | 3647913 | 3331044 | 1908770 | 8.2 | | | |
| 2010 | 2113500 | 7073720 | 3698242 | 3375478 | 1919790 | 5.5 | 666.15 | 350.52 | 52.6 |
| 2011 | 2145780 | 7114879 | 3719295 | 3395584 | 1929426 | 3.8 | 673.40 | 367.37 | 54.6 |
| 2012 | 2180344 | 7134979 | 3731114 | 3403865 | 1926150 | 4.6 | 679.08 | 382.21 | 56.3 |
| 2013 | 2198494 | 7244309 | 3792969 | 3451340 | | 7.1 | 685.37 | 395.24 | 57.7 |
| 2014 | 2200923 | 7296565 | 3826517 | 3470048 | | 7.0 | 691.38 | 403.70 | 58.4 |
| 2015 | 2223817 | 7402302 | 3875130 | 3527172 | 3262903 | 6.0 | 698.61 | 414.32 | 59.3 |
| 2016 | 2249585 | 7517446 | 3929997 | 3587449 | 3272396 | 6.2 | 706.22 | 425.34 | 60.2 |
| 2017 | 2257759 | 7568656 | 3944813 | 3623843 | 3324893 | 7.4 | 715.33 | 438.83 | 61.3 |

注：1. 2000 年以后数据为行政区划调整后大南宁范围口径的数据，其余年份为原南宁口径的数据。
2. 本表人口自然增长率按公安户籍人口统计报表中的本年出生人口计算（以下表同）。

# 3-2 全市户籍人口数

| 指标名称 | 单位 | 2017 年 | 2016 年 |
|---|---|---|---|
| **总户数** | **户** | **2257759** | **2249585** |
| **总人口数** | **人** | **7568656** | **7517446** |
| #男性人口 | 人 | 3944813 | 3929997 |
| 女性人口 | 人 | 3623843 | 3587449 |
| 年平均人口 | 人 | 7543051 | 7459874 |
| 城镇人口 | 人 | 3324893 | 3272396 |
| 乡村人口 | 人 | 4243763 | 4245050 |
| 出生人数 | 人 | 79517 | 60506 |
| 出生率 | ‰ | 10.54 | 8.11 |
| 死亡人数 | 人 | 23496 | 14026 |
| 死亡率 | ‰ | 3.11 | 1.88 |
| 自然增长人数 | 人 | 56021 | 46480 |
| 自然增长率 | ‰ | 7.43 | 6.23 |
| 迁入人数 | 人 | 129607 | 65300 |
| 迁出人数 | 人 | 89587 | 39109 |
| 机械增长人数 | 人 | 31020 | 26191 |
| 机械增长率 | ‰ | 4.11 | 3.51 |

注：1. 本表的出生率、死亡率、人口自然增长率按户籍人口统计的本年出生数、本年死亡人数计算（以下表同）。
2. 本表的出生人数、死亡人数为当年出生和死亡人口。

# 3-3 全市户籍人口分地区统计

（2017 年）　　单位：户、人

| 指标名称 | 总户数 | 总人口 | 按性别分 | | 城镇人口 | 乡村人口 |
|---|---|---|---|---|---|---|
| | | | 男性 | 女性 | | |
| **全市** | **2257759** | **7568656** | **3944813** | **3623843** | **3324893** | **4243763** |
| **市区** | **1176603** | **3753763** | **1918606** | **1835157** | **2329159** | **1424604** |
| 兴宁区 | 103502 | 334134 | 169402 | 164732 | 230794 | 103340 |
| 青秀区 | 235974 | 733436 | 363222 | 370214 | 614191 | 119245 |
| 江南区 | 164598 | 524286 | 268655 | 255631 | 363252 | 161034 |
| 西乡塘区 | 251912 | 795982 | 399675 | 396307 | 619394 | 176588 |
| 良庆区 | 85742 | 288470 | 151803 | 136667 | 138835 | 149635 |
| 邕宁区 | 101995 | 361754 | 192969 | 169058 | 149371 | 212383 |
| 武鸣区 | 232880 | 715701 | 373153 | 342548 | 213322 | 502379 |
| 隆安县 | 115727 | 422396 | 224323 | 198073 | 89541 | 332855 |
| 马山县 | 158564 | 571237 | 301051 | 270186 | 105532 | 465705 |
| 上林县 | 147389 | 499733 | 262958 | 236775 | 102359 | 397374 |
| 宾阳县 | 304929 | 1055912 | 564468 | 491444 | 332923 | 722989 |
| 横　县 | 354547 | 1265615 | 673407 | 592208 | 365379 | 900236 |

# 3-4 全市户籍人口分年龄统计

（2017 年） 单位：人

| 指标名称 | 总人口 | 按年龄分 | | | |
|---|---|---|---|---|---|
| | | 18 岁以下 | 18-34 岁 | 35-59 岁 | 60 岁以上 |
| **全市** | **7568656** | **1764708** | **1887954** | **2745553** | **1170441** |
| **市区** | **3753763** | **8522287** | **887678** | **1412941** | **600857** |
| 兴宁区 | 334134 | 73854 | 74568 | 126524 | 59188 |
| 青秀区 | 733436 | 169328 | 166279 | 287728 | 110101 |
| 江南区 | 524286 | 125208 | 120825 | 197712 | 80541 |
| 西乡塘区 | 795982 | 171633 | 175432 | 307797 | 141120 |
| 良庆区 | 288470 | 78160 | 74150 | 98272 | 37888 |
| 邕宁区 | 361754 | 90624 | 94206 | 125862 | 51062 |
| 武鸣区 | 715701 | 143480 | 182218 | 269046 | 120957 |
| 隆安县 | 422396 | 103559 | 96690 | 154276 | 67871 |
| 马山县 | 571237 | 149337 | 145466 | 197550 | 78884 |
| 上林县 | 499733 | 111768 | 134123 | 177435 | 76407 |
| 宾阳县 | 1055912 | 241776 | 293412 | 367179 | 153545 |
| 横　县 | 1265615 | 305981 | 330585 | 436172 | 192877 |

# 3-5 全市户籍人口变动情况

（2017 年）

单位：人

| 指标名称 | 出生人数 | 死亡人数 | 自然增长人数 | 迁入人数 | 迁出人数 | 机械增长人数 |
|---|---|---|---|---|---|---|
| **全市** | **79517** | **23496** | **56021** | **129693** | **89587** | **40106** |
| **市区** | **44020** | **9883** | **34137** | **111124** | **62735** | **48389** |
| 兴宁区 | 4095 | 1175 | 2920 | 13961 | 6551 | 7410 |
| 青秀区 | 8824 | 1723 | 7101 | 36790 | 19918 | 16872 |
| 江南区 | 6502 | 1280 | 5222 | 17465 | 8004 | 9461 |
| 西乡塘区 | 9030 | 1962 | 7068 | 23762 | 16973 | 6789 |
| 良庆区 | 3470 | 599 | 2871 | 8845 | 2518 | 6327 |
| 邕宁区 | 3465 | 745 | 2720 | 3902 | 2632 | 1270 |
| 武鸣区 | 8634 | 2399 | 6235 | 6399 | 6139 | 260 |
| 隆安县 | 4074 | 1165 | 2909 | 2398 | 3448 | -1050 |
| 马山县 | 5254 | 1424 | 3830 | 3503 | 5009 | -1506 |
| 上林县 | 5895 | 2489 | 3406 | 3068 | 4303 | -1235 |
| 宾阳县 | 9509 | 4906 | 4603 | 6773 | 10207 | -3434 |
| 横　县 | 10765 | 3629 | 7136 | 2809 | 3885 | -1076 |

注：本表的出生人数、死亡人数为当年出生和死亡人口。

# 3-6 市区户籍人口数

| 指标名称 | 单位 | 2017 年 | 2016 年 |
|---|---|---|---|
| **总户数** | 户 | **1176603** | **1157602** |
| **总人口数** | 人 | **3753763** | **3700817** |
| # 男性人口 | 人 | 1918606 | 1901969 |
| 女性人口 | 人 | 1835157 | 1798848 |
| 年平均人口 | 人 | 3727290 | 3302727 |
| 城镇人口 | 人 | 2329159 | 2277352 |
| 乡村人口 | 人 | 1424604 | 1423465 |
| 出生人数 | 人 | 44020 | 34246 |
| 出生率 | ‰ | 11.81 | 10.37 |
| 死亡人数 | 人 | 9883 | 4927 |
| 死亡率 | ‰ | 2.65 | 1.49 |
| 自然增长人数 | 人 | 34137 | 29319 |
| 自然增长率 | ‰ | 9.16 | 8.88 |
| 迁入人数 | 人 | 111124 | 55112 |
| 迁出人数 | 人 | 62735 | 24354 |
| 机械增长人数 | 人 | 48389 | 29914 |
| 机械增长率 | ‰ | 12.98 | 9.06 |

注：本表的出生人数、死亡人数为当年出生和死亡人口。

# 3-7 各县户籍人口数

（2017 年）

| 指标名称 | 单位 | 隆安县 | 马山县 | 上林县 | 宾阳县 | 横 县 |
|---|---|---|---|---|---|---|
| **总户数** | 户 | **115727** | **158564** | **147389** | **304929** | **354547** |
| **总人口数** | 人 | **422396** | **571237** | **499733** | **1055912** | **1265615** |
| # 男性人口 | 人 | 224323 | 301051 | 262958 | 564468 | 673407 |
| 女性人口 | 人 | 198073 | 270186 | 236775 | 491444 | 592208 |
| 年平均人口 | 人 | 422223 | 569905 | 499313 | 1056894 | 1267428 |
| 城镇人口 | 人 | 89541 | 105532 | 102359 | 332923 | 365379 |
| 乡村人口 | 人 | 332855 | 465705 | 397374 | 722989 | 900236 |
| 出生人数 | 人 | 4074 | 5254 | 5895 | 9509 | 10765 |
| 出生率 | ‰ | 9.65 | 9.22 | 11.81 | 9.00 | 8.49 |
| 死亡人数 | 人 | 1165 | 1424 | 2489 | 4906 | 3629 |
| 死亡率 | ‰ | 2.76 | 2.50 | 4.98 | 4.65 | 2.86 |
| 自然增长人数 | 人 | 2909 | 3830 | 3406 | 4603 | 7136 |
| 自然增长率 | ‰ | 6.89 | 6.72 | 6.83 | 4.35 | 5.63 |
| 迁入人数 | 人 | 2416 | 3503 | 3068 | 6773 | 2809 |
| 迁出人数 | 人 | 3448 | 5009 | 4303 | 10207 | 3885 |
| 机械增长人数 | 人 | −1032 | −1179 | −1235 | −3434 | −1076 |
| 机械增长率 | ‰ | −2.44 | −2.07 | −2.47 | −3.25 | −0.85 |

注：本表的出生人数、死亡人数为当年出生和死亡人口。

# 3-8 主要年份全市城镇单位在岗职工人数及构成

| 年 份 | 在岗职工人数（人） | 国有经济单位 | 城镇集体单位 | 其他经济单位 | 构成（%） | | |
|---|---|---|---|---|---|---|---|
| | | | | | 国有经济单位 | 城镇集体单位 | 其他经济单位 |
| 1950 | 4645 | | | | | | |
| 1965 | 141718 | | | | | | |
| 1978 | 316466 | | | | | | |
| 1980 | 348858 | | | | | | |
| 1981 | 365994 | 291928 | 74066 | | 79.76 | 20.24 | |
| 1982 | 393866 | 320038 | 73828 | | 81.26 | 18.74 | |
| 1983 | 388923 | 315746 | 73177 | | 81.18 | 18.82 | |
| 1984 | 393707 | 319171 | 74536 | | 81.07 | 18.93 | |
| 1985 | 406270 | 326815 | 79406 | 49 | 80.44 | 19.55 | |
| 1986 | 441427 | 341108 | 99973 | 346 | 77.27 | 22.65 | |
| 1987 | 457911 | 355604 | 101217 | 1090 | 77.66 | 22.10 | |
| 1988 | 474252 | 372567 | 99503 | 2182 | 78.56 | 20.98 | |
| 1989 | 483379 | 378469 | 101782 | 3128 | 78.30 | 21.06 | 0.65 |
| 1990 | 473944 | 400527 | 69077 | 4340 | 84.00 | 14.57 | 0.92 |
| 1991 | 496852 | 417411 | 74011 | 5430 | 84.01 | 14.90 | 1.09 |
| 1992 | 505474 | 424700 | 73863 | 6911 | 84.02 | 14.61 | 1.37 |
| 1993 | 517971 | 432101 | 69896 | 15974 | 83.42 | 14.00 | 3.08 |
| 1994 | 511592 | 431517 | 63237 | 16838 | 84.35 | 13.00 | 3.29 |
| 1995 | 500975 | 419903 | 63706 | 17366 | 83.82 | 12.72 | 3.47 |
| 1996 | 504483 | 423637 | 60769 | 20077 | 83.97 | 12.05 | 3.98 |
| 1997 | 498410 | 412593 | 55477 | 30340 | 82.78 | 11.00 | 6.09 |
| 1998 | 457129 | 347893 | 46047 | 63189 | 76.10 | 10.07 | 13.82 |
| 1999 | 434883 | 313178 | 40782 | 80923 | 72.01 | 9.38 | 18.61 |
| 2000 | 544799 | 409279 | 46455 | 89065 | 75.12 | 8.53 | 16.35 |
| 2001 | 524004 | 389988 | 44496 | 89520 | 74.43 | 8.49 | 17.08 |
| 2002 | 497509 | 345039 | 39573 | 112897 | 69.36 | 7.95 | 22.69 |
| 2003 | 506235 | 353927 | 35024 | 117284 | 69.91 | 6.92 | 23.00 |
| 2004 | 542585 | 363721 | 32842 | 146022 | 67.00 | 6.00 | 27.00 |
| 2005 | 583660 | 369442 | 23797 | 190421 | 63.00 | 4.00 | 33.00 |
| 2006 | 581428 | 356460 | 19434 | 205534 | 61.31 | 3.34 | 35.35 |
| 2007 | 604935 | 360783 | 20196 | 223956 | 59.63 | 3.34 | 37.02 |
| 2008 | 616998 | 357166 | 17789 | 242043 | 57.89 | 2.88 | 39.23 |
| 2009 | 640175 | 362807 | 13656 | 263712 | 56.67 | 2.13 | 41.19 |
| 2010 | 661866 | 362021 | 13411 | 286434 | 54.69 | 2.03 | 43.28 |
| 2011 | 666720 | 382765 | 11357 | 272598 | 57.41 | 1.70 | 40.89 |
| 2012 | 674362 | 379053 | 10569 | 284740 | 56.21 | 1.57 | 42.22 |
| 2013 | 686534 | 363632 | 9771 | 313131 | 52.97 | 2.69 | 45.61 |
| 2014 | 722808 | 364801 | 8653 | 349354 | 50.47 | 2.37 | 48.33 |
| 2015 | 733478 | 332957 | 8259 | 392262 | 45.39 | 1.13 | 53.48 |
| 2016 | 734898 | 336374 | 8004 | 390520 | 45.86 | 1.09 | 53.24 |
| 2017 | 724807 | 326268 | 7407 | 391132 | 45.01 | 1.02 | 53.96 |

注：本篇“城镇单位”2014 年后均指城镇非私营单位。（下同）

# 3-9 主要年份全市城镇单位在岗职工工资总额及平均工资

| 年　份 | 在岗职工工资总额（万元） | 国有经济单位 | 城镇集体单位 | 其他经济单位 | 在岗职工年平均工资（元/人） | 国有经济单位 | 城镇集体单位 | 其他经济单位 |
|---|---|---|---|---|---|---|---|---|
| 1950 | 157 | | | | 338 | | | |
| 1965 | 7289 | | | | 539 | | | |
| 1978 | 17231 | | | | 565 | | | |
| 1980 | 24735 | | | | 730 | | | |
| 1981 | 26943 | 22465 | 4478 | | 746 | 780 | 611 | |
| 1982 | 30422 | 25370 | 5052 | | 791 | 811 | 706 | |
| 1983 | 31673 | 26383 | 5290 | | 818 | 841 | 722 | |
| 1984 | 37673 | 31578 | 6095 | | 963 | 1010 | 776 | |
| 1985 | 42058 | 34452 | 7601 | 5 | 1051 | 1074 | 958 | 2083 |
| 1986 | 55807 | 45152 | 10628 | 27 | 1292 | 1359 | 1069 | 1421 |
| 1987 | 63803 | 51904 | 11727 | 172 | 1428 | 1499 | 1179 | 1610 |
| 1988 | 78020 | 63716 | 13992 | 312 | 1685 | 1755 | 1423 | 1859 |
| 1989 | 84956 | 68826 | 15620 | 510 | 1784 | 1850 | 1543 | 1749 |
| 1990 | 98238 | 85247 | 12200 | 791 | 2111 | 2173 | 1765 | 1942 |
| 1991 | 112323 | 96853 | 14324 | 1146 | 2331 | 2385 | 2029 | 2234 |
| 1992 | 135093 | 117682 | 15870 | 1541 | 2720 | 2820 | 2174 | 2453 |
| 1993 | 192696 | 164018 | 21759 | 6919 | 3786 | 3863 | 3170 | 4386 |
| 1994 | 250214 | 217510 | 24695 | 8009 | 4976 | 5136 | 3925 | 4864 |
| 1995 | 281024 | 241990 | 28661 | 10373 | 5668 | 5835 | 4514 | 5907 |
| 1996 | 300874 | 257886 | 30801 | 12187 | 6009 | 6159 | 4957 | 6144 |
| 1997 | 321010 | 270037 | 31518 | 19455 | 6508 | 6605 | 5718 | 6651 |
| 1998 | 334839 | 265276 | 25626 | 43937 | 7315 | 7580 | 5649 | 7040 |
| 1999 | 353051 | 261468 | 25622 | 65961 | 8077 | 8303 | 6225 | 8142 |
| 2000 | 445883 | 339842 | 28724 | 77318 | 8185 | 8342 | 6062 | 8591 |
| 2001 | 502894 | 384613 | 32309 | 85973 | 9572 | 9867 | 7151 | 9507 |
| 2002 | 568118 | 416947 | 30413 | 120758 | 11363 | 11917 | 7718 | 10908 |
| 2003 | 668976 | 499260 | 31082 | 138634 | 13172 | 14082 | 8870 | 11721 |
| 2004 | 829568 | 611737 | 31265 | 186566 | 15447 | 16969 | 9753 | 12914 |
| 2005 | 985557 | 690902 | 26776 | 267879 | 17520 | 19202 | 11326 | 14960 |
| 2006 | 1177159 | 814083 | 24108 | 338968 | 20650 | 23225 | 12277 | 16958 |
| 2007 | 1479269 | 1033933 | 28205 | 417130 | 24789 | 28796 | 13774 | 19204 |
| 2008 | 1798691 | 1221827 | 31603 | 545261 | 29377 | 34417 | 17937 | 22752 |
| 2009 | 2047363 | 1384938 | 27818 | 634608 | 32596 | 38599 | 20040 | 24846 |
| 2010 | 2427224 | 1614433 | 31857 | 780934 | 37042 | 44735 | 24955 | 27732 |
| 2011 | 2638622 | 1786349 | 34555 | 817718 | 40120 | 47418 | 30848 | 30313 |
| 2012 | 2940889 | 1905537 | 37477 | 997875 | 43847 | 48930 | 35002 | 35193 |
| 2013 | 3337032 | 1834375 | 34209 | 1468449 | 48188 | 50193 | 38077 | 46622 |
| 2014 | 4074039 | 2071677 | 37934 | 1964428 | 54826 | 56836 | 44050 | 53471 |
| 2015 | 4857782 | 2375128 | 38282 | 2444373 | 63820 | 70155 | 48458 | 59945 |
| 2016 | 5216656 | 2615948 | 37613 | 2563095 | 68560 | 77362 | 50920 | 63043 |
| 2017 | 5763215 | 2908728 | 39664 | 2814823 | 75481 | 87999 | 59207 | 68026 |

注：本篇“城镇单位”2014 年后均指城镇非私营单位。（下同）

# 3-10 全市城镇非私营单位从业人员人数

（2017 年）　　　　　　　　　　　　　　　　　　　　　　　　　　　　　单位：人

| 指标名称 | 单位数（个） | 从业人员年末人数 | #女性 | 非全日制 | 在岗职工 | 劳务派遣人员 | 其他从业人员 | 在岗职工年平均人数 |
|---|---|---|---|---|---|---|---|---|
| **总计** | **7569** | **987743** | **363283** | **21362** | **724807** | **188538** | **74398** | **714035** |
| #国有控股 | 2376 | 670417 | 200421 | 16103 | 443673 | 179462 | 47282 | 434732 |
| **按企业、事业、机关分组** | | | | | | | | |
| 企业 | 2376 | 670417 | 200421 | 16103 | 443673 | 179462 | 47282 | 434732 |
| 事业 | 3507 | 243622 | 136174 | 4534 | 218519 | 3815 | 21288 | 216742 |
| 机关 | 1669 | 73156 | 26336 | 724 | 62091 | 5261 | 5804 | 62037 |
| 民间非盈利组织 | 12 | 424 | 243 | 1 | 400 | | 24 | 400 |
| 其他 | 5 | 124 | 109 | | 124 | | | 124 |
| **按经济类型分组** | | | | | | | | |
| 国有经济单位 | 5654 | 367895 | 181893 | 5854 | 326268 | 11134 | 30493 | 324937 |
| 集体经济单位 | 149 | 9731 | 2848 | 299 | 7407 | 629 | 1695 | 6576 |
| 其他经济单位 | 1766 | 610117 | 178542 | 15209 | 391132 | 176775 | 42210 | 382522 |
| **按国民经济行业分组** | | | | | | | | |
| **农、林、牧、渔业** | **199** | **9411** | **3227** | **1402** | **7376** | **28** | **2007** | **7458** |
| 农　业 | 24 | 3725 | 1266 | 1396 | 1902 | | 1823 | 1936 |
| 林　业 | 42 | 2894 | 933 | | 2875 | | 19 | 2924 |
| 畜牧业 | 8 | 849 | 303 | 1 | 822 | 15 | 12 | 812 |
| 渔　业 | | | | | | | | |
| 农、林、牧、渔服务业 | 125 | 1943 | 725 | 5 | 1777 | 13 | 153 | 1786 |
| **采矿业** | **6** | **201** | **36** | | **178** | | **23** | **181** |
| **制造业** | **449** | **116298** | **48021** | **667** | **108850** | **3946** | **3502** | **107653** |
| **电力、热力、燃气及水生产和供应业** | **43** | **49921** | **13283** | **9** | **49438** | **206** | **277** | **49572** |
| **建筑业** | **117** | **233071** | **19682** | **3658** | **73977** | **151260** | **7834** | **69127** |
| **批发和零售业** | **511** | **45282** | **22542** | **2006** | **39347** | **2005** | **3930** | **39103** |
| 批发业 | 244 | 16358 | 6857 | 1441 | 14419 | 273 | 1666 | 14351 |
| 零售业 | 267 | 28924 | 15685 | 565 | 24928 | 1732 | 2264 | 24752 |
| **交通运输、仓储和邮政业** | **173** | **50257** | **13610** | **1717** | **39101** | **6312** | **4844** | **38107** |
| 铁路运输业 | 3 | 5972 | 957 | 202 | 5377 | 385 | 210 | 5240 |
| 道路运输业 | 73 | 23730 | 6858 | 615 | 22602 | 270 | 858 | 21887 |
| 水上运输业 | 5 | 319 | 129 | 5 | 270 | 1 | 48 | 281 |
| 航空运输业 | 3 | 5784 | 1718 | | 2814 | 2936 | 34 | 2733 |
| 装卸搬运和运输代理业 | 10 | 934 | 331 | 1 | 928 | 5 | 1 | 904 |
| 仓储业 | 28 | 926 | 295 | 2 | 892 | | 34 | 898 |
| 邮政业 | 51 | 12592 | 3322 | 892 | 6218 | 2715 | 3659 | 6164 |

单位：人

| 指标名称 | 单位数（个） | 从业人员年末人数 | #女性 | 非全日制 | 在岗职工 | 劳务派遣人员 | 其他从业人员 | 在岗职工年平均人数 |
|---|---|---|---|---|---|---|---|---|
| **住宿和餐饮业** | **122** | **20070** | **12148** | **178** | **19670** | **66** | **334** | **19185** |
| 住宿业 | 72 | 7736 | 4337 | 168 | 7504 | 22 | 210 | 7566 |
| 餐饮业 | 50 | 12334 | 7811 | 10 | 12166 | 44 | 124 | 11619 |
| **信息传输、软件和信息技术服务业** | **86** | **14146** | **5308** | **6** | **13209** | **452** | **485** | **13067** |
| 电信、广播电视和卫星传输服务 | 62 | 12255 | 4546 | | 11556 | 379 | 320 | 11529 |
| 互联网和相关服务 | 5 | 330 | 139 | | 178 | 55 | 97 | 185 |
| 软件和信息技术服务业 | 19 | 1561 | 623 | 6 | 1475 | 18 | 68 | 1353 |
| **金融业** | **290** | **52564** | **30343** | **4786** | **30892** | **1341** | **20331** | **30271** |
| 货币金融服务业 | 129 | 22562 | 11612 | 20 | 21294 | 939 | 329 | 21139 |
| 资本市场服务业 | 23 | 953 | 393 | 106 | 783 | 11 | 159 | 760 |
| 保险业 | 135 | 28912 | 18298 | 4660 | 8679 | 390 | 19843 | 8236 |
| 其他金融业 | 3 | 137 | 40 | | 136 | 1 | | 136 |
| **房地产业** | **341** | **29580** | **12615** | **748** | **26092** | **1944** | **1544** | **26034** |
| #房地产开发经营 | 264 | 12786 | 5326 | 287 | 11938 | 137 | 711 | 11993 |
| 物业管理 | 63 | 15604 | 6653 | 461 | 12964 | 1807 | 833 | 12774 |
| 房地产中介服务 | 3 | 782 | 493 | | 782 | | | 673 |
| **租赁和商务服务业** | **245** | **32526** | **12178** | **292** | **20253** | **11174** | **1099** | **20351** |
| 租赁业 | 6 | 949 | 220 | | 634 | 81 | 234 | 620 |
| 商务服务业 | 239 | 31577 | 11958 | 292 | 19619 | 11093 | 865 | 19731 |
| **科学研究、技术服务业** | **384** | **34061** | **12568** | **589** | **30413** | **730** | **2918** | **30263** |
| 研究和试验发展 | 82 | 6828 | 3050 | 56 | 6305 | 134 | 389 | 6338 |
| 专业技术服务业 | 234 | 25941 | 8994 | 532 | 22903 | 521 | 2517 | 22754 |
| 科技推广和应用服务业 | 68 | 1292 | 524 | 1 | 1205 | 75 | 12 | 1171 |
| **水利、环境和公共设施管理业** | **191** | **19136** | **10699** | **163** | **15132** | **1607** | **2397** | **15602** |
| 水利管理业 | 83 | 1625 | 543 | 27 | 1520 | 39 | 66 | 1542 |
| 生态保护和环境治理业 | 5 | 718 | 219 | 37 | 624 | 37 | 57 | 622 |
| 公共设施管理业 | 103 | 16793 | 9937 | 99 | 12988 | 1531 | 2274 | 13438 |
| **居民服务、修理和其他服务业** | **21** | **1533** | **692** | **60** | **1383** | **10** | **140** | **1373** |
| 居民服务业 | 8 | 476 | 171 | | 407 | 10 | 59 | 409 |
| 机动车、电子产品和日用产品修理业 | 7 | 371 | 61 | | 370 | | 1 | 378 |
| 其他服务业 | 6 | 686 | 460 | 60 | 606 | | 80 | 586 |
| **教育** | **1519** | **114904** | **65401** | **3306** | **100937** | **924** | **13043** | **99419** |
| 初等教育 | 934 | 36952 | 24157 | 2042 | 30850 | 143 | 5959 | 30393 |
| 中等教育 | 416 | 50559 | 27021 | 913 | 45073 | 256 | 5230 | 44225 |
| 高等教育 | 26 | 20110 | 9467 | 291 | 18886 | 448 | 776 | 18723 |
| **卫生和社会工作** | **344** | **61493** | **41913** | **405** | **59098** | **429** | **1966** | **58124** |
| 卫生 | 316 | 59947 | 40694 | 374 | 57602 | 427 | 1918 | 56615 |
| 社会工作 | 28 | 1546 | 1219 | 31 | 1496 | 2 | 48 | 1509 |

| 指标名称 | 单位数（个） | 从业人员年末人数 | | | | | | 在岗职工年平均人数 |
|---|---|---|---|---|---|---|---|---|
| | | | # 女性 | 非全日制 | 在岗职工 | 劳务派遣人员 | 其他从业人员 | |
| **文化、体育和娱乐业** | **219** | **13815** | **6427** | **554** | **12547** | **331** | **937** | **12306** |
| 新闻和出版业 | 42 | 3488 | 1695 | 244 | 3116 | 32 | 340 | 2944 |
| 广播、电视、电影和影视录音制作业 | 49 | 3738 | 1579 | 117 | 3438 | 31 | 269 | 3484 |
| 文化艺术业 | 93 | 3107 | 1543 | 188 | 2701 | 108 | 298 | 2702 |
| 体育 | 24 | 2489 | 1242 | 1 | 2335 | 135 | 19 | 2405 |
| 娱乐业 | 11 | 993 | 368 | 4 | 957 | 25 | 11 | 771 |
| **公共管理、社会保障和社会组织** | **2309** | **89474** | **32590** | **816** | **76914** | **5773** | **6787** | **76839** |
| 中国共产党机关 | 155 | 3461 | 1093 | 62 | 3058 | 32 | 371 | 3046 |
| 国家机构 | 1918 | 82744 | 30008 | 725 | 71072 | 5597 | 6075 | 70999 |
| 人民政协、民主党派 | 23 | 743 | 249 | | 567 | 86 | 90 | 564 |
| 社会保障 | 110 | 940 | 512 | 7 | 847 | 1 | 92 | 853 |
| 群众社团、社会团体和其他成员组织 | 103 | 1586 | 728 | 22 | 1370 | 57 | 159 | 1377 |
| **国有单位合计** | **5654** | **367895** | **181893** | **5854** | **326268** | **11134** | **30493** | **324937** |
| **按隶属关系分组** | | | | | | | | |
| 中　央 | 177 | 24760 | 11795 | 181 | 22489 | 937 | 1334 | 22605 |
| 省、自治区、直辖市 | 818 | 107648 | 49980 | 1357 | 98485 | 2715 | 6448 | 97990 |
| 地　区 | 684 | 75234 | 35988 | 326 | 69792 | 2746 | 2696 | 69878 |
| 县及县以下 | 3937 | 156637 | 82210 | 3920 | 132093 | 4690 | 19854 | 131080 |
| 其　他 | 38 | 3616 | 1920 | 70 | 3409 | 46 | 161 | 3384 |
| **按执行会计标准类别分组** | | | | | | | | |
| 企 业 | 514 | 54216 | 21196 | 636 | 48367 | 2088 | 3761 | 48780 |
| # 地 方 | 396 | 38321 | 13042 | 631 | 33873 | 1464 | 2984 | 34143 |
| 事 业 | 3464 | 240627 | 134381 | 4493 | 215893 | 3810 | 20924 | 214202 |
| # 地 方 | 3432 | 235247 | 132179 | 4318 | 211033 | 3685 | 20529 | 209343 |
| 机 关 | 1667 | 72905 | 26219 | 724 | 61865 | 5236 | 5804 | 61812 |
| # 地 方 | 1640 | 69420 | 24780 | 723 | 58730 | 5048 | 5642 | 58703 |
| 民间非营利组织 | 8 | 133 | 88 | 1 | 129 | | 4 | 129 |
| 其 他 | 1 | 14 | 9 | | 14 | | | 14 |

3-10 续表 3　　　　单位：人

| 指标名称 | 单位数（个） | 从业人员年末人数 | #女性 | 非全日制 | 在岗职工 | 劳务派遣人员 | 其他从业人员 | 在岗职工年平均人数 |
|---|---|---|---|---|---|---|---|---|
| **按国民经济行业分组** | | | | | | | | |
| 农、林、牧、渔业 | 189 | 6406 | 2159 | 271 | 5918 | 13 | 475 | 5989 |
| 采矿业 | 3 | 54 | 8 | | 51 | | 3 | 54 |
| 制造业 | 68 | 6547 | 2648 | 41 | 5922 | 56 | 569 | 5955 |
| 电力、热力、燃气及水生产和供应业 | 17 | 892 | 319 | 4 | 874 | 12 | 6 | 881 |
| 建筑业 | 17 | 4319 | 823 | 66 | 3125 | 857 | 337 | 3103 |
| 批发和零售业 | 68 | 3635 | 1138 | 140 | 3365 | 69 | 201 | 3428 |
| 交通运输、仓储和邮政业 | 96 | 6667 | 2569 | 2 | 5068 | 693 | 906 | 5031 |
| 住宿和餐饮业 | 23 | 2404 | 1404 | 21 | 2363 | | 41 | 2375 |
| 信息传输、软件和信息技术服务业 | 56 | 487 | 146 | | 485 | 1 | 1 | 487 |
| 金融业 | 131 | 14967 | 8169 | 9 | 14241 | 329 | 397 | 14277 |
| 房地产业 | 22 | 720 | 291 | 43 | 605 | 4 | 111 | 762 |
| 租赁和商务服务业 | 144 | 10224 | 2720 | 36 | 9302 | 177 | 745 | 9645 |
| 科学研究、技术服务业 | 325 | 24067 | 9269 | 503 | 20991 | 445 | 2631 | 20865 |
| 水利、环境和公共设施管理业 | 182 | 17356 | 9895 | 96 | 13890 | 1187 | 2279 | 14359 |
| 居民服务、修理和其他服务业 | 11 | 613 | 221 | | 525 | 10 | 78 | 534 |
| 教育 | 1476 | 110251 | 62547 | 3174 | 96769 | 924 | 12558 | 95398 |
| 卫生和社会工作 | 333 | 60488 | 41158 | 405 | 58120 | 429 | 1939 | 57178 |
| 文化、体育和娱乐业 | 186 | 8340 | 3824 | 227 | 7756 | 155 | 429 | 7793 |
| 公共管理、社会保障和社会组织 | 2307 | 89458 | 32585 | 816 | 76898 | 5773 | 6787 | 76823 |
| **城镇集体单位合计** | **149** | **9731** | **2848** | **299** | **7407** | **629** | **1695** | **6576** |
| **按执行会计标准类别分组** | | | | | | | | |
| 企　业 | 136 | 9294 | 2649 | 258 | 7011 | 629 | 1654 | 6195 |
| 事　业 | 13 | 437 | 199 | 41 | 396 | | 41 | 381 |

3-10 续表 4

单位：人

| 指标名称 | 单位数（个） | 从业人员年末人数 | # 女性 | 非全日制 | 在岗职工 | 劳务派遣人员 | 其他从业人员 | 在岗职工年平均人数 |
|---|---|---|---|---|---|---|---|---|
| **按国民经济行业分组** | | | | | | | | |
| 制 造 业 | 18 | 1102 | 605 | 2 | 1047 | 20 | 35 | 1032 |
| 电力、热力、燃气及水生产和供应业 | 6 | 238 | 92 | | 238 | | | 236 |
| 建筑业 | 15 | 5484 | 1011 | 190 | 3525 | 472 | 1487 | 2711 |
| 批发和零售业 | 47 | 596 | 220 | | 589 | | 7 | 607 |
| 交通运输、仓储和邮政业 | 5 | 284 | 114 | 52 | 180 | 21 | 83 | 188 |
| 住宿和餐饮业 | 5 | 111 | 56 | | 106 | 5 | | 100 |
| 金融业 | 36 | 1338 | 491 | 13 | 1203 | 109 | 26 | 1202 |
| 房地产业 | 1 | 6 | 4 | | 6 | | | 6 |
| 租赁和商务服务业 | 3 | 169 | 80 | | 169 | | | 163 |
| 科学研究、技术服务业 | 7 | 213 | 70 | 1 | 195 | 2 | 16 | 195 |
| 水利、环境和公共设施管理业 | 1 | 4 | | | 4 | | | 4 |
| 居民服务、修理和其他服务业 | 1 | 7 | 2 | | 7 | | | 7 |
| 教育 | 3 | 172 | 103 | 41 | 131 | | 41 | 118 |
| 公共管理、社会保障和社会组织 | 1 | 7 | | | 7 | | | 7 |
| **其他单位合计** | **1766** | **610117** | **178542** | **15209** | **391132** | **176775** | **42210** | **382522** |
| **按登记注册类型分组** | | | | | | | | |
| 内资 | 1600 | 544312 | 147413 | 14530 | 327666 | 175836 | 40810 | 319585 |
| 股份合作 | 11 | 2848 | 1224 | 4 | 2570 | 267 | 11 | 2502 |
| 联营 | 2 | 36 | 33 | | 36 | | | 37 |
| # 国有联营 | 1 | 33 | 31 | | 33 | | | 34 |
| 集体联营 | | | | | | | | |
| 有限责任公司 | 1314 | 456723 | 108445 | 7546 | 266336 | 171118 | 19269 | 259932 |
| # 国有独资 | 205 | 204544 | 37284 | 4269 | 125651 | 71839 | 7054 | 121917 |
| 股份有限公司 | 174 | 78394 | 34218 | 6614 | 53171 | 4445 | 20778 | 51691 |
| 其他 | 99 | 6311 | 3493 | 366 | 5553 | 6 | 752 | 5423 |
| 港、澳、台商投资 | 90 | 45058 | 21255 | 373 | 43938 | 181 | 939 | 43790 |
| 外商投资 | 76 | 20747 | 9874 | 306 | 19528 | 758 | 461 | 19147 |

3-10续表5

| 指标名称 | 单位数（个） | 从业人员年末人数 | #女性 | 非全日制 | 在岗职工 | 劳务派遣人员 | 其他从业人员 | 在岗职工年平均人数 |
|---|---|---|---|---|---|---|---|---|
| **按执行会计标准类别分组** | | | | | | | | |
| 企 业 | 1726 | 606907 | 176576 | 15209 | 388295 | 176745 | 41867 | 379757 |
| 事 业 | 30 | 2558 | 1594 | | 2230 | 5 | 323 | 2159 |
| 机 关 | 2 | 251 | 117 | | 226 | 25 | | 225 |
| 民间非营利组织 | 4 | 291 | 155 | | 271 | | 20 | 271 |
| 其 他 | 4 | 110 | 100 | | 110 | | | 110 |
| **按国民经济行业分组** | | | | | | | | |
| 农、林、牧、渔业 | 10 | 3005 | 1068 | 1131 | 1458 | 15 | 1532 | 1469 |
| 采矿业 | 3 | 147 | 28 | | 127 | | 20 | 127 |
| 制造业 | 363 | 108649 | 44768 | 624 | 101881 | 3870 | 2898 | 100666 |
| 电力、热力、燃气及水生产和供应业 | 20 | 48791 | 12872 | 5 | 48326 | 194 | 271 | 48455 |
| 建筑业 | 85 | 223268 | 17848 | 3402 | 67327 | 149931 | 6010 | 63313 |
| 批发和零售业 | 396 | 41051 | 21184 | 1866 | 35393 | 1936 | 3722 | 35068 |
| 交通运输、仓储和邮政业 | 72 | 43306 | 10927 | 1663 | 33853 | 5598 | 3855 | 32888 |
| 住宿和餐饮业 | 94 | 17555 | 10688 | 157 | 17201 | 61 | 293 | 16710 |
| 信息传输、软件和信息技术服务业 | 30 | 13659 | 5162 | 6 | 12724 | 451 | 484 | 12580 |
| 金融业 | 123 | 36259 | 21683 | 4764 | 15448 | 903 | 19908 | 14792 |
| 房地产业 | 318 | 28854 | 12320 | 705 | 25481 | 1940 | 1433 | 25266 |
| 租赁和商务服务业 | 98 | 22133 | 9378 | 256 | 10782 | 10997 | 354 | 10543 |
| 科学研究、技术服务业 | 52 | 9781 | 3229 | 85 | 9227 | 283 | 271 | 9203 |
| 水利、环境和公共设施管理业 | 8 | 1776 | 804 | 67 | 1238 | 420 | 118 | 1239 |
| 居民服务、修理和其他服务业 | 9 | 913 | 469 | 60 | 851 | | 62 | 832 |
| 教育 | 40 | 4481 | 2751 | 91 | 4037 | | 444 | 3903 |
| 卫生和社会工作 | 11 | 1005 | 755 | | 978 | | 27 | 946 |
| 文化、体育和娱乐业 | 33 | 5475 | 2603 | 327 | 4791 | 176 | 508 | 4513 |
| 公共管理、社会保障和社会组织 | 1 | 9 | 5 | | 9 | | | 9 |

# 3-11 全市城镇非私营单位从业人员工资总额

（2017 年）

单位：万元

| 指标名称 | 从业人员工资总额 | 在岗职工工资总额 | 劳务派遣人员工资总额 | 其他人员工资总额 | 在岗职工年平均工资（元 / 人） |
|---|---|---|---|---|---|
| **总计** | **7012975** | **5763215** | **956534** | **293226** | **75481** |
| # 国有控股 | 4455121 | 3317227 | 923206 | 214688 | 70413 |
| **按企业、事业、机关分组** | | | | | |
| 企业 | 4455121 | 3317227 | 923206 | 214688 | 70413 |
| 事业 | 1975455 | 1900423 | 13324 | 61708 | 86851 |
| 机关 | 580323 | 543532 | 20004 | 16788 | 83902 |
| 民间非盈利组织 | 1657 | 1614 | | 42 | 40360 |
| 其他 | 420 | 420 | | | 33831 |
| **按经济类型分组** | | | | | |
| 国有经济单位 | 3048643 | 2908728 | 43352 | 96563 | 87999 |
| 集体经济单位 | 52546 | 39664 | 3077 | 9805 | 59207 |
| 其他经济单位 | 3911786 | 2814823 | 910105 | 186858 | 68026 |
| **按国民经济行业分组** | | | | | |
| **农、林、牧、渔业** | **49205** | **42946** | **82** | **6178** | **57477** |
| 农 业 | 13628 | 7862 | | 5765 | 40612 |
| 林 业 | 17115 | 17063 | | 52 | 58354 |
| 畜 牧 业 | 4823 | 4721 | 43 | 59 | 57608 |
| 农、林、牧、渔服务业 | 13641 | 13300 | 38 | 303 | 74141 |
| **采矿业** | **1094** | **967** | | **127** | **53414** |
| **制造业** | **619651** | **588530** | **14565** | **16556** | **54231** |
| **电力、热力、燃气及水生产和供应业** | **458695** | **456899** | **889** | **907** | **91966** |
| **建筑业** | **1329067** | **492988** | **803108** | **32972** | **62039** |
| **批发和零售业** | **267728** | **250446** | **8851** | **8431** | **62822** |
| 批发业 | 124666 | 120017 | 1458 | 3191 | 82873 |
| 零售业 | 143062 | 130429 | 7394 | 5240 | 51780 |
| **交通运输、仓储和邮政业** | **368511** | **303031** | **38880** | **26600** | **77134** |
| 铁路运输业 | 59493 | 56980 | 2029 | 485 | 104551 |
| 道路运输业 | 143181 | 139027 | 1376 | 2778 | 63231 |
| 水上运输业 | 2348 | 2180 | 7 | 161 | 77553 |
| 航空运输业 | 55203 | 36547 | 18417 | 239 | 97075 |
| 装卸搬运和运输代理业 | 6695 | 6680 | 15 | 1 | 73649 |
| 仓储业 | 6840 | 6699 | | 141 | 74599 |
| 邮政业 | 94751 | 54918 | 17037 | 22796 | 82451 |

3-11 续表 1

单位：万元

| 指标名称 | 从业人员工资总额 | 在岗职工工资总额 | 劳务派遣人员工资总额 | 其他人员工资总额 | 在岗职工年平均工资（元 / 人） |
|---|---|---|---|---|---|
| **住宿和餐饮业** | **64329** | **63024** | **278** | **1026** | **32881** |
| 住宿业 | 33493 | 33007 | 93 | 393 | 43616 |
| 餐饮业 | 30836 | 30017 | 186 | 633 | 25896 |
| **信息传输、软件和信息技术服务业** | **152835** | **147686** | **2487** | **2661** | **111306** |
| 电信、广播电视和卫星传输服务 | 135246 | 131958 | 1489 | 1799 | 112301 |
| 互联网和相关服务 | 3704 | 2421 | 900 | 383 | 138375 |
| 软件和信息技术服务业 | 13885 | 13307 | 98 | 480 | 97920 |
| **金融业** | **593221** | **483344** | **7187** | **102690** | **155704** |
| 货币金融服务业 | 384015 | 373462 | 5263 | 5291 | 172054 |
| 资本市场服务业 | 20967 | 19814 | 67 | 1086 | 257855 |
| 保险业 | 183941 | 85783 | 1845 | 96313 | 102083 |
| 其他金融业 | 4298 | 4286 | 12 |  | 313730 |
| **房地产业** | **191557** | **177239** | **7968** | **6349** | **66131** |
| # 房地产开发经营 | 126888 | 121219 | 1653 | 4016 | 101213 |
| 物业管理 | 55617 | 47044 | 6315 | 2258 | 36550 |
| 房地产中介服务 | 3777 | 3706 |  | 71 | 55071 |
| **租赁和商务服务业** | **191989** | **151256** | **34461** | **6273** | **59240** |
| 租赁业 | 8371 | 5865 | 529 | 1977 | 91204 |
| 商务服务业 | 183618 | 145391 | 33932 | 4295 | 58509 |
| **科学研究、技术服务业** | **334163** | **316767** | **5314** | **12082** | **103546** |
| 研究和试验发展 | 59841 | 58189 | 417 | 1235 | 90749 |
| 专业技术服务业 | 265496 | 250046 | 4628 | 10822 | 108831 |
| 科技推广和应用服务业 | 8825 | 8532 | 269 | 25 | 70632 |
| **水利、环境和公共设施管理业** | **98358** | **84854** | **5003** | **8501** | **52425** |
| 水利管理业 | 12124 | 11833 | 121 | 170 | 75850 |
| 生态保护和环境治理业 | 4537 | 4006 | 391 | 140 | 66520 |
| 公共设施管理业 | 81697 | 69015 | 4491 | 8191 | 49323 |
| **居民服务、修理和其他服务业** | **10022** | **9092** | **76** | **854** | **66341** |
| 居民服务业 | 4785 | 4522 | 76 | 187 | 110000 |
| 机动车、电子产品和日用产品修理业 | 1931 | 1926 |  | 5 | 50952 |
| 其他服务业 | 3307 | 2644 |  | 663 | 45125 |
| **教育** | **891576** | **860441** | **2111** | **29024** | **86084** |
| # 初等教育 | 233753 | 221455 | 426 | 11873 | 72667 |
| 中等教育 | 392056 | 379314 | 670 | 12073 | 85443 |
| 高等教育 | 219562 | 216096 | 758 | 2708 | 113882 |
| **卫生和社会工作** | **579674** | **567437** | **2413** | **9824** | **97324** |
| 卫生 | 571932 | 559911 | 2407 | 9615 | 98581 |
| 社会工作 | 7741 | 7526 | 6 | 209 | 49847 |

3-11 续表 2 单位：万元

| 指标名称 | 从业人员工资总额 | 在岗职工工资总额 | 劳务派遣人员工资总额 | 其他人员工资总额 | 在岗职工年平均工资（元/人） |
|---|---|---|---|---|---|
| **文化、体育和娱乐业** | **116579** | **112635** | **1187** | **2757** | **89978** |
| 新闻和出版业 | 33248 | 31645 | 187 | 1417 | 106710 |
| 广播、电视、电影和影视录音制作业 | 39759 | 39285 | 18 | 456 | 111974 |
| 文化艺术业 | 21671 | 20680 | 272 | 719 | 74776 |
| 体育 | 15955 | 15308 | 504 | 143 | 62374 |
| 娱乐业 | 5945 | 5718 | 206 | 21 | 72241 |
| **公共管理、社会保障和社会组织** | **694723** | **653634** | **21674** | **19415** | **81898** |
| 中国共产党机关 | 30347 | 28897 | 169 | 1281 | 94401 |
| 国家机构 | 640046 | 601967 | 20957 | 17122 | 81492 |
| 人民政协、民主党派 | 6474 | 5743 | 380 | 351 | 94205 |
| 社会保障 | 4939 | 4731 | 1 | 207 | 55411 |
| 群众社团、社会团体和其他成员组织 | 12917 | 12296 | 167 | 454 | 86911 |
| **国有单位合计** | **3048643** | **2908728** | **43352** | **96563** | **87999** |
| **按隶属关系分组** | | | | | |
| 中　央 | 309902 | 294536 | 4462 | 10904 | 127179 |
| 省、自治区、直辖市 | 1104518 | 1068455 | 10533 | 25531 | 107503 |
| 地　区 | 588673 | 567908 | 11231 | 9533 | 79809 |
| 县及县以下 | 1013608 | 947030 | 16848 | 49729 | 71084 |
| 其　他 | 31942 | 30799 | 278 | 866 | 90681 |
| **按执行会计标准类别分组** | | | | | |
| 企　业 | 508972 | 479735 | 10116 | 19121 | 96797 |
| #地　方 | 290157 | 272384 | 6904 | 10869 | 78948 |
| 事　业 | 1960281 | 1886341 | 13289 | 60651 | 87217 |
| #地　方 | 1902073 | 1830711 | 12761 | 58601 | 86624 |
| 机　关 | 578551 | 541817 | 19947 | 16788 | 83952 |
| #地　方 | 545673 | 510262 | 19226 | 16185 | 83219 |
| 民间非营利组织 | 748 | 744 | | 3 | 57698 |
| 其　他 | 91 | 91 | | | 64643 |

3-11 续表 3 单位：万元

| 指标名称 | 从业人员工资总额 | 在岗职工工资总额 | 劳务派遣人员工资总额 | 其他人员工资总额 | 在岗职工年平均工资（元/人） |
|---|---|---|---|---|---|
| **按国民经济行业分组** | | | | | |
| 农、林、牧、渔业 | 35937 | 35152 | 38 | 747 | 58631 |
| 采矿业 | 367 | 364 | | 3 | 67444 |
| 制造业 | 33842 | 30773 | 162 | 2907 | 51464 |
| 电力、热力、燃气及水生产和供应业 | 6556 | 6472 | 62 | 22 | 72761 |
| 建筑业 | 22506 | 18545 | 2212 | 1749 | 57009 |
| 批发和零售业 | 44387 | 43228 | 362 | 798 | 124755 |
| 交通运输、仓储和邮政业 | 63135 | 55514 | 4084 | 3537 | 104963 |
| 住宿和餐饮业 | 12668 | 12578 | | 90 | 52959 |
| 信息传输、软件和信息技术服务业 | 4122 | 4110 | 6 | 6 | 84344 |
| 金融业 | 223460 | 216229 | 1797 | 5434 | 148996 |
| 房地产业 | 6163 | 5717 | 15 | 431 | 75027 |
| 租赁和商务服务业 | 55405 | 51084 | 876 | 3446 | 52917 |
| 科学研究、技术服务业 | 237125 | 222522 | 3727 | 10876 | 105694 |
| 水利、环境和公共设施管理业 | 86028 | 74547 | 3233 | 8248 | 50275 |
| 居民服务、修理和其他服务业 | 5125 | 4833 | 76 | 216 | 90409 |
| 教育 | 867155 | 837364 | 2111 | 27680 | 87284 |
| 卫生和社会工作 | 574076 | 561996 | 2413 | 9667 | 97977 |
| 文化、体育和娱乐业 | 75964 | 74168 | 505 | 1292 | 93739 |
| 公共管理、社会保障和社会组织 | 694621 | 653532 | 21674 | 19415 | 81902 |
| **城镇集体单位合计** | **52546** | **39664** | **3077** | **9805** | **59207** |
| **按执行会计标准类别分组** | | | | | |
| 企　业 | 49912 | 37177 | 3077 | 9659 | 58867 |
| 事　业 | 2634 | 2488 | | 147 | 65294 |

3-11 续表 4

单位：万元

| 指标名称 | 从业人员工资总额 | 在岗职工工资总额 | 劳务派遣人员工资总额 | 其他人员工资总额 | 在岗职工年平均工资（元 / 人） |
|---|---|---|---|---|---|
| **按国民经济行业分组** | | | | | |
| 制 造 业 | 5385 | 5145 | 72 | 169 | 48844 |
| 电力、热力、燃气及水生产和供应业 | 1608 | 1608 | | | 68119 |
| 建筑业 | 21477 | 9752 | 2505 | 9220 | 38387 |
| 批发和零售业 | 3198 | 3166 | | 32 | 52153 |
| 交通运输、仓储和邮政业 | 1238 | 1085 | 57 | 97 | 54598 |
| 住宿和餐饮业 | 523 | 502 | 21 | | 49800 |
| 金融业 | 16529 | 16001 | 414 | 114 | 126365 |
| 房地产业 | 27 | 27 | | | 45333 |
| 租赁和商务服务业 | 716 | 716 | | | 43902 |
| 科学研究、技术服务业 | 988 | 952 | 9 | 27 | 48766 |
| 水利、环境和公共设施管理业 | 25 | 25 | | | 63250 |
| 居民服务、修理和其他服务业 | 34 | 34 | | | 48143 |
| 教育 | 733 | 587 | | 147 | 49703 |
| 公共管理、社会保障和社会组织 | 67 | 67 | | | 95000 |
| **其他单位合计** | **3911786** | **2814823** | **910105** | **186858** | **68026** |
| **按登记注册类型分组** | | | | | |
| 内资 | 3575365 | 2487909 | 905897 | 181559 | 70155 |
| 股份合作 | 48054 | 47094 | 916 | 44 | 175155 |
| 联营 | 93 | 93 | | | 25000 |
| # 国有联营 | 73 | 73 | | | 21324 |
| 有限责任公司 | 2944323 | 1975589 | 883785 | 84948 | 68087 |
| # 国有独资 | 1456668 | 1066955 | 364920 | 24793 | 78894 |
| 股份有限公司 | 548927 | 433228 | 21178 | 94521 | 81741 |
| 其他 | 33970 | 31905 | 18 | 2047 | 58768 |
| 港、澳、台商投资 | 239828 | 235073 | 1275 | 3480 | 53736 |
| 外商投资 | 96593 | 91841 | 2934 | 1819 | 47786 |

单位：万元

| 指标名称 | 从业人员工资总额 | | | | 在岗职工年平均工资（元/人） |
|---|---|---|---|---|---|
| | | 在岗职工工资总额 | 劳务派遣人员工资总额 | 其他人员工资总额 | |
| **按执行会计标准类别分组** | | | | | |
| 企　业 | 3896236 | 2800315 | 910013 | 185909 | 68107 |
| 事　业 | 12540 | 11594 | 35 | 910 | 53742 |
| 机　关 | 1772 | 1715 | 57 | | 70594 |
| 民间非营利组织 | 909 | 870 | | 39 | 32107 |
| 其　他 | 329 | 329 | | | 29909 |
| **按国民经济行业分组** | | | | | |
| 农、林、牧、渔业 | 13268 | 7794 | 43 | 5431 | 52810 |
| 采矿业 | 727 | 603 | | 124 | 47449 |
| 制造业 | 580424 | 552612 | 14331 | 13481 | 54446 |
| 电力、热力、燃气及水生产和供应业 | 450532 | 448820 | 827 | 885 | 92436 |
| 建筑业 | 1285084 | 464691 | 798390 | 22003 | 62503 |
| 批发和零售业 | 220143 | 204053 | 8489 | 7601 | 57175 |
| 交通运输、仓储和邮政业 | 304138 | 246433 | 34740 | 22965 | 73146 |
| 住宿和餐饮业 | 51138 | 49944 | 258 | 936 | 29932 |
| 信息传输、软件和信息技术服务业 | 148713 | 143576 | 2481 | 2655 | 112317 |
| 金融业 | 353233 | 251115 | 4976 | 97142 | 164456 |
| 房地产业 | 185367 | 171495 | 7953 | 5919 | 65886 |
| 租赁和商务服务业 | 135868 | 99456 | 33585 | 2827 | 62262 |
| 科学研究、技术服务业 | 96050 | 93292 | 1579 | 1179 | 99843 |
| 水利、环境和公共设施管理业 | 12304 | 10282 | 1770 | 253 | 72383 |
| 居民服务、修理和其他服务业 | 4864 | 4225 | | 639 | 50786 |
| 教育 | 23688 | 22490 | | 1198 | 57623 |
| 卫生和社会工作 | 5598 | 5441 | | 157 | 57515 |
| 文化、体育和娱乐业 | 40614 | 38467 | 683 | 1465 | 83581 |
| 公共管理、社会保障和社会组织 | 35 | 35 | | | 39000 |

# 3-12 各县城镇非私营单位年末从业人员

（2017 年）

单位：人

| 指标名称 | 武鸣区 | 隆安县 | 马山县 | 上林县 | 宾阳县 | 横 县 |
|---|---|---|---|---|---|---|
| **单位从业人员年末人数** | **27432** | **11351** | **12976** | **13163** | **34363** | **37584** |
| 国有单位 | 18186 | 10364 | 11612 | 12164 | 23208 | 22805 |
| 城镇集体单位 | 1768 | 227 | 261 | | 2208 | 1464 |
| 其他经济单位 | 7478 | 760 | 1103 | 999 | 8947 | 13315 |
| **按国民经济行业分组** | | | | | | |
| 农、林、牧、渔业 | 338 | 198 | 243 | 391 | 298 | 2438 |
| 采 矿 业 | 73 | | | 50 | | 50 |
| 制 造 业 | 4895 | 667 | 374 | 458 | 6874 | 7286 |
| 电力、热力、燃气及水生产和供应业 | 419 | 121 | 211 | 125 | 158 | 830 |
| 建筑业 | 2626 | | | 360 | 2462 | 1779 |
| 批发和零售业 | 348 | 58 | 139 | 133 | 482 | 415 |
| 交通运输、仓储和邮政业 | 528 | 239 | 332 | 241 | 450 | 310 |
| 住宿和餐饮业 | 232 | | | 23 | 49 | 72 |
| 信息传输、软件和信息技术服务业 | 31 | 18 | 81 | | | 111 |
| 金融业 | 712 | 431 | 471 | 461 | 713 | 2483 |
| 房地产业 | 566 | 142 | 90 | 93 | 588 | 320 |
| 租赁和商务服务业 | 537 | 118 | 106 | 107 | 1820 | 324 |
| 科学研究、技术服务业 | 507 | 99 | 48 | 203 | 65 | 294 |
| 水利、环境和公共设施管理业 | 547 | 347 | 328 | 128 | 702 | 690 |
| 居民服务、修理和其他服务业 | 81 | 21 | | | 90 | 36 |
| 教育 | 7039 | 3572 | 4903 | 4211 | 8779 | 10093 |
| 卫生和社会工作 | 3570 | 2070 | 2185 | 2029 | 4725 | 4178 |
| 文化、体育和娱乐业 | 165 | 61 | 31 | 96 | 199 | 86 |
| 公共管理、社会保障和社会组织 | 4218 | 3189 | 3434 | 4054 | 5909 | 5789 |

# 3-13 各县城镇非私营单位在岗职工年末人数

（2017 年）　　　　单位：人

| 指标名称 | 武鸣区 | 隆安县 | 马山县 | 上林县 | 宾阳县 | 横 县 |
|---|---|---|---|---|---|---|
| **单位在岗职工年末人数** | **23328** | **9023** | **10934** | **11689** | **29456** | **31389** |
| 国有单位 | 15975 | 8112 | 9867 | 10916 | 20947 | 20472 |
| 城镇集体单位 | 905 | 215 | 190 | | 1120 | 1463 |
| 其他经济单位 | 6448 | 696 | 877 | 773 | 7389 | 9454 |
| **按国民经济行业分组** | | | | | | |
| 农、林、牧、渔业 | 338 | 191 | 231 | 121 | 297 | 1311 |
| 采 矿 业 | 73 | | | 45 | | 35 |
| 制 造 业 | 4795 | 607 | 209 | 430 | 6196 | 6649 |
| 电力、热力、燃气及水生产和供应业 | 419 | 98 | 211 | 121 | 158 | 584 |
| 建筑业 | 998 | | | 134 | 1280 | 1690 |
| 批发和零售业 | 344 | 56 | 137 | 115 | 471 | 376 |
| 交通运输、仓储和邮政业 | 441 | 174 | 307 | 188 | 354 | 175 |
| 住宿和餐饮业 | 232 | | | 23 | 49 | 72 |
| 信息传输、软件和信息技术服务业 | 31 | 18 | 81 | | | 111 |
| 金融业 | 608 | 381 | 377 | 416 | 709 | 920 |
| 房地产业 | 564 | 142 | 83 | 93 | 521 | 298 |
| 租赁和商务服务业 | 301 | 99 | 69 | 100 | 1001 | 73 |
| 科学研究、技术服务业 | 491 | 99 | 28 | 203 | 65 | 294 |
| 水利、环境和公共设施管理业 | 393 | 209 | 275 | 112 | 685 | 649 |
| 居民服务、修理和其他服务业 | 75 | 1 | | | 90 | 36 |
| 教育 | 5841 | 2646 | 4170 | 3771 | 7597 | 8632 |
| 卫生和社会工作 | 3480 | 1688 | 1993 | 2018 | 4390 | 4118 |
| 文化、体育和娱乐业 | 158 | 59 | 31 | 80 | 189 | 77 |
| 公共管理、社会保障和社会组织 | 3746 | 2555 | 2732 | 3719 | 5404 | 5289 |

# 3–14 各县城镇非私营单位从业人员劳动报酬

（2017 年）

单位：万元

| 指标名称 | 武鸣区 | 隆安县 | 马山县 | 上林县 | 宾阳县 | 横 县 |
|---|---|---|---|---|---|---|
| **单位从业人员劳动报酬** | **185366** | **74641** | **84874** | **86362** | **215646** | **209057** |
| 国有单位 | 139987 | 68099 | 76299 | 82049 | 159428 | 148984 |
| 城镇集体单位 | 7299 | 2389 | 2777 |  | 14314 | 2273 |
| 其他经济单位 | 38080 | 4153 | 5798 | 4313 | 41905 | 57800 |
| **按国民经济行业分组** |  |  |  |  |  |  |
| 农、林、牧、渔业 | 2102 | 755 | 1087 | 560 | 1592 | 11453 |
| 采矿业 | 386 |  |  | 295 |  | 284 |
| 制造业 | 22500 | 2677 | 1155 | 1850 | 31006 | 27399 |
| 电力、热力、燃气及水生产和供应业 | 3095 | 628 | 2270 | 540 | 715 | 6812 |
| 建筑业 | 13946 |  |  | 870 | 15985 | 3418 |
| 批发和零售业 | 1639 | 246 | 531 | 665 | 2089 | 1300 |
| 交通运输、仓储和邮政业 | 3043 | 1342 | 1998 | 1346 | 2979 | 2176 |
| 住宿和餐饮业 | 780 |  |  | 80 | 134 | 263 |
| 信息传输、软件和信息技术服务业 | 205 | 90 | 800 |  |  | 582 |
| 金融业 | 9559 | 4411 | 4381 | 4364 | 6164 | 12161 |
| 房地产业 | 3588 | 945 | 392 | 482 | 2416 | 1307 |
| 租赁和商务服务业 | 2125 | 546 | 452 | 647 | 9050 | 992 |
| 科学研究、技术服务业 | 3839 | 679 | 257 | 1466 | 317 | 1995 |
| 水利、环境和公共设施管理业 | 2651 | 1534 | 1228 | 704 | 3381 | 3879 |
| 居民服务、修理和其他服务业 | 725 | 35 |  |  | 509 | 261 |
| 教育 | 48388 | 21698 | 31603 | 28782 | 53420 | 59856 |
| 卫生和社会工作 | 33008 | 17306 | 15123 | 16346 | 37014 | 33407 |
| 文化、体育和娱乐业 | 1099 | 329 | 214 | 561 | 976 | 404 |
| 公共管理、社会保障和社会组织 | 32689 | 21419 | 23384 | 26806 | 47902 | 41108 |

# 3-15 各县城镇非私营单位在岗职工劳动报酬

（2017年）　　单位：万元

| 指标名称 | 武鸣区 | 隆安县 | 马山县 | 上林县 | 宾阳县 | 横县 |
|---|---|---|---|---|---|---|
| **单位在岗职工劳动报酬** | **170994** | **68815** | **80623** | **83314** | **197556** | **192047** |
| 国有单位 | 134445 | 62584 | 72674 | 79555 | 154594 | 143818 |
| 城镇集体单位 | 4156 | 2364 | 2570 |  | 5859 | 2185 |
| 其他经济单位 | 32393 | 3867 | 5380 | 3760 | 37103 | 46045 |
| **按国民经济行业分组** |  |  |  |  |  |  |
| 农、林、牧、渔业 | 2102 | 744 | 1049 | 290 | 1590 | 7383 |
| 采矿业 | 386 |  |  | 267 |  | 188 |
| 制造业 | 20960 | 2464 | 871 | 1800 | 28491 | 25211 |
| 电力、热力、燃气及水生产和供应业 | 3095 | 559 | 2270 | 532 | 715 | 5916 |
| 建筑业 | 7067 |  |  | 285 | 7057 | 3015 |
| 批发和零售业 | 1630 | 242 | 526 | 646 | 2040 | 1206 |
| 交通运输、仓储和邮政业 | 2607 | 931 | 1862 | 1182 | 2375 | 1385 |
| 住宿和餐饮业 | 780 |  |  | 80 | 125 | 263 |
| 信息传输、软件和信息技术服务业 | 205 | 90 | 800 |  |  | 582 |
| 金融业 | 9204 | 4266 | 4117 | 4261 | 6144 | 8583 |
| 房地产业 | 3578 | 945 | 356 | 482 | 2319 | 1219 |
| 租赁和商务服务业 | 1602 | 506 | 434 | 631 | 7010 | 475 |
| 科学研究、技术服务业 | 3798 | 679 | 213 | 1466 | 317 | 1995 |
| 水利、环境和公共设施管理业 | 2236 | 1272 | 1134 | 670 | 3355 | 3483 |
| 居民服务、修理和其他服务业 | 702 | 4 |  |  | 509 | 261 |
| 教育 | 46248 | 20011 | 30473 | 28088 | 51888 | 57557 |
| 卫生和社会工作 | 32474 | 15729 | 14353 | 16207 | 35955 | 33254 |
| 文化、体育和娱乐业 | 1098 | 327 | 214 | 530 | 961 | 393 |
| 公共管理、社会保障和社会组织 | 31224 | 20046 | 21952 | 25899 | 46706 | 39679 |

# 3-16 各县城镇非私营单位在岗职工年平均工资（含劳务派遣）

（2017 年）　　单位：元 / 人

| 指标名称 | 武鸣区 | 隆安县 | 马山县 | 上林县 | 宾阳县 | 横 县 |
|---|---|---|---|---|---|---|
| **单位在岗职工年平均工资** | **73913** | **76133** | **73782** | **71709** | **65322** | **62496** |
| 国有单位 | 84221 | 77127 | 73808 | 73696 | 73435 | 70551 |
| 城镇集体单位 | 48377 | 104798 | 120892 | | 51485 | 32367 |
| 其他经济单位 | 53413 | 55831 | 61583 | 45647 | 47178 | 47992 |
| **按国民经济行业分组** | | | | | | |
| 农、林、牧、渔业 | 62003 | 37939 | 45416 | 19701 | 53525 | 56059 |
| 采矿业 | 50816 | | | 59356 | | 53571 |
| 制造业 | 48178 | 40875 | 41462 | 35503 | 46181 | 38078 |
| 电力、热力、燃气及水生产和供应业 | 74213 | 56396 | 106051 | 43967 | 44669 | 97418 |
| 建筑业 | 64807 | | | 33529 | 53051 | 35421 |
| 批发和零售业 | 47387 | 43143 | 41778 | 72539 | 44541 | 30109 |
| 交通运输、仓储和邮政业 | 58331 | 55183 | 60263 | 56896 | 67293 | 75276 |
| 住宿和餐饮业 | 33891 | | | 34826 | 26660 | 36014 |
| 信息传输、软件和信息技术服务业 | 66161 | 50222 | 98716 | | | 53367 |
| 金融业 | 139902 | 108825 | 101630 | 104455 | 86412 | 86453 |
| 房地产业 | 66814 | 71591 | 42132 | 52923 | 43256 | 39310 |
| 租赁和商务服务业 | 41295 | 51101 | 62014 | 61779 | 45574 | 32494 |
| 科学研究、技术服务业 | 77203 | 68596 | 75929 | 71507 | 49563 | 67850 |
| 水利、环境和公共设施管理业 | 55766 | 59981 | 40627 | 58746 | 48974 | 56313 |
| 居民服务、修理和其他服务业 | 98845 | 42000 | | | 55337 | 84323 |
| 教育 | 78874 | 75800 | 73624 | 76472 | 68494 | 67658 |
| 卫生和社会工作 | 95426 | 94128 | 72528 | 81117 | 82225 | 81862 |
| 文化、体育和娱乐业 | 69044 | 55373 | 69129 | 66263 | 50852 | 51013 |
| 公共管理、社会保障和社会组织 | 83800 | 78204 | 80132 | 69579 | 85511 | 73638 |

# 四 农业

## CHAPTER 4 AGRICULTURE

# 4-1 全市主要年份农林牧渔业总产值

（按当年价格计算）　　单位：万元

| 年份 | 合计 | 农业 | 林业 | 畜牧业 | 副业 | 渔业 | 服务业 |
|---|---|---|---|---|---|---|---|
| 1950 | 5596 | 3785 | 75 | 814 | 718 | 204 | |
| 1965 | 12602 | 8259 | 140 | 2317 | 1710 | 176 | |
| 1978 | 36029 | 25540 | 447 | 5228 | 4256 | 558 | |
| 1980 | 44588 | 31178 | 788 | 4326 | 7494 | 802 | |
| 1985 | 70586 | 43266 | 1618 | 18990 | 4840 | 1872 | |
| 1986 | 78390 | 49427 | 1794 | 19138 | 5601 | 2430 | |
| 1987 | 91989 | 59881 | 1805 | 22627 | 4750 | 2926 | |
| 1988 | 116437 | 73400 | 2027 | 32509 | 4576 | 3925 | |
| 1989 | 125320 | 75059 | 2330 | 38702 | 4618 | 4611 | |
| 1990 | 169865 | 111699 | 2681 | 42149 | 6551 | 6785 | |
| 1991 | 175633 | 109121 | 3150 | 47954 | 7958 | 7450 | |
| 1992 | 210826 | 133273 | 5048 | 54433 | 8203 | 9869 | |
| 1993 | 270146 | 169444 | 7684 | 72479 | 8118 | 12421 | |
| 1994 | 372063 | 246897 | 7906 | 95979 | | 21281 | |
| 1995 | 465896 | 317943 | 6553 | 115373 | | 26027 | |
| 1996 | 533484 | 352786 | 8056 | 141505 | | 31137 | |
| 1997 | 620077 | 405089 | 10778 | 167764 | | 36446 | |
| 1998 | 684870 | 447697 | 13885 | 183967 | | 39321 | |
| 1999 | 720486 | 477719 | 14965 | 182088 | | 45714 | |
| 2000 | 1377932 | 889321 | 29672 | 362916 | | 96024 | |
| 2001 | 1407186 | 907068 | 28533 | 381030 | | 90555 | |
| 2002 | 1455675 | 897032 | 37551 | 419320 | | 84538 | 17134 |
| 2003 | 1519259 | 936298 | 44241 | 431564 | | 89587 | 17569 |
| 2004 | 1798585 | 1025366 | 54055 | 593160 | | 90556 | 35448 |
| 2005 | 2045862 | 1154289 | 59541 | 677600 | | 96624 | 57808 |
| 2006 | 2384753 | 1311708 | 81098 | 804014 | | 102827 | 85105 |
| 2007 | 2944579 | 1535416 | 108658 | 1057025 | | 119032 | 124448 |
| 2008 | 3380719 | 1701526 | 115181 | 1276515 | | 142870 | 144627 |
| 2009 | 3511968 | 1826447 | 132117 | 1240689 | | 145047 | 167667 |
| 2010 | 4032427 | 2111841 | 187594 | 1376318 | | 169229 | 187447 |
| 2011 | 5071561 | 2598349 | 258539 | 1796992 | | 206679 | 211002 |
| 2012 | 5345172 | 2827673 | 268263 | 1789465 | | 204323 | 255449 |
| 2013 | 5772670 | 3115745 | 290811 | 1849520 | | 225971 | 290621 |
| 2014 | 6094853 | 3379373 | 284733 | 1854103 | | 251312 | 325333 |
| 2015 | 6386212 | 3545515 | 285898 | 1935776 | | 265617 | 353406 |
| 2016 | 6891485 | 3818375 | 310431 | 2125962 | | 274368 | 362350 |
| 2017 | 7004068 | 3994748 | 367388 | 1975377 | | 297169 | 369386 |

注：1、1994 年后副业产值并入种植业；2000 年以后为行政区划调整后的数据，其余年份为原南宁口径；从 2003 年起农业总产值含农林牧渔服务业产值。2、2004-2007 年农林牧渔业总产值根据第二次农业普查数据进行了衔接修正。以下表同。

# 4-2 全市主要年份农林牧渔业总产值发展速度

（按可比价计算，上年为 100）　　　　单位：%

| 年份 | 合计 | 农业 | 林业 | 畜牧业 | 副业 | 渔业 | 服务业 |
|---|---|---|---|---|---|---|---|
| 1951 | 107.79 | 107.18 | 111.76 | 117.07 | 101.13 | 102.54 | |
| 1965 | 125.21 | 130.42 | 96.81 | 120.01 | 114.73 | 98.43 | |
| 1978 | 107.36 | 106.81 | 132.13 | 97.65 | 116.38 | 162.93 | |
| 1980 | 110.75 | 108.17 | 157.62 | 101.91 | 4256 | 114.09 | |
| 1985 | 103.62 | 102.68 | 99.45 | 119.69 | 84.21 | 102.38 | |
| 1986 | 106.95 | 107.21 | 117.96 | 98.98 | 119.96 | 112.07 | |
| 1987 | 105.76 | 106.91 | 109.21 | 107.74 | 91.09 | 117.19 | |
| 1988 | 99.4 | 99.08 | 92.94 | 103.97 | 91.12 | 107.67 | |
| 1989 | 109.02 | 111.47 | 114.72 | 107.66 | 91.61 | 102.58 | |
| 1990 | 115.45 | 117.01 | 98.71 | 111.7 | 109.1 | 135.04 | |
| 1991 | 99.75 | 94.42 | 102.74 | 114.9 | 105.4 | 105.83 | |
| 1992 | 120.53 | 124.73 | 126.51 | 110.6 | 102.06 | 130.06 | |
| 1993 | 113.18 | 112.4 | 125.61 | 113.31 | 98.68 | 133.00 | |
| 1994 | 108.94 | 112.25 | 99.62 | 112.18 | | 127.38 | |
| 1995 | 109.2 | 108.95 | 84.59 | 110.43 | | 118.33 | |
| 1996 | 104.86 | 101.42 | 110.28 | 112.14 | | 115.35 | |
| 1997 | 113.43 | 114.62 | 109.44 | 110.31 | | 114.36 | |
| 1998 | 112.1 | 112.48 | 115.17 | 110.15 | | 114.64 | |
| 1999 | 113.58 | 116.08 | 101.97 | 108.72 | | 108.49 | |
| 2000 | 100.68 | 97.36 | 104.97 | 109.5 | | 104.46 | |
| 2001 | 102.85 | 101.84 | 108.90 | 106.21 | | 98.79 | |
| 2002 | 117.34 | 113.35 | 148.44 | 124.07 | | 108.79 | |
| 2003 | 102.92 | 99.68 | 137.09 | 106.72 | | 105.43 | 101.95 |
| 2004 | 106.09 | 103.21 | 111.76 | 112.06 | | 104.26 | 106.26 |
| 2005 | 108.61 | 109.52 | 112.13 | 117.43 | | 105.68 | 105.77 |
| 2006 | 109.11 | 109.23 | 129.97 | 116.71 | | 111.63 | 106.98 |
| 2007 | 107.7 | 107.44 | 120.18 | 106.73 | | 109.60 | 106.78 |
| 2008 | 105.76 | 104.66 | 100.78 | 108.05 | | 102.14 | 107.72 |
| 2009 | 105.82 | 104.39 | 111.72 | 105.47 | | 108.30 | 118.3 |
| 2010 | 105.89 | 105.43 | 111.43 | 105.91 | | 106.31 | 106.05 |
| 2011 | 105.96 | 105.59 | 122.27 | 104.24 | | 107.2 | 105.35 |
| 2012 | 105.27 | 106.07 | 99.49 | 104.64 | | 105.84 | 107.27 |
| 2013 | 104.70 | 105.72 | 100.27 | 102.48 | | 107.35 | 111.43 |
| 2014 | 104.56 | 106.39 | 100.18 | 101.32 | | 105.02 | 109.64 |
| 2015 | 104.22 | 103.60 | 103.60 | 102.04 | | 103.79 | 110.23 |
| 2016 | 103.98 | 105.58 | 114.58 | 100.13 | | 103.48 | 100.82 |
| 2017 | 103.93 | 103.54 | 117.18 | 101.65 | | 106.50 | 108.14 |

# 4-3 全市主要年份主要农产品产量

| 年份 | 粮食产量（吨） | 甘蔗产量（吨） | 水果产量（吨） | 肉类总产量（吨） | 水产品产量（吨） |
|---|---|---|---|---|---|
| 1950 | 198004 | 71282 | 4748 | 5490 | 5350 |
| 1965 | 319410 | 298784 | 8908 | 15915 | 3241 |
| 1978 | 590420 | 562171 | 24576 | 25752 | 4366 |
| 1980 | 670813 | 798831 | 31114 | 4256 | 4895 |
| 1985 | 551860 | 1339141 | 53925 | 29885 | 6939 |
| 1986 | 552903 | 1569850 | 93984 | 32396 | 8551 |
| 1987 | 590276 | 1633498 | 115847 | 35854 | 9790 |
| 1988 | 526325 | 1979810 | 110614 | 36833 | 10438 |
| 1989 | 624509 | 1958128 | 105346 | 39659 | 10705 |
| 1990 | 725954 | 2358841 | 120262 | 45934 | 14663 |
| 1991 | 548210 | 2559124 | 140926 | 53082 | 15383 |
| 1992 | 697128 | 3075803 | 164661 | 55278 | 21304 |
| 1993 | 744101 | 3413703 | 213470 | 61211 | 26550 |
| 1994 | 746956 | 3116366 | 272561 | 70388 | 33743 |
| 1995 | 779251 | 2908195 | 316342 | 77774 | 39509 |
| 1996 | 781201 | 2946903 | 281615 | 84889 | 46030 |
| 1997 | 801830 | 3267654 | 377862 | 95439 | 53290 |
| 1998 | 814459 | 3786929 | 395986 | 106962 | 60619 |
| 1999 | 796159 | 3373039 | 485971 | 115648 | 65333 |
| 2000 | 1847949 | 5885534 | 515447 | 333757 | 131888 |
| 2001 | 1711033 | 7382372 | 523893 | 349101 | 130396 |
| 2002 | 1804051 | 9111682 | 596258 | 364413 | 139641 |
| 2003 | 1753387 | 9279100 | 572372 | 385334 | 145468 |
| 2004 | 1700479 | 8586119 | 670431 | 419792 | 158829 |
| 2005 | 1810164 | 8609336 | 718249 | 464764 | 167330 |
| 2006 | 1996596 | 10536802 | 812826 | 486544 | 149128 |
| 2007 | 2001090 | 14369814 | 892798 | 502324 | 162075 |
| 2008 | 2018111 | 15062914 | 731100 | 548185 | 165581 |
| 2009 | 2091145 | 12263008 | 1045158 | 583071 | 180216 |
| 2010 | 2042253 | 10440083 | 1232941 | 607581 | 191702 |
| 2011 | 2070587 | 10636574 | 1420294 | 619621 | 205697 |
| 2012 | 2151398 | 11302193 | 1579305 | 645080 | 217438 |
| 2013 | 2234391 | 12369908 | 1705101 | 655301 | 232972 |
| 2014 | 2252668 | 12399757 | 1826919 | 659076 | 244635 |
| 2015 | 2254186 | 10853284 | 2139284 | 660196 | 254440 |
| 2016 | 2233587 | 11154659 | 2338025 | 650442 | 261172 |
| 2017 | 2168063 | 11615755 | 2483209 | 658062 | 274533 |

注：2000 年以后为行政区划调整后的数据，其余年份为原南宁口径。

## 4–4 全市农村基本情况及从业人员构成

| 指标名称 | 单 位 | 全 市 | |
|---|---|---|---|
| | | 2017 年 | 2016 年 |
| **农村基层组织** | | | |
| 乡镇个数 | 个 | 102 | 102 |
| #镇个数 | 个 | 86 | 86 |
| 村民委员会 | 个 | 1380 | 1380 |
| 居民委员会 | 个 | 231 | 224 |
| 村民小组 | 个 | 33614 | 33865 |
| **农村社会基础设施** | | | |
| 自来水受益村数 | 个 | 1369 | 1345 |
| 通有线电视村数 | 个 | 1273 | 1234 |
| 通宽带村数 | 个 | 1352 | 1343 |
| **乡（镇）村户数** | **万户** | **138.8** | **138.63** |
| **乡（镇）村人口数** | **万人** | **529.43** | **523.5** |
| 男 | 万人 | 277.78 | 274.42 |
| 女 | 万人 | 251.65 | 249.08 |
| **乡（镇）村劳动力资源** | **万人** | **346.37** | **346.57** |
| 男 | 万人 | 184.14 | 185.61 |
| 女 | 万人 | 162.23 | 160.96 |
| **乡（镇）村从业人员** | **万人** | **309.4** | **310.13** |
| 男 | 万人 | 165.24 | 166.08 |
| 女 | 万人 | 144.16 | 144.05 |
| 农业从业人员 | 万人 | 221.45 | 223.72 |
| 男 | 万人 | 116.28 | 118.37 |
| 女 | 万人 | 105.17 | 105.35 |
| **农业用地情况** | | | |
| 耕地 | 公顷 | 681175 | 672108 |
| 园地 | 公顷 | 83369 | 87253 |
| 林地 | 公顷 | 939549 | 928789 |
| 草地 | 公顷 | 43605 | 40350 |
| 设施农业用地 | 公顷 | 2819 | 4465 |

# 4-5 全市农林牧渔业总产值

单位：万元

| 指标名称 | 2017年 | | 2016年 | |
|---|---|---|---|---|
| | 上年价 | 现行价 | 上年价 | 现行价 |
| **农林牧渔业总产值** | **7162184** | **7004068** | **6640348** | **6891485** |
| **农业产值** | **3953460** | **3994748** | **3743380** | **3818375** |
| 主产品产值 | 3906382 | 3947670 | 3695947 | 3770942 |
| 粮食作物合计 | 579212 | 604545 | 622122 | 596754 |
| 经济作物合计 | 820789 | 885611 | 771666 | 791200 |
| 蔬菜（食用菌类）园艺作物 | 1671348 | 1642576 | 1543880 | 1599519 |
| 水果、饮料和香料 | 778822 | 758727 | 704928 | 730116 |
| 其他农作物 | 56211 | 56211 | 53352 | 53352 |
| **林业产值** | **363751** | **367388** | **327573** | **310431** |
| 营林 | 17356 | 17073 | 20273 | 19512 |
| 全社会竹木采伐 | 263228 | 258716 | 222732 | 210693 |
| 林产品 | 83167 | 91600 | 84568 | 80226 |
| **牧业产值** | **2160942** | **1975377** | **1938208** | **2125962** |
| 牛饲养 | 159787 | 154113 | 160587 | 153068 |
| 羊饲养 | 14525 | 13955 | 15989 | 14306 |
| 猪的饲养 | 1011184 | 820335 | 804498 | 986362 |
| 家禽的饲养 | 550663 | 473244 | 557406 | 549071 |
| 活的畜禽产品 | 66247 | 61966 | 70444 | 65716 |
| 其他动物及产品 | 358115 | 451341 | 328869 | 357023 |
| **渔业产值** | **292203** | **297169** | **274868** | **274368** |
| **服务业产值** | **391828** | **369386** | **356318** | **362350** |

# 4-6 全市农业林牧渔业总产值及构成

（2017年，按当年价计算）

| 指标名称 | 农林牧渔业总产值 | 农业 | 林业 | 牧业 | 渔业 | 服务业 |
|---|---|---|---|---|---|---|
| **总产值（万元）** | | | | | | |
| **全市** | **7004068** | **3994748** | **367388** | **1975377** | **297169** | **369386** |
| 兴宁区 | 180916 | 109036 | 16024 | 44176 | 8575 | 3105 |
| 青秀区 | 348176 | 155221 | 31493 | 96295 | 12361 | 52806 |
| 江南区 | 453183 | 330041 | 11497 | 76459 | 17071 | 18115 |
| 西乡塘区 | 339338 | 220883 | 4566 | 84207 | 14629 | 16092 |
| 良庆区 | 369323 | 235650 | 27387 | 84958 | 17359 | 3970 |
| 邕宁区 | 461024 | 261665 | 14776 | 164870 | 14444 | 5269 |
| 武鸣县 | 1389070 | 868070 | 69317 | 362660 | 53018 | 36005 |
| 隆安县 | 413795 | 247657 | 22086 | 112474 | 18567 | 13011 |
| 马山县 | 297442 | 140995 | 29208 | 113187 | 13098 | 955 |
| 上林县 | 372368 | 165054 | 23817 | 158413 | 23841 | 1243 |
| 宾阳县 | 846773 | 476341 | 41198 | 270156 | 47310 | 11768 |
| 横　县 | 1238367 | 743562 | 55560 | 348816 | 51703 | 38726 |
| **构成（%）** | | | | | | |
| **全市** | **100.00** | **57.03** | **5.25** | **28.20** | **4.24** | **5.27** |
| 兴宁区 | 100.00 | 60.27 | 8.86 | 24.42 | 4.74 | 1.72 |
| 青秀区 | 100.00 | 44.58 | 9.05 | 27.66 | 3.55 | 15.17 |
| 江南区 | 100.00 | 72.83 | 2.54 | 16.87 | 3.77 | 4.00 |
| 西乡塘区 | 100.00 | 65.09 | 1.35 | 24.82 | 4.31 | 4.74 |
| 良庆区 | 100.00 | 63.81 | 7.42 | 23.00 | 4.70 | 1.07 |
| 邕宁区 | 100.00 | 56.76 | 3.21 | 35.76 | 3.13 | 1.14 |
| 武鸣县 | 100.00 | 62.49 | 4.99 | 26.11 | 3.82 | 2.59 |
| 隆安县 | 100.00 | 59.85 | 5.34 | 27.18 | 4.49 | 3.14 |
| 马山县 | 100.00 | 47.40 | 9.82 | 38.05 | 4.40 | 0.32 |
| 上林县 | 100.00 | 44.33 | 6.40 | 42.54 | 6.40 | 0.33 |
| 宾阳县 | 100.00 | 56.25 | 4.87 | 31.90 | 5.59 | 1.39 |
| 横　县 | 100.00 | 60.04 | 4.49 | 28.17 | 4.18 | 3.13 |

# 4-7 全市农作物播种面积和产量

| 项 目 | 2017年 | | | 2016年 | | |
|---|---|---|---|---|---|---|
| | 播种面积（公顷） | 单产（公斤/公顷） | 产量（吨） | 播种面积（公顷） | 单产（公斤/公顷） | 产量（吨） |
| **农作物总播种面积** | **978784** | | | **977091** | | |
| **粮食合计** | **430377** | **5038** | **2168063** | **436673** | **5115** | **2233587** |
| 夏收 | 213059 | 5453 | 1161916 | 215776 | 5532 | 1193667 |
| 秋收 | 210303 | 4649 | 977611 | 213787 | 4737 | 1012718 |
| 稻谷 | 281997 | 5434 | 1532413 | 287069 | 5562 | 1596688 |
| 早稻 | 133069 | 5804 | 772301 | 135260 | 5933 | 802439 |
| 中稻 | 1934 | 5601 | 10832 | 1892 | 5340 | 10104 |
| 晚稻 | 146994 | 5097 | 749280 | 149917 | 5231 | 784145 |
| 玉米 | 105328 | 5122 | 539478 | 106850 | 5097 | 544628 |
| 豆类合计 | 25067 | 1582 | 39661 | 24885 | 1532 | 38118 |
| 大豆 | 20886 | 1589 | 33179 | 20677 | 1523 | 31499 |
| 绿豆 | 1336 | 1470 | 1964 | 1341 | 1505 | 2018 |
| 薯类 | 17676 | 15837 | 279934 | 17651 | 15216 | 268574 |
| 红薯 | 11176 | 13178 | 147280 | 11230 | 12697 | 142585 |
| **经济作物** | **241183** | | | **242120** | | |
| 油料作物 | 53343 | 3004 | 160221 | 52498 | 2959 | 155344 |
| 花生 | 52111 | 3061 | 159501 | 51253 | 3016 | 154604 |
| 油菜籽 | 1116 | 508 | 567 | 1086 | 514 | 558 |
| 麻类 | 131 | 2168 | 284 | 148 | 2203 | 326 |
| 甘蔗 | 141310 | 82201 | 11615755 | 140130 | 79602 | 11154659 |
| 糖蔗 | 136836 | 80471 | 11011394 | 135607 | 77852 | 10557259 |
| 果蔗 | 4474 | 135083 | 604361 | 4523 | 132080 | 597400 |
| 药材 | 10973 | | | 10554 | | |
| 木薯 | 28813 | 12217 | 351998 | 32469 | 11791 | 382849 |
| **其他农作物** | **308124** | | | **298298** | | |
| 蔬菜（包括菜用瓜） | 241249 | 22607 | 5453998 | 232341 | 22282 | 5176992 |
| 食用菌（干鲜混合） | 2652 | 86890 | 230432 | 2585 | 86644 | 223976 |
| 果瓜类 | 47984 | 25940 | 1244690 | 47895 | 25807 | 1236016 |
| 青饲料 | 4559 | | | 4529 | | |
| 饲 草 | 1668 | | | 1661 | | |
| 绿 肥 | 5186 | | | 4741 | | |
| 马 蹄 | 96 | 16781 | 1611 | 106 | 15368 | 1629 |
| 其 他 | 4730 | | | 4440 | | |

# 4-8 全市茶叶、桑蚕及水果生产情况

| 指标名称 | 单 位 | 全 市 | |
|---|---|---|---|
| | | 2017 年 | 2016 年 |
| **茶叶合计** | **吨** | **4225** | **4019** |
| **园林水果合计** | **吨** | **2483209** | **2338025** |
| 梨 | 吨 | 13204 | 13034 |
| # 雪花梨 | 吨 | 333 | 330 |
| 柑橘类水果 | 吨 | 259018 | 142950 |
| # 柑 | 吨 | 210426 | 93674 |
| 橘 | 吨 | 3478 | 2729 |
| 橙 | 吨 | 40542 | 42981 |
| 柚 | 吨 | 4528 | 3493 |
| 热带水果 | 吨 | 1966405 | 1967414 |
| # 香蕉 | 吨 | 1602918 | 1627097 |
| 菠萝 | 吨 | 2364 | 2684 |
| 荔枝 | 吨 | 47443 | 47770 |
| 龙眼 | 吨 | 105889 | 107453 |
| 芒果 | 吨 | 27348 | 26104 |
| 其他水果 | 吨 | 244582 | 214627 |
| # 桃 | 吨 | 6228 | 5831 |
| 葡萄 | 吨 | 21019 | 18735 |
| 红枣（按鲜枣计算） | 吨 | 685 | 1345 |
| 柿子（按鲜柿计算） | 吨 | 10090 | 10425 |
| 李子 | 吨 | 19935 | 19291 |
| 其他 | 吨 | 186512 | 158255 |
| **食用坚果** | **吨** | **20298** | **20577** |
| # 板栗 | 吨 | 19625 | 20062 |
| **年末实有茶园面积** | **公顷** | **2280** | **2274** |
| # 当年采摘面积 | 公顷 | 2078 | 2125 |
| **年末实有桑园面积** | **公顷** | **40978** | **40704** |
| **年末果园面积** | **公顷** | **133673** | **122446** |
| # 梨园 | 公顷 | 838 | 903 |
| 柑橘园（含金橘） | 公顷 | 33443 | 14229 |
| 橙园 | 公顷 | 1870 | 2547 |
| 柚子园 | 公顷 | 1382 | 520 |
| 蕉园 | 公顷 | 48717 | 57190 |
| # 香蕉园 | 公顷 | 46747 | 55542 |
| 菠萝园 | 公顷 | 218 | 124 |
| 荔枝园 | 公顷 | 9566 | 10167 |
| 龙眼园 | 公顷 | 10300 | 12703 |
| 芒果园 | 公顷 | 2634 | 2632 |
| 桃 园 | 公顷 | 380 | 375 |
| 葡萄园 | 公顷 | 1857 | 1619 |
| 枣 园 | 公顷 | 452 | 458 |
| 柿子园 | 公顷 | 259 | 209 |
| 李子园 | 公顷 | 343 | 255 |
| 其他果园 | 公顷 | 21414 | 18515 |

# 4–9 全市林业生产情况

| 指标名称 | 单 位 | 全 市 | |
| --- | --- | --- | --- |
| | | 2017 年 | 2016 年 |
| **营林情况** | | | |
| 荒山荒（沙）地造林面积 | 公顷 | 2575 | 2170 |
| # 人工造林 | 公顷 | 2575 | 2170 |
| # 用材林 | 公顷 | 2110 | 1710 |
| 速生丰产林 | 公顷 | 1795 | 1062 |
| 有林地造林面积 | 公顷 | 856 | 1331 |
| 更新造林（迹地更新） | 公顷 | 14374 | 13747 |
| 四旁（零星）植树 | 万株 | 518 | 957 |
| 年末实有封山（沙）育林面积 | 公顷 | 11231 | 13558 |
| 未成林抚育作业面积 | 公顷 | 17992 | 31785 |
| 未成林抚育实际面积 | 公顷 | 9931 | 8838 |
| 成林抚育面积 | 公顷 | 38891 | 40915 |
| 当年苗木产量 | 万株 | 1912 | 2318 |
| 育苗面积 | 公顷 | 2936 | 5238 |
| **林产品产量（包括农户自用）** | | | |
| 油桐籽（籽：油 =4:1) | 吨 | 433 | 484 |
| 油茶籽（籽：油 =5:1)) | 吨 | 287 | 283 |
| 松脂 | 吨 | 73600 | 73088 |
| 竹笋干（鲜笋按 1/3 折干） | 吨 | 4373 | 3873 |
| 八角 | 吨 | 7397 | 7098 |
| 桂皮 | 吨 | | |
| 安叶油 | 吨 | | |
| **竹木采伐量** | | | |
| 木材 | 万立方米 | 454 | 348 |
| 篙竹 | 万根 | 313 | 330 |
| 大杂竹 | 万根 | 4611 | 4558 |
| 小杂竹 | 吨 | 56136 | 58584 |

# 4-10 全市畜牧生产情况

| 项 目 | 计量单位 | 全 市 | |
|---|---|---|---|
| | | 2017 年 | 2016 年 |
| **畜禽出栏** | | | |
| 猪 | 万头 | 507.11 | 498.1 |
| 牛 | 万头 | 26.18 | 25.09 |
| 山羊 | 万头 | 28.48 | 28.05 |
| 家禽 | 万只 | 13875.39 | 14022.93 |
| 鸡 | 万只 | 10570.56 | 10548.19 |
| 鸭 | 万只 | 3159.8 | 3402.27 |
| 鹅 | 万只 | 143.11 | 70.32 |
| 兔 | 万只 | 55.92 | 49.54 |
| **畜禽存栏** | | | |
| 大牲畜 | 万头 | 76.64 | 75.94 |
| #役用畜 | 万头 | 26.35 | 28.31 |
| 牛 | 万头 | 76.19 | 75.5 |
| 肉牛 | 万头 | 53.02 | 56.65 |
| 奶牛 | 万头 | 2.57 | 2.86 |
| 马 | 万头 | 0.45 | 0.44 |
| 猪 | 万头 | 411.43 | 417.5 |
| #能繁殖母猪 | 万头 | 44.72 | 44.67 |
| 山羊 | 万头 | 32.01 | 31.71 |
| 家禽 | 万只 | 6628.38 | 6559.06 |
| 鸡 | 万只 | 5104.04 | 4965.3 |
| 鸭 | 万只 | 1388.25 | 1283.87 |
| 鹅 | 万只 | 61.5 | 54.19 |
| **畜禽产品产量** | | | |
| 肉类总产量 | 吨 | 658062 | 650442 |
| 猪肉 | 吨 | 381043 | 371685 |
| 牛肉 | 吨 | 25780 | 24706 |
| 羊肉 | 吨 | 4496 | 4357 |
| 禽肉 | 吨 | 235561 | 237914 |
| #鸡 | 吨 | 165150 | 164971 |
| 鸭 | 吨 | 66147 | 70953 |
| 鹅 | 吨 | 4264 | 1990 |
| 兔肉 | 吨 | 1303 | 1366 |
| 狗肉 | 吨 | 2209 | 2533 |
| 鸽肉 | 吨 | 2050 | 2296 |
| 鹌鹑肉 | 吨 | 179 | 178 |
| 其他肉产量 | 吨 | 5340 | 5233 |
| 禽蛋 | 吨 | 41125 | 39540 |
| 奶类产量 | 吨 | 48585 | 50511 |
| 蜂蜜 | 吨 | 638 | 483 |
| 蚕茧 | 吨 | 96038 | 91687 |

## 4-11 全市渔业生产情况

| | 计量单位 | 全市 | |
|---|---|---|---|
| | | 2017 年 | 2016 年 |
| **水产品总产量** | **吨** | **274533** | **261172** |
| 淡水捕捞 | 吨 | 17717 | 18884 |
| 鱼类 | 吨 | 16309 | 17570 |
| 甲壳(虾蟹)类 | 吨 | 664 | 632 |
| 贝类 | 吨 | 690 | 591 |
| 其他类 | 吨 | 54 | 91 |
| 淡水养殖 | 吨 | 256816 | 242288 |
| 鱼类 | 吨 | 252820 | 238965 |
| 虾蟹类 | 吨 | 1142 | 1045 |
| 贝类 | 吨 | 835 | 812 |
| 其他类 | 吨 | 2019 | 1466 |
| **水产品养殖面积** | **公顷** | **28018** | **27514** |
| 池塘养殖 | 公顷 | 11282 | 10858 |
| 河沟养殖 | 公顷 | 1642 | 1582 |
| 山塘水库养殖 | 公顷 | 14876 | 14859 |
| 其他养殖 | 公顷 | 218 | 215 |

# 4-12 全市农业机械化情况

| 指标名称 | 单 位 | 全 市 | |
|---|---|---|---|
| | | 2017 年 | 2016 年 |
| **农业机械总动力合计** | **千瓦** | **4811508** | **4681404** |
| 柴油发动机动力 | 千瓦 | 3939824 | 3797747 |
| 汽油发动机动力 | 千瓦 | 147339 | 155339 |
| 电动机动力 | 千瓦 | 722797 | 703311 |
| 其他机械动力 | 千瓦 | 1548 | 25007 |
| **主要农业机械与设备** | | | |
| 大中型拖拉机 | 台 | 10679 | 10169 |
| 小型拖拉机 | 台 | 112195 | 112001 |
| 大中型拖拉机配套农具 | 部 | 17962 | 17413 |
| 小型拖拉机配套农具 | 部 | 142719 | 142574 |
| 农用排灌电动机 | 台 | 34849 | 31616 |
| 农用排灌柴油机 | 台 | 96013 | 94826 |
| 联合收割机 | 台 | 4142 | 3968 |
| 机动脱粒机 | 台 | 133042 | 133613 |
| 农用运输车 | 辆 | 6784 | 4711 |
| 渔用机动船 | 艘 | 1454 | 1352 |
| 农用水泵 | 台 | 132207 | 131385 |
| 节水灌溉机械 | 套 | 17449 | 16656 |
| 附：当年机耕地面积 | 公顷 | 838375 | 843966 |

# 4-13 全市农村水电、化肥用量及灌溉情况

| 指标名称 | 单 位 | 全 市 | |
|---|---|---|---|
| | | 2017 年 | 2016 年 |
| **水电建设** | | | |
| 乡(镇)办水电站个数 | 个 | 8 | 9 |
| 装机容量 | 千瓦 | 6820 | 7823 |
| 发电量 | 万千瓦小时 | 2494 | 2899 |
| 村和村民小组办水电站 | 个 | 44 | 41 |
| 装机容量 | 千瓦 | 29078 | 19235 |
| 发电量 | 万千瓦小时 | 5792 | 3366 |
| **农村用电量** | **万千瓦小时** | **118349** | **121395** |
| **农用化肥施用量** | | | |
| 按实物量计算 | 吨 | 1610193 | 1599871 |
| 氮肥 | 吨 | 454641 | 458180 |
| 磷肥 | 吨 | 321672 | 322253 |
| 钾肥 | 吨 | 212919 | 215243 |
| 复合肥 | 吨 | 620961 | 604195 |
| 按折纯法计算 | 吨 | 538258 | 488690 |
| 氮肥 | 吨 | 135513 | 113397 |
| 磷肥 | 吨 | 51888 | 50267 |
| 钾肥 | 吨 | 104910 | 100899 |
| 复合肥 | 吨 | 245947 | 224127 |
| **农用塑料薄膜使用量** | **吨** | **14514** | **15073** |
| #地膜使用量 | 吨 | 11223 | 11870 |
| 地膜覆盖面积 | 公顷 | 249964 | 123517 |
| **农用柴油使用量** | **吨** | **99438** | **99788** |
| **农药使用量(按实物量计算)** | **吨** | **15234** | **15145** |
| **灌溉情况** | | | |
| 有效灌溉面积 | 公顷 | 231559 | 230173 |
| 旱涝保收面积 | 公顷 | 175961 | 175608 |
| 机电排灌面积 | 公顷 | 69130 | 68656 |
| 机电井 | 眼 | 1842 | 1822 |

# 4-14 各县农村基本情况及从业人员构成

（2017 年）

| 指标名称 | 单位 | 隆安县 | 马山县 | 上林县 | 宾阳县 | 横　县 |
|---|---|---|---|---|---|---|
| **农村基层组织** | | | | | | |
| 乡镇个数 | 个 | 10 | 11 | 11 | 16 | 17 |
| # 镇个数 | 个 | 6 | 7 | 7 | 16 | 14 |
| 村民委员会 | 个 | 118 | 133 | 115 | 192 | 276 |
| 居民委员会 | 个 | 13 | 18 | 16 | 41 | 31 |
| 村民小组 | 个 | 2440 | 3573 | 2967 | 5662 | 7066 |
| **农村社会基础设施** | | | | | | |
| 自来水受益村数 | 个 | 118 | 131 | 115 | 192 | 270 |
| 通有线电视村数 | 个 | 97 | 133 | 115 | 192 | 270 |
| 通宽带村数 | 个 | 118 | 125 | 115 | 190 | 266 |
| **乡（镇）村户数** | **万户** | **9.36** | **12.96** | **10.42** | **20.74** | **28.33** |
| **乡（镇）村人口数** | **万人** | **38.64** | **46.57** | **41.74** | **88.74** | **112.90** |
| 男 | 万人 | 19.63 | 24.92 | 21.21 | 47.46 | 58.07 |
| 女 | 万人 | 19.01 | 21.65 | 20.53 | 41.28 | 54.83 |
| **乡（镇）村劳动力资源** | **万人** | **26.25** | **30.43** | **25.88** | **58.06** | **69.39** |
| 男 | 万人 | 13.93 | 16.27 | 13.48 | 31.49 | 36.80 |
| 女 | 万人 | 12.32 | 14.16 | 12.40 | 26.57 | 32.59 |
| **乡（镇）村从业人员** | **万人** | **23.62** | **27.82** | **18.94** | **53.33** | **65.11** |
| 男 | 万人 | 12.89 | 14.74 | 9.62 | 28.34 | 34.24 |
| 女 | 万人 | 10.73 | 13.08 | 9.32 | 24.99 | 30.87 |
| 农业从业人员 | 万人 | 16.81 | 26.57 | 18.33 | 32.18 | 47.6 |
| 男 | 万人 | 9.02 | 14.12 | 9.21 | 17.07 | 24.88 |
| 女 | 万人 | 7.79 | 12.45 | 9.12 | 15.11 | 22.72 |
| **农业用地情况** | | | | | | |
| 耕地 | 公顷 | 62260 | 46185 | 47992 | 91948 | 110278 |
| 园地 | 公顷 | 16935 | 1131 | 2798 | 1020 | 10960 |
| 林地 | 公顷 | 104832 | 149773 | 62695 | 95746 | 159480 |
| 草地 | 公顷 | 2648 | 4277 | 9175 | 4377 | 1684 |
| 设施农业用地 | 公顷 | 94 | 118 | | 469 | 465 |

# 4-15 各县农林牧渔业总产值

（2017年）

单位：万元

| 指标名称 | 隆安县 | | 马山县 | |
|---|---|---|---|---|
| | 上年价 | 现行价 | 上年价 | 现行价 |
| **农林牧渔业总产值** | **448601** | **413795** | **310794** | **297442** |
| **农业产值** | **263320** | **247657** | **139963** | **140995** |
| 主产品产值 | 259132 | 243469 | 137070 | 138102 |
| 粮食作物合计 | 44282 | 46538 | 44588 | 46993 |
| 经济作物合计 | 38215 | 41568 | 16237 | 17326 |
| 蔬菜（食用菌类）园艺作物 | 74009 | 71978 | 60654 | 57684 |
| 水果、饮料和香料 | 101723 | 82483 | 9311 | 9819 |
| 其他农作物 | 903 | 903 | 6280 | 6280 |
| **林业产值** | **21322** | **22086** | **28899** | **29208** |
| 营林 | 1278 | 1238 | 1229 | 1229 |
| 全社会竹木采伐 | 13736 | 13734 | 24360 | 24362 |
| 林产品 | 6308 | 7114 | 3311 | 3617 |
| **牧业产值** | **132929** | **112474** | **128142** | **113187** |
| 牛饲养 | 15476 | 14933 | 17359 | 16750 |
| 羊饲养 | 3667 | 3523 | 3422 | 3288 |
| 猪的饲养 | 83899 | 67613 | 74680 | 60184 |
| 家禽的饲养 | 25586 | 21737 | 18785 | 16373 |
| 活的畜禽产品 | 1209 | 1129 | 889 | 867 |
| 其他动物及产品 | 3092 | 3540 | 13006 | 15724 |
| **渔业产值** | **18261** | **18567** | **12852** | **13098** |
| **服务业产值** | **12768** | **13011** | **937** | **955** |

4-15 续表 单位：万元

| 指标名称 | 上林县 | | 宾阳县 | | 横　县 | |
|---|---|---|---|---|---|---|
| | 上年价 | 现行价 | 上年价 | 现行价 | 上年价 | 现行价 |
| **农林牧渔业总产值** | **374688** | **372368** | **839610** | **846773** | **1177756** | **1238367** |
| **农业产值** | **160567** | **165054** | **465843** | **476341** | **703653** | **743562** |
| 主产品产值 | 157539 | 162026 | 460130 | 470627 | 697187 | 737096 |
| 粮食作物合计 | 47743 | 49840 | 99078 | 103101 | 110099 | 114649 |
| 经济作物合计 | 47340 | 51076 | 126392 | 136834 | 118799 | 132921 |
| 蔬菜（食用菌类）园艺作物 | 45526 | 43964 | 193268 | 186000 | 395678 | 408425 |
| 水果、饮料和香料 | 10110 | 10327 | 26488 | 29788 | 55630 | 64120 |
| 其他农作物 | 6819 | 6819 | 14904 | 14904 | 16981 | 16981 |
| **林业产值** | **23507** | **23817** | **39910** | **41198** | **55055** | **55560** |
| 营林 | 1258 | 1258 | 1630 | 1608 | 3046 | 2970 |
| 全社会竹木采伐 | 14011 | 14012 | 27721 | 27734 | 45786 | 45799 |
| 林产品 | 8238 | 8546 | 10559 | 11855 | 6223 | 6791 |
| **牧业产值** | **165985** | **158413** | **275782** | **270156** | **330177** | **348816** |
| 牛饲养 | 9510 | 9177 | 24182 | 23334 | 18784 | 18125 |
| 羊饲养 | 1479 | 1421 | 454 | 436 | 316 | 304 |
| 猪的饲养 | 90637 | 73043 | 104471 | 84192 | 119487 | 101733 |
| 家禽的饲养 | 9242 | 8077 | 43031 | 37362 | 70015 | 59913 |
| 活的畜禽产品 | 660 | 587 | 1797 | 1622 | 6341 | 5990 |
| 其他动物及产品 | 54456 | 66109 | 101846 | 123211 | 115232 | 162751 |
| **渔业产值** | **23409** | **23841** | **46527** | **47310** | **50867** | **51703** |
| **服务业产值** | **1220** | **1243** | **11549** | **11768** | **38004** | **38726** |

# 4-16 各县农作物播种面积和产量

（2017 年）

| 指标名称 | 隆安县 | | | 马山县 | | |
|---|---|---|---|---|---|---|
| | 播种面积（公顷） | 单产（公斤 / 公顷） | 产量（吨） | 播种面积（公顷） | 单产（公斤 / 公顷） | 产量（吨） |
| **农作物总播种面积** | **67886** | | | **60705** | | |
| **粮食合计** | **38282** | **4494** | **172042** | **39053** | **4574** | **178620** |
| 夏收 | 16897 | 5678 | 95936 | 20786 | 5310 | 110375 |
| 秋收 | 21202 | 3567 | 75623 | 17715 | 3790 | 67139 |
| 稻谷 | 14460 | 5317 | 76884 | 15346 | 5213 | 80001 |
| 早稻 | 6400 | 5877 | 37610 | 7390 | 5676 | 41943 |
| 中稻 | 650 | 4775 | 3104 | 885 | 5595 | 4952 |
| 晚稻 | 7410 | 4881 | 36170 | 7071 | 4682 | 33106 |
| 玉米 | 17290 | 4870 | 84202 | 18736 | 4844 | 90758 |
| 豆类合计 | 5292 | 1667 | 8822 | 3490 | 1324 | 4622 |
| 大豆 | 5022 | 1687 | 8472 | 2850 | 1412 | 4025 |
| 绿豆 | 50 | 1320 | 66 | 10 | 800 | 8 |
| 薯类 | 1190 | 8785 | 10454 | 1451 | 11012 | 15978 |
| 红薯 | 1150 | 8675 | 9976 | 951 | 11490 | 10927 |
| **经济作物** | **14283** | | | **10855** | | |
| 油料作物 | 2455 | 2329 | 5718 | 1396 | 1944 | 2714 |
| 花生 | 2377 | 2404 | 5714 | 1194 | 2220 | 2651 |
| 油菜籽 | 60 | | | 200 | 305 | 61 |
| 麻类 | | | | | | |
| 甘蔗 | 6670 | 85634 | 571178 | 3301 | 62295 | 205636 |
| 糖蔗 | 6609 | 85641 | 566000 | 3192 | 61778 | 197195 |
| 果蔗 | 61 | 84885 | 5178 | 109 | 77440 | 8441 |
| 药材 | 849 | | | 4523 | | |
| 木薯 | 4298 | 13770 | 59183 | 1635 | 10845 | 17732 |
| **其他农作物** | **15310** | | | **10797** | | |
| 蔬菜（包括菜用瓜） | 14259 | 21946 | 312924 | 9420 | 24535 | 231124 |
| 食用菌（干鲜混合） | 3 | 93333 | 280 | 4 | 20500 | 82 |
| 果瓜类 | 286 | 24559 | 7024 | 206 | 21738 | 4478 |
| 青饲料 | 226 | | | 338 | | |
| 饲　草 | 118 | | | 246 | | |
| 绿　肥 | 418 | | | 367 | | |
| 马　蹄 | | | | | | |
| 其　他 | | | | 216 | | |

4-16 续表

| 指标名称 | 上林县 | | | 宾阳县 | | | 横县 | | |
|---|---|---|---|---|---|---|---|---|---|
| | 播种面积（公顷） | 单产（公斤/公顷） | 产量（吨） | 播种面积（公顷） | 单产（公斤/公顷） | 产量（吨） | 播种面积（公顷） | 单产（公斤/公顷） | 产量（吨） |
| **农作物总播种面积** | **60930** | | | **141136** | | | **160690** | | |
| **粮食合计** | **38073** | **4678** | **178124** | **71573** | **5063** | **362401** | **76734** | **5313** | **407651** |
| 夏收 | 18974 | 4754 | 90209 | 38098 | 5466 | 208239 | 36317 | 5503 | 199847 |
| 秋收 | 19059 | 4605 | 87760 | 32809 | 4622 | 151629 | 39487 | 5164 | 203899 |
| 稻谷 | 25828 | 4964 | 128205 | 57461 | 5333 | 306442 | 57562 | 5610 | 322945 |
| 早稻 | 12250 | 5230 | 64064 | 28650 | 5880 | 168449 | 27370 | 5818 | 159228 |
| 中稻 | | | | | | | | | |
| 晚稻 | 13578 | 4724 | 64141 | 28811 | 4790 | 137993 | 30192 | 5423 | 163717 |
| 玉米 | 8211 | 5115 | 41997 | 8218 | 5011 | 41178 | 15140 | 4978 | 75364 |
| 豆类合计 | 2724 | 1539 | 4192 | 2258 | 1518 | 3427 | 2492 | 1527 | 3805 |
| 大豆 | 2496 | 1526 | 3808 | 1207 | 1495 | 1804 | 2042 | 1577 | 3220 |
| 绿豆 | 50 | 1480 | 74 | 250 | 1340 | 335 | 450 | 1300 | 585 |
| 薯类 | 1300 | 14289 | 18576 | 3616 | 15640 | 56553 | 1400 | 18906 | 26469 |
| 红薯 | 1260 | 14126 | 17799 | 3006 | 15118 | 45446 | 480 | 14615 | 7015 |
| **经济作物** | **14532** | | | **29263** | | | **34157** | | |
| 油料作物 | 3572 | 2266 | 8094 | 6790 | 3139 | 21315 | 5247 | 3734 | 19593 |
| 花生 | 2716 | 2794 | 7588 | 6773 | 3145 | 21301 | 5230 | 3744 | 19582 |
| 油菜籽 | 856 | 591 | 506 | | | | | | |
| 麻类 | | | | | | | | | |
| 甘蔗 | 9465 | 57875 | 547790 | 19274 | 88502 | 1705787 | 20839 | 95994 | 2000425 |
| 糖蔗 | 9103 | 53686 | 488700 | 18321 | 85374 | 1564137 | 19192 | 91983 | 1765339 |
| 果蔗 | 362 | 163232 | 59090 | 953 | 148636 | 141650 | 1647 | 142736 | 235086 |
| 药材 | 515 | | | 697 | | | 461 | | |
| 木薯 | 980 | 6510 | 6380 | 2110 | 10148 | 21412 | 2244 | 10046 | 22544 |
| **其他农作物** | **8325** | | | **40300** | | | **49799** | | |
| 蔬菜（包括菜用瓜） | 7237 | 19666 | 142320 | 32408 | 21903 | 709832 | 41362 | 20436 | 845281 |
| 食用菌（干鲜混合） | 95 | 50726 | 4819 | 338 | 27467 | 9284 | 1806 | 102973 | 185969 |
| 果瓜类 | 182 | 22819 | 4153 | 2900 | 36268 | 105176 | 5262 | 24235 | 127526 |
| 青饲料 | 680 | | | 1036 | | | 616 | | |
| 饲　草 | | | | 405 | | | 37 | | |
| 绿　肥 | 131 | | | 3023 | | | 632 | | |
| 马　蹄 | | | | 36 | 13278 | 478 | 60 | 18883 | 1133 |
| 其　他 | | | | 154 | | | 24 | | |

## 4-17 各县茶叶、桑蚕及水果生产情况

（2017年）

| 指标名称 | 单位 | 隆安县 | 马山县 | 上林县 | 宾阳县 | 横　县 |
|---|---|---|---|---|---|---|
| **茶叶合计** | **吨** | | **66** | **505** | **18** | **3174** |
| **园林水果合计** | **吨** | **444402** | **21101** | **11075** | **33664** | **97271** |
| 梨 | 吨 | 745 | 151 | 61 | 280 | 2226 |
| #雪花梨 | | | | | | |
| 柑橘类水果 | 吨 | 21258 | 6033 | 1963 | 5656 | 5150 |
| #柑 | 吨 | 4210 | 4908 | 1935 | 4150 | 4500 |
| 橘 | 吨 | 3304 | | | | 17 |
| 橙 | 吨 | 13682 | 452 | | 1102 | 463 |
| 柚 | 吨 | 57 | 673 | 28 | 365 | 170 |
| 热带水果 | 吨 | 418440 | 9189 | 6265 | 15695 | 67058 |
| #香蕉 | 吨 | 400014 | 2422 | 3618 | 1793 | 24486 |
| 菠萝 | 吨 | 1026 | | | | 111 |
| 荔枝 | 吨 | 1515 | 207 | 81 | 730 | 9400 |
| 龙眼 | 吨 | 6629 | 1865 | 626 | 2018 | 13623 |
| 芒果 | 吨 | 201 | | 25 | 586 | 1482 |
| 其他水果 | 吨 | 3959 | 5728 | 2786 | 12033 | 22837 |
| #桃 | 吨 | 77 | 201 | 74 | 229 | 561 |
| 葡萄 | 吨 | 482 | 808 | 2329 | 5477 | 2931 |
| 红枣（按鲜枣计算 | 吨 | | | | 104 | 446 |
| 柿子（按鲜柿计算） | 吨 | 167 | 689 | | 129 | 6116 |
| 李子 | 吨 | 54 | 118 | 15 | 565 | 294 |
| 其他 | 吨 | 3179 | 3824 | 368 | 5529 | 12489 |
| 食用坚果 | 吨 | 18413 | | | | 255 |
| #板栗 | 吨 | 18413 | | | | 115 |
| **年末实有茶园面积** | **公顷** | | **66** | **176** | **2** | **1799** |
| #当年采摘面积 | 公顷 | | | 95 | 2 | 1775 |
| **年末实有桑园面积** | **公顷** | **229** | **2093** | **8437** | **10937** | **13562** |
| **年末果园面积** | **公顷** | **20139** | **2813** | **3316** | **3821** | **10812** |
| #梨园 | 公顷 | 26 | 43 | 30 | 27 | 141 |
| 柑橘园（含金橘） | 公顷 | 3077 | 832 | 1573 | 1203 | 812 |
| 橙园 | 公顷 | 562 | 17 | | 89 | 81 |
| 柚子园 | 公顷 | 294 | 39 | 86 | 151 | 179 |
| 蕉园 | 公顷 | 12563 | 309 | 403 | 161 | 1239 |
| #香蕉园 | 公顷 | 12307 | 129 | 257 | 41 | 851 |
| 菠萝园 | 公顷 | 86 | | | | |
| 荔枝园 | 公顷 | 228 | 55 | 10 | 60 | 3298 |
| 龙眼园 | 公顷 | 365 | 363 | 598 | 180 | 2325 |
| 芒果园 | 公顷 | 38 | | 142 | 34 | 216 |
| 桃园 | 公顷 | 5 | 25 | 11 | 30 | 41 |
| 葡萄园 | 公顷 | 122 | 162 | 118 | 455 | 290 |
| 枣园 | 公顷 | 227 | 55 | | 26 | 73 |
| 柿子园 | 公顷 | 7 | 6 | | 13 | 159 |
| 李子园 | 公顷 | 17 | 22 | | 30 | 18 |
| 其他果园 | 公顷 | 2522 | 885 | 345 | 1362 | 1940 |

# 4-18 各县林业生产情况

（2017 年）

| 指标名称 | 单位 | 隆安县 | 马山县 | 上林县 | 宾阳县 | 横　县 |
|---|---|---|---|---|---|---|
| **营林情况** | | | | | | |
| 荒山荒（沙）地造林面积 | 公顷 | 70 | 222 | 68 | 74 | 440 |
| #人工造林 | 公顷 | 70 | 222 | 68 | 74 | 440 |
| #用材林 | 公顷 | 70 | 149 | | 38 | 294 |
| 速生丰产林 | 公顷 | 70 | 149 | | 27 | 243 |
| 有林地造林面积 | 公顷 | | | | 692 | |
| 更新造林（迹地更新） | 公顷 | 933 | 1400 | 1520 | 1725 | 2302 |
| 四旁（零星）植树 | 万株 | 80 | | 1 | 45 | 152 |
| 年末实有封山（沙）育林面积 | 公顷 | | 9469 | | 1709 | |
| 未成林抚育作业面积 | 公顷 | | 4133 | | | |
| 未成林抚育实际面积 | 公顷 | 4200 | | | | |
| 成林抚育面积 | 公顷 | | | 4346 | 5002 | 10265 |
| 当年苗木产量 | 万株 | | | 98 | 35 | 62 |
| 育苗面积 | 公顷 | | | 56 | 32 | 16 |
| **林产品产量（包括农户自用）** | | | | | | |
| 油桐籽（籽 : 油 =4:1) | 吨 | 2 | 76 | 75 | 37 | 243 |
| 油茶籽（籽 : 油 =5:1)) | 吨 | | 38 | 73 | 70 | 80 |
| 松脂 | 吨 | 7139 | 2677 | 2493 | 11489 | 4952 |
| 竹笋干（鲜笋按 1/3 折干） | 吨 | 30 | 148 | 909 | 30 | 308 |
| 八角 | 吨 | 130 | 2025 | 3329 | | |
| 桂皮 | 吨 | | | | | |
| 安叶油 | 吨 | | | | | |
| **竹木采伐量** | | | | | | |
| 木材 | 万立方米 | 25.03 | 43.52 | 25.44 | 47.71 | 80.12 |
| 篙竹 | 万根 | 34 | | | | 279 |
| 大杂竹 | 万根 | 57 | 165 | 93 | 833 | 698 |
| 小杂竹 | 吨 | 230 | 31470 | 6295 | 12540 | 1048 |

# 4-19 各县主要牲畜年末存栏情况

（2017 年）

| 指标名称 | 单位 | 隆安县 | 马山县 | 上林县 | 宾阳县 | 横　县 |
|---|---|---|---|---|---|---|
| **畜禽出栏** | | | | | | |
| 猪 | 万头 | 42.11 | 37.9 | 45.56 | 51.75 | 63.67 |
| 牛 | 万头 | 2.59 | 2.87 | 1.61 | 4.14 | 3.18 |
| 山羊 | 万头 | 7.19 | 6.71 | 2.9 | 0.89 | 0.62 |
| 家禽 | 万只 | 596.34 | 484.89 | 266.61 | 1136.86 | 1876.52 |
| 鸡 | 万只 | 513.26 | 309.77 | 132.09 | 768.25 | 1522.94 |
| 鸭 | 万只 | 82.35 | 163.25 | 124.96 | 354.12 | 344.74 |
| 鹅 | 万只 | 0.73 | 11.87 | 9.56 | 14.49 | 8.84 |
| 兔 | 万只 | 2.53 | 3.56 | 3.17 | 14.08 | 4.42 |
| **畜禽存栏** | | | | | | |
| 大牲畜 | 万头 | 9.25 | 8.56 | 9.91 | 9.21 | 6.28 |
| # 役用畜 | 万头 | 4.26 | | | 5.84 | 4.88 |
| 牛 | 万头 | 9.05 | 8.56 | 9.91 | 9.14 | 6.21 |
| 肉牛 | 万头 | 4.79 | | 5.21 | 9.14 | 5.41 |
| 奶牛 | 万头 | | | | | 0.8 |
| 马 | 万头 | 0.2 | | | 0.07 | 0.07 |
| 猪 | 万头 | 38.12 | 30.43 | 35.51 | 32.42 | 58.47 |
| # 能繁殖母猪 | 万头 | 5.75 | 1.65 | 3.75 | 3.03 | 6.35 |
| 山羊 | 万头 | 9.5 | 6.38 | 5.67 | 0.66 | 0.8 |
| 家禽 | 万只 | 619.79 | 191.52 | 209.95 | 460.85 | 937.28 |
| 鸡 | 万只 | 580.33 | 118.98 | 117.31 | 294.32 | 754.69 |
| 鸭 | 万只 | 38.94 | | 82.94 | 146.78 | 177.54 |
| 鹅 | 万只 | 0.52 | | 9.7 | 19.75 | 5.05 |
| **畜禽产品产量** | | | | | | |
| 肉类总产量 | 吨 | 46356 | 40253 | 40844 | 63967 | 81153 |
| 猪肉 | 吨 | 31406 | 27955 | 33928 | 39107 | 47255 |
| 牛肉 | 吨 | 2498 | 2802 | 1535 | 3903 | 3032 |
| 羊肉 | 吨 | 1203 | 1008 | 453 | 145 | 115 |
| 禽肉 | 吨 | 10608 | 8149 | 4311 | 19287 | 29711 |
| # 鸡 | 吨 | 8747 | 4629 | 2106 | 11097 | 22049 |
| 鸭 | 吨 | 1860 | 3213 | 2115 | 7732 | 7368 |
| 鹅 | 吨 | 1 | 307 | 90 | 458 | 294 |
| 兔肉 | 吨 | 56 | 64 | 65 | 268 | 87 |
| 狗肉 | 吨 | 81 | 63 | 263 | 550 | 246 |
| 鸽肉 | 吨 | 57 | 12 | 16 | 212 | 27 |
| 鹌鹑肉 | 吨 | 4 | | | | 8 |
| 其他肉产量 | 吨 | 443 | 275 | 273 | 495 | 672 |
| 禽蛋 | 吨 | 1180 | 840 | 666 | 1789 | 2896 |
| 奶类产量 | 吨 | | | | 11 | 6719 |
| 蜂蜜 | 吨 | 51 | | | 213 | 226 |
| 蚕茧 | 吨 | 512 | 3504 | 15054 | 27639 | 37050 |

# 4-20 各县渔业主要产品产量

（2017 年）

| 指标名称 | 计算单位 | 隆安县 | 马山县 | 上林县 | 宾阳县 | 横　县 |
|---|---|---|---|---|---|---|
| **水产品总产量** | **吨** | **16678** | **12850** | **22814** | **43335** | **49190** |
| 淡水捕捞 | 吨 | 701 | 471 | 433 | 2080 | 7124 |
| 鱼类 | 吨 | 503 | 383 | 403 | 1752 | 6747 |
| 甲壳（虾蟹）类 | 吨 | 52 | 61 | 9 | 167 | 283 |
| 贝类 | 吨 | 143 | 27 | 10 | 125 | 94 |
| 其他类 | 吨 | 3 | | 11 | 36 | |
| 淡水养殖 | 吨 | 15977 | 12379 | 22381 | 41255 | 42066 |
| 鱼类 | 吨 | 15768 | 12184 | 21785 | 40062 | 41886 |
| 虾蟹类 | 吨 | 13 | 141 | 54 | 470 | 26 |
| 贝类 | 吨 | 11 | 39 | 422 | 353 | 10 |
| 其他类 | 吨 | 185 | 15 | 120 | 370 | 144 |
| **水产品养殖面积** | **公顷** | **1594** | **1439** | **3915** | **3326** | **4200** |
| 池塘养殖 | 公顷 | 841 | 549 | 895 | 1490 | 924 |
| 河沟养殖 | 公顷 | 103 | 290 | 22 | 16 | 1007 |
| 山塘水库养殖 | 公顷 | 598 | 596 | 2998 | 1790 | 2239 |
| 其他养殖 | 公顷 | 52 | 4 | | 30 | 30 |

# 4-21 各县农业机械化情况

（2017 年）

| 指标名称 | 单位 | 隆安县 | 马山县 | 上林县 | 宾阳县 | 横 县 |
|---|---|---|---|---|---|---|
| **农业机械总动力合计** | **千瓦** | **297071** | **295124** | **498441** | **754588** | **685891** |
| 柴油发动机动力 | 千瓦 | 253875 | 131886 | 332696 | 672476 | 563263 |
| 汽油发动机动力 | 千瓦 | 19745 | 8125 | 3231 | 28165 | 8855 |
| 电动机动力 | 千瓦 | 23066 | 155113 | 162106 | 53744 | 113739 |
| 其他机械动力 | 千瓦 | 385 |  | 408 | 203 | 34 |
| **主要农业机械与设备** |  |  |  |  |  |  |
| 大中型拖拉机 | 台 | 382 | 282 | 382 | 2429 | 2063 |
| 小型拖拉机 | 台 | 7069 | 2453 | 9344 | 20044 | 13038 |
| 大中型拖拉机配套农具 | 部 | 692 | 572 | 538 | 2342 | 5373 |
| 小型拖拉机配套农具 | 部 | 2793 | 4799 | 18995 | 32156 | 17506 |
| 农用排灌电动机 | 台 | 541 | 6068 | 7770 | 2353 | 5969 |
| 农用排灌柴油机 | 台 | 9501 | 606 | 9146 | 8912 | 4776 |
| 联合收割机 | 台 | 193 | 221 | 789 | 1382 | 552 |
| 机动脱粒机 | 台 | 7664 | 18726 | 35268 | 26542 | 4196 |
| 农用运输车 | 辆 |  |  |  | 5174 |  |
| 渔用机动船 | 艘 | 38 | 64 | 2 | 105 | 398 |
| 农用水泵 | 台 | 11037 | 10480 | 14344 | 11808 | 13355 |
| 节水灌溉机械 | 套 | 3463 | 154 | 120 | 129 | 947 |
| 当年机耕地面积 | 公顷 | 66959 | 47646 | 49855 | 114344 | 133125 |

## 4-22 各县农村水电、化肥用量及灌溉情况

（2017年）

| 指标名称 | 单位 | 隆安县 | 马山县 | 上林县 | 宾阳县 | 横　县 |
| --- | --- | --- | --- | --- | --- | --- |
| **水电建设** | | | | | | |
| 乡（镇）办水电站个数 | 个 | 2 | | 1 | 3 | 1 |
| 装机容量 | 千瓦 | 3200 | | 1200 | 1500 | 160 |
| 发电量 | 万千瓦小时 | 702 | | 303 | 1354 | 0.0046 |
| 村和村民小组办水电站 | 个 | | 6 | 16 | 1 | 1 |
| 装机容量 | 千瓦 | | 2828 | 6590 | 500 | 125 |
| 发电量 | 万千瓦小时 | | 697 | 1238 | 213 | 0.011 |
| **农村用电量** | **万千瓦小时** | **5977** | **27191** | **6775** | **14984** | **19501** |
| **农用化肥施用量** | | | | | | |
| 按实物量计算 | 吨 | 136999 | 42108 | 59636 | 200794 | 237245 |
| 氮肥 | 吨 | 40575 | 19316 | 20544 | 58463 | 60523 |
| 磷肥 | 吨 | 32956 | 5738 | 10295 | 51811 | 47333 |
| 钾肥 | 吨 | 26425 | 3482 | 5742 | 32866 | 22771 |
| 复合肥 | 吨 | 37043 | 13572 | 23055 | 57654 | 106618 |
| 按折纯法计算 | 吨 | 41083 | 11794 | 17865 | 57357 | 63344 |
| 氮肥 | 吨 | 10119 | 4768 | 5136 | 14616 | 12106 |
| 磷肥 | 吨 | 6593 | 830 | 1458 | 7772 | 7101 |
| 钾肥 | 吨 | 12341 | 1627 | 2568 | 14790 | 10020 |
| 复合肥 | 吨 | 12030 | 4569 | 8703 | 20179 | 34117 |
| 农用塑料薄膜使用量 | 吨 | 805 | 238 | 685 | 1432 | 1579 |
| # 地膜使用量 | 吨 | 570 | 136 | 345 | 767 | 1103 |
| 地膜覆盖面积 | 公顷 | 1970 | 3488 | 2489 | 141121 | 11360 |
| 农用柴油使用量 | 吨 | 7397 | 2645 | 8318 | 14289 | 11385 |
| 农药使用量（按实物量计算） | 吨 | 1749 | 289 | 695 | 3584 | 1832 |
| **灌溉情况** | | | | | | |
| 有效灌溉面积 | 公顷 | 18035 | 11452 | 20165 | 46145 | 35980 |
| 旱涝保收面积 | 公顷 | 13296 | 8305 | 16695 | 33821 | 34260 |
| 机电排灌面积 | 公顷 | 5819 | 1102 | 2229 | 12497 | 11378 |
| 机电井 | 眼 | 133 | 2 | 18 | 63 | 173 |

# 4-23 各城区农村基本情况及从业人员构成

（2017 年）

| 指标名称 | 单位 | 兴宁区 | 青秀区 | 江南区 | 西乡塘区 | 良庆区 | 邕宁区 | 武鸣区 |
|---|---|---|---|---|---|---|---|---|
| **农村基层组织** | | | | | | | | |
| 乡镇个数 | 个 | 3 | 4 | 3 | 3 | 5 | 5 | 13 |
| # 镇个数 | 个 | 3 | 4 | 3 | 3 | 5 | 4 | 13 |
| 村民委员会 | 个 | 34 | 46 | 46 | 64 | 57 | 65 | 198 |
| 居民委员会 | 个 | 10 | 9 | 29 | 3 | 5 | 9 | 21 |
| 村民小组 | 个 | 831 | 1268 | 949 | 894 | 1654 | 2475 | 3151 |
| **农村社会基础设施** | | | | | | | | |
| 自来水受益村数 | 个 | 34 | 46 | 46 | 64 | 54 | 65 | 198 |
| 通有线电视村数 | 个 | 24 | 46 | 42 | 64 | 25 | 34 | 198 |
| 通宽带村数 | 个 | 28 | 46 | 46 | 64 | 54 | 66 | 198 |
| **乡（镇）村户数** | **万户** | **3.86** | **5.22** | **5.02** | **7.29** | **6.57** | **8.82** | **16.49** |
| **乡（镇）村人口数** | **万人** | **13.58** | **18.99** | **18.91** | **26.37** | **23.78** | **32.44** | **52.76** |
| 男 | 万人 | 7.17 | 9.73 | 10.2 | 13.98 | 13.07 | 17.31 | 27.59 |
| 女 | 万人 | 6.41 | 9.26 | 8.71 | 12.39 | 10.71 | 15.13 | 25.17 |
| **乡（镇）村劳动力资源** | **万人** | **9.07** | **12.36** | **12.51** | **16.76** | **15.47** | **22.8** | **38.42** |
| 男 | 万人 | 5.03 | 6.53 | 6.54 | 8.71 | 8.52 | 11.95 | 20.13 |
| 女 | 万人 | 4.04 | 5.83 | 5.97 | 8.05 | 6.95 | 10.85 | 18.29 |
| **乡（镇）村从业人员** | **万人** | **8.75** | **10.46** | **11.95** | **13.73** | **13.94** | **21.15** | **33.44** |
| 男 | 万人 | 4.83 | 5.6 | 6.31 | 7.53 | 7.86 | 11.09 | 18.41 |
| 女 | 万人 | 3.92 | 4.86 | 5.64 | 6.2 | 6.08 | 10.06 | 15.03 |
| 农业从业人员 | 万人 | 4.87 | 8 | 6.8 | 10.98 | 10.89 | 14.61 | 19.79 |
| 男 | 万人 | 3.05 | 4.02 | 3.37 | 5.93 | 6.25 | 7.22 | 10.24 |
| 女 | 万人 | 1.82 | 3.98 | 3.43 | 5.05 | 4.64 | 7.39 | 9.55 |
| **农业用地情况** | | | | | | | | |
| 耕地 | 公顷 | 14757 | 19045 | 30843 | 43902 | 35598 | 44444 | 125973 |
| 园地 | 公顷 | 622 | 3174 | 2502 | 6046 | 11334 | 6832 | 19522 |
| 林地 | 公顷 | 22758 | 44031 | 13429 | 29397 | 53801 | 46701 | 148061 |
| 草地 | 公顷 | | 1297 | | 1471 | 6924 | 4884 | 6838 |
| 设施农业用地 | 公顷 | 51 | 285 | 492 | 158 | 128 | | 470 |

## 4-24 各城区农林牧渔业总产值

（2017 年）

单位：万元

| 指标名称 | 兴宁区 | | 青秀区 | | 江南区 | |
|---|---|---|---|---|---|---|
| | 上年价 | 现行价 | 上年价 | 现行价 | 上年价 | 现行价 |
| **农林牧渔业总产值** | **187218** | **180916** | **358187** | **348176** | **316722** | **323621** |
| **农业产值** | **107502** | **109036** | **150754** | **155221** | **238425** | **249946** |
| 主产品产值 | 106925 | 108459 | 148917 | 153383 | 235714 | 247235 |
| 粮食作物合计 | 14229 | 14812 | 22638 | 23616 | 17942 | 18696 |
| 经济作物合计 | 6788 | 7010 | 37488 | 39788 | 65929 | 72139 |
| 蔬菜（食用菌类）园艺作物 | 80824 | 81359 | 64255 | 61948 | 99596 | 97699 |
| 水果、饮料和香料 | 3402 | 3596 | 23396 | 26891 | 50901 | 57355 |
| 其他农作物 | 1681 | 1681 | 1139 | 1139 | 1345 | 1345 |
| **林业产值** | **15835** | **16024** | **33922** | **31493** | **7057** | **7077** |
| 林木的培育与种植 | 2083 | 2083 | 780 | 755 | 719 | 719 |
| 全社会竹木采伐 | 12290 | 12290 | 12825 | 8283 | 6026 | 6026 |
| 林产品 | 1462 | 1651 | 20317 | 22455 | 313 | 332 |
| **牧业产值** | **52432** | **44176** | **109437** | **96295** | **44874** | **39723** |
| 牛饲养 | 1023 | 987 | 9516 | 9182 | 3642 | 3515 |
| 羊饲养 | 291 | 279 | 260 | 250 | 66 | 64 |
| 猪的饲养 | 25855 | 20836 | 55058 | 44371 | 16181 | 13040 |
| 家禽的饲养 | 21950 | 19078 | 25035 | 21419 | 14299 | 12614 |
| 活的畜禽产品 | 3227 | 2904 | 2620 | 2318 | 6036 | 5842 |
| 其他动物及产品 | 87 | 92 | 16948 | 18755 | 4649 | 4649 |
| **渔业产值** | **8402** | **8575** | **12251** | **12361** | **14053** | **14328** |
| **服务业产值** | **3047** | **3105** | **51821** | **52806** | **12313** | **12547** |

4–24 续表

单位：万元

| 指标名称 | 西乡塘区 | | 良庆区 | | 邕宁区 | | 武鸣区 | |
|---|---|---|---|---|---|---|---|---|
| | 上年价 | 现行价 | 上年价 | 现行价 | 上年价 | 现行价 | 上年价 | 现行价 |
| **农林牧渔业总产值** | **374156** | **332105** | **375564** | **369323** | **471898** | **461024** | **1455605** | **1389070** |
| **农业产值** | **241595** | **215578** | **228521** | **235650** | **252921** | **261665** | **875486** | **868070** |
| 主产品产值 | 240137 | 214120 | 224795 | 231924 | 249181 | 257925 | 865998 | 858583 |
| 粮食作物合计 | 15926 | 16697 | 25338 | 26362 | 37541 | 39086 | 93931 | 97965 |
| 经济作物合计 | 18207 | 18970 | 62039 | 66375 | 94970 | 99932 | 153030 | 163557 |
| 蔬菜（食用菌类）园艺作物 | 72817 | 69922 | 92726 | 88570 | 79371 | 75407 | 354143 | 342764 |
| 水果、饮料和香料 | 132034 | 107379 | 44337 | 50262 | 34620 | 40821 | 263025 | 252428 |
| 其他农作物 | 1153 | 1153 | 355 | 355 | 2679 | 2679 | 1869 | 1869 |
| **林业产值** | **4193** | **4161** | **26706** | **27387** | **14271** | **14776** | **67790** | **69317** |
| 营林 | 645 | 620 | 281 | 281 | 670 | 650 | 1953 | 1878 |
| 全社会竹木采伐 | 3347 | 3313 | 21487 | 21527 | 8988 | 8983 | 49504 | 49504 |
| 林产品 | 202 | 228 | 4938 | 5578 | 4613 | 5143 | 16333 | 17935 |
| **牧业产值** | **100259** | **83723** | **99309** | **84958** | **185379** | **164870** | **424866** | **362660** |
| 牛饲养 | 2081 | 2008 | 3782 | 3649 | 13549 | 13074 | 38945 | 37579 |
| 羊饲养 | | | 168 | 162 | 31 | 29 | 4320 | 4150 |
| 猪的饲养 | 47167 | 38011 | 30092 | 24251 | 54946 | 44280 | 248241 | 200053 |
| 家禽的饲养 | 41869 | 35945 | 62027 | 53378 | 93765 | 79826 | 101027 | 86509 |
| 活的畜禽产品 | 4709 | 4450 | 1232 | 1164 | 716 | 702 | 17406 | 15405 |
| 其他动物及产品 | 4434 | 3310 | 2008 | 2353 | 22373 | 26960 | 14506 | 18543 |
| **渔业产值** | **13337** | **13590** | **17132** | **17359** | **14156** | **14444** | **52130** | **53018** |
| **服务业产值** | **14773** | **15053** | **3896** | **3970** | **5171** | **5269** | **35334** | **36005** |

## 4-25 各城区农作物播种面积和产量

（2017 年）

| 指标名称 | 兴宁区 | | | 青秀区 | | | 江南区 | | |
|---|---|---|---|---|---|---|---|---|---|
| | 播种面积（公顷） | 单产（公斤/公顷） | 产量（吨） | 播种面积（公顷） | 单产（公斤/公顷） | 产量（吨） | 播种面积（公顷） | 单产（公斤/公顷） | 产量（吨） |
| **农作物总播种面积** | **27524** | | | **38071** | | | **59554** | | |
| **粮食合计** | **10694** | **4932** | **52746** | **14841** | **5691** | **84457** | **12164** | **5451** | **66304** |
| 夏收 | 4224 | 5372 | 22693 | 7716 | 6249 | 48214 | 3864 | 5750 | 22219 |
| 秋收 | 6441 | 4644 | 29910 | 6989 | 5092 | 35587 | 8300 | 5311 | 44085 |
| 稻谷 | 8553 | 5248 | 44882 | 11572 | 5670 | 65612 | 9111 | 5771 | 52582 |
| 早稻 | 3064 | 5933 | 18179 | 5649 | 6349 | 35865 | 2463 | 6256 | 15409 |
| 中稻 | | | | | | | | | |
| 晚稻 | 5489 | 4865 | 26703 | 5923 | 5022 | 29747 | 6648 | 5592 | 37173 |
| 玉米 | 1830 | 4049 | 7410 | 2435 | 6416 | 15624 | 2415 | 5082 | 12273 |
| 豆类合计 | | | | 257 | 2623 | 674 | 414 | 1829 | 757 |
| 大豆 | | | | 162 | 2562 | 415 | 161 | 1957 | 315 |
| 绿豆 | | | | 32 | 2875 | 92 | 205 | 1717 | 352 |
| 薯类 | 311 | 7296 | 2269 | 558 | 22179 | 12376 | 224 | 15460 | 3463 |
| 红薯 | 282 | 5514 | 1555 | 447 | 22060 | 9861 | 224 | 15460 | 3463 |
| **经济作物** | **3152** | | | **10351** | | | **16439** | | |
| 油料作物 | 1506 | 2718 | 4094 | 2900 | 3284 | 9525 | 2720 | 3319 | 9028 |
| 花生 | 1506 | 2718 | 4094 | 2900 | 3284 | 9525 | 2720 | 3319 | 9028 |
| 油菜籽 | | | | | | | | | |
| 麻类 | | | | | | | 131 | 2168 | 284 |
| 甘蔗 | 620 | 64595 | 40049 | 6329 | 86149 | 545240 | 12276 | 93915 | 1152902 |
| 糖蔗 | 596 | 63523 | 37860 | 6286 | 86067 | 541020 | 11792 | 92585 | 1091763 |
| 果蔗 | 24 | 91208 | 2189 | 43 | 98140 | 4220 | 484 | 126320 | 61139 |
| 药材 | 126 | | | 274 | | | 42 | | |
| 木薯 | 900 | 11492 | 10343 | 789 | 11560 | 9121 | 758 | 8955 | 6788 |
| **其他农作物** | **13678** | | | **12879** | | | **30951** | | |
| 蔬菜（包括菜用瓜） | 8881 | 18722 | 166268 | 8180 | 21892 | 179078 | 18863 | 21284 | 401482 |
| 食用菌（干鲜混合） | 13 | 6462 | 84 | 222 | 72707 | 16141 | | | |
| 果瓜类 | 127 | 27118 | 3444 | 3327 | 29356 | 97668 | 11589 | 27747 | 321555 |
| 青饲料 | 62 | | | 553 | | | 238 | | |
| 饲　草 | 316 | | | 3 | | | 251 | | |
| 绿　肥 | | | | 537 | | | 10 | | |
| 马　蹄 | | | | | | | | | |
| 其　他 | 4279 | | | 57 | | | | | |

4–25 续表

| 指标名称 | 西乡塘区 | | | 良庆区 | | | 邕宁区 | | | 武鸣区 | | |
|---|---|---|---|---|---|---|---|---|---|---|---|---|
| | 播种面积（公顷） | 单产（公斤/公顷） | 产量（吨） | 播种面积（公顷） | 单产（公斤/公顷） | 产量（吨） | 播种面积（公顷） | 单产（公斤/公顷） | 产量（吨） | 播种面积（公顷） | 单产（公斤/公顷） | 产量（吨） |
| **农作物总播种面积** | **40428** | | | **59095** | | | **66188** | | | **177721** | | |
| **粮食合计** | **11957** | **5168** | **61795** | **18300** | **5057** | **92540** | **26439** | **5244** | **138639** | **67780** | **5150** | **349042** |
| 夏收 | 6291 | 5813 | 36569 | 9720 | 5253 | 51058 | 13622 | 5735 | 78122 | 35299 | 5428 | 191610 |
| 秋收 | 5666 | 4452 | 25226 | 8580 | 4835 | 41482 | 12427 | 4753 | 59071 | 28561 | 4909 | 140200 |
| 稻谷 | 7031 | 5569 | 39159 | 14819 | 5207 | 77160 | 20898 | 5530 | 115569 | 36979 | 5677 | 209922 |
| 早稻 | 3275 | 6268 | 20529 | 7823 | 5452 | 42653 | 10590 | 5885 | 62320 | 17510 | 5846 | 102368 |
| 中稻 | | | | | | | | | | 399 | 6957 | 2776 |
| 晚稻 | 3756 | 4960 | 18630 | 6996 | 4932 | 34507 | 10308 | 5166 | 53249 | 19070 | 5494 | 104778 |
| 玉米 | 4312 | 4974 | 21447 | 2341 | 5464 | 12791 | 3536 | 5341 | 18887 | 18812 | 5686 | 106960 |
| 豆类合计 | 382 | 1762 | 673 | 717 | 1904 | 1365 | 240 | 1479 | 355 | 6794 | 1612 | 10954 |
| 大豆 | 334 | 1781 | 595 | 366 | 2049 | 750 | 170 | 1541 | 262 | 6069 | 1565 | 9498 |
| 绿豆 | 48 | 1625 | 78 | 161 | 1665 | 268 | 40 | 1300 | 52 | 40 | 1350 | 54 |
| 薯类 | 232 | 11121 | 2580 | 423 | 14463 | 6118 | 1765 | 10846 | 19143 | 5155 | 20506 | 105706 |
| 红薯 | 232 | 11121 | 2580 | 423 | 14463 | 6118 | 1375 | 8663 | 11912 | 1295 | 15737 | 20379 |
| **经济作物** | **8132** | | | **21322** | | | **23718** | | | **48335** | | |
| 油料作物 | 3136 | 3016 | 9457 | 2618 | 2406 | 6298 | 5169 | 2740 | 14161 | 14648 | 3176 | 46528 |
| 花生 | 3136 | 3016 | 9457 | 2589 | 2406 | 6229 | 5169 | 2740 | 14161 | 14615 | 3180 | 46475 |
| 油菜籽 | | | | | | | | | | | | |
| 麻类 | | | | | | | | | | | | |
| 甘蔗 | 2796 | 66294 | 185358 | 17056 | 63225 | 1078368 | 15480 | 71255 | 1103031 | 21853 | 81946 | 1790773 |
| 糖蔗 | 2789 | 66294 | 184895 | 17047 | 63222 | 1077738 | 15251 | 70973 | 1082403 | 21307 | 80965 | 1725126 |
| 果蔗 | 7 | 66143 | 463 | 9 | 70000 | 630 | 229 | 90079 | 20628 | 546 | 120233 | 65647 |
| 药材 | 100 | | | 226 | | | 1806 | | | 1354 | | |
| 木薯 | 2100 | 11075 | 23257 | 1420 | 12701 | 18035 | 1113 | 14889 | 16571 | 10369 | 13406 | 139008 |
| **其他农作物** | **20339** | | | **19473** | | | **16031** | | | **61606** | | |
| 蔬菜（包括菜用瓜） | 14786 | 20865 | 308506 | 13863 | 26561 | 368222 | 12970 | 21887 | 283876 | 52698 | 25399 | 1338498 |
| 食用菌（干鲜混合） | 4 | 82500 | 330 | | | | 5 | 47600 | 238 | 142 | 89542 | 12715 |
| 果瓜类 | 5117 | 19789 | 101260 | 5506 | 22954 | 126387 | 2876 | 27578 | 79314 | 8320 | 24404 | 203038 |
| 青饲料 | 217 | | | 82 | | | 180 | | | 323 | | |
| 饲　草 | 215 | | | 22 | | | | | | 55 | | |
| 绿　肥 | | | | | | | | | | 68 | | |
| 马　蹄 | | | | | | | | | | | | |
| 其　他 | | | | | | | | | | | | |

## 4-26 各城区茶叶、桑蚕及水果生产情况

（2017 年）

| 指标名称 | 单位 | 兴宁区 | 青秀区 | 江南区 | 西乡塘区 | 良庆区 | 邕宁区 | 武鸣区 |
|---|---|---|---|---|---|---|---|---|
| **茶叶合计** | **吨** | | | | | | | **462** |
| **园林水果合计** | **吨** | **8477** | **21749** | **50829** | **592038** | **75186** | **59538** | **1004990** |
| 梨 | 吨 | 174 | 467 | 35 | 23 | 16 | 1703 | 7323 |
| # 雪花梨 | | | 333 | | | | | |
| 柑橘类水果 | 吨 | 292 | 3912 | 6294 | 24753 | 8313 | 6064 | 168156 |
| # 柑 | 吨 | 242 | 3165 | 5484 | 24499 | 5410 | 5606 | 145233 |
| 橘 | 吨 | 1 | | | | | 30 | 36 |
| 橙 | 吨 | | 403 | 810 | | 2761 | 288 | 20581 |
| 柚 | 吨 | 49 | 344 | | 254 | 142 | 140 | 2306 |
| 热带水果 | 吨 | 6810 | 13257 | 42276 | 553062 | 58023 | 46202 | 674748 |
| # 香蕉 | 吨 | 2468 | 3043 | 22860 | 527910 | 10709 | 3916 | 554041 |
| 菠萝 | 吨 | | 9 | | | 1 | | 1217 |
| 荔枝 | 吨 | 452 | 2149 | 1183 | 2394 | 9578 | 7771 | 9657 |
| 龙眼 | 吨 | 1515 | 4442 | 3117 | 1368 | 8581 | 9364 | 48451 |
| 芒果 | 吨 | 80 | 940 | 999 | 1744 | 5415 | 3080 | 12195 |
| 其他水果 | 吨 | 1201 | 4113 | 2224 | 14200 | 8834 | 5569 | 154763 |
| # 桃 | 吨 | 67 | 97 | | | 95 | 104 | 4723 |
| 葡萄 | 吨 | 454 | 1510 | 90 | 303 | 25 | 78 | 6532 |
| 红枣（按鲜枣计算） | 吨 | 3 | 18 | | | | 50 | 64 |
| 柿子（按鲜柿计算） | 吨 | 49 | 57 | | | 7 | 335 | 2541 |
| 李子 | 吨 | 55 | 66 | 28 | 15 | 65 | 153 | 18507 |
| 其他 | 吨 | 573 | 2365 | 2106 | 13857 | 8642 | 4849 | 122396 |
| **食用坚果** | **吨** | **3** | **23** | | **123** | **130** | | **938** |
| # 板栗 | 吨 | | 23 | | 123 | | | 938 |
| **年末实有茶园面积** | **公顷** | | | | | | | **237** |
| # 当年采摘面积 | 公顷 | | | | | | | 206 |
| **年末实有桑园面积** | **公顷** | | **610** | | **35** | **204** | **2810** | **2050** |
| **年末果园面积** | **公顷** | **813** | **2076** | **3082** | **19143** | **11164** | **7988** | **46325** |
| # 梨园 | 公顷 | 9 | 37 | 2 | | 60 | 58 | 405 |
| 柑橘园（含金橘） | 公顷 | 17 | 352 | 455 | 1901 | 633 | 1340 | 21058 |
| 橙园 | 公顷 | | 56 | 23 | | 606 | 43 | 393 |
| 柚子园 | 公顷 | 5 | 21 | 4 | 73 | 47 | 20 | 463 |
| 蕉园 | 公顷 | 115 | 151 | 745 | 14892 | 1221 | 416 | 15219 |
| # 香蕉园 | 公顷 | 97 | 116 | 741 | 14560 | 1171 | 365 | 14829 |
| 菠萝园 | 公顷 | | | 39 | | 1 | | 92 |
| 荔枝园 | 公顷 | 103 | 286 | 246 | 129 | 3349 | 1430 | 260 |
| 龙眼园 | 公顷 | 193 | 582 | 508 | 155 | 1664 | 1424 | 1648 |
| 芒果园 | 公顷 | 30 | 113 | 229 | 254 | 500 | 529 | 529 |
| 桃　园 | 公顷 | 3 | 25 | | | 36 | 58 | 146 |
| 葡萄园 | 公顷 | 21 | 77 | 11 | 20 | 2 | 7 | 572 |
| 枣　园 | 公顷 | 1 | 3 | 31 | 3 | | 1 | 32 |
| 柿子园 | 公顷 | 4 | 18 | 2 | | 2 | 10 | 38 |
| 李子园 | 公顷 | 5 | 12 | 21 | | 1 | 22 | 187 |
| 其他果园 | 公顷 | 307 | 343 | 766 | 1716 | 3042 | 2630 | 5283 |

# 4-27 各城区林业生产情况

（2017 年）

| 指标名称 | 单位 | 兴宁区 | 青秀区 | 江南区 | 西乡塘区 | 良庆区 | 邕宁区 | 武鸣区 |
|---|---|---|---|---|---|---|---|---|
| **营林情况** | | | | | | | | |
| 荒山荒（沙）地造林面积 | 公顷 | 1139 | 135 | 36 | 70 | 67 | 137 | 90 |
| # 人工造林 | 公顷 | 1139 | 135 | 36 | 70 | 67 | 137 | 90 |
| # 用材林 | 公顷 | 1139 | 90 | 36 | 70 | 37 | 113 | 47 |
| 速生丰产林 | 公顷 | 1109 | | | | 37 | 113 | 47 |
| 有林地造林面积 | 公顷 | | | | | | | |
| 更新造林 | 公顷 | 1102 | 652 | 790 | 157 | 87 | 466 | 1224 |
| 当年四旁零星植树（按实际成活株数） | 万株 | | 50 | | 50 | | 40 | 150 |
| 年末实有封山（沙）育林面积 | 公顷 | | 53 | | | | | |
| 未成林抚育作业面积 | 公顷 | 2306 | | 1800 | | 500 | | 1314 |
| 未成林抚育实际面积 | 公顷 | | | | | | | 1314 |
| 成林抚育面积 | 公顷 | | 1600 | 1200 | 3400 | 1800 | 2000 | 5000 |
| 当年苗木产量 | 万株 | | 328 | | | | | 79 |
| 育苗面积 | 公顷 | 1253 | 52 | | | | | 1 |
| **林产品产量（包括农户自用）** | | | | | | | | |
| 油桐籽（籽：油 =4:1) | 吨 | | | | | | | |
| 油茶籽（籽：油 =5:1)) | 吨 | | | | | | | |
| 松脂 | 吨 | 1680 | 18612 | 157 | 232 | 5676 | 4648 | 13845 |
| 竹笋干（鲜笋按 1/3 折干） | 吨 | | 1271 | 55 | | | 178 | 1340 |
| 八角 | 吨 | 2 | | | | | | 1881 |
| 桂皮 | 吨 | | | | | | | |
| 安叶油 | 吨 | | | | | | | |
| **竹木采伐量** | | | | | | | | |
| 木材 | 万立方米 | 22.61 | 15.64 | 10.34 | 5.77 | 29.67 | 16.15 | 91.87 |
| 篙竹 | 万根 | | | | | | | |
| 大杂竹 | 万根 | 85 | | 5 | | 2509 | 100 | 65.54 |
| 小杂竹 | 吨 | | | 595 | | | 3465 | 493 |

# 4-28 各城区主要牲畜年末存栏情况

（2017年）

| 指标名称 | 单位 | 兴宁区 | 青秀区 | 江南区 | 西乡塘区 | 良庆区 | 邕宁区 | 武鸣区 |
|---|---|---|---|---|---|---|---|---|
| **畜禽出栏** | | | | | | | | |
| 猪 | 万头 | 13.89 | 27.24 | 8.03 | 23.14 | 14.58 | 27.08 | 125.45 |
| 牛 | 万头 | 0.18 | 1.59 | 0.62 | 0.33 | 0.72 | 1.76 | 6.25 |
| 山羊 | 万头 | 0.57 | 0.51 | 0.13 | | 0.33 | 0.06 | 8.47 |
| 家禽 | 万只 | 493.26 | 596.08 | 394.97 | 1086.73 | 1515.52 | 2291.48 | 2578.72 |
| 鸡 | 万只 | 431.68 | 500.98 | 173.32 | 823.32 | 1127.04 | 1961.03 | 1961.05 |
| 鸭 | 万只 | 61.53 | 85.45 | 219.34 | 263.41 | 376.24 | 328.96 | 607.55 |
| 鹅 | 万只 | 0.05 | 9.65 | 2.31 | | 10.32 | 1.49 | 10.12 |
| 兔 | 万只 | 0.14 | 13.83 | 1.62 | | 0.61 | 0.64 | 11.32 |
| **畜禽存栏** | | | | | | | | |
| 大牲畜 | 万头 | 0.54 | 3.18 | 3.06 | 1.44 | 1.59 | 4.06 | 17.85 |
| #役用畜 | 万头 | | | 2.22 | 1.44 | 0.66 | 2.39 | 4.64 |
| 牛 | 万头 | 0.54 | 3.18 | 3.06 | 1.44 | 1.59 | 4.06 | 17.74 |
| 肉牛 | 万头 | 0.35 | 3.18 | 0.73 | 1.28 | 0.97 | 4.06 | 17.69 |
| 奶牛 | 万头 | 0.19 | | 0.11 | 0.16 | 0.06 | | 0.05 |
| 马 | 万头 | | | | | | | 0.11 |
| 猪 | 万头 | 13.75 | 25.49 | 7.37 | 17.02 | 11.98 | 18.66 | 109.25 |
| #能繁殖母猪 | 万头 | 2.23 | 2.15 | 0.67 | 1.34 | 0.74 | 2.15 | 12.91 |
| 山羊 | 万头 | 0.45 | 0.25 | 0.22 | | 0.21 | 0.13 | 7.61 |
| 家禽 | 万只 | 217.17 | 439 | 170.12 | 452.86 | 512.5 | 999.74 | 1204.23 |
| 鸡 | 万只 | 179.74 | 364 | 80.26 | 357.74 | 369.75 | 832.86 | 894.04 |
| 鸭 | 万只 | 37.4 | 71.8 | 87.78 | 95.12 | 136.96 | 165.67 | 304.27 |
| 鹅 | 万只 | 0.03 | 3.2 | 2.08 | | 5.79 | 1.01 | 5.07 |
| **畜禽产品产量** | | | | | | | | |
| 肉类总产量 | 吨 | 18519 | 33609 | 14742 | 36871 | 38502 | 62764 | 146290 |
| 猪肉 | 吨 | 9678 | 20610 | 6057 | 17656 | 11264 | 20568 | 92924 |
| 牛肉 | 吨 | 165 | 1536 | 588 | 336 | 611 | 2187 | 6286 |
| 羊肉 | 吨 | 119 | 74 | 13 | | 62 | 11 | 1280 |
| 禽肉 | 吨 | 8510 | 10280 | 7153 | 18442 | 25966 | 39305 | 43556 |
| #鸡 | 吨 | 6323 | 8087 | 2581 | 12403 | 18675 | 31227 | 31283 |
| 鸭 | 吨 | 1231 | 1914 | 4509 | 6039 | 6391 | 8037 | 12133 |
| 鹅 | 吨 | 956 | 279 | 63 | | 900 | 41 | 140 |
| 兔肉 | 吨 | 7 | 446 | 42 | | 30 | 20 | 218 |
| 狗肉 | 吨 | | 165 | 109 | | | 318 | 365 |
| 鸽肉 | 吨 | 4 | 476 | 693 | 330 | | 69 | 104 |
| 鹌鹑肉 | 吨 | | | 50 | | | 3 | 114 |
| 其他肉产量 | 吨 | 36 | 22 | 37 | 107 | 569 | 283 | 1267 |
| 禽蛋 | 吨 | 2578 | 2651 | 3669 | 3817 | 813 | 673 | 16900 |
| 奶类产量 | 吨 | 1352 | | 4286 | 1528 | 786 | | 1474 |
| 蜂蜜 | 吨 | | 116 | | | | | 32 |
| 蚕茧 | 吨 | | 2338 | | | 521 | 5934 | 3448 |

# 4-29 各城区渔业主要产品产量

（2017 年）

| 指标名称 | 计算单位 | 兴宁区 | 青秀区 | 江南区 | 西乡塘区 | 良庆区 | 邕宁区 | 武鸣区 |
|---|---|---|---|---|---|---|---|---|
| **水产品总产量** | **吨** | **8573** | **8013** | **13989** | **12876** | **14036** | **14350** | **49940** |
| 淡水捕捞 | 吨 | | 616 | 153 | 50 | 1311 | 68 | 4710 |
| 鱼类 | 吨 | | 590 | 153 | 50 | 1054 | 64 | 4610 |
| 甲壳（虾蟹）类 | 吨 | | 18 | | | | 4 | 70 |
| 贝类 | 吨 | | 4 | | | 257 | | 30 |
| 其他类 | 吨 | | 4 | | | | | |
| 淡水养殖 | 吨 | 8573 | 7397 | 13836 | 12826 | 12725 | 14282 | 45230 |
| 鱼类 | 吨 | 8573 | 6902 | 13728 | 12756 | 12388 | 14274 | 44733 |
| 虾蟹类 | 吨 | | 75 | 80 | | 11 | | 272 |
| 贝类 | 吨 | | | | | | | |
| 其他类 | 吨 | | 420 | 28 | 70 | 326 | 8 | 225 |
| **水产品养殖面积** | **公顷** | **1327** | **1240** | **1555** | **1469** | **963** | **1188** | **5050** |
| 池塘养殖 | 公顷 | 1035 | 384 | 862 | 723 | 475 | 497 | 2025 |
| 河沟养殖 | 公顷 | | 103 | 7 | 6 | | 20 | 38 |
| 山塘水库养殖 | 公顷 | 282 | 707 | 683 | 733 | 488 | 665 | 2957 |
| 其他养殖 | 公顷 | 10 | 46 | 3 | 7 | | 6 | 30 |

# 4-30 各城区农业机械化情况

（2017 年）

| 指标名称 | 单位 | 兴宁区 | 青秀区 | 江南区 | 西乡塘区 | 良庆区 | 邕宁区 | 武鸣区 |
|---|---|---|---|---|---|---|---|---|
| **农业机械总动力合计** | **千瓦** | **199339** | **182189** | **133776** | **381553** | **288798** | **210041** | **793802** |
| 柴油发动机动力 | 千瓦 | 167369 | 171496 | 116262 | 325797 | 240920 | 198470 | 689107 |
| 汽油发动机动力 | 千瓦 | 12026 | 2451 | 1958 | 20900 | 18353 | 367 | 15675 |
| 电动机动力 | 千瓦 | 19944 | 8242 | 15353 | 34856 | 29525 | 11160 | 88791 |
| 其他机械动力 | 千瓦 | | | 203 | | | 44 | 229 |
| **主要农业机械与设备** | | | | | | | | |
| 大中型拖拉机 | 台 | 270 | 739 | 542 | 759 | 334 | 687 | 1456 |
| 小型拖拉机 | 台 | 2677 | 5242 | 1189 | 15558 | 6902 | 7007 | 20268 |
| 大中型拖拉机配套农具 | 部 | 363 | 258 | 1376 | 1062 | 600 | 91 | 4158 |
| 小型拖拉机配套农具 | 部 | 3261 | 6346 | 1340 | 15800 | 8389 | 6318 | 24239 |
| 农用排灌电动机 | 台 | 991 | 505 | 1398 | 2201 | 3056 | 1191 | 2459 |
| 农用排灌柴油机 | 台 | 11643 | 2849 | 6134 | 13098 | 5087 | 2560 | 18184 |
| 联合收割机 | 台 | 131 | 139 | 73 | 54 | 93 | 101 | 386 |
| 机动脱粒机 | 台 | 7735 | 2328 | 680 | 4659 | 1373 | 1247 | 22581 |
| 农用运输车 | 辆 | | 295 | | 229 | | 535 | |
| 渔用机动船 | 艘 | | 122 | | 56 | 669 | | |
| 农用水泵 | 台 | 13427 | 2806 | 9273 | 14939 | 4022 | 3321 | 21586 |
| 节水灌溉机械 | 套 | 8 | 806 | 14 | 8 | 9096 | 66 | 2603 |
| 附：当年机耕地面积 | 公顷 | 20384 | 21828 | 59116 | 52120 | 47689 | 54670 | 151549 |

# 4-31 各城区农村水电、化肥用量及灌溉情况

（2017 年）

| 指标名称 | 单位 | 兴宁区 | 青秀区 | 江南区 | 西乡塘区 | 良庆区 | 邕宁区 | 武鸣区 |
|---|---|---|---|---|---|---|---|---|
| **水电建设** | | | | | | | | |
| 乡(镇)办水电站个数 | 个 | 1 | | | | | | |
| 装机容量 | 千瓦 | 760 | | | | | | |
| 发电量 | 万千瓦小时 | 135 | | | | | | |
| 村和村民小组办水电站 | 个 | | | | | | 1 | 19 |
| 装机容量 | 千瓦 | | | | | | 320 | 18715 |
| 发电量 | 万千瓦小时 | | | | | | 22 | 3622 |
| **农村用电量** | **万千瓦小时** | **4967** | **3975** | **5203** | **8891** | **4326** | **4033** | **4462** |
| **农用化肥施用量** | | | | | | | | |
| 按实物量计算 | 吨 | 20876 | 42979 | 81160 | 99257 | 206685 | 102665 | 337492 |
| 氮肥 | 吨 | 6174 | 12768 | 17546 | 26791 | 55488 | 31323 | 98259 |
| 磷肥 | 吨 | 3965 | 10565 | 9531 | 16792 | 44139 | 30680 | 50808 |
| 钾肥 | 吨 | 2738 | 5124 | 7340 | 17615 | 22539 | 11713 | 48522 |
| 复合肥 | 吨 | 7999 | 14522 | 46743 | 38059 | 84519 | 28949 | 139903 |
| 按折纯法计算 | 吨 | 6248 | 12104 | 26488 | 30530 | 81227 | 27766 | 146413 |
| 氮肥 | 吨 | 1534 | 3315 | 4368 | 6738 | 16182 | 7813 | 45199 |
| 磷肥 | 吨 | 601 | 1672 | 1367 | 2814 | 6819 | 4589 | 9145 |
| 钾肥 | 吨 | 1294 | 2118 | 3360 | 7682 | 11817 | 5256 | 29113 |
| 复合肥 | 吨 | 2819 | 4999 | 17393 | 13296 | 46409 | 10108 | 62956 |
| 农用塑料薄膜使用量 | 吨 | 517 | 542 | 798 | 989 | 1826 | 592 | 3670 |
| # 地膜使用量 | 吨 | 477 | 478 | 720 | 757 | 1703 | 587 | 2838 |
| 地膜覆盖面积 | 公顷 | 5138 | 11280 | 18773 | 15558 | 5402 | 5595 | 19130 |
| 农用柴油使用量 | 吨 | 3017 | 7010 | 2008 | 7688 | 6685 | 2769 | 20373 |
| 农药使用量(按实物量计算) | 吨 | 269 | 948 | 1065 | 515 | 969 | 823 | 2062 |
| **灌溉情况** | | | | | | | | |
| 有效灌溉面积 | 公顷 | 7423 | 7156 | 12463 | 9068 | 7191 | 10669 | 40138 |
| 旱涝保收面积 | 公顷 | 5545 | 5336 | 6362 | 5642 | 3761 | 6932 | 33206 |
| 机电排灌面积 | 公顷 | 2236 | 1489 | 5551 | 7447 | 1110 | 6890 | 7840 |
| 机电井 | 眼 | | 66 | 327 | 216 | 28 | 141 | 583 |

# 五 工 业

# CHAPTER 5 INDUSTRY

# 5-1 全市主要年份工业总产值

（按当年价格计算）

单位：万元

| 年份 | 全部工业总产值 | 轻工业 | 重工业 | 规模以上工业总产值 | # 国有工业 | # 集体工业 |
|---|---|---|---|---|---|---|
| 1950 | 767 | 704 | 63 | 238 | 37 | 201 |
| 1965 | 26370 | 17413 | 8957 | 23595 | 19842 | 3753 |
| 1978 | 111437 | 68785 | 42652 | 110979 | 91689 | 18287 |
| 1980 | 129920 | 94843 | 35077 | 128638 | 106710 | 21401 |
| 1985 | 216221 | 149483 | 66738 | 209855 | 178446 | 31211 |
| 1986 | 247582 | 169834 | 77748 | 236722 | 204570 | 31570 |
| 1987 | 310315 | 211666 | 98649 | 298512 | 257753 | 38720 |
| 1988 | 404796 | 279480 | 125316 | 387247 | 332131 | 51458 |
| 1989 | 504021 | 353985 | 150036 | 488566 | 417319 | 57031 |
| 1990 | 549256 | 382516 | 166740 | 528855 | 453624 | 59995 |
| 1991 | 625718 | 419582 | 206136 | 600539 | 507269 | 65208 |
| 1992 | 740112 | 487356 | 252756 | 700243 | 579918 | 82273 |
| 1993 | 1005613 | 628765 | 376848 | 909065 | 719657 | 122451 |
| 1994 | 1341785 | 812033 | 529752 | 1171195 | 888611 | 164083 |
| 1995 | 1529236 | 891430 | 637806 | 1303224 | 918567 | 231410 |
| 1996 | 1581367 | 933535 | 647832 | 1339026 | 848099 | 307245 |
| 1997 | 1696837 | 1008391 | 688446 | 1366220 | 762253 | 348946 |
| 1998 | 1824639 | 1090345 | 734294 | 1418302 | 739942 | 358305 |
| 1999 | 1870681 | 1096428 | 774253 | 1422855 | 492613 | 325646 |
| 2000 | 2417251 | 1400496 | 1016755 | 1485196 | 486501 | 177095 |
| 2001 | 2608099 | 1489715 | 1118384 | 1685135 | 358901 | 194259 |
| 2002 | 2911858 | 1579082 | 1332776 | 1987028 | 363601 | 164196 |
| 2003 | 3341980 | 1846907 | 1495073 | 2418570 | 556669 | 117223 |
| 2004 | 4040693 | 2037693 | 2003000 | 3003353 | 842068 | 57348 |
| 2005 | 4909198 | 2559317 | 2349881 | 3701812 | 968474 | 64551 |
| 2006 | 6392812 | 3342337 | 3050475 | 4954808 | 1038323 | 88873 |
| 2007 | 8302142 | 4293941 | 4008201 | 6690667 | 1303988 | 96465 |
| 2008 | 10598632 | 5123335 | 5475297 | 8649563 | 1471132 | 87492 |
| 2009 | 11757647 | 6222870 | 5534777 | 9816480 | 1654334 | 73099 |
| 2010 | 15011824 | 7440694 | 7571130 | 12854044 | 1700981 | 54174 |
| 2011 | 20002301 | 10092932 | 9909369 | 17252922 | 1937849 | 82630 |
| 2012 | 22827319 | 11226164 | 11601155 | 21093267 | 2512372 | 112116 |
| 2013 | 26591777 | 12068752 | 14523024 | 25571348 | 1942979 | 137903 |
| 2014 | 29550538 | 12711226 | 16839312 | 28566304 | 1801199 | 111823 |
| 2015 | 33238249 | 13738436 | 19499813 | 32370606 | 2159725 | 48183 |
| 2016 | 36280744 | 14717868 | 21562877 | 35219998 | 1683493 | 52072 |
| 2017 | 37941377 | 15400515 | 22540862 | 37130696 | 1327571 | 65904 |

注：2000 年以后为行政区划调整后的数据，其余年份为原南宁口径。2000 年以前规模以上工业产值为乡及乡以上工业口径，2001-2010 年规模以上工业统计口径为年主营业务收入 500 万元及以上工业法人单位，2011 年以后规模以上工业统计口径为年主营业务收入 2000 万元以上工业法人单位。

# 5-2 全市主要年份工业总产值发展速度

单位：%

| 年份 | 全部工业总产值 | 轻工业 | 重工业 | 规模以上工业总产值 | # 国有工业 | # 集体工业 |
|---|---|---|---|---|---|---|
| 1951 | 180.0 | 178.3 | 200.0 | 160.9 | 367.6 | 124.9 |
| 1965 | 142.1 | 138.4 | 149.8 | 142.8 | 146.6 | 125.4 |
| 1978 | 108.3 | 105.6 | 112.8 | 108.3 | 108.3 | 108.0 |
| 1980 | 113.7 | 122.9 | 97.6 | 113.9 | 113.2 | 117.7 |
| 1985 | 120.0 | 118.4 | 124.6 | 117.5 | 117.0 | 117.8 |
| 1986 | 108.0 | 108.7 | 106.2 | 107.1 | 108.5 | 99.2 |
| 1987 | 117.9 | 115.9 | 123.2 | 116.8 | 117.0 | 112.0 |
| 1988 | 116.2 | 116.7 | 114.7 | 115.8 | 114.3 | 122.2 |
| 1989 | 108.3 | 108.3 | 108.3 | 109.2 | 109.0 | 102.0 |
| 1990 | 107.0 | 106.5 | 108.1 | 108.6 | 107.9 | 105.4 |
| 1991 | 111.2 | 105.0 | 127.0 | 109.1 | 108.0 | 109.3 |
| 1992 | 117.2 | 117.9 | 115.6 | 117.6 | 114.8 | 117.8 |
| 1993 | 118.7 | 116.2 | 124.2 | 111.4 | 107.4 | 128.1 |
| 1994 | 117.8 | 111.3 | 131.0 | 120.7 | 107.2 | 132.2 |
| 1995 | 116.6 | 106.5 | 134.1 | 106.9 | 104.7 | 146.9 |
| 1996 | 101.1 | 102.4 | 99.3 | 101.2 | 91.5 | 132.1 |
| 1997 | 110.8 | 111.9 | 109.2 | 105.9 | 94.7 | 118.6 |
| 1998 | 109.7 | 110.1 | 109.1 | 106.1 | 101.3 | 99.2 |
| 1999 | 107.3 | 105.6 | 109.8 | 104.7 | 68.0 | 94.7 |
| 2000 | 106.8 | 104.4 | 110.1 | 106.4 | 79.0 | 90.6 |
| 2001 | 107.9 | 106.4 | 110.0 | 113.5 | 73.8 | 109.7 |
| 2002 | 111.6 | 106.0 | 119.2 | 117.9 | 101.3 | 84.5 |
| 2003 | 114.8 | 117.0 | 112.2 | 121.7 | 153.1 | 71.4 |
| 2004 | 120.9 | 110.3 | 134.0 | 124.2 | 151.3 | 48.9 |
| 2005 | 121.5 | 125.6 | 117.3 | 123.3 | 115.0 | 112.6 |
| 2006 | 130.2 | 130.6 | 129.8 | 133.8 | 107.2 | 137.7 |
| 2007 | 129.9 | 128.5 | 131.4 | 135.0 | 125.6 | 108.5 |
| 2008 | 127.7 | 119.3 | 136.6 | 129.3 | 112.8 | 90.7 |
| 2009 | 110.9 | 121.5 | 101.1 | 113.5 | 112.5 | 83.5 |
| 2010 | 127.7 | 128.4 | 127.0 | 130.9 | 102.8 | 74.1 |
| 2011 | 133.2 | 135.7 | 130.9 | 134.2 | 113.9 | 152.5 |
| 2012 | 114.1 | 111.2 | 117.1 | 122.3 | 129.6 | 135.7 |
| 2013 | 116.5 | 107.5 | 125.2 | 121.2 | 77.3 | 123.0 |
| 2014 | 111.1 | 105.3 | 115.9 | 111.7 | 92.7 | 81.1 |
| 2015 | 112.5 | 108.1 | 115.8 | 113.3 | 119.9 | 43.1 |
| 2016 | 109.2 | 107.1 | 110.6 | 108.8 | 77.9 | 108.1 |
| 2017 | 104.6 | 104.6 | 104.5 | 105.4 | 78.9 | 126.6 |

注：2001 年以后工业总产值发展速度按当年价格计算，其余年份按可比价计算。

# 5-3 全市规模以上工业企业单位数、工业总产值

| 指标名称 | 单位数（个） | | 工业总产值（当年价格，万元） | |
|---|---|---|---|---|
| | 2017 年 | 2016 年 | 2017 年 | 2016 年 |
| **年主营业务收入 2000 万及以上工业** | **960** | **910** | **37130696** | **35219998** |
| # 国有控股企业 | 99 | 108 | 5783054 | 6323707 |
| **按轻重工业分** | | | | |
| 轻工业 | 461 | 414 | 14956160 | 14136445 |
| 重工业 | 499 | 496 | 22174536 | 21083553 |
| **按企业规模分** | | | | |
| 大型企业 | 20 | 23 | 7820961 | 7869403 |
| 中型企业 | 190 | 192 | 11935825 | 11766690 |
| 小型、微型企业 | 750 | 695 | 17373910 | 15583905 |
| **按登记注册类型分** | | | | |
| 国有企业 | 19 | 30 | 1327571 | 1683493 |
| 集体企业 | 6 | 4 | 65904 | 52072 |
| 股份合作企业 | | | | |
| 联营企业 | | | | |
| 有限责任公司 | 267 | 255 | 9677078 | 9229431 |
| 股份有限公司 | 28 | 25 | 1588758 | 1793209 |
| 私营企业 | 565 | 521 | 17308253 | 15557691 |
| 其他企业 | | 1 | | 8822 |
| 港澳台商投资企业 | 39 | 39 | 5728098 | 5369943 |
| 外商投资企业 | 36 | 35 | 1435033 | 1525338 |

# 5-4 全市规模以上主要工业产品产量

（2017 年）

| 产品名称 | 单位 | 生产量 | 产品名称 | 单位 | 生产量 |
|---|---|---|---|---|---|
| 大米 | 吨 | 1039340 | 中成药 | 吨 | 43420 |
| 小麦粉 | 吨 | 54786 | 塑料制品 | 吨 | 1035090 |
| 精制食用植物油 | 吨 | 88129 | 硅酸盐水泥熟料 | 吨 | 12251971 |
| 鲜冷藏冻肉 | 吨 | 188106 | 水泥 | 吨 | 14882810 |
| 成品糖 | 吨 | 910805 | 水泥混凝土电杆 | 根 | 381679 |
| 饲料 | 吨 | 6539062 | 商品混凝土 | 立方米 | 30471386 |
| 方便面 | 吨 | 14357 | 砖（折标准砖） | 万块 | 26223 |
| 乳制品 | 吨 | 218793 | 平板玻璃 | 重量箱 | 2807545 |
| 液体乳 | 吨 | 218793 | 钢化玻璃 | 平方米 | 622899 |
| 罐头 | 吨 | 105987 | 卫生陶瓷制品 | 件 | 4239354 |
| 冷冻饮品 | 吨 | 210840 | 粗钢 | 吨 | |
| 发酵酒精（折 96 度，商品量） | 千升 | 99525 | 钢材 | 吨 | 935608 |
| 饮料酒 | 千升 | 324806 | 铝材 | 吨 | 406513 |
| 啤酒 | 千升 | 324806 | 起重机 | 吨 | 45879 |
| 软饮料 | 吨 | 2354029 | 铸铁件 | 吨 | |
| 精制茶 | 吨 | 110376 | 锻件 | 吨 | 1931 |
| 卷烟 | 万支 | 3606305 | 矿山专用设备 | 吨 | 71314 |
| 纱 | 吨 | 24062 | 小型拖拉机 | 台 | 109222 |
| 蚕丝 | 吨 | 7766 | 发电设备 | 千瓦 | 44160 |
| 服装 | 万件 | 133 | 电力电缆 | 千米 | 2109094 |
| 轻革 | 平方米 | 350117 | 变压器 | 千伏安 | 38003 |
| 人造板 | 立方米 | 10490872 | 通信及电子网络用电缆 | 对千米 | 416 |
| 家具 | 件 | 242565 | 家用电风扇 | 台 | 435821 |
| 纸浆（原生浆及废纸浆） | 吨 | 247679 | 吸排油烟机 | 台 | 1022 |
| 机制纸及纸板（外购原纸加工除外） | 吨 | 176659 | 表 | 只 | 529254 |
| 纸制品 | 吨 | 1107872 | 电子元件 | 万只 | 230983 |
| 合成氨 | 吨 | 114361 | 淀粉及淀粉制品 | 吨 | 985540 |
| 农用氮、磷、钾化学肥料总计（折纯） | 吨 | 77845 | 松香 | 吨 | 62162 |
| 氮肥（折含氮 100%） | 吨 | 77845 | 自来水生产量 | 万立方米 | 42253 |
| 初级形态的塑料 | 吨 | | | | |
| 化学药品原药 | 吨 | 5919 | | | |

# 5-5 全市规模以上工业企业主要财务状况

（2017 年）

单位：万元

| 指标名称 | 单位数（个） | #亏损企业 | 工业总产值（当年价） | 工业销售产值（当年价） |
|---|---|---|---|---|
| **总计** | **960** | **92** | **37130696** | **35446942** |
| #亏损企业 | 92 | 92 | 1395555 | 1239417.9 |
| 国有控股企业 | 99 | 18 | 5783054.4 | 5478019.4 |
| **按登记注册类型分组** | | | | |
| 国有企业 | 19 | 5 | 1327571 | 1310454 |
| #中央企业 | 1 | | 879278 | 879278 |
| 地方企业 | 18 | 5 | 448293 | 431176 |
| 集体企业 | 6 | | 65904 | 66379 |
| 股份合作企业 | | | | |
| 联营企业 | | | | |
| 有限责任公司 | 267 | 35 | 9677078 | 9134549 |
| #国有独资公司 | 17 | 5 | 375355 | 356457 |
| 其他有限责任公司 | 250 | 30 | 9301723 | 8778092 |
| 股份有限公司 | 28 | 3 | 1588758 | 1543309 |
| 私营企业 | 565 | 43 | 17308253 | 16470791 |
| 其他企业 | | | | |
| 港、澳、台商投资企业 | 39 | 2 | 5728098 | 5602419 |
| 外商投资企业 | 36 | 4 | 1435033 | 1319042 |
| **按轻重工业分** | | | | |
| 轻工业 | 461 | 40 | 14956160 | 14398124 |
| 重工业 | 499 | 52 | 22174536 | 21048818 |
| **按大中小型工业分** | | | | |
| 大型企业 | 20 | 1 | 7820961 | 7427875 |
| 中型企业 | 190 | 12 | 11935825 | 11301022 |
| 小微型企业 | 750 | 79 | 17373910 | 16718045 |

5-5 续表

单位：万元

| 指标名称 | 单位数（个） | #亏损企业 | 工业总产值（当年价） | 工业销售产值（当年价） |
|---|---|---|---|---|
| **按工业行业大类分** | **960** | **92** | **37130696** | **35446942** |
| 煤炭开采和洗选业 | 1 | 1 | 2711 | 2711 |
| 黑色金属矿采选业 | | | | |
| 有色金属矿采选业 | 1 | | 4807 | 4878 |
| 非金属矿采选业 | 11 | 1 | 89108 | 80206 |
| 农副食品加工业 | 120 | 14 | 4259273 | 4122451 |
| 食品制造业 | 40 | 1 | 1114989 | 1095337 |
| 酒、饮料和精制茶制造业 | 46 | 1 | 1369073 | 1326988 |
| 烟草制品业 | 2 | | 1189012 | 1202824 |
| 纺织业 | 22 | 2 | 525119 | 497298 |
| 纺织服装、服饰业 | 3 | | 15809 | 16887 |
| 皮革、毛皮、羽毛及其制品和制鞋业 | 4 | 1 | 162812 | 156544 |
| 木材加工和木、竹、藤、棕、草制品业 | 84 | 8 | 2223679 | 2160343 |
| 家具制造业 | 7 | | 97928 | 94950 |
| 造纸和纸制品业 | 50 | 6 | 1176384 | 1057041 |
| 印刷和记录媒介复制业 | 35 | 3 | 663201 | 658554 |
| 文教、工美、体育和娱乐用品制造业 | 6 | 1 | 114242 | 111766 |
| 石油加工、炼焦和核燃料加工业 | 5 | 1 | 75017 | 72003 |
| 化学原料和化学制品制造业 | 84 | 6 | 2386126 | 2291253 |
| 医药制造业 | 48 | 5 | 1527948 | 1448959 |
| 橡胶和塑料制品业 | 50 | 3 | 1992100 | 1922534 |
| 非金属矿物制品业 | 103 | 17 | 2722978 | 2646846 |
| 黑色金属冶炼和压延加工业 | 9 | 3 | 309194 | 311645 |
| 有色金属冶炼和压延加工业 | 6 | 1 | 1013564 | 687082 |
| 金属制品业 | 39 | 6 | 1185226 | 1100193 |
| 通用设备制造业 | 17 | 1 | 345102 | 326555 |
| 专用设备制造业 | 49 | 3 | 1492377 | 1428181 |
| 汽车制造业 | 14 | | 1144538 | 1042309 |
| 铁路、船舶、航空航天和其他运输设备制造业 | 5 | | 165473 | 163737 |
| 电气机械和器材制造业 | 41 | 2 | 2594864 | 2393085 |
| 计算机、通信和其他电子设备制造业 | 22 | 1 | 5442319 | 5342432 |
| 仪器仪表制造业 | 11 | 2 | 246838 | 225151 |
| 其他制造业 | 5 | | 157014 | 152575 |
| 废弃资源综合利用业 | 1 | | 11074 | 6788 |
| 金属制品、机械和设备修理业 | | | | |
| 电力、热力生产和供应业 | 11 | 1 | 1098764 | 1086468 |
| 燃气生产和供应业 | 4 | 1 | 80644 | 80636 |
| 水的生产和供应业 | 4 | | 131390 | 129736 |

5-5 续表 1

单位：万元

| 指标名称 | 资产合计 | 流动资产小　计 | #存货 | #产成品 | 固定资产小　计 |
| --- | --- | --- | --- | --- | --- |
| **总计** | **26289270** | **12633414** | **2436874** | **824988** | **8430985** |
| #亏损企业 | 2349473 | 1131622 | 203990 | 57631 | 806101 |
| 国有控股企业 | 8734923 | 3265847 | 848579 | 190793 | 3327206 |
| **按登记注册类型分组** | | | | | |
| 国有企业 | 1633172 | 252097 | 33449 | 16205 | 873531 |
| #中央企业 | 1431939 | 140371 | 747 | | 800174 |
| 地方企业 | 201233 | 111726 | 32702 | 16205 | 73357 |
| 集体企业 | 30877 | 24186 | 3773 | 1527 | 5515 |
| 股份合作企业 | | | | | |
| 联营企业 | | | | | |
| 有限责任公司 | 7982546 | 3803305 | 1060036 | 291989 | 2752546 |
| #国有独资公司 | 933935 | 418351 | 81516 | 18258 | 343502 |
| 其他有限责任公司 | 7048611 | 3384954 | 978519 | 273731 | 2409044 |
| 股份有限公司 | 3976336 | 1633489 | 194913 | 96712 | 943006 |
| 私营企业 | 7988025 | 4157236 | 699539 | 339077 | 2521892 |
| 其他企业 | | | | | |
| 港、澳、台商投资企业 | 2942348 | 2020544 | 345262 | 44837 | 574817 |
| 外商投资企业 | 1735966 | 742556 | 99902 | 34641 | 759678 |
| **按轻重工业分** | | | | | |
| 轻工业 | 10065001 | 4765945 | 1184131 | 363546 | 3283966 |
| 重工业 | 16224269 | 7867468 | 1252743 | 461442 | 5147019 |
| **按大中小型工业分** | | | | | |
| 大型企业 | 7140722 | 3342574 | 537542 | 158345 | 2141937 |
| 中型企业 | 9985537 | 4850124 | 1146865 | 349560 | 3309695 |
| 小微型企业 | 9163011 | 4440716 | 752467 | 317084 | 2979354 |

5-5 续表 1.1

单位：万元

| 指标名称 | 资产合计 | 流动资产小计 | #存货 | #产成品 | 固定资产小计 |
|---|---|---|---|---|---|
| **按工业行业大类分** | **26289270** | **12633414** | **2436874** | **824988** | **8430985** |
| 煤炭开采和洗选业 | 6108 | 366 | | | 3256 |
| 黑色金属矿采选业 | | | | | |
| 有色金属矿采选业 | 7679 | 4655 | 145 | 71 | 2147 |
| 非金属矿采选业 | 45453 | 24106 | 2386 | 2226 | 12364 |
| 农副食品加工业 | 3654708 | 1874324 | 346355 | 131034 | 881536 |
| 食品制造业 | 745304 | 290586 | 41444 | 8408 | 156303 |
| 酒、饮料和精制茶制造业 | 755305 | 251541 | 83916 | 40472 | 433326 |
| 烟草制品业 | 1017119 | 684917 | 319218 | 6620 | 144263 |
| 纺织业 | 392229 | 226296 | 75606 | 29180 | 114930.5 |
| 纺织服装、服饰业 | 21338 | 15242 | 1017 | 284 | 5782 |
| 皮革、毛皮、羽毛及其制品和制鞋业 | 59016 | 38895 | 9041 | 5074 | 17002 |
| 木材加工和木、竹、藤、棕、草制品业 | 1057327 | 481633 | 105881 | 61390 | 349642 |
| 家具制造业 | 62037 | 33233 | 10466 | 3828 | 7406 |
| 造纸和纸制品业 | 1241623 | 437604 | 58552 | 24642 | 653767 |
| 印刷和记录媒介复制业 | 315681 | 83009 | 10948 | 1281 | 198815 |
| 文教、工美、体育和娱乐用品制造业 | 67466 | 7171 | 1797 | 1346 | 59617 |
| 石油加工、炼焦和核燃料加工业 | 40387 | 18203 | 5836 | 1490 | 16332 |
| 化学原料和化学制品制造业 | 1392038 | 555530 | 175286 | 80323 | 476233 |
| 医药制造业 | 924424 | 387690 | 99914 | 47323 | 338335 |
| 橡胶和塑料制品业 | 457335 | 294964 | 78291 | 40869 | 94240 |
| 非金属矿物制品业 | 2111697 | 1115335 | 130187 | 55222 | 573257 |
| 黑色金属冶炼和压延加工业 | 122710 | 83680 | 22045 | 7563 | 20624 |
| 有色金属冶炼和压延加工业 | 1300232 | 420582 | 113883 | 37234 | 376709 |
| 金属制品业 | 579958 | 334574 | 66113 | 19161 | 138460 |
| 通用设备制造业 | 386350 | 253868 | 86293 | 27524 | 107330 |
| 专用设备制造业 | 1088756 | 581534 | 122815 | 57843 | 278858 |
| 汽车制造业 | 825857 | 557294 | 78994 | 58838 | 159154 |
| 铁路、船舶、航空航天和其他运输设备制造业 | 129128 | 91825 | 20964 | 4412 | 30440 |
| 电气机械和器材制造业 | 1273031 | 575740 | 84781 | 36005 | 484475 |
| 计算机、通信和其他电子设备制造业 | 2527888 | 2286698 | 252840 | 26450 | 214630 |
| 仪器仪表制造业 | 97464 | 41209 | 7094 | 2596 | 54261 |
| 其他制造业 | 69802 | 19948 | 5785 | 1342 | 49841 |
| 废弃资源综合利用业 | 18679 | 9816 | 4796 | 4674 | |
| 金属制品、机械和设备修理业 | | | | | |
| 电力、热力生产和供应业 | 2309713 | 254139 | 10086 | 72 | 1430817 |
| 燃气生产和供应业 | 314722 | 146606 | 2162 | 193 | 119964 |
| 水的生产和供应业 | 870705 | 150600 | 1938 | | 426872 |

5-5 续表 2

单位：万元

| 指标名称 | 固定资产原　价 | 累计折旧 | | 负债合计 | | |
|---|---|---|---|---|---|---|
| | | | # 本年折旧 | | # 流动负债 | # 非流动负债 |
| **总计** | **15005942** | **6856724** | **1188188** | **15786916** | **11587139** | **3453911** |
| # 亏损企业 | 1319767 | 537563 | 96735 | 1806543 | 1342675 | 422010 |
| # 国有控股企业 | 5586928 | 2288667 | 301331 | 5919800 | 3313119 | 2568628 |
| **按登记注册类型分组** | | | | | | |
| 国有企业 | 1749147 | 859058 | 96299 | 1541358 | 412178 | 1124245 |
| # 中央企业 | 1640749 | 813131 | 87727 | 1431939 | 316354 | 1115585 |
| 地方企业 | 108398 | 45927 | 8573 | 109419 | 95825 | 8660 |
| 集体企业 | 13928 | 8519 | 659 | 7054 | 6114 | 940 |
| 股份合作企业 | | | | | | |
| 联营企业 | | | | | | |
| 有限责任公司 | 4179114 | 1561461 | 280854 | 4422599 | 3245039 | 986500 |
| # 国有独资公司 | 428828 | 171734 | 29275 | 550583 | 425676 | 117203 |
| 其他有限责任公司 | 3750286 | 1389727 | 251579 | 3872016 | 2819363 | 869297 |
| 股份有限公司 | 1550078 | 602955 | 69904 | 2517261 | 1592971 | 880292 |
| 私营企业 | 5020432 | 2777470 | 562312 | 4476814 | 3688207 | 284830 |
| 其他企业 | | | | | | |
| 港、澳、台商投资企业 | 1187199 | 587855 | 118295 | 1867753 | 1804863 | 62078 |
| 外商投资企业 | 1306044 | 459406 | 59865 | 954077 | 837767 | 115025 |
| **按轻重工业分** | | | | | | |
| 轻工业 | 5978620 | 2775502 | 492885 | 5591136 | 4436003 | 842139 |
| 重工业 | 9027323 | 4081221 | 695303 | 10195780 | 7151136 | 2611772 |
| **按大中小型工业分** | | | | | | |
| 大型企业 | 3610597 | 1450072 | 197842 | 5600820 | 3322857 | 2262276 |
| 中型企业 | 6252839 | 3238927 | 583165 | 5284657 | 4290360 | 660864 |
| 小微型企业 | 5142506 | 2167725 | 407181 | 4901439 | 3973922 | 530771 |

5–5 续表 2.1

单位：万元

| 指标名称 | 固定资产原价 | 累计折旧 | #本年折旧 | 负债合计 | #流动负债 | #非流动负债 |
|---|---|---|---|---|---|---|
| **按工业行业大类分** | **15005942** | **6856724** | **1188188** | **15786916** | **11587139** | **3453911** |
| 煤炭开采和洗选业 | 2352 | 42 | | 2482 | 2482 | |
| 黑色金属矿采选业 | | | | | | |
| 有色金属矿采选业 | 5651 | 3504 | 236 | 1707 | 1707 | |
| 非金属矿采选业 | 15759 | 2865 | 1480 | 22927 | 20041 | 823 |
| 农副食品加工业 | 1526188 | 725133 | 155846 | 2381010 | 1856539 | 371845 |
| 食品制造业 | 315895 | 149160 | 26076 | 264499 | 216439 | 41631 |
| 酒、饮料和精制茶制造业 | 639409 | 236083 | 39965 | 349133 | 321500 | 26913 |
| 烟草制品业 | 359246 | 209232 | 17477 | 285703 | 213284 | 72418 |
| 纺织业 | 269180 | 125910 | 23906 | 282041 | 165284 | 75273 |
| 纺织服装、服饰业 | 14329 | 6805 | 3709 | 7233 | 6566 | 667 |
| 皮革、毛皮、羽毛及其制品和制鞋业 | 26552 | 9350 | 2279 | 39008 | 33239 | 5769 |
| 木材加工和木、竹、藤、棕、草制品业 | 534290 | 287119 | 66799 | 561212 | 458342 | 83905 |
| 家具制造业 | 11023 | 2865 | 716 | 42432 | 18952 | 419 |
| 造纸和纸制品业 | 793560 | 184072 | 23091 | 936649 | 794919 | 137853 |
| 印刷和记录媒介复制业 | 366489 | 167935 | 27731 | 125974 | 122824 | 3151 |
| 文教、工美、体育和娱乐用品制造业 | 112347 | 52639 | 13225 | 10067 | 7673 | 293 |
| 石油加工、炼焦和核燃料加工业 | 28424 | 12093 | 2200 | 17938 | 17938 | |
| 化学原料和化学制品制造业 | 896586 | 439449 | 86833 | 629709 | 542347 | 42151 |
| 医药制造业 | 1047822 | 670302 | 109306 | 480961 | 364534 | 53522 |
| 橡胶和塑料制品业 | 182093 | 88041 | 15329 | 241705 | 180760 | 41699 |
| 非金属矿物制品业 | 1280321 | 635292 | 128042 | 995944 | 821540 | 42562 |
| 黑色金属冶炼和压延加工业 | 53210 | 31851 | 5155 | 83325 | 67535 | 15790 |
| 有色金属冶炼和压延加工业 | 906404 | 529765 | 68788 | 931885 | 474788 | 457097 |
| 金属制品业 | 313894 | 89103 | 29884 | 363557 | 213458 | 12085 |
| 通用设备制造业 | 131128 | 26146 | 3728 | 242925 | 227023 | 12602 |
| 专用设备制造业 | 430702 | 160124 | 34022 | 584191 | 446748 | 59765 |
| 汽车制造业 | 338960 | 168767 | 35459 | 410880 | 378133 | 32747 |
| 铁路、船舶、航空航天和其他运输设备制造业 | 41188 | 11598 | 2635 | 34997 | 31597 | 3400 |
| 电气机械和器材制造业 | 464237 | 236578 | 46726 | 684312 | 665711 | 5428 |
| 计算机、通信和其他电子设备制造业 | 388675 | 172588 | 42794 | 1951377 | 1936173 | 12267 |
| 仪器仪表制造业 | 110726 | 56465 | 11142 | 33739 | 23044 | 10695 |
| 其他制造业 | 87363 | 38077 | 9272 | 27025 | 25495 | 1298 |
| 废弃资源综合利用业 | 7200 | 650 | 234 | 9731 | 9731 | |
| 金属制品、机械和设备修理业 | | | | | | |
| 电力、热力生产和供应业 | 2561848 | 1140629 | 128024 | 2011145 | 595634 | 1415512 |
| 燃气生产和供应业 | 146889 | 24731 | 5106.8 | 200875.2 | 137741.9 | 63133 |
| 水的生产和供应业 | 596001 | 161762 | 20975 | 538618 | 187419 | 351199 |

5-5 续表 3

单位：万元

| 指标名称 | 所有者权益合计 | 实收资本 | | | | |
| --- | --- | --- | --- | --- | --- | --- |
| | | | 国家资本 | 集体资本 | 法人资本 | 个人资本 |
| **总计** | **10475843** | **4193144** | **808936** | **345918** | **1726330** | **878156** |
| # 亏损企业 | 542809 | 415158 | 73111 | 79706 | 175870 | 84695 |
| 国有控股企业 | 2815122 | 1205228 | 680205 | 75025 | 394696 | 27727 |
| **按登记注册类型分组** | | | | | | |
| 国有企业 | 91814 | 22301 | 21982 | 318 | | |
| # 中央企业 | | | | | | |
| 地方企业 | 91814 | 22301 | 21982 | 318 | | |
| 集体企业 | 23824 | 2989 | 300 | 2189 | 500 | |
| 股份合作企业 | | | | | | |
| 联营企业 | | | | | | |
| 有限责任公司 | 3557886 | 1553573 | 579348 | 92640 | 730276 | 134636 |
| # 国有独资公司 | 383352 | 174652 | 143808 | | 30844 | |
| 其他有限责任公司 | 3174534 | 1378921 | 435540 | 92640 | 699432 | 134636 |
| 股份有限公司 | 1459075 | 373094 | 85724 | 1 | 197090 | 88900 |
| 私营企业 | 3486763 | 1249963 | 5180 | 195649 | 444810 | 604324 |
| 其他企业 | | | | | | |
| 港、澳、台商投资企业 | 1074595 | 429395 | 39035 | 271 | 146709 | 7687 |
| 外商投资企业 | 781888 | 561829 | 77367 | 54850 | 206945 | 42609 |
| **按轻重工业分** | | | | | | |
| 轻工业 | 4467483 | 1856520 | 425709 | 71301 | 684772 | 469752 |
| 重工业 | 6008360 | 2336624 | 383228 | 274617 | 1041558 | 408403 |
| **按大中小型工业分** | | | | | | |
| 大型企业 | 1539901 | 560499 | 87124 | | 364412 | 49373 |
| 中型企业 | 4700878 | 1787577 | 478974 | 299687 | 487902 | 383907 |
| 小微型企业 | 4235064 | 1845069 | 242839 | 46231 | 874017 | 444876 |

5-5 续表 3.1

单位：万元

| 指标名称 | 所有者权益合计 | 实收资本 | 国家资本 | 集体资本 | 法人资本 | 个人资本 |
|---|---|---|---|---|---|---|
| **按工业行业大类分** | **10475843** | **4193144** | **808936** | **345918** | **1726330** | **878156** |
| 煤炭开采和洗选业 | 3626 | 3000 | | | | 3000 |
| 黑色金属矿采选业 | | | | | | |
| 有色金属矿采选业 | 5972 | 3000 | 3000 | | | |
| 非金属矿采选业 | 22526 | 4768 | | | 2863 | 1906 |
| 农副食品加工业 | 1273698 | 393603 | 63024 | 5900 | 221013 | 86704 |
| 食品制造业 | 480805 | 176717 | 2070 | 489 | 39767 | 114989 |
| 酒、饮料和精制茶制造业 | 406172 | 284751 | 40812 | 56382 | 63592 | 47082 |
| 烟草制品业 | 731417 | 275144 | 275144 | | | |
| 纺织业 | 110187 | 34574 | 13016 | 305 | 800 | 20453 |
| 纺织服装、服饰业 | 14105 | 7719 | 5050 | | 200 | |
| 皮革、毛皮、羽毛及其制品和制鞋业 | 20008 | 15189 | | | | 3500 |
| 木材加工和木、竹、藤、棕、草制品业 | 495995 | 474568 | 918 | 76804 | 355718 | 41128 |
| 家具制造业 | 19605 | 14009 | | | 7971 | 6038 |
| 造纸和纸制品业 | 302917 | 318883 | 10161 | 206 | 220132 | 80823 |
| 印刷和记录媒介复制业 | 189706 | 63844 | 11463 | 833 | 31918 | 19630 |
| 文教、工美、体育和娱乐用品制造业 | 57399 | 4596 | 1368 | | 60 | 3168 |
| 石油加工、炼焦和核燃料加工业 | 22449 | 5980 | | 1780 | 3200 | 1000 |
| 化学原料和化学制品制造业 | 742847 | 227262 | 10034 | 3849 | 58093 | 35421 |
| 医药制造业 | 443462 | 162100 | 1600 | 5000 | 44675 | 46812 |
| 橡胶和塑料制品业 | 211309 | 76919 | 2000 | | 50344 | 24575 |
| 非金属矿物制品业 | 1115751 | 398235 | 130384 | 9579 | 87803 | 108918 |
| 黑色金属冶炼和压延加工业 | 39385 | 33156 | | | 24183 | 8973 |
| 有色金属冶炼和压延加工业 | 368347 | 293486 | 14470 | 6244 | 237847 | 29925 |
| 金属制品业 | 216401 | 64906 | 300 | 1060 | 32901 | 30645 |
| 通用设备制造业 | 143424 | 21430 | 115 | 1050 | 16225 | 4040 |
| 专用设备制造业 | 504565 | 81625 | 46686 | 464 | 6806 | 25894 |
| 汽车制造业 | 414977 | 116745 | 7500 | 71111 | 4517 | 33617 |
| 铁路、船舶、航空航天和其他运输设备制造业 | 94131 | 30554 | 20000 | | 8000 | 2554 |
| 电气机械和器材制造业 | 588196 | 145688 | | 27349 | 48437 | 69901 |
| 计算机、通信和其他电子设备制造业 | 576510 | 115221 | | 271 | 55909 | 17375 |
| 仪器仪表制造业 | 63725 | 11869 | | 1988 | 1296 | 8586 |
| 其他制造业 | 42777 | 6854 | 340 | 550 | 800 | 200 |
| 废弃资源综合利用业 | 8948 | 9392 | | | 9392 | |
| 金属制品、机械和设备修理业 | | | | | | |
| 电力、热力生产和供应业 | 298567 | 199971 | 104943 | 74706 | 19022 | 1300 |
| 燃气生产和供应业 | 113846.7 | 38000 | | | 38000 | |
| 水的生产和供应业 | 332087 | 79385 | 44539 | | 34846 | |

5-5 续表 4

单位：万元

| 指标名称 | 港澳台资本 | 外商资本本 | 主营业务收入 | #主营业务成本 |
|---|---|---|---|---|
| **总计** | **227908** | **205896** | **34775110** | **27834921** |
| #亏损企业 | 1776 | 1 | 1248710 | 1170633 |
| 国有控股企业 | 1379 | 26197 | 5252328 | 3234139 |
| **按登记注册类型分组** | | | | |
| 国有企业 | | | 1303974 | 502350 |
| #中央企业 | | | 892652 | 184309 |
| 地方企业 | | | 411322 | 318041 |
| 集体企业 | | | 66295 | 60505 |
| 股份合作企业 | | | | |
| 联营企业 | | | | |
| 有限责任公司 | | 16674 | 8889052 | 6797003 |
| #国有独资公司 | | | 352972 | 281553 |
| 其他有限责任公司 | | 16674 | 8536080 | 6515450 |
| 股份有限公司 | 1379 | 1 | 1494253 | 1210059 |
| 私营企业 | | | 16233465 | 13106344 |
| 其他企业 | | | | |
| 港、澳、台商投资企业 | 212310 | 23383 | 5488607 | 5114459 |
| 外商投资企业 | 14219 | 165838 | 1299465 | 1044201 |
| **按轻重工业分** | | | | |
| 轻工业 | 61838 | 143148 | 13910188 | 10853716 |
| 重工业 | 166070 | 62748 | 20864922 | 16981205 |
| **按大中小型工业分** | | | | |
| 大型企业 | 48219 | 11371 | 7286145 | 5989964 |
| 中型企业 | 25703 | 111404 | 11097276 | 8363537 |
| 小微型企业 | 153986 | 83121 | 16391688 | 13481420 |

5-5 续表 4.1

单位：万元

| 指标名称 | 港澳台资本 | 外商资本 | 主营业务收入 | 主营业务成本 |
|---|---|---|---|---|
| | **227908** | **205896** | **34775110** | **27834921** |
| 煤炭开采和洗选业 | | | 2711 | 2681 |
| 黑色金属矿采选业 | | | | |
| 有色金属矿采选业 | | | 4878 | 2422 |
| 非金属矿采选业 | | | 74394 | 49705 |
| 农副食品加工业 | 4265 | 12698 | 3969553 | 3466659 |
| 食品制造业 | | 19403 | 1108276 | 892003 |
| 酒、饮料和精制茶制造业 | 29899 | 46984 | 1339478 | 1020173 |
| 烟草制品业 | | | 1020239 | 348477 |
| 纺织业 | | | 463814 | 406252 |
| 纺织服装、服饰业 | 2469 | | 16743 | 12856 |
| 皮革、毛皮、羽毛及其制品和制鞋业 | 11638 | 51 | 162234 | 120153 |
| 木材加工和木、竹、藤、棕、草制品业 | | | 2101277 | 1710395 |
| 家具制造业 | | | 79891 | 49488 |
| 造纸和纸制品业 | 7562 | | 1036651 | 833766 |
| 印刷和记录媒介复制业 | | | 667764 | 558394 |
| 文教、工美、体育和娱乐用品制造业 | | | 67446 | 58746 |
| 石油加工、炼焦和核燃料加工业 | | | 72003 | 61742 |
| 化学原料和化学制品制造业 | 112290 | 7578 | 2328388 | 1929516 |
| 医药制造业 | | 64013 | 1536979 | 1211709 |
| 橡胶和塑料制品业 | | | 1736709 | 1297093 |
| 非金属矿物制品业 | 8241 | 53309 | 2615945 | 2169862 |
| 黑色金属冶炼和压延加工业 | | | 299395 | 266787 |
| 有色金属冶炼和压延加工业 | 5000 | | 655720 | 544617 |
| 金属制品业 | | | 1039234 | 849001 |
| 通用设备制造业 | | | 323809 | 278802 |
| 专用设备制造业 | 1775 | | 1439893 | 1136049 |
| 汽车制造业 | | | 1069125 | 820719 |
| 铁路、船舶、航空航天和其他运输设备制造业 | | | 162257 | 144091 |
| 电气机械和器材制造业 | | | 2432446 | 1818138 |
| 计算机、通信和其他电子设备制造业 | 39867 | 1800 | 5239979 | 4969977 |
| 仪器仪表制造业 | | | 244567 | 197447 |
| 其他制造业 | 4903 | 62 | 156222 | 125642 |
| 废弃资源综合利用业 | | | 6777 | 5209 |
| 金属制品、机械和设备修理业 | | | | |
| 电力、热力生产和供应业 | | | 1107149 | 354310 |
| 燃气生产和供应业 | | | 63110 | 49840 |
| 水的生产和供应业 | | | 130056 | 72203 |

5-5 续表 5

单位：万元

| 指标名称 | 其他业务收入 | 其他业务利润 | 销售费用 | 管理费用 |
|---|---|---|---|---|
| **总计** | **417866** | **39815** | **773350** | **1293570** |
| #亏损企业 | 27690 | 6313 | 35396 | 86787 |
| 国有控股企业 | 147811 | 14907 | 125195 | 360034 |
| **按登记注册类型分组** | | | | |
| 国有企业 | 4940 | 1427 | 9022 | 27384 |
| #中央企业 | 1556 | | | |
| 地方企业 | 3384 | 1427 | 9022 | 27384 |
| 集体企业 | 897 | 48 | 331 | 3631 |
| 股份合作企业 | | | | |
| 联营企业 | | | | |
| 有限责任公司 | 185272 | 20515 | 253412 | 482111 |
| #国有独资公司 | 7991 | 551 | 8451 | 33208 |
| 其他有限责任公司 | 177281 | 19963 | 244961 | 448903 |
| 股份有限公司 | 21344 | 8389 | 38952 | 95531 |
| 私营企业 | 65287 | 6904 | 358127 | 552604 |
| 其他企业 | | | | |
| 港、澳、台商投资企业 | 121621 | 318 | 54354 | 86960 |
| 外商投资企业 | 18506 | 2213 | 59151 | 45350 |
| **按轻重工业分组** | | | | |
| 轻工业 | 105629 | 9881 | 407027 | 587807 |
| 重工业 | 312237 | 29934 | 366323 | 705763 |
| **按大中小型工业分** | | | | |
| 大型企业 | 218524 | 4831 | 111090 | 218528 |
| 中型企业 | 114880 | 18851 | 302862 | 589497 |
| 小微型企业 | 84462 | 16132 | 359398 | 485545 |

5-5 续表 5.1

单位：万元

| 指标名称 | 其他业务<br>收　入 | 其他业务<br>利　润 | 销售费用 | 管理费用 |
|---|---|---|---|---|
| **按工业行业大类分** | **417866** | **39815** | **773350** | **1293570** |
| 煤炭开采和洗选业 | | | | 154 |
| 黑色金属矿采选业 | | | | |
| 有色金属矿采选业 | 1 | | 153 | 1412 |
| 非金属矿采选业 | 3 | | 6147 | 3950 |
| 农副食品加工业 | 55056 | 4436 | 90799 | 146550 |
| 食品制造业 | 19255 | 2625 | 42219 | 42851 |
| 酒、饮料和精制茶制造业 | 7302 | 257 | 66443 | 78623 |
| 烟草制品业 | 5778 | 958 | 21544 | 60225 |
| 纺织业 | 2031 | 301 | 4484 | 16406 |
| 纺织服装、服饰业 | 123 | | 189 | 3083 |
| 皮革、毛皮、羽毛及其制品和制鞋业 | | | 8053 | 10173 |
| 木材加工和木、竹、藤、棕、草制品业 | 15748 | 8580 | 33292 | 52685 |
| 家具制造业 | | | 8788 | 5625 |
| 造纸和纸制品业 | 1653 | 342 | 27104 | 39873 |
| 印刷和记录媒介复制业 | 3548 | 189 | 9663 | 22452 |
| 文教、工美、体育和娱乐用品制造业 | | | 1330 | 2303 |
| 石油加工、炼焦和核燃料加工业 | | | 755 | 4065 |
| 化学原料和化学制品制造业 | 15275 | 1983 | 58106 | 99695 |
| 医药制造业 | 2461 | 562 | 80128 | 80663 |
| 橡胶和塑料制品业 | 7453 | 108 | 27645 | 44961 |
| 非金属矿物制品业 | 13082 | 1824 | 72685 | 88078 |
| 黑色金属冶炼和压延加工业 | | | 2232 | 21643 |
| 有色金属冶炼和压延加工业 | 95588 | 171 | 42925 | 122499 |
| 金属制品业 | 6668 | 390 | 24741 | 66240 |
| 通用设备制造业 | 789 | 47 | 8312 | 17127 |
| 专用设备制造业 | 4394 | 2044 | 36551 | 61536 |
| 汽车制造业 | 13142 | 6613 | 24243 | 38637 |
| 铁路、船舶、航空航天和其他运输设备制造业 | 2204 | | 1175 | 3131 |
| 电气机械和器材制造业 | 1713 | 79 | 31257 | 55734 |
| 计算机、通信和其他电子设备制造业 | 116491 | 74 | 25102 | 51034 |
| 仪器仪表制造业 | 848 | | 4093 | 12074 |
| 其他制造业 | 24 | 24 | 3748 | 6272 |
| 废弃资源综合利用业 | 11 | | | 509 |
| 金属制品、机械和设备修理业 | | | | |
| 电力、热力生产和供应业 | 11267 | | | 19040 |
| 燃气生产和供应业 | 15191 | 7684 | 5964 | 5971 |
| 水的生产和供应业 | 767 | 525 | 3482 | 8299 |

单位：万元

| 指标名称 | 财务费用 | #利息支出 | 营业利润 | 利润总额 | 亏损企业亏损额 |
|---|---|---|---|---|---|
| **总计** | **228706** | **205723** | **1969712** | **2085922** | **95062** |
| # 亏损企业 | 55843 | 41783 | -98969 | -95062 | 95062 |
| 国有控股企业 | 96004 | 80513 | 248583 | 271883 | 40436 |
| **按登记注册类型分组** | | | | | |
| 国有企业 | 526 | 1041 | 39234 | 39075 | 973 |
| # 中央企业 | -525 | | 12445 | 12445 | |
| 地方企业 | 1051 | 1041 | 26789 | 26630 | 973 |
| 集体企业 | -11 | | 2301 | 2407 | |
| 股份合作企业 | | | | | |
| 联营企业 | | | | | |
| 有限责任公司 | 81895 | 60643 | 532718 | 596422 | 36019 |
| # 国有独资公司 | 9599 | 8816 | 21159 | 23491 | 2552 |
| 其他有限责任公司 | 72296 | 51827 | 511560 | 572931 | 33467 |
| 股份有限公司 | 52080 | 55658 | 124914 | 129262 | 14737 |
| 私营企业 | 64423 | 60160 | 999763 | 1018476 | 21304 |
| 其他企业 | | | | | |
| 港、澳、台商投资企业 | 13943 | 20756 | 179895 | 202844 | 957 |
| 外商投资企业 | 15850 | 7466 | 90887 | 97435 | 21073 |
| **按轻重工业分** | | | | | |
| 轻工业 | 113569 | 103932 | 787414 | 817890 | 57351 |
| 重工业 | 115137 | 101791 | 1182297 | 1268032 | 37711 |
| **按大中小型工业分** | | | | | |
| 大型企业 | 72746 | 58688 | 243163 | 274971 | 14370 |
| 中型企业 | 83032 | 84866 | 847131 | 906749 | 52150 |
| 小微型企业 | 72928 | 62168 | 879418 | 904201 | 28541 |

5-5 续表 6.1

单位：万元

| 指标名称 | 财务费用 | # 利息支出 | 营业利润 | 利润总额 | 亏损企业亏损额 |
| --- | --- | --- | --- | --- | --- |
| **按工业行业大类分** | **228706** | **205723** | **1969712** | **2085922** | **95062** |
| 煤炭开采和洗选业 | 121 | 122 | -196 | -170 | 170 |
| 黑色金属矿采选业 | | | | | |
| 有色金属矿采选业 | -76 | | 895 | 941 | |
| 非金属矿采选业 | 206 | 161 | 9477 | 9357 | 12 |
| 农副食品加工业 | 66634 | 63672 | 154783 | 171631 | 30810 |
| 食品制造业 | 5900 | 5597 | 70213 | 73179 | 624 |
| 酒、饮料和精制茶制造业 | 4748 | 5020 | 115622 | 120582 | 99 |
| 烟草制品业 | -3542 | 2545 | 57523 | 56980 | |
| 纺织业 | 4266 | 4889 | 32680 | 34732 | 219 |
| 纺织服装、服饰业 | -72 | 13 | 565 | 910 | |
| 皮革、毛皮、羽毛及其制品和制鞋业 | 930 | 527 | 7687 | 7773 | 46 |
| 木材加工和木、竹、藤、棕、草制品业 | 15287 | 15216 | 90625 | 95110 | 3552 |
| 家具制造业 | 583 | 55 | 1863 | 1965 | |
| 造纸和纸制品业 | 17039 | 5930 | 23314 | 23234 | 21429 |
| 印刷和记录媒介复制业 | 302 | 399 | 53763 | 53870 | 655 |
| 文教、工美、体育和娱乐用品制造业 | 319 | 262 | 4564 | 4738 | 219 |
| 石油加工、炼焦和核燃料加工业 | 272 | 23 | 4923 | 4923 | 120 |
| 化学原料和化学制品制造业 | 8939 | 9067 | 201533 | 205334 | 483 |
| 医药制造业 | 6590 | 6451 | 118994 | 121956 | 2724 |
| 橡胶和塑料制品业 | 6555 | 5365 | 77694 | 77843 | 373 |
| 非金属矿物制品业 | 12603 | 11040 | 217213 | 221953 | 6270 |
| 黑色金属冶炼和压延加工业 | 1088 | 746 | 6734 | 6751 | 3439 |
| 有色金属冶炼和压延加工业 | 27773 | 6559 | 8330 | 15060 | 468 |
| 金属制品业 | 5604 | 4509 | 66518 | 66185 | 5471 |
| 通用设备制造业 | 2831 | 2579 | 15239 | 16484 | 399 |
| 专用设备制造业 | 4268 | 5748 | 124746 | 125663 | 3581 |
| 汽车制造业 | 4028 | 5611 | 107121 | 114590 | |
| 铁路、船舶、航空航天和其他运输设备制造业 | 1124 | 1181 | 12860 | 13462 | |
| 电气机械和器材制造业 | 3735 | 3159 | 133727 | 134211 | 7 |
| 计算机、通信和其他电子设备制造业 | 2255 | 10057 | 133651 | 152468 | 200 |
| 仪器仪表制造业 | 1780 | 1292 | 22484 | 22826 | 1530 |
| 其他制造业 | 157 | 63 | 18074 | 18079 | |
| 废弃资源综合利用业 | 505 | 505 | 467 | 445 | |
| 金属制品、机械和设备修理业 | | | | | |
| 电力、热力生产和供应业 | 18745 | 16483 | 24576 | 24616 | 11922 |
| 燃气生产和供应业 | 538 | 673 | 7815 | 43927 | 243 |
| 水的生产和供应业 | 6671 | 10208 | 43637 | 44317 | |

5-5 续表 7

单位：万元

| 指标名称 | 本年职工薪酬 | 全部从业人员年平均数（人） |
| --- | --- | --- |
| **总计** | **1482830** | **231101** |
| # 亏损企业 | 95818 | 18460 |
| 国有控股企业 | 332224 | 36429 |
| **按登记注册类型分组** | | |
| 国有企业 | 80387 | 7605 |
| # 中央企业 | 53605 | 3158 |
| 地方企业 | 26782 | 4447 |
| 集体企业 | 5885 | 968 |
| 股份合作企业 | | |
| 联营企业 | | |
| 有限责任公司 | 379101 | 57153 |
| # 国有独资公司 | 41989 | 4757 |
| 其他有限责任公司 | 337112 | 52396 |
| 股份有限公司 | 105857 | 13697 |
| 私营企业 | 559629 | 105575 |
| 其他企业 | | |
| 港、澳、台商投资企业 | 281944 | 34435 |
| 外商投资企业 | 70027 | 11668 |
| **按轻重工业分** | | |
| 轻工业 | 602195 | 102365 |
| 重工业 | 880635 | 128736 |
| **按大中小型工业分** | | |
| 大型企业 | 428025 | 52586 |
| 中型企业 | 569983 | 90679 |
| 小微型企业 | 484822 | 87836 |

5-5 续表 7.1

单位：万元

| 指标名称 | 本年应付工资薪酬 | 全部从业人员年平均数（人） |
|---|---|---|
| **按工业行业大类分** | **1482830** | **231101** |
| 煤炭开采和洗选业 | 413 | 106 |
| 黑色金属矿采选业 | | |
| 有色金属矿采选业 | 1653 | 142 |
| 非金属矿采选业 | 2689 | 627 |
| 农副食品加工业 | 155905 | 25191 |
| 食品制造业 | 46287 | 8081 |
| 酒、饮料和精制茶制造业 | 45784 | 12807 |
| 烟草制品业 | 53843 | 1365 |
| 纺织业 | 29622 | 8163 |
| 纺织服装、服饰业 | 2401 | 478 |
| 皮革、毛皮、羽毛及其制品和制鞋业 | 11776 | 2196 |
| 木材加工和木、竹、藤、棕、草制品业 | 90172 | 18025 |
| 家具制造业 | 3660 | 714 |
| 造纸和纸制品业 | 39855 | 8223 |
| 印刷和记录媒介复制业 | 30138 | 4989 |
| 文教、工美、体育和娱乐用品制造业 | 5005 | 1093 |
| 石油加工、炼焦和核燃料加工业 | 2576 | 656 |
| 化学原料和化学制品制造业 | 84714 | 14910 |
| 医药制造业 | 85320 | 12368 |
| 橡胶和塑料制品业 | 38954 | 7973 |
| 非金属矿物制品业 | 140235 | 22902 |
| 黑色金属冶炼和压延加工业 | 3821 | 1052 |
| 有色金属冶炼和压延加工业 | 21429 | 4517 |
| 金属制品业 | 42658 | 8146 |
| 通用设备制造业 | 21440 | 3036 |
| 专用设备制造业 | 63393 | 9832 |
| 汽车制造业 | 42864 | 5861 |
| 铁路、船舶、航空航天和其他运输设备制造业 | 6896 | 935 |
| 电气机械和器材制造业 | 43747 | 7599 |
| 计算机、通信和其他电子设备制造业 | 243804 | 28602 |
| 仪器仪表制造业 | 10988 | 1741 |
| 其他制造业 | 8064 | 1459 |
| 废弃资源综合利用业 | 585 | 51 |
| 金属制品、机械和设备修理业 | | |
| 电力、热力生产和供应业 | 71900 | 4620 |
| 燃气生产和供应业 | 6365 | 923 |
| 水的生产和供应业 | 23874 | 1718 |

## 5-6 市区规模以上工业企业单位数、工业总产值

| 指标名称 | 单位数（个） | | 工业总产值（当年价格，万元） | |
|---|---|---|---|---|
| | 2017 | 2016 | 2017 | 2016 |
| **按统计口径分组** | | | | |
| 年主营业务收入2000万元及以上工业 | 729 | 687 | 31823134 | 30377231 |
| # 国有控股企业 | 80 | 82 | 4935622 | 5305027 |
| **按轻重工业分** | | | | |
| 轻工业 | 333 | 299 | 11995274 | 11799356 |
| 重工业 | 396 | 388 | 19827860 | 18577875 |
| **按企业规模分** | | | | |
| 大型企业 | 18 | 21 | 7573184 | 7665690 |
| 中型企业 | 123 | 121 | 8879812 | 8891226 |
| 小型、微型企业 | 588 | 545 | 15370138 | 13820315 |
| **按登记注册类型分** | | | | |
| 国有企业 | 16 | 19 | 1225075 | 1355727 |
| 集体企业 | 4 | 3 | 61589 | 49321 |
| 股份合作企业 | | | | |
| 联营企业 | | | | |
| 有限责任公司 | 214 | 204 | 8165816 | 7912650 |
| 股份有限公司 | 24 | 19 | 1350412 | 1600477 |
| 私营企业 | 406 | 375 | 14332795 | 12921295 |
| 其他企业 | | 1 | | 8822 |
| 港澳台商投资企业 | 34 | 35 | 5556361 | 5219963 |
| 外商投资企业 | 31 | 31 | 1131087 | 1308976 |

## 5-7 市区规模以上工业企业主要工业产品产量

（2017 年）

| 产品名称 | 单位 | 生产量 | 产品名称 | 单位 | 生产量 |
|---|---|---|---|---|---|
| 大米 | 吨 | 593151 | 蒸压加气混凝土板 | 立方米 | 83399 |
| 精制食用植物油 | 吨 | 88129 | 硅酸盐水泥熟料 | 吨 | 5950222 |
| 鲜冷藏冻肉 | 吨 | 134851 | 商品混凝土 | 立方米 | 27506417 |
| 成品糖 | 吨 | 424309 | 平板玻璃 | 重量箱 | 2807545 |
| 饲料 | 吨 | 5224652 | 钢化玻璃 | 平方米 | 622899 |
| 乳制品 | 吨 | 218793 | 单色印刷品 | 令 | 330933 |
| 液体乳 | 吨 | 218793 | 钢材 | 吨 | 585590 |
| 罐头 | 吨 | 79352 | 铝材 | 吨 | 406513 |
| 冷冻饮品 | 吨 | 210840 | 起重机 | 吨 | 45879 |
| 发酵酒精（折 96 度，商品量） | 千升 | 31450 | 混凝土机械 | 台 | 11735 |
| 饮料酒 | 千升 | 324806 | 铸钢件 | 吨 | 5326 |
| 啤酒 | 千升 | 324806 | 小型拖拉机 | 台 | 109222 |
| 软饮料 | 吨 | 2354029 | 矿山专用设备 | 吨 | 71314 |
| 卷烟 | 万支 | 3606305 | 沥青和改性沥青防水卷材 | 平方米 | 21042530 |
| 纱 | 吨 | 24062 | 金属冶炼设备 | 吨 | 6029 |
| 服装 | 万件 | 133 | 环境污染防治专用设备 | 台（套） | 20411 |
| 人造板 | 立方米 | 7757813 | 改装汽车 | 辆 | 1709 |
| 胶合板 | 立方米 | 4503245 | 变压器 | 千伏安 | 38003 |
| 家具 | 件 | 242565 | 发电机组（发电设备） | 千瓦 | 44160 |
| 机制纸及纸板 | 吨 | 55580 | 通信及电子网络用电缆 | 对千米 | 416 |
| 纸制品 | 吨 | 792225 | 电力电缆 | 千米 | 2109094 |
| 单色印刷品 | 令 | 330933 | 家用电风扇 | 台 | 435821 |
| 多色印刷品 | 对开色令 | 1754257 | 家用吸排油烟机 | 台 | 1022 |
| 化学药品原药 | 吨 | 5919 | 电饭锅 | 个 | 13123 |
| 中成药 | 吨 | 36335 | 光电子器件 | 万只 | 127 |
| 香精 | 吨 | 1376 | 表 | 只 | 529254 |
| 塑料制品 | 吨 | 995684 | 淀粉及淀粉制品 | 吨 | 839265.1 |
| 水泥 | 吨 | 7610472 | 松香 | 吨 | 40311 |
| 水泥混凝土电杆 | 根 | 166329 | 自来水生产量 | 万立方米 | 42253 |

# 5-8 市区规模以上工业企业主要财务状况

（2017 年）

单位：万元

| 指标名称 | 单位数（个） | # 亏损企业 | 工业总产值（当年价） | 工业销售产值（当年价） |
|---|---|---|---|---|
| **总计** | **729** | **64** | **31823134** | **30451026** |
| # 亏损企业 | 64 | 64 | 928778 | 871597 |
| 国有控股企业 | 80 | 14 | 4935622 | 4675602 |
| **按登记注册类型分组** | | | | |
| 国有企业 | 16 | 3 | 1225075 | 1208528 |
| # 中央企业 | 1 | | 879278 | 879278 |
| 地方企业 | 15 | 3 | 345796 | 329249 |
| 集体企业 | 4 | | 61589 | 61710 |
| 股份合作企业 | | | | |
| 联营企业 | | | | |
| 有限责任公司 | 214 | 27 | 8165816 | 7698494 |
| # 国有独资公司 | 11 | 4 | 191315 | 198173 |
| 其他有限责任公司 | 203 | 23 | 7974500 | 7500321 |
| 股份有限公司 | 24 | 3 | 1350412 | 1330211 |
| 私营企业 | 406 | 26 | 14332795 | 13621106 |
| 其他企业 | | | | |
| 港、澳、台商投资企业 | 34 | 2 | 5556361 | 5441921 |
| 外商投资企业 | 31 | 3 | 1131087 | 1089056 |
| **按轻重工业分** | | | | |
| 轻工业 | 333 | 26 | 11995274 | 11675300 |
| 重工业 | 396 | 38 | 19827860 | 18775726 |
| **按大中小型工业分** | | | | |
| 大型企业 | 18 | 1 | 7573184 | 7206373 |
| 中型企业 | 123 | 6 | 8879812 | 8486208 |
| 小型、微型企业 | 588 | 57 | 15370138 | 14758445 |

5-8 续表 单位：万元

| 指标名称 | 单位数（个） | # 亏损企业 | 工业总产值（当年价） | 工业销售产值（当年价） |
|---|---|---|---|---|
| **总计** | **729** | **64** | **31823134** | **30451026** |
| 非金属矿采选业 | 5 | | 36977 | 29661 |
| 农副食品加工业 | 78 | 7 | 3005379 | 2934279 |
| 食品制造业 | 34 | 1 | 1066632 | 1048032 |
| 酒、饮料和精制茶制造业 | 20 | | 829007 | 816284 |
| 烟草制品业 | 2 | | 1189012 | 1202824 |
| 纺织业 | 4 | 1 | 175794 | 167742 |
| 纺织服装、服饰业 | 3 | | 15809 | 16887 |
| 皮革、毛皮、羽毛及其制品和制鞋业 | 3 | | 159417 | 153610 |
| 木材加工和木、竹、藤、棕、草制品业 | 57 | 6 | 1638092 | 1615375 |
| 家具制造业 | 6 | | 92573 | 89742 |
| 造纸和纸制品业 | 30 | 3 | 828510 | 788343 |
| 印刷和记录媒介复制业 | 35 | 3 | 663201 | 658554 |
| 文教、工美、体育和娱乐用品制造业 | 5 | 1 | 111861 | 109456 |
| 石油加工、炼焦和核燃料加工业 | 3 | | 55029 | 52769 |
| 化学原料和化学制品制造业 | 62 | 4 | 1806385 | 1752583 |
| 医药制造业 | 46 | 4 | 1490283 | 1411506 |
| 橡胶和塑料制品业 | 44 | 3 | 1866686 | 1797549 |
| 非金属矿物制品业 | 78 | 13 | 2141874 | 2070531 |
| 黑色金属冶炼和压延加工业 | 7 | 2 | 169326 | 170013 |
| 有色金属冶炼和压延加工业 | 6 | 1 | 1013564 | 687082 |
| 金属制品业 | 32 | 5 | 854211 | 793180 |
| 通用设备制造业 | 13 | 1 | 306084 | 291115 |
| 专用设备制造业 | 47 | 3 | 1438135 | 1373504 |
| 汽车制造业 | 14 | | 1144538 | 1042309 |
| 铁路、船舶、航空航天和其他运输设备制造业 | 4 | | 161295 | 159362 |
| 电气机械和器材制造业 | 39 | 2 | 2586959 | 2385877 |
| 计算机、通信和其他电子设备制造业 | 21 | 1 | 5426406 | 5326519 |
| 仪器仪表制造业 | 11 | 2 | 246838 | 225151 |
| 其他制造业 | 5 | | 157014 | 152575 |
| 废弃资源综合利用业 | 1 | | 11074 | 6788 |
| 金属制品、机械和设备修理业 | | | | |
| 电力、热力生产和供应业 | 6 | | 923135 | 911456 |
| 燃气生产和供应业 | 4 | 1 | 80644 | 80636 |
| 水的生产和供应业 | 4 | | 131390 | 129736 |

单位：万元

| 指标名称 | 资产合计 | 流动资产小计 | #存货 | #产成品 | 固定资产小计 |
|---|---|---|---|---|---|
| **总计** | **21735504** | **10742995** | **2040926** | **644899** | **6276390** |
| #亏损企业 | 1503638 | 888571 | 168334 | 46309 | 296768 |
| 国有控股企业 | 7426001 | 2902078 | 806643 | 174825 | 2472076 |
| **按登记注册类型分组** | | | | | |
| 国有企业 | 1588943 | 226745 | 27475 | 11506 | 863814 |
| #中央企业 | 1431939 | 140371 | 747 | | 800174 |
| 地方企业 | 157004 | 86374 | 26728 | 11506 | 63640 |
| 集体企业 | 29380 | 23581 | 3448 | 1278 | 4624 |
| 股份合作企业 | | | | | |
| 联营企业 | | | | | |
| 有限责任公司 | 6405035 | 3335673 | 961010 | 254173 | 1796416 |
| #国有独资公司 | 532577 | 300864 | 76705 | 15445 | 103086 |
| 其他有限责任公司 | 5872458 | 3034809 | 884305 | 238729 | 1693330 |
| 股份有限公司 | 3843895 | 1598249 | 183478 | 94325 | 860826 |
| 私营企业 | 6347271 | 3284077 | 476253 | 211254 | 2014689 |
| 其他企业 | | | | | |
| 港、澳、台商投资企业 | 2711206 | 1927489 | 307046 | 42925 | 438767 |
| 外商投资企业 | 809773 | 347181 | 82217 | 29438 | 297254 |
| **按轻重工业分** | | | | | |
| 轻工业 | 7667499 | 3685412 | 945287 | 261632 | 2247579 |
| 重工业 | 14068005 | 7057583 | 1095639 | 383267 | 4028811 |
| **按大中小型工业分** | | | | | |
| 大型企业 | 7039097 | 3270703 | 520842 | 148758 | 2118701 |
| 中型企业 | 7401089 | 3746260 | 888211 | 228325 | 2077342 |
| 小型、微型企业 | 7295318 | 3726031 | 631873 | 267816 | 2080348 |

5-8 续表 1.1

单位：万元

| 指标名称 | 资产合计 | 流动资产<br>小 计 | # 存货 | # 产成品 | 固定资产<br>小 计 |
|---|---|---|---|---|---|
| **总计** | **21735504** | **10742995** | **2040926** | **644899** | **6276390** |
| 非金属矿采选业 | 30914 | 16342 | 1439 | 1388 | 9169 |
| 农副食品加工业 | 2846963 | 1441209 | 245530 | 104390 | 581908 |
| 食品制造业 | 721712 | 276784 | 39895 | 7742 | 150941 |
| 酒、饮料和精制茶制造业 | 523937 | 125324 | 44370 | 9405 | 353994 |
| 烟草制品业 | 1017119 | 684917 | 319218 | 6620 | 144263 |
| 纺织业 | 213793 | 117130 | 33742 | 9667 | 72991 |
| 纺织服装、服饰业 | 21338 | 15242 | 1017 | 284 | 5782 |
| 皮革、毛皮、羽毛及其制品和制鞋业 | 53906 | 35140 | 7227 | 4546 | 16577 |
| 木材加工和木、竹、藤、棕、草制品业 | 623219 | 270080 | 52108 | 29345 | 148582 |
| 家具制造业 | 35882 | 23049 | 9230 | 3490 | 7406 |
| 造纸和纸制品业 | 282553 | 136728 | 38205 | 18024 | 102540 |
| 印刷和记录媒介复制业 | 315681 | 83009 | 10948 | 1281 | 198815 |
| 文教、工美、体育和娱乐用品制造业 | 66524 | 6345 | 1633 | 1239 | 59501 |
| 石油加工、炼焦和核燃料加工业 | 31529 | 13207 | 5400 | 1420 | 14374 |
| 化学原料和化学制品制造业 | 1122003 | 423055 | 123565 | 56417 | 391127 |
| 医药制造业 | 869304 | 356546 | 92177 | 42141 | 316934 |
| 橡胶和塑料制品业 | 430071 | 280100 | 74925 | 38596 | 86743 |
| 非金属矿物制品业 | 1498843 | 818457 | 98629 | 41167 | 328037 |
| 黑色金属冶炼和压延加工业 | 80743 | 60851 | 17361 | 4694 | 4707 |
| 有色金属冶炼和压延加工业 | 1300232 | 420582 | 113883 | 37234 | 376709 |
| 金属制品业 | 466617 | 283029 | 48454 | 11941 | 113645 |
| 通用设备制造业 | 352146 | 242577 | 81051 | 23373 | 96843 |
| 专用设备制造业 | 1073893 | 577033 | 121538 | 56912 | 274400 |
| 汽车制造业 | 825857 | 557294 | 78994 | 58838 | 159154 |
| 铁路、船舶、航空航天和其他运输设备制造业 | 127311 | 90296 | 20093 | 3687 | 30151 |
| 电气机械和器材制造业 | 1254332 | 559927 | 84261 | 35732 | 483116 |
| 计算机、通信和其他电子设备制造业 | 2516109 | 2286189 | 252840 | 26450 | 213840 |
| 仪器仪表制造业 | 97464 | 41209 | 7094 | 2596 | 54261 |
| 其他制造业 | 69802 | 19948 | 5785 | 1342 | 49841 |
| 废弃资源综合利用业 | 18679 | 9816 | 4796 | 4674 | |
| 金属制品、机械和设备修理业 | | | | | |
| 电力、热力生产和供应业 | 1661603 | 174375 | 1423 | 72 | 883205 |
| 燃气生产和供应业 | 314722 | 146606 | 2162 | 193 | 119964 |
| 水的生产和供应业 | 870705 | 150600 | 1938 | | 426872 |

单位：万元

| 指标名称 | 固定资产原价 | 累计折旧 | #本年折旧 | 负债合计 | #流动负债 | #非流动负债 |
|---|---|---|---|---|---|---|
| **总计** | **12086023** | **5799366** | **986454** | **12874494** | **9292666** | **2973503** |
| #亏损企业 | 634291 | 332788 | 41764 | 1145858 | 838707 | 266472 |
| 国有控股企业 | 4335795 | 1798168 | 224979 | 5222251 | 2831219 | 2353770 |
| **按登记注册类型分组** | | | | | | |
| 国有企业 | 1733784 | 852953 | 93804 | 1501953 | 372897 | 1124121 |
| #中央企业 | 1640749 | 813131 | 87727 | 1431939 | 316354 | 1115585 |
| 地方企业 | 93035 | 39822 | 6078 | 70014 | 56543 | 8536 |
| 集体企业 | 12596 | 7973 | 594 | 5977 | 5282 | 695 |
| 股份合作企业 | | | | | | |
| 联营企业 | | | | | | |
| 有限责任公司 | 2930431 | 1159325 | 198157 | 3449697 | 2573650 | 719885 |
| #国有独资公司 | 182698 | 76653 | 10673 | 331275 | 277995 | 46080 |
| 其他有限责任公司 | 2747733 | 1082673 | 187484 | 3118422 | 2295655 | 673805 |
| 股份有限公司 | 1344418 | 472056 | 64763 | 2399074 | 1517812 | 875806 |
| 私营企业 | 4319883 | 2454195 | 486318 | 3488568 | 2877873 | 170480 |
| 其他企业 | | | | | | |
| 港、澳、台商投资企业 | 1019922 | 533493 | 99480 | 1726014 | 1669805 | 55938 |
| 外商投资企业 | 724990 | 319371 | 43339 | 303211 | 275347 | 26579 |
| **按轻重工业分** | | | | | | |
| 轻工业 | 4692403 | 2390764 | 399230 | 3940894 | 3030353 | 647852 |
| 重工业 | 7393620 | 3408602 | 587224 | 8933600 | 6262313 | 2325651 |
| **按大中小型工业分** | | | | | | |
| 大型企业 | 3586657 | 1441446 | 194619 | 5542555 | 3264592 | 2262276 |
| 中型企业 | 4584368 | 2583945 | 427908 | 3596158 | 2953561 | 369646 |
| 小型、微型企业 | 3914999 | 1773975 | 363928 | 3735781 | 3074513 | 341581 |

5-8 续表 2.1

单位：万元

| 指标名称 | 固定资产原　价 | 累计折旧 | #本年折旧 | 负债合计 | #流动负债 | #非流动负债 |
|---|---|---|---|---|---|---|
| **总计** | **12086023** | **5799366** | **986454** | **12874494** | **9292666** | **2973503** |
| 非金属矿采选业 | 9892 | 847 | 377 | 12765 | 12575 | 98 |
| 农副食品加工业 | 1124009 | 538142 | 102755 | 1916433 | 1431581 | 339051 |
| 食品制造业 | 307504 | 145999 | 25384 | 247437 | 205476 | 35534 |
| 酒、饮料和精制茶制造业 | 526476 | 197691 | 28627 | 228628 | 221461 | 6448 |
| 烟草制品业 | 359246 | 209232 | 17477 | 285703 | 213284 | 72418 |
| 纺织业 | 217645 | 112512 | 19128 | 169027 | 81213 | 64555 |
| 纺织服装、服饰业 | 14329 | 6805 | 3709 | 7233 | 6566 | 667 |
| 皮革、毛皮、羽毛及其制品和制鞋业 | 25431 | 8654 | 2260 | 36740 | 30971 | 5769 |
| 木材加工和木、竹、藤、棕、草制品业 | 299427 | 148908 | 34452 | 234877 | 191884 | 39718 |
| 家具制造业 | 9206 | 2175 | 500 | 19371 | 18952 | 419 |
| 造纸和纸制品业 | 165671 | 77970 | 11074 | 109502 | 88237 | 17930 |
| 印刷和记录媒介复制业 | 366489 | 167935 | 27731 | 125974 | 122824 | 3151 |
| 文教、工美、体育和娱乐用品制造业 | 112141 | 52639 | 13225 | 9329 | 7086 | 141 |
| 石油加工、炼焦和核燃料加工业 | 25794 | 11420 | 2010 | 13370 | 13370 | |
| 化学原料和化学制品制造业 | 756096 | 382885 | 72612 | 465022 | 420626 | 40449 |
| 医药制造业 | 1009582 | 650258 | 103317 | 454552 | 338152 | 53494 |
| 橡胶和塑料制品业 | 171743 | 84686 | 13902 | 228302 | 169347 | 41361 |
| 非金属矿物制品业 | 909670 | 505460 | 109182 | 741857 | 595664 | 35923 |
| 黑色金属冶炼和压延加工业 | 12910 | 7468 | 491 | 60072 | 59582 | 490 |
| 有色金属冶炼和压延加工业 | 906404 | 529765 | 68788 | 931885 | 474788 | 457097 |
| 金属制品业 | 277786 | 76452 | 26424 | 313693 | 164784 | 11396 |
| 通用设备制造业 | 117411 | 21854 | 3192 | 229944 | 217941 | 12002 |
| 专用设备制造业 | 426187 | 158053 | 33492 | 577476 | 442731 | 57068 |
| 汽车制造业 | 338960 | 168767 | 35459 | 410880 | 378133 | 32747 |
| 铁路、船舶、航空航天和其他运输设备制造业 | 40444 | 11143 | 2629 | 34078 | 30678 | 3400 |
| 电气机械和器材制造业 | 463256 | 236206 | 46629 | 678463 | 659861 | 5428 |
| 计算机、通信和其他电子设备制造业 | 387885 | 172470 | 42722 | 1940828 | 1933767 | 7061 |
| 仪器仪表制造业 | 110726 | 56465 | 11142 | 33739 | 23044 | 10695 |
| 其他制造业 | 87363 | 38077 | 9272 | 27025 | 25495 | 1298 |
| 废弃资源综合利用业 | 7200 | 650 | 234 | 9731 | 9731 | |
| 金属制品、机械和设备修理业 | | | | | | |
| 电力、热力生产和供应业 | 1756250 | 831287 | 92178 | 1581065 | 377702 | 1203363 |
| 燃气生产和供应业 | 146888.6 | 24731 | 5106.8 | 200875.2 | 137741.9 | 63133.3 |
| 水的生产和供应业 | 596001 | 161762 | 20975 | 538618 | 187419 | 351199 |

5-8 续表 3

单位：万元

| 指标名称 | 所有者权益合计 | 实收资本 | 国家资本 | 集体资本 | 法人资本 | 个人资本 |
|---|---|---|---|---|---|---|
| **总计** | **8834503** | **3116071** | **691205** | **184286** | **1214956** | **631182** |
| # 亏损企业 | 357658 | 256087 | 71212 | 5001 | 117126 | 60973 |
| 国有控股企业 | 2203749 | 971010 | 562483 | 319 | 380402 | 26427 |
| **按登记注册类型分组** | | | | | | |
| 国有企业 | 86991 | 21175 | 20856 | 318 | | |
| # 中央企业 | | | | | | |
| 地方企业 | 86991 | 21175 | 20856 | 318 | | |
| 集体企业 | 23403 | 2652 | 300 | 1852 | 500 | |
| 股份合作企业 | | | | | | |
| 联营企业 | | | | | | |
| 有限责任公司 | 2953277 | 1244782 | 499343 | 14934 | 612442 | 101390 |
| # 国有独资公司 | 201301 | 105319 | 80230 | | 25089 | |
| 其他有限责任公司 | 2751976 | 1139463 | 419113 | 14934 | 587353 | 101390 |
| 股份有限公司 | 1444821 | 367020 | 85724 | 1 | 193854 | 86062 |
| 私营企业 | 2834257 | 734124 | 5170 | 112061 | 181921 | 434972 |
| 其他企业 | | | | | | |
| 港、澳、台商投资企业 | 985192 | 379633 | 39035 | 271 | 110114 | 7687 |
| 外商投资企业 | 506562 | 366684 | 40777 | 54850 | 116126 | 1071 |
| **按轻重工业分** | | | | | | |
| 轻工业 | 3720225 | 1409679 | 422695 | 67659 | 410242 | 317264 |
| 重工业 | 5114278 | 1706392 | 268510 | 116628 | 804714 | 313918 |
| **按大中小型工业分** | | | | | | |
| 大型企业 | 1496542 | 548219 | 87124 | | 364412 | 37093 |
| 中型企业 | 3804931 | 1173078 | 463770 | 147972 | 197142 | 245337 |
| 小型、微型企业 | 3533031 | 1394775 | 140311 | 36315 | 653403 | 348752 |

5-8 续表 3.1

单位：万元

| 指标名称 | 所有者权益合计 | 实收资本 | 国家资本 | 集体资本 | 法人资本 | 个人资本 |
|---|---|---|---|---|---|---|
| **总计** | **8834503** | **3116071** | **691205** | **184286** | **1214956** | **631182** |
| 非金属矿采选业 | 18149 | 2520 | | | 1863 | 658 |
| 农副食品加工业 | 930529 | 273334 | 60360 | 2900 | 130136 | 67226 |
| 食品制造业 | 474275 | 173197 | 2070 | 489 | 39767 | 111469 |
| 酒、饮料和精制茶制造业 | 295308 | 232459 | 40812 | 56250 | 53120 | 8126 |
| 烟草制品业 | 731417 | 275144 | 275144 | | | |
| 纺织业 | 44766 | 20893 | 13016 | | | 7877 |
| 纺织服装、服饰业 | 14105 | 7719 | 5050 | | 200 | |
| 皮革、毛皮、羽毛及其制品和制鞋业 | 17166 | 12189 | | | | 500 |
| 木材加工和木、竹、藤、棕、草制品业 | 388222 | 204523 | 918 | 100 | 182318 | 21187 |
| 家具制造业 | 16511 | 12491 | | | 6453 | 6038 |
| 造纸和纸制品业 | 170993 | 81468 | 10161 | | 52839 | 17091 |
| 印刷和记录媒介复制业 | 189706 | 63844 | 11463 | 833 | 31918 | 19630 |
| 文教、工美、体育和娱乐用品制造业 | 57195 | 4428 | 1368 | | 60 | 3000 |
| 石油加工、炼焦和核燃料加工业 | 18159 | 4780 | | 1780 | 3000 | |
| 化学原料和化学制品制造业 | 637500 | 194690 | 10034 | 3849 | 40763 | 20178 |
| 医药制造业 | 414752 | 160442 | 1251 | 5000 | 43366 | 46812 |
| 橡胶和塑料制品业 | 197449 | 70056 | 2000 | | 48333 | 19723 |
| 非金属矿物制品业 | 756985 | 267005 | 81244 | 3001 | 75563 | 71844 |
| 黑色金属冶炼和压延加工业 | 20671 | 25758 | | | 20183 | 5575 |
| 有色金属冶炼和压延加工业 | 368347 | 293486 | 14470 | 6244 | 237847 | 29925 |
| 金属制品业 | 152924 | 39451 | 300 | 1060 | 22901 | 15191 |
| 通用设备制造业 | 122202 | 14106 | 115 | 1050 | 10281 | 2660 |
| 专用设备制造业 | 496416 | 80107 | 46686 | 464 | 6006 | 25176 |
| 汽车制造业 | 414977 | 116745 | 7500 | 71111 | 4517 | 33617 |
| 铁路、船舶、航空航天和其他运输设备制造业 | 93233 | 30000 | 20000 | | 8000 | 2000 |
| 电气机械和器材制造业 | 575347 | 134128 | | 27349 | 36877 | 69901 |
| 计算机、通信和其他电子设备制造业 | 575281 | 114221 | | 271 | 55289 | 16995 |
| 仪器仪表制造业 | 63725 | 11869 | | 1988 | 1296 | 8586 |
| 其他制造业 | 42777 | 6854 | 340 | 550 | 800 | 200 |
| 废弃资源综合利用业 | 8948 | 9392 | | | 9392 | |
| 金属制品、机械和设备修理业 | | | | | | |
| 电力、热力生产和供应业 | 80537 | 61387 | 42365 | | 19022 | |
| 燃气生产和供应业 | 113847 | 38000 | | | 38000 | |
| 水的生产和供应业 | 332087 | 79385 | 44539 | | 34846 | |

单位：万元

| 指标名称 | 港澳台资本 | 外商资本 | 主营业务收入 | 主营业务成本 |
| --- | --- | --- | --- | --- |
| **总计** | **216041** | **178400** | **29730117** | **23670360** |
| # 亏损企业 | 1776 | 1 | 898093 | 836394 |
| 国有控股企业 | 1379 | 1 | 4489260 | 2632568 |
| **按登记注册类型分组** | | | | |
| 国有企业 | | | 1201444 | 428896 |
| # 中央企业 | | | 892652 | 184309 |
| 地方企业 | | | 308792 | 244588 |
| 集体企业 | | | 61053 | 55464 |
| 股份合作企业 | | | | |
| 联营企业 | | | | |
| 有限责任公司 | | 16674 | 7484926 | 5605908 |
| # 国有独资公司 | | | 213020 | 177212 |
| 其他有限责任公司 | | 16674 | 7271907 | 5428695 |
| 股份有限公司 | 1379 | 1 | 1255597 | 1021515 |
| 私营企业 | | | 13330158 | 10731238 |
| 其他企业 | | | | |
| 港、澳、台商投资企业 | 200443 | 22084 | 5315826 | 4969754 |
| 外商投资企业 | 14219 | 139642 | 1081112 | 857586 |
| **按轻重工业分** | | | | |
| 轻工业 | 49971 | 141849 | 11139944 | 8545941 |
| 重工业 | 166070 | 36552 | 18590173 | 15124419 |
| **按大中小型工业分** | | | | |
| 大型企业 | 48219 | 11371 | 7063452 | 5805025 |
| 中型企业 | 21453 | 97404 | 8222806 | 6092822 |
| 小型、微型企业 | 146369 | 69625 | 14443859 | 11772513 |

5-8 续表 4.1

单位：万元

| 指标名称 | 港澳台资本 | 外商资本 | 主营业务收入 | 主营业务成本 |
|---|---|---|---|---|
| **总计** | **216041** | **178400** | **29730117** | **23670360** |
| 非金属矿采选业 | | | 29887 | 15101 |
| 农副食品加工业 | 15 | 12698 | 2785585 | 2461244 |
| 食品制造业 | | 19403 | 1060971 | 849213 |
| 酒、饮料和精制茶制造业 | 28466 | 45685 | 803246 | 610077 |
| 烟草制品业 | | | 1020239 | 348477 |
| 纺织业 | | | 133873 | 122423 |
| 纺织服装、服饰业 | 2469 | | 16743 | 12856 |
| 皮革、毛皮、羽毛及其制品和制鞋业 | 11638 | 51 | 159301 | 117421 |
| 木材加工和木、竹、藤、棕、草制品业 | | | 1553351 | 1240215 |
| 家具制造业 | | | 76346 | 46279 |
| 造纸和纸制品业 | 1378 | | 757091 | 585910 |
| 印刷和记录媒介复制业 | | | 667764 | 558394 |
| 文教、工美、体育和娱乐用品制造业 | | | 65136 | 56515 |
| 石油加工、炼焦和核燃料加工业 | | | 52769 | 43112 |
| 化学原料和化学制品制造业 | 112290 | 7578 | 1757603 | 1458917 |
| 医药制造业 | | 64013 | 1499575 | 1183075 |
| 橡胶和塑料制品业 | | | 1612657 | 1198119 |
| 非金属矿物制品业 | 8241 | 27113 | 2058325 | 1713979 |
| 黑色金属冶炼和压延加工业 | | | 157763 | 156722 |
| 有色金属冶炼和压延加工业 | 5000 | | 655720 | 544617 |
| 金属制品业 | | | 715204 | 613337 |
| 通用设备制造业 | | | 288368 | 249486 |
| 专用设备制造业 | 1775 | | 1385216 | 1089061 |
| 汽车制造业 | | | 1069125 | 820719 |
| 铁路、船舶、航空航天和其他运输设备制造业 | | | 157882 | 140001 |
| 电气机械和器材制造业 | | | 2425238 | 1811414 |
| 计算机、通信和其他电子设备制造业 | 39867 | 1800 | 5224066 | 4956451 |
| 仪器仪表制造业 | | | 244567 | 197447 |
| 其他制造业 | 4903 | 62 | 156222 | 125642 |
| 废弃资源综合利用业 | | | 6777 | 5209 |
| 金属制品、机械和设备修理业 | | | | |
| 电力、热力生产和供应业 | | | 940342 | 216888 |
| 燃气生产和供应业 | | | 63110 | 49840 |
| 水的生产和供应业 | | | 130056 | 72203 |

单位：万元

| 指标名称 | 其他业务收　入 | 其他业务利　润 | 销售费用 | 管理费用 |
|---|---|---|---|---|
| **总计** | **381572** | **39433** | **662413** | **970367** |
| #亏损企业 | 15800 | 6083 | 28913 | 56354 |
| 国有控股企业 | 130629 | 14182 | 112447 | 296965 |
| **按登记注册类型分组** | | | | |
| 国有企业 | 4927 | 1414 | 5812 | 13742 |
| #中央企业 | 1556 | | | |
| 地方企业 | 3371 | 1414 | 5812 | 13742 |
| 集体企业 | 897 | 48 | 321 | 3534 |
| 股份合作企业 | | | | |
| 联营企业 | | | | |
| 有限责任公司 | 169020 | 21113 | 232359 | 394711 |
| #国有独资公司 | 4259 | 551 | 6560 | 18833 |
| 其他有限责任公司 | 164761 | 20562 | 225799 | 375878 |
| 股份有限公司 | 20565 | 8389 | 35769 | 77543 |
| 私营企业 | 51101 | 6649 | 285888 | 369630 |
| 其他企业 | | | | |
| 港、澳、台商投资企业 | 120892 | 318 | 48485 | 73398 |
| 外商投资企业 | 14172 | 1502 | 53779 | 37809 |
| **按轻重工业分** | | | | |
| 轻工业 | 95490 | 10227 | 344666 | 417354 |
| 重工业 | 286082 | 29206 | 317747 | 553012 |
| **按大中小型工业分** | | | | |
| 大型企业 | 218524 | 4831 | 106247 | 216058 |
| 中型企业 | 83338 | 18583 | 234130 | 324974 |
| 小型、微型企业 | 79711 | 16018 | 322036 | 429335 |

5-8 续表 5.1

单位：万元

| 指标名称 | 其他业务收入 | 其他业务利润 | 销售费用 | 管理费用 |
|---|---|---|---|---|
| **总计** | **381572** | **39433** | **662413** | **970367** |
| 非金属矿采选业 | 3 | | 2118 | 1186 |
| 农副食品加工业 | 47332 | 4828 | 65592 | 78297 |
| 食品制造业 | 19255 | 2625 | 41066 | 41052 |
| 酒、饮料和精制茶制造业 | 6772 | 257 | 45882 | 31435 |
| 烟草制品业 | 5778 | 958 | 21544 | 60225 |
| 纺织业 | 1131 | 301 | 1219 | 4430 |
| 纺织服装、服饰业 | 123 | | 189 | 3083 |
| 皮革、毛皮、羽毛及其制品和制鞋业 | | | 8019 | 9982 |
| 木材加工和木、竹、藤、棕、草制品业 | 6063 | 8580 | 23781 | 32071 |
| 家具制造业 | | | 8697 | 5538 |
| 造纸和纸制品业 | 682 | 309 | 21499 | 22801 |
| 印刷和记录媒介复制业 | 3548 | 189 | 9663 | 22452 |
| 文教、工美、体育和娱乐用品制造业 | | | 1322 | 2285 |
| 石油加工、炼焦和核燃料加工业 | | | 578 | 3850 |
| 化学原料和化学制品制造业 | 13344 | 1983 | 46255 | 62012 |
| 医药制造业 | 2448 | 548 | 79241 | 77972 |
| 橡胶和塑料制品业 | 7453 | 108 | 25382 | 34591 |
| 非金属矿物制品业 | 8528 | 1112 | 56453 | 68905 |
| 黑色金属冶炼和压延加工业 | | | 628 | 1494 |
| 有色金属冶炼和压延加工业 | 95588 | 171 | 42925 | 122499 |
| 金属制品业 | 6112 | 374 | 19678 | 25166 |
| 通用设备制造业 | 789 | 47 | 6857 | 15019 |
| 专用设备制造业 | 4394 | 2044 | 35907 | 60679 |
| 汽车制造业 | 13142 | 6613 | 24243 | 38637 |
| 铁路、船舶、航空航天和其他运输设备制造业 | 2204 | | 1159 | 3088 |
| 电气机械和器材制造业 | 1713 | 79 | 31045 | 55551 |
| 计算机、通信和其他电子设备制造业 | 116491 | 74 | 24183 | 49873 |
| 仪器仪表制造业 | 848 | | 4093 | 12074 |
| 其他制造业 | 24 | 24 | 3748 | 6272 |
| 废弃资源综合利用业 | 11 | | | 509 |
| 金属制品、机械和设备修理业 | | | | |
| 电力、热力生产和供应业 | 1839 | | | 3070 |
| 燃气生产和供应业 | 15191 | 7684 | 5964 | 5971 |
| 水的生产和供应业 | 767 | 525 | 3482 | 8299 |

单位：万元

| 指标名称 | 财务费用 | #利息支出 | 营业利润 | 利润总额 | 亏损企业亏损总额 |
|---|---|---|---|---|---|
| **总计** | **156535** | **145348** | **1615987** | **1727236** | **45649** |
| #亏损企业 | 32144 | 27991 | -48534 | -45649 | 45649 |
| 国有控股企业 | 78001 | 63500 | 177083 | 200089 | 26897 |
| **按登记注册类型分组** | | | | | |
| 国有企业 | 314 | 829 | 28161 | 28646 | 756 |
| #中央企业 | -525 | | 12445 | 12445 | |
| 地方企业 | 839 | 829 | 15715 | 16201 | 756 |
| 集体企业 | -21 | | 2231 | 2338 | |
| 股份合作企业 | | | | | |
| 联营企业 | | | | | |
| 有限责任公司 | 57802 | 38740 | 448380 | 509825 | 21100 |
| #国有独资公司 | 2225 | 3996 | 7602 | 9446 | 1152 |
| 其他有限责任公司 | 55577 | 34744 | 440778 | 500379 | 19948 |
| 股份有限公司 | 51331 | 54871 | 96814 | 101254 | 14737 |
| 私营企业 | 33849 | 30796 | 781146 | 797726 | 6440 |
| 其他企业 | | | | | |
| 港、澳、台商投资企业 | 8566 | 15226 | 177325 | 199419 | 957 |
| 外商投资企业 | 4695 | 4887 | 81931 | 88028 | 1659 |
| **按轻重工业分** | | | | | |
| 轻工业 | 72229 | 70960 | 617375 | 645776 | 22388 |
| 重工业 | 84307 | 74388 | 998612 | 1081460 | 23261 |
| **按大中小型工业分** | | | | | |
| 大型企业 | 72122 | 58082 | 214663 | 246444 | 14370 |
| 中型企业 | 33387 | 42433 | 640024 | 696953 | 7689 |
| 小型、微型企业 | 51027 | 44834 | 761300 | 783839 | 23590 |

5-8 续表 6.1

单位：万元

| 指标名称 | 财务费用 | # 利息支出 | 营业利润 | 利润总额 | 亏损企业亏损总额 |
|---|---|---|---|---|---|
| **总计** | **156535** | **145348** | **1615987** | **1727236** | **45649** |
| 非金属矿采选业 | 152 | 106 | 7170 | 7029 | |
| 农副食品加工业 | 50257 | 45727 | 98735 | 115009 | 17242 |
| 食品制造业 | 5361 | 5064 | 69305 | 72266 | 624 |
| 酒、饮料和精制茶制造业 | 1822 | 1964 | 63408 | 67892 | |
| 烟草制品业 | -3542 | 2545 | 57523 | 56980 | |
| 纺织业 | 1008 | 1595 | 4885 | 6921 | 217 |
| 纺织服装、服饰业 | -72 | 13 | 565 | 910 | |
| 皮革、毛皮、羽毛及其制品和制鞋业 | 862 | 491 | 7815 | 7819 | |
| 木材加工和木、竹、藤、棕、草制品业 | 4408 | 5299 | 57440 | 60492 | 3181 |
| 家具制造业 | 496 | 55 | 1797 | 1899 | |
| 造纸和纸制品业 | 3458 | 2496 | 27973 | 27712 | 312 |
| 印刷和记录媒介复制业 | 302 | 399 | 53763 | 53870 | 655 |
| 文教、工美、体育和娱乐用品制造业 | 318 | 261 | 4516 | 4690 | 219 |
| 石油加工、炼焦和核燃料加工业 | 27 | 23 | 5014 | 5014 | |
| 化学原料和化学制品制造业 | 6820 | 7252 | 153466 | 156715 | 215 |
| 医药制造业 | 6254 | 6114 | 114199 | 116223 | 2592 |
| 橡胶和塑料制品业 | 4266 | 2908 | 67895 | 68023 | 373 |
| 非金属矿物制品业 | 10758 | 8168 | 154358 | 158202 | 4795 |
| 黑色金属冶炼和压延加工业 | 1043 | 702 | -2168 | -2161 | 3429 |
| 有色金属冶炼和压延加工业 | 27773 | 6559 | 8330 | 15060 | 468 |
| 金属制品业 | 3165 | 2377 | 28544 | 28515 | 5368 |
| 通用设备制造业 | 2205 | 2166 | 13498 | 14743 | 399 |
| 专用设备制造业 | 3874 | 5354 | 119087 | 120007 | 3581 |
| 汽车制造业 | 4028 | 5611 | 107121 | 114590 | |
| 铁路、船舶、航空航天和其他运输设备制造业 | 1121 | 1178 | 12735 | 13337 | |
| 电气机械和器材制造业 | 3724 | 3148 | 133666 | 134149 | 7 |
| 计算机、通信和其他电子设备制造业 | 2211 | 10013 | 133403 | 152220 | 200 |
| 仪器仪表制造业 | 1780 | 1292 | 22484 | 22826 | 1530 |
| 其他制造业 | 157 | 63 | 18074 | 18079 | |
| 废弃资源综合利用业 | 505 | 505 | 467 | 445 | |
| 金属制品、机械和设备修理业 | | | | | |
| 电力、热力生产和供应业 | 4786 | 5019 | 19470 | 19519 | |
| 燃气生产和供应业 | 538 | 673 | 7815 | 43927 | 243 |
| 水的生产和供应业 | 6671 | 10208 | 43637 | 44317 | |

单位：万元

| 指标名称 | 本年应付职工薪酬 | 全部从业人员年平均数（人） |
| --- | --- | --- |
| **总计** | **1233991** | **175588** |
| # 亏损企业 | 69963 | 12687 |
| 国有控股企业 | 282994 | 29635 |
| **按登记注册类型分组** | | |
| 国有企业 | 73713 | 5959 |
| # 中央企业 | 53605 | 3158 |
| 地方企业 | 20108 | 2801 |
| 集体企业 | 5595 | 894 |
| 股份合作企业 | | |
| 联营企业 | | |
| 有限责任公司 | 311891 | 44899 |
| # 国有独资公司 | 27417 | 3098 |
| 其他有限责任公司 | 284474 | 41801 |
| 股份有限公司 | 96914 | 12087 |
| 私营企业 | 413151 | 69261 |
| 其他企业 | | |
| 港、澳、台商投资企业 | 277082 | 32856 |
| 外商投资企业 | 55645 | 9632 |
| **按轻重工业分组** | | |
| 轻工业 | 471355 | 70921 |
| 重工业 | 762636 | 104667 |
| **按大中小型工业分** | | |
| 大型企业 | 398440 | 47956 |
| 中型企业 | 431670 | 56668 |
| 小型、微型企业 | 403882 | 70964 |

5-8 续表 7.1

单位：万元

| 指标名称 | 本年应付职工薪酬 | 全部从业人员年平均数（人） |
|---|---|---|
| **总计** | **1233991** | **175588** |
| 非金属矿采选业 | 1165 | 305 |
| 农副食品加工业 | 113001 | 16666 |
| 食品制造业 | 44514 | 7453 |
| 酒、饮料和精制茶制造业 | 25176 | 6533 |
| 烟草制品业 | 53843 | 1365 |
| 纺织业 | 8544 | 1910 |
| 纺织服装、服饰业 | 2401 | 478 |
| 皮革、毛皮、羽毛及其制品和制鞋业 | 10990 | 1844 |
| 木材加工和木、竹、藤、棕、草制品业 | 46970 | 9253 |
| 家具制造业 | 3414 | 639 |
| 造纸和纸制品业 | 28641 | 4790 |
| 印刷和记录媒介复制业 | 30138 | 4989 |
| 文教、工美、体育和娱乐用品制造业 | 4562 | 941 |
| 石油加工、炼焦和核燃料加工业 | 2395 | 505 |
| 化学原料和化学制品制造业 | 64300 | 10108 |
| 医药制造业 | 83395 | 11801 |
| 橡胶和塑料制品业 | 33885 | 6746 |
| 非金属矿物制品业 | 97105 | 15596 |
| 黑色金属冶炼和压延加工业 | 1513 | 351 |
| 有色金属冶炼和压延加工业 | 21429 | 4517 |
| 金属制品业 | 33548 | 5501 |
| 通用设备制造业 | 19901 | 2605 |
| 专用设备制造业 | 61368 | 9270 |
| 汽车制造业 | 42864 | 5861 |
| 铁路、船舶、航空航天和其他运输设备制造业 | 5956 | 697 |
| 电气机械和器材制造业 | 43514 | 7500 |
| 计算机、通信和其他电子设备制造业 | 241673 | 27842 |
| 仪器仪表制造业 | 10988 | 1741 |
| 其他制造业 | 8064 | 1459 |
| 废弃资源综合利用业 | 585 | 51 |
| 金属制品、机械和设备修理业 | | |
| 电力、热力生产和供应业 | 57912 | 3630 |
| 燃气生产和供应业 | 6365 | 923 |
| 水的生产和供应业 | 23874 | 1718 |

# 5-9 各县区规模以上工业企业单位数

（2017 年）

单位：个

| 指标名称 | 兴宁区 | 青秀区 | 江南区 | 西乡塘区 | 良庆区 | 邕宁区 |
|---|---|---|---|---|---|---|
| **按统计口径分组** | | | | | | |
| 年主营业务收入 2000 万元及以上工业 | 26 | 29 | 167 | 229 | 58 | 24 |
| # 国有控股企业 | 5 | 10 | 18 | 25 | 3 | 8 |
| **按轻重工业分** | | | | | | |
| 轻工业 | 10 | 17 | 77 | 104 | 30 | 3 |
| 重工业 | 16 | 12 | 90 | 125 | 28 | 21 |
| **按企业规模分** | | | | | | |
| 大型企业 | | | 9 | 8 | | |
| 中型企业 | 4 | 3 | 20 | 48 | 10 | 4 |
| 小型、微型企业 | 22 | 26 | 138 | 173 | 48 | 20 |
| **按登记注册类型分** | | | | | | |
| 国有企业 | | 6 | 2 | 6 | | |
| 集体企业 | 1 | 2 | 1 | | | |
| 股份合作企业 | | | | | | |
| 有限责任公司 | 8 | 9 | 52 | 49 | 13 | 9 |
| 股份有限公司 | | | 8 | 7 | 3 | 1 |
| 私营企业 | 16 | 11 | 86 | 146 | 34 | 13 |
| 其它企业 | | | | 1 | | |
| 港澳台商投资企业 | | | 11 | 11 | 6 | |
| 外商投资企业 | 1 | 1 | 7 | 9 | 2 | 1 |

5-9 续表 单位：个

| 指标名称 | 武鸣区 | 隆安县 | 马山县 | 上林县 | 宾阳县 | 横　县 |
|---|---|---|---|---|---|---|
| **按统计口径分组** | | | | | | |
| 年主营业务收入2000万元及以上工业 | 196 | 37 | 13 | 16 | 65 | 100 |
| #国有控股企业 | 11 | 4 | 1 | | 5 | 9 |
| **按轻重工业分** | | | | | | |
| 轻工业 | 92 | 17 | 5 | 6 | 38 | 62 |
| 重工业 | 104 | 20 | 8 | 10 | 27 | 38 |
| **按企业规模分** | | | | | | |
| 大型企业 | 2 | | | | 2 | |
| 中型企业 | 33 | 4 | | 2 | 17 | 44 |
| 小型、微型企业 | 161 | 33 | 13 | 14 | 46 | 56 |
| **按登记注册类型分** | | | | | | |
| 国有企业 | 2 | 1 | | | 1 | 1 |
| 集体企业 | | | | | | 2 |
| 股份合作企业 | | | | | | |
| 有限责任公司 | 73 | 6 | 4 | 5 | 21 | 17 |
| 股份有限公司 | 5 | | 1 | | 1 | 2 |
| 私营企业 | 100 | 30 | 8 | 11 | 40 | 70 |
| 其它企业 | | | | | | |
| 港澳台商投资企业 | 6 | | | | | 5 |
| 外商投资企业 | 10 | | | | 2 | 3 |

## 5-10 各县规模以上工业总产值

（2017 年，按当年价计算）

单位：万元

| 指标名称 | 兴宁区 | 青秀区 | 江南区 | 西乡塘区 | 良庆区 | 邕宁区 |
|---|---|---|---|---|---|---|
| 按统计口径分组 | | | | | | |
| 年主营业务收入 2000 万元及以上工业 | 352829 | 501357 | 13439015 | 10374991 | 1593010 | 553931 |
| # 国有控股企业 | 53468 | 69665 | 2339707 | 2042334 | 44693 | 169756 |
| 按轻重工业分 | | | | | | |
| 轻工业 | 78896 | 333738 | 4050288 | 4224761 | 792452 | 18092 |
| 重工业 | 273933 | 167620 | 9388727 | 6150231 | 800558 | 535839 |
| 按企业规模分 | | | | | | |
| 大型企业 | | | 5862694 | 2543438 | | |
| 中型企业 | 110193 | 312200 | 2112110 | 2837982 | 507404 | 248827 |
| 小型、微型企业 | 242636 | 189158 | 5464211 | 4993572 | 1085606 | 305104 |
| 按登记注册类型分 | | | | | | |
| 国有企业 | | 26749 | 984394 | 185124 | | |
| 集体企业 | 8838 | 6445 | 46307 | | | |
| 股份合作企业 | | | | | | |
| 有限责任公司 | 172257 | 162755 | 2548219 | 1637587 | 265192 | 164995 |
| 股份有限公司 | | | 770712 | 355099 | 50750 | 19782 |
| 私营企业 | 153687 | 300646 | 4718138 | 5529313 | 1078399 | 366842 |
| 其它企业 | | | | 1181058 | | |
| 港澳台商投资企业 | | | 4123010 | 1113018 | 144327 | |
| 外商投资企业 | 18047 | 4763 | 248234 | 373792 | 54343 | 2312 |

5-10 续表

单位：万元

| 指标名称 | 武鸣区 | 隆安县 | 马山县 | 上林县 | 宾阳县 | 横　县 |
| --- | --- | --- | --- | --- | --- | --- |
| **按统计口径分组** | | | | | | |
| 年主营业务收入 2000 万元及以上工业 | 5008001 | 506991 | 86595 | 191952 | 1683695 | 2838329 |
| # 国有控股企业 | 215999 | 63362 | 15930 | | 211780 | 556360 |
| **按轻重工业分** | | | | | | |
| 轻工业 | 2497048 | 263313 | 36581 | 93895 | 1017677 | 1549419 |
| 重工业 | 2510952 | 243678 | 50014 | 98057 | 666018 | 1288909 |
| **按企业规模分** | | | | | | |
| 大型企业 | 348109 | | | | 247777 | |
| 中型企业 | 1570039 | 120928 | | 43657 | 759373 | 2132057 |
| 小型、微型企业 | 3089852 | 386063 | 86595 | 148296 | 676545 | 706272 |
| **按登记注册类型分** | | | | | | |
| 国有企业 | 28808 | 4296 | | | 12295 | 85906 |
| 集体企业 | | | | | | 4315 |
| 股份合作企业 | | | | | | |
| 有限责任公司 | 2033753 | 174280 | 29850 | 88177 | 593488 | 625469 |
| 股份有限公司 | 154068 | | 15930 | | 37402 | 185014 |
| 私营企业 | 2185770 | 328415 | 40815 | 103775 | 898067 | 1604386 |
| 其它企业 | | | | | | |
| 港澳台商投资企业 | 176006 | | | | | 171737 |
| 外商投资企业 | 429596 | | | | 142443 | 161503 |

# 5-11 各县区规模以上工业企业主要工业产品产量

（2017 年）

| 产品名称 | 单位 | 兴宁区 | 青秀区 | 江南区 | 西乡塘区 | 良庆区 | 邕宁区 |
|---|---|---|---|---|---|---|---|
| 大米 | 吨 | | 522014 | 63063 | | | |
| 精制食用植物油 | 吨 | | 686 | 68112 | | | |
| 饲料 | 吨 | 113128 | | 2977948 | 500729 | 977367 | |
| #配合饲料 | 吨 | 97212 | | 2927675 | 175963 | 393863 | |
| 混合饲料 | 吨 | 15916 | | 21410 | 238136 | 583504 | |
| 成品糖 | 吨 | | | 327014 | 49768 | 33638 | |
| 淀粉及淀粉制品 | 吨 | | | 617363 | | | |
| 鲜、冷藏肉 | 吨 | 11740 | | | 3225 | | |
| 乳制品 | 吨 | 2080 | | 14000 | 163655 | 39058 | |
| 罐头 | 吨 | | | 79352 | | | |
| 冷冻饮品 | 吨 | | | 178871 | | | |
| 蚕丝 | 吨 | | | | | 6 | |
| 服装 | 万件 | | 94 | | | 38 | |
| 锯材 | 立方米 | | 8665 | 245399 | | | |
| 人造板 | 立方米 | 161348 | | 5205771 | 289873 | 469792 | |
| 家具 | 件 | 182279 | | | | | |
| 纸浆（原生浆及废纸浆） | 吨 | | | | | | |
| 机制纸及纸板（外购原纸加工除外） | 吨 | | 16759 | | | | |
| 纸制品 | 吨 | 7738 | | 453234 | | 5253 | |
| 单色印刷品 | 令 | | 227065 | | 103868 | | |
| 多色印刷品 | 对开色令 | 626763 | 389386 | | 738108 | | |
| 合成复合肥料（实物量） | 吨 | | | | 239751 | | |
| 卷烟 | 万支 | | | | 3606305 | | |
| 植物类饮片 | 千克 | | 843205 | | | | |
| 中成药 | 吨 | 1344 | 207 | 6970 | 4745 | 14477 | |
| 塑料制品 | 吨 | | | 756241 | 18991 | 12386 | 9700 |
| 松香 | 吨 | | 2795 | | | | |
| 松节油 | 吨 | | 281 | | | | |
| 香精 | 吨 | | 1376 | | | | |
| 硅酸盐水泥熟料 | 吨 | | | | 3749501 | | 188625 |
| 水泥 | 吨 | | | | 4086640 | | 763812 |
| 商品混凝土 | 立方米 | 3277080 | 1596385 | 7117183 | 4681666 | 6069016 | 2794418 |
| 水泥混凝土电杆 | 根 | | | | | 28849 | |
| 砖 | 万块 | | | 10001 | | | |
| 平板玻璃 | 重量箱 | | | 2807545 | | | |
| 钢材 | 吨 | 101053 | | 146875 | | 319352 | 18310 |
| 铝材 | 吨 | | | 401413 | | | |
| 钢结构 | 吨 | | | 49974 | | | 90578 |
| 金属门窗及类似制品 | 吨 | 1002 | | 159721 | | | 9298 |
| 小型拖拉机 | 台 | 5870 | | 18018 | | | |
| 起重机 | 吨 | | | | | | 45879 |
| 矿山专用设备 | 吨 | | 4211 | 65746 | 1357 | | |
| 机动车（汽车）零配件 | 千元 | | | 1396057 | | | |
| 配电或电器控制设备（11 万伏以下） | 台（套、面） | | | 373626 | | 4472 | |
| 电力电缆 | 千米 | | | 2105575 | 2034 | 964 | |
| 家用电风扇 | 台 | | | | 435821 | | |
| 家用吸排油烟机 | 台 | | | | 1022 | | |
| 电饭锅 | 个 | | | | 13123 | | |
| 卫星导航定位接收机 | 部 | | | | | | |
| 光电子器件 | 万只（片） | | | 127 | | | |
| 电子元件 | 万只 | | | 32649 | | | |
| 表 | 只 | | 529254 | | | | |

5-11 续表

| 产品名称 | 单位 | 武鸣区 | 隆安县 | 马山县 | 上林县 | 宾阳县 | 横　县 |
|---|---|---|---|---|---|---|---|
| 小麦粉 | 吨 |  |  |  |  | 54786 |  |
| 大米 | 吨 | 8074 |  |  |  | 415274 | 30915 |
| 精制食用植物油 | 吨 | 19331 |  |  |  |  |  |
| 饲料 | 吨 | 655479 | 554352 |  |  | 630248 | 129810 |
| # 配合饲料 | 吨 | 578983 | 336286 |  |  | 591079 | 129810 |
| 混合饲料 | 吨 | 36573 | 218066 |  |  |  |  |
| 成品糖 | 吨 | 13890 | 35355 | 17687 | 44047 | 172605 | 216801 |
| 淀粉及淀粉制品 | 吨 | 221902 | 80980 | 5940 |  |  | 59355 |
| 鲜、冷藏肉 | 吨 | 119886 |  |  |  |  | 53255 |
| 方便面 | 吨 | 7025 |  |  |  | 7332 |  |
| 罐头 | 吨 |  |  |  |  |  | 26635 |
| 发酵酒精(折 96 度，商品量) | 千升 | 31450 | 36251 | 31824 |  |  |  |
| 软饮料 | 吨 |  |  |  |  |  |  |
| 精制茶 | 吨 | 2103 |  |  |  |  | 108273 |
| 蚕丝 | 吨 | 1096 | 114 |  | 1668 | 2310 | 2572 |
| 轻革 | 平方米 |  |  |  |  |  | 350117 |
| 人造板 | 立方米 | 1631028 | 496063 | 28127 |  | 1033060 | 1175809 |
| 家具 | 件 | 60286 |  |  |  |  |  |
| 纸浆(原生浆及废纸浆) | 吨 |  |  |  |  |  | 247679 |
| 机制纸及纸板(外购原纸加工除外) | 吨 | 38821 |  |  |  | 27992 | 93087 |
| 纸制品 | 吨 | 326000 |  |  |  |  | 315647 |
| 甲醛 | 吨 |  | 102535 |  |  | 42922 |  |
| 合成氨(无水氨) | 吨 | 57088 | 29160 |  |  | 28113 |  |
| 农用氮、磷、钾化学肥料总计(折纯) | 吨 | 44084 | 11889 |  |  | 21872 |  |
| 化学农药原药(折有效成分 100%) | 吨 |  |  |  |  |  |  |
| 中成药 | 吨 | 8593 |  |  |  |  | 7085 |
| 塑料制品 | 吨 | 198366 |  |  |  |  | 39406 |
| 松香 | 吨 | 37516 | 8047 |  | 13804 |  |  |
| 硅酸盐水泥熟料 | 吨 | 2012096 | 1898207 | 206892 |  | 2119867 | 2076783 |
| 水泥 | 吨 | 2760020 | 1588951 | 327575 | 668724 | 1490866 | 3196222 |
| 商品混凝土 | 立方米 | 1970668 |  | 110148 | 778850 | 1005690 | 1070282 |
| 水泥混凝土电杆 | 根 | 137480 |  |  |  | 169736 | 45614 |
| 砖 | 万块 | 16222 |  |  |  |  |  |
| 卫生陶瓷制品 | 件 |  |  |  |  | 4239354 |  |
| 钢材 | 吨 |  |  |  |  |  | 350018 |
| 铝材 | 吨 | 5100 |  |  |  |  |  |
| 气动元件 | 件 |  |  |  |  | 104252 |  |
| 电子元件 | 万只 |  |  |  |  | 198334 |  |
| 小型拖拉机 | 台 | 85334 |  |  |  |  |  |

# 5-12 规模以上工业企业技术开发机构、人员情况

（2017 年）

| 指标名称 | 企业数（个） | 有 R&D 活动（个） | 科技机构数（个） | 机构人员（人） | #博士毕业 | #硕士毕业 | 机构经费支出（万元） |
|---|---|---|---|---|---|---|---|
| **总计** | **957** | **159** | **76** | **2083** | **35** | **293** | **42135** |
| **按企业规模分** | | | | | | | |
| 大型 | 19 | 9 | 22 | 898 | 9 | 97 | 15394 |
| 中型 | 189 | 50 | 26 | 616 | 10 | 60 | 10382 |
| 小型 | 721 | 98 | 28 | 569 | 16 | 136 | 16360 |
| 微型 | 28 | 2 | | | | | |
| **按登记注册类型分** | | | | | | | |
| 国有企业 | 17 | 4 | 10 | 94 | 6 | 31 | 1023 |
| 集体企业 | 6 | 1 | 1 | 6 | | | 16 |
| 有限责任公司 | 266 | 50 | 20 | 739 | 16 | 82 | 12790 |
| 股份有限公司 | 28 | 11 | 19 | 418 | 2 | 61 | 12175 |
| 私营企业 | 565 | 83 | 23 | 754 | 10 | 104 | 11162 |
| 其他企业 | | | | | | | |
| 港、澳、台商投资企业 | 39 | 5 | 1 | 14 | | 5 | 1106 |
| 外商投资企业 | 36 | 5 | 2 | 58 | 1 | 10 | 3862 |
| **按新国民经济行业大类分** | | | | | | | |
| 采矿业 | 13 | | | | | | |
| 制造业 | 926 | 158 | 76 | 2083 | 35 | 293 | 42135 |
| 电力、热力、燃气及水生产和供应业 | 18 | 1 | | | | | |
| **按地区分组** | | | | | | | |
| 兴宁区 | 26 | 6 | 1 | 22 | | 2 | 685 |
| 青秀区 | 28 | 4 | 5 | 28 | 4 | 8 | 56 |
| 江南区（含经济技术开发区） | 165 | 36 | 16 | 617 | 13 | 97 | 13810 |
| 西乡塘区（含高新技术产业开发区） | 228 | 68 | 32 | 853 | 10 | 131 | 22870 |
| 良庆区 | 58 | 10 | 8 | 124 | 1 | 27 | 1962 |
| 邕宁区 | 24 | 3 | 4 | 23 | | | 69 |
| 武鸣区（含东盟经济开发区） | 196 | 14 | 6 | 151 | 4 | 22 | 2355 |
| 隆安县 | 37 | 2 | | | | | |
| 马山县 | 13 | 1 | | | | | |
| 上林县 | 16 | 1 | | | | | |
| 宾阳县 | 65 | 2 | 1 | 226 | 1 | | 2 |
| 横　县 | 100 | 12 | 3 | 39 | 2 | 6 | 326 |

# 5-13 规模以上工业企业技术开发经费支出情况

（2017 年）

单位：万元

| 指标名称 | R&D 人员合计（人） | R&D 经费内部支出（万元） | #基础研究支出 | #应用研究支出 | #试验发展支出 | R&D 项目数（项） |
|---|---|---|---|---|---|---|
| **总计** | **5090** | **144450** | | **913** | **143537** | **766** |
| **按企业规模分** | | | | | | |
| 大型 | 1169 | 22406 | | | 22406 | 140 |
| 中型 | 1873 | 50177 | | 726 | 49451 | 299 |
| 小型 | 2039 | 71710 | | 187 | 71523 | 324 |
| 微型 | 9 | 158 | | | 158 | 3 |
| **按登记注册类型分** | | | | | | |
| 国有企业 | 194 | 4970 | | | 4970 | 43 |
| 集体企业 | 22 | 53 | | | 53 | 4 |
| 有限责任公司 | 1773 | 46383 | | | 46383 | 249 |
| 股份有限公司 | 725 | 13334 | | 35 | 13299 | 83 |
| 私营企业 | 1960 | 69752 | | 726 | 69026 | 359 |
| 其他企业 | | | | | | |
| 港、澳、台商投资企业 | 329 | 5535 | | | 5535 | 19 |
| 外商投资企业 | 87 | 4424 | | 152 | 4271 | 9 |
| **按新国民经济行业大类分** | | | | | | |
| 采矿业 | | | | | | |
| 制造业 | 5085 | 144446 | | 913 | 143533 | 763 |
| 电力、热力、燃气及水生产和供应业 | 5 | 4 | | | 4 | 3 |
| **按地区分组** | | | | | | |
| 兴宁区 | 116 | 2647 | | | 2647 | 25 |
| 青秀区 | 72 | 303 | | | 303 | 18 |
| 江南区（含经济技术开发区） | 1121 | 26288 | | 152 | 26136 | 161 |
| 西乡塘区（含高新技术产业开发区） | 2666 | 96087 | | 212 | 95876 | 415 |
| 良庆区 | 225 | 3064 | | 35 | 3029 | 42 |
| 邕宁区 | 114 | 2644 | | | 2644 | 20 |
| 武鸣区（含东盟经济开发区） | 358 | 3753 | | | 3753 | 36 |
| 隆安县 | 28 | 383 | | | 383 | 4 |
| 马山县 | 12 | 65 | | | 65 | 1 |
| 上林县 | 6 | 43 | | | 43 | 1 |
| 宾阳县 | 165 | 3922 | | | 3922 | 3 |
| 横　县 | 207 | 5252 | | 514 | 4738 | 40 |

# 5-14 规模以上工业企业科技项目及成果情况

（2017 年）

| 指标名称 | 专利申请数（件） | #发明专利 | 新产品开发项目数（项） | 新产品开发经费支出（万元） | 新产品销售收入（万元） |
|---|---|---|---|---|---|
| **总计** | **613** | **375** | **860** | **182355** | **1797193** |
| **按企业规模分** | | | | | |
| 大型 | 85 | 55 | 171 | 52444 | 501966 |
| 中型 | 239 | 144 | 326 | 51505 | 768980 |
| 小型 | 289 | 176 | 362 | 78279 | 524247 |
| 微型 | | | 1 | 127 | 2000 |
| **按登记注册类型分** | | | | | |
| 国有企业 | 40 | 30 | 38 | 4932 | 61450 |
| 集体企业 | | | 4 | 53 | 18 |
| 有限责任公司 | 199 | 142 | 267 | 69024 | 592516 |
| 股份有限公司 | 85 | 41 | 142 | 19984 | 178379 |
| 私营企业 | 258 | 143 | 379 | 75905 | 846176 |
| 其他企业 | | | | | |
| 港、澳、台商投资企业 | 16 | 10 | 23 | 8551 | 64953 |
| 外商投资企业 | 15 | 9 | 7 | 3905 | 53702 |
| **按新国民经济行业大类分** | | | | | |
| 采矿业 | | | | | |
| 制造业 | 613 | 375 | 859 | 182347 | 1797193 |
| 电力、热力、燃气及水生产和供应业 | | | 1 | 8 | |
| **按地区分组** | | | | | |
| 兴宁区 | 21 | 9 | 24 | 3332 | 48495 |
| 青秀区 | 2 | 2 | 19 | 445 | 4921 |
| 江南区（含经济技术开发区） | 152 | 83 | 204 | 57765 | 423511 |
| 西乡塘区(含高新技术产业开发区) | 224 | 120 | 473 | 102256 | 1140338 |
| 良庆区 | 23 | 15 | 31 | 2939 | 23921 |
| 邕宁区 | 18 | 2 | 20 | 4154 | 8897 |
| 武鸣区（含东盟经济开发区） | 106 | 93 | 66 | 4360 | 102984 |
| 隆安县 | | | | | 8260 |
| 马山县 | | | | | |
| 上林县 | 10 | 10 | | | |
| 宾阳县 | 13 | 9 | 4 | 4456 | 9171 |
| 横　县 | 44 | 32 | 19 | 2649 | 26696 |

# 六 运输邮电

# CHAPTER 6 TRANSPORT,POSTAL AND TEL-ECOMMUNICATION

# 6-1 全市主要年份交通邮电情况

| 年份 | 邮电业务总量（万元） | 年末电话用户（户） | 客运量（万人） | 货运量（万吨） |
|---|---|---|---|---|
| 1950 | 53 | 174 | | 8 |
| 1965 | 381 | 4859 | | 215 |
| 1978 | 420 | 7691 | | 347 |
| 1980 | 487 | 9195 | | 313 |
| 1985 | 1211 | 17277 | 3907 | 1055 |
| 1986 | 1384 | 20423 | 4615 | 1268 |
| 1987 | 1709 | 24171 | 5795 | 1428 |
| 1988 | 1990 | 28145 | 6234 | 2703 |
| 1989 | 2311 | 33663 | 6338 | 1915 |
| 1990 | 5219 | 37131 | 3908 | 1863 |
| 1991 | 6854 | 47878 | 2625 | 2226 |
| 1992 | 9807 | 60333 | 2896 | 2589 |
| 1993 | 16745 | 87174 | 2545 | 2908 |
| 1994 | 29695 | 140004 | 3835 | 3457 |
| 1995 | 47626 | 228940 | 4545 | 3341 |
| 1996 | 65478 | 248387 | 4959 | 3413 |
| 1997 | 86853 | 361554 | 5457 | 3450 |
| 1998 | 112896 | 403001 | 5026 | 3470 |
| 1999 | 133877 | 645717 | 5130 | 3293 |
| 2000 | 190253 | 865319 | 5149 | 3291 |
| 2001 | 255793 | 913508 | 5266 | 3371 |
| 2002 | 291117 | 1543341 | 5343 | 3442 |
| 2003 | 191649 | 2678588 | 7017 | 5893 |
| 2004 | 248049 | 3527773 | 8451 | 6791 |
| 2005 | 293587 | 3658498 | 9131 | 7236 |
| 2006 | 689043 | 4040947 | 9665 | 7853 |
| 2007 | 1033495 | 4408556 | 10532 | 9237 |
| 2008 | 1289710 | 4880161 | 8066 | 13044 |
| 2009 | 1459981 | 5498397 | 8987 | 15491 |
| 2010 | 1769876 | 6043808 | 10153 | 19171 |
| 2011 | 829763 | 7917861 | 11170 | 24326 |
| 2012 | 945554 | 8247169 | 12036 | 29783 |
| 2013 | 1009173 | 8526254 | 8364 | 30877 |
| 2014 | 1277064 | 8305419 | 8697 | 33146 |
| 2015 | 1579550 | 8213790 | 9185 | 36282 |
| 2016 | 2415421 | 8478748 | 8898 | 32429 |
| 2017 | 2062507 | 10096927 | 9245 | 35142 |

注: 1. 邮电业务总量 1950 年为 1952 年不变价，1965 年为 1957 年不变价，1978 年 -1980 年为 1970 年不变价，1985 年 -1989 年为 1980 年不变价，1990 年 -2002 年为 1990 年不变价 ,2003 年 -2010 年为 2000 年不变价，2011 年以后为 2010 年不变价。2003 年以后为行政区划调整后的数据，其余年份为原南宁口径。2. 年末电话用户数来自中国移动广西有限公司南宁分公司、中国联合网络通信有限公司南宁分公司、铁通公司南宁分公司、中国电信股份有限公司南宁分公司。

# 6-2 全市民用车辆拥有量

(2017 年)　　单位：辆

| 指标名称 | 总 计 | # 个 人 |
| --- | --- | --- |
| **合计** | **2131520** | **1938392** |
| **汽车** | **1315448** | **1131833** |
| # 载客汽车 | 1168187 | 1080484 |
| # 大型 | 8558 | 76 |
| 中型 | 3067 | 784 |
| 小型 | 1145959 | 1069350 |
| 微型 | 10603 | 10274 |
| # 载货汽车 | 139598 | 48244 |
| # 重型 | 39066 | 3130 |
| 中型 | 12341 | 2889 |
| 轻型 | 87905 | 42027 |
| 微型 | 286 | 198 |
| 其他汽车 | 7663 | 3105 |
| # 三轮汽车 | 23 | 22 |
| 低速汽车 | 1335 | 607 |
| **摩托车** | **676537** | **673108** |
| # 普通 | 673384 | 669955 |
| 轻便 | 3153 | 3153 |
| **拖拉机** | **132792** | **132792** |
| # 大中型 | 7569 | 7569 |
| 小型 | 48674 | 48674 |
| **挂车** | **6740** | **659** |
| **其他类型车** | **3** | |

## 6-3 全市民用运输船舶拥有量

(2017 年)

| 指标名称 | 单 位 | 总 计 | #私 人 |
|---|---|---|---|
| 机动船 | 艘 | 1155 | 327 |
| 载客量 | 客位 | 8390 | 7976 |
| 净载重量 | 吨位 | 1116909 | 35707 |
| 总功率 | 千瓦 | 294912 | 28004 |
| 客船 | 艘 | 186 | 173 |
| 载客量 | 客位 | 8390 | 7976 |
| 货船 | 艘 | 969 | 154 |
| 净载重量 | 吨位 | 1116909 | 35707 |

## 6-4 全市全社会客货运输量

(2017 年)

| 指标名称 | 客运量（万人） | 旅客周转量（万人公里） | 货运量（万吨） | 货物周转量（万吨公里） |
|---|---|---|---|---|
| **合计** | **9245** | **993911** | **35142** | **7708632** |
| 公路运输合计 | 5482 | 993911 | 31212 | 5637092 |
| 水上运输合计 | | | 3698 | 2071540 |
| 铁路发送运输合计 | 3041 | | 226 | |
| 民航运输合计 | 722 | | 6 | |

# 6–5 全市规模以上交通运输企业主要财务状况

(2017 年)

单位：万元

| 指标名称 | 总计 | # 道路运输 | # 水上运输 |
| --- | --- | --- | --- |
| 企业单位数（个） | 86 | 62 | 7 |
| 资产总计 | 46994829 | 32575995 | 4012 |
| 营业收入 | 1975891 | 1175693 | 8217 |
| # 主营业务收入 | 1915003 | 1140256 | 7006 |
| 营业税金及附加 | 25860 | 16397 | 64 |
| # 主营业务税金及附加 | 24275 | 15225 | 24 |
| 从业人员平均人数（人） | 37208 | 23965 | 809 |

# 七 固定资产投资

# CHAPTER 7 INVESTMENT IN FIXED ASSETS

# 7-1 全市主要年份固定资产投资情况

| 年份 | 全社会固定资产投资额 | 固定（城镇固定）资产投资额 | 新增固定资产 |
|---|---|---|---|
| 1950 | 312 | 312 | |
| 1965 | 5578 | 4577 | 3476 |
| 1978 | 17731 | 16886 | 6772 |
| 1980 | 16704 | 16078 | 12713 |
| 1985 | 44590 | 38447 | 25868 |
| 1986 | 59292 | 47569 | 37857 |
| 1987 | 67975 | 59092 | 52193 |
| 1988 | 91450 | 82364 | 64369 |
| 1989 | 73920 | 66787 | 64217 |
| 1990 | 75907 | 60046 | 61328 |
| 1991 | 84364 | 70739 | 75259 |
| 1992 | 113593 | 96412 | 59784 |
| 1993 | 236508 | 219395 | 123995 |
| 1994 | 339036 | 310598 | 191587 |
| 1995 | 563515 | 432100 | 247895 |
| 1996 | 643874 | 525891 | 330844 |
| 1997 | 747843 | 613987 | 379500 |
| 1998 | 823561 | 689875 | 533250 |
| 1999 | 880793 | 759931 | 480493 |
| 2000 | 1131659 | 878145 | 776010 |
| 2001 | 1214061 | 974531 | 836988 |
| 2002 | 1455615 | 1223609 | 807002 |
| 2003 | 1903567 | 1699199 | 1367881 |
| 2004 | 2627634 | 2401050 | 1776841 |
| 2005 | 3628975 | 3462384 | 2382248 |
| 2006 | 4472211 | 4077515 | 2410404 |
| 2007 | 5602200 | 5179195 | 2967701 |
| 2008 | 6934353 | 6500237 | 2786431 |
| 2009 | 10439120 | 9772424 | 5410422 |
| 2010 | 14830158 | 13893035 | 6761138 |
| 2011 | 20189453 | 19661255 | 9556262 |
| 2012 | 25851818 | 25176100 | 17714243 |
| 2013 | 24750080 | 24326855 | 15048368 |
| 2014 | 29338739 | 28866773 | 17754500 |
| 2015 | 34184261 | 33668913 | 20128960 |
| 2016 | | 38247267 | 18708978 |
| 2017 | | 43079465 | 25142928 |

注：1、2000 年以后为行政区划调整后的数据，其余年份为原南宁口径。
2、2011 年起以“固定资产投资”口径取代原“城镇固定资产投资”口径。
3、2013 年起，固定资产投资起报点从计划总投资 50 万起报调整为计划总投资 500 万元起报。
4、2016 年起，取消全社会固定资产投资统计。

# 7-2 全市固定资产投资

（2017年）

单位：万元

| 指标名称 | 固定资产投资合计 | 国有控股 | 集体控股 | 私人控股 | 港澳台商控股 | 外商控股 | 其他 |
|---|---|---|---|---|---|---|---|
| **合计** | **43079465** | **13743314** | **525159** | **20197094** | **857256** | **377047** | **7262497** |
| **按隶属关系分** | | | | | | | |
| 中央 | 270965 | 236875 | | 8260 | 25822 | | 8 |
| 地方 | 42808500 | 13506439 | 525159 | 20188834 | 831434 | 377047 | 7262489 |
| #自治区 | 2873748 | 2615109 | 54653 | 149926 | 15814 | 549 | 37697 |
| **按三次产业分** | | | | | | | |
| 第一产业 | 1490671 | 210024 | 25761 | 1050517 | | 20965 | 183404 |
| 第二产业 | 11221543 | 1302909 | 146006 | 7654138 | 187440 | 61518 | 1869532 |
| #工业 | 10741294 | 1236170 | 143587 | 7332481 | 187440 | 61518 | 1780098 |
| 第三产业 | 30367251 | 12230381 | 353392 | 11492439 | 669816 | 294564 | 5209561 |
| 批发和零售业 | 2526341 | 214563 | 5457 | 1806796 | 3701 | 4877 | 490947 |
| 交通运输、仓储和邮政业 | 3556900 | 2907339 | 26537 | 371345 | 3160 | | 248519 |
| 住宿和餐饮业 | 534904 | 34511 | 7630 | 381132 | | 2677 | 108954 |
| 信息传输、计算机服务和软件业 | 1525957 | 425669 | 13453 | 765887 | | | 320948 |
| 金融业 | 237762 | 32971 | 44369 | 105913 | | | 54509 |
| 房地产业 | 11347159 | 2059888 | 183323 | 5041140 | 653768 | 286447 | 3005495 |
| 租赁和商务服务业 | 1812864 | 283372 | 15229 | 1323643 | | | 190620 |
| 科学研究和综合服务和地质勘查业 | 541826 | 54202 | | 378148 | | | 109476 |
| 水利、环境和公共设施管理业 | 5231441 | 4271814 | 12115 | 532531 | 8440 | 563 | 405978 |
| 居民服务和其他服务业 | 238103 | 12097 | 2350 | 162709 | | | 60947 |
| 教育 | 1322295 | 984556 | 25901 | 221462 | 747 | | 89629 |
| 卫生、社会保障和社会福利业 | 583258 | 420563 | 1550 | 115541 | | | 45604 |
| 文化、体育和娱乐业 | 694736 | 357722 | 5180 | 277462 | | | 54372 |
| 公共管理和社会组织 | 213705 | 171114 | 10298 | 8730 | | | 23563 |

## 7-3 全市按行业、注册类型、隶属关系和建设性质分固定资产投资

（2017 年）

单位：万元

| 指标名称 | 固定资产投资额 | 指标名称 | 固定资产投资额 |
|---|---|---|---|
| **本年完成投资** | **43079465** | ＃制糖业 | 63638 |
| **投资额按登记注册类型分** | | 电力、煤气及水的生产和供应业 | 961850 |
| **内资** | **36481812** | 建筑业 | 480249 |
| 国有 | 7402772 | 第三产业 | 30367251 |
| 集体 | 303191 | 批发和零售业 | 2526341 |
| 股份合作 | 60635 | 交通运输、仓储和邮政业 | 3556900 |
| 联营 | 34983 | 住宿和餐饮业 | 534904 |
| 有限责任公司 | 12930225 | 信息传输、计算机服务和软件业 | 1525957 |
| 股份有限公司 | 771712 | 金融业 | 237762 |
| 私营 | 12198655 | 房地产业 | 11347159 |
| 其他 | 2779639 | 租赁和商务服务业 | 1812864 |
| **港澳台商投资** | **359265** | 科学研究和综合服务和地质勘查业 | 541826 |
| 合资经营 | 142263 | 水利、环境和公共设施管理业 | 5231441 |
| 合作经营 | | 居民服务和其他服务业 | 238103 |
| 独资 | 203293 | 教育 | 1322295 |
| 股份有限 | 13709 | 卫生、社会保障和社会福利业 | 583258 |
| 其他 | | 文化、体育和娱乐业 | 694736 |
| **外商投资** | **571093** | 公共管理和社会组织 | 213705 |
| 合资经营 | 58980 | **投资额按隶属关系分** | |
| 合作经营 | 380 | 中央 | 270965 |
| 独资 | 442086 | 自治区 | 2873748 |
| 股份有限 | 29567 | 市 | 5660685 |
| 其他 | 40080 | 县 | 3873921 |
| **个体经营** | **107126** | 其他 | 24723461 |
| 个人经营 | 104836 | **投资额按建设性质分** | |
| 个人合伙 | 2290 | ＃新建 | 22247033 |
| **按国民经济行业分** | | 扩建 | 3690383 |
| 农、林、牧、渔业 | 1490671 | 改建 | 6169045 |
| 采矿业 | 236514 | | |
| 制造业 | 9542930 | | |

# 7-4 全市固定资产投资完成情况

（2017 年）

| 指标名称 | 单 位 | 合 计 | 国有控股 | 集体控股 | 私人控股 | 港澳台商控股 | 外商控股 | 其 他 |
|---|---|---|---|---|---|---|---|---|
| **本年完成投资** | **万元** | **43079465** | **13743314** | **525159** | **20197094** | **857256** | **377047** | **7262497** |
| #住宅 | 万元 | 6951039 | 918321 | 38344 | 3146846 | 556253 | 223452 | 1958877 |
| **投资额按构成分** | | | | | | | | |
| 建筑工程 | 万元 | 25567001 | 9830219 | 340572 | 10453941 | 680951 | 188104 | 4027515 |
| 安装工程 | 万元 | 4106438 | 881458 | 57776 | 2117429 | 64001 | 38559 | 942584 |
| 设备工器具购置 | 万元 | 7763123 | 1019057 | 112555 | 5426994 | 53434 | 21610 | 1129403 |
| 其他费用 | 万元 | 5642903 | 2012580 | 14256 | 2198730 | 58870 | 128774 | 1162995 |
| #土地购置费 | 万元 | 3738032 | 1026095 | 5617 | 1713676 | 42479 | 96627 | 792798 |
| 本年新增固定资产 | 万元 | 25142928 | 8058919 | 310257 | 13405506 | 144089 | 23716 | 3142581 |
| 本年施工房屋面积 | 平方米 | 18473193 | 8819002 | 897718 | 7493764 | 15700 | 389 | 1246620 |
| #住宅 | 平方米 | 1663640 | 1114113 | 336164 | 202352 | | | 11011 |
| 本年竣工房屋面积 | 平方米 | 2989759 | 875897 | 38808 | 1749097 | | | 325957 |
| #住宅 | 平方米 | 126837 | 81763 | 23000 | 12028 | | | 10046 |
| 本年竣工房屋价值 | 万元 | 553416 | 162645 | 4707 | 347989 | | | 38075 |
| #住宅 | 万元 | 29321 | 22356 | 2600 | 2110 | | | 2255 |
| 施工项目个数 | 个 | 10489 | 2698 | 201 | 5999 | 37 | 17 | 1533 |
| #本年新开工 | 个 | 2622 | 665 | 48 | 1524 | 6 | 4 | 374 |
| 本年投产项目个数 | 个 | 9698 | 1988 | 146 | 6026 | 24 | 11 | 1503 |
| 本年资金来源合计 | 万元 | 21238234 | 3983783 | 417013 | 13041111 | 56184 | 26591 | 3713552 |
| 上年末结余资金 | 万元 | 5236036 | 705874 | 20550 | 187939 | 4251431 | 10375 | 59867 |
| 本年资金来源小计 | 万元 | 45503648 | 10759486 | 538272 | 15199626 | 14452193 | 90222 | 4463849 |
| 国家预算内资金 | 万元 | 2460218 | 2298399 | 4860 | 29453 | | | 127506 |
| 国内贷款 | 万元 | 5316594 | 2313221 | 6041 | 687003 | 2259083 | 1000 | 50246 |
| 债券 | 万元 | 47590 | 46127 | | 1463 | | | |
| 利用外资 | 万元 | 9719 | 4600 | | 4050 | | 549 | 520 |
| 自筹资金 | 万元 | 27360683 | 5249792 | 460525 | 13967355 | 4061215 | 88673 | 3533123 |
| 其他资金来源 | 万元 | 10308844 | 847347 | 66846 | 510302 | 8131895 | | 752454 |
| 本年各项应付款合计 | 万元 | 6434002 | 1909582 | 26814 | 696038 | 3643729 | 1020 | 156819 |

注：施工、投产项目个数不含房地产开发项目。

# 7–5 全市按国民经济行业分新增固定资产

（2017 年）

单位：万元

| 指标名称 | 总 计 | 国有控股 | 集体控股 | 私人控股 | 港澳台商控股 | 外商控股 | 其 他 |
|---|---|---|---|---|---|---|---|
| **总计** | **25142928** | **7331243** | **310257** | **12299274** | **84116** | **20316** | **2967542** |
| 农、林、牧、渔业 | 1286471 | 182688 | 15708 | 944766 | | 50 | 143259 |
| 采矿业 | 230271 | 3690 | 2881 | 186962 | | | 36738 |
| 制造业 | 6955693 | 318624 | 112351 | 5046810 | 68831 | 14646 | 1394431 |
| 电力、燃气及水生产和供应业 | 470821 | 333968 | 1690 | 118390 | | | 16773 |
| 建筑业 | 417069 | 67473 | 2419 | 297868 | | | 49309 |
| 批发和零售业 | 1974931 | 59480 | 5457 | 1586844 | 3685 | 2943 | 316522 |
| 交通运输仓储和邮政业 | 1479036 | 1115712 | 14867 | 283095 | 3160 | | 62202 |
| 住宿和餐饮业 | 524502 | 145037 | 6703 | 326812 | | 2677 | 43273 |
| 信息传输 计算机服务和软件业 | 1175934 | 398206 | 8013 | 583550 | | | 186165 |
| 金融业 | 121818 | 3480 | 3075 | 89652 | | | 25611 |
| 房地产业 | 3082628 | 352419 | 78494 | 328480 | | | 193055 |
| 租赁和商务服务业 | 1274929 | 20977 | 7829 | 1136556 | | | 109567 |
| 科学研究 技术服务和地质勘查业 | 475939 | 20434 | | 373245 | | | 82260 |
| 水利 环境和公共设施管理业 | 3544882 | 3122185 | 7956 | 275135 | 8440 | | 131166 |
| 居民服务和其他服务业 | 191262 | 4312 | 2350 | 147045 | | | 37555 |
| 教育 | 891454 | 597485 | 24177 | 191117 | | | 78675 |
| 卫生 社会保障和社会福利业 | 317672 | 228306 | 1550 | 70142 | | | 17674 |
| 文化 体育和娱乐业 | 403331 | 125069 | | 257604 | | | 20658 |
| 公共管理和社会组织 | 174727 | 140929 | 9933 | 6874 | | | 16991 |

# 7-6 房地产开发投资

单位：万元

| 指标名称 | 全市 | | 市区 | |
|---|---|---|---|---|
| | 2017年 | 2016年 | 2017年 | 2016年 |
| **本年完成投资** | **9580867** | **8539976** | **8716922** | **7745015** |
| 投资额按登记注册类型分 | | | | |
| **内资企业** | **8468138** | **7404964** | **7616998** | **6622686** |
| 国有企业 | 39016 | 38821 | 39016 | 38821 |
| 其他联营企业 | | | | |
| 国有独资公司 | 439237 | 338175 | 433113 | 299930 |
| 其他有限责任公司 | 4569111 | 4500358 | 4258981 | 4124572 |
| 股份有限公司 | 508744 | 133697 | 508744 | 130019 |
| 私营企业 | 2912030 | 2393913 | 2377144 | 2029344 |
| **港澳台投资** | **590544** | **818469** | **590544** | **818469** |
| 合资经营 | 76003 | 82809 | 76003 | 82809 |
| 合作经营 | | | | |
| 独资 | 514541 | 735660 | 514541 | 735660 |
| **外商投资** | **405087** | **284802** | **405087** | **284802** |
| 合资经营 | 204217 | 147619 | 204217 | 147619 |
| 合作经营 | | | | |
| 外资企业 | 149812 | 137183 | 149812 | 137183 |
| **投资额按隶属关系分** | | | | |
| 中央 | 439814 | 263327 | 439814 | 263327 |
| 自治区 | 562795 | 416006 | 545394 | 371777 |
| 市 | 473286 | 555423 | 469110 | 555423 |
| 县 | | 143194 | | 108085 |
| 其他 | 7831330 | 7130285 | 7039144 | 6427345 |

# 7-7 房地产开发投资完成情况

| 指标名称 | 单位 | 全市 | | 市区 | |
|---|---|---|---|---|---|
| | | 2017年 | 2016年 | 2017年 | 2016年 |
| **本年完成投资** | **万元** | **9580867** | **8539976** | **8716922** | **7745015** |
| **投资额按构成分** | | | | | |
| 建筑工程 | 万元 | 5265219 | 5194018 | 4570203 | 4587581 |
| 安装工程 | 万元 | 1138558 | 879453 | 1073675 | 834961 |
| 设备工器具购置 | 万元 | 99913 | 71805 | 90321 | 66876 |
| 其他费用 | 万元 | 3077177 | 2394700 | 2982723 | 2255597 |
| #土地购置费 | 万元 | 2398272 | 2004997 | 2346378 | 1914373 |
| **投资额按工程用途分** | | | | | |
| 住宅 | 万元 | 6791290 | 5831986 | 6055238 | 5174604 |
| 办公楼 | 万元 | 659506 | 672424 | 659319 | 672244 |
| 商业营业用房 | 万元 | 774886 | 846019 | 706056 | 766725 |
| 其他 | 万元 | 1355185 | 1189547 | 1296309 | 1131442 |
| 本年新增固定资产 | 万元 | 2130180 | 1470236 | 1694352 | 1202179 |
| 本年购置土地面积 | 平方米 | 1659459 | 1927637 | 1401853 | 1556285 |
| 本年资金来源合计 | 万元 | | 15331963 | | 14172257 |
| 上年末结余资金 | 万元 | 4251431 | 2724844 | 3899234 | 2515187 |
| 本年资金来源小计 | 万元 | 14230307 | 12607119 | 13252557 | 11657070 |
| 国内贷款 | 万元 | 2259083 | 1983429 | 2167832 | 1912792 |
| 利用外资 | 万元 | | | | |
| 自筹资金 | 万元 | 3853044 | 3458984 | 3513821 | 3043912 |
| 其他资金来源 | 万元 | 8118180 | 7164706 | 7570904 | 6700366 |
| 本年各项应付款合计 | 万元 | 3640061 | 3081716 | 3433681 | 2919759 |
| 竣工房屋住宅套数合计 | 套 | 53944 | 28892 | 45426 | 20968 |
| 施工房屋面积 | 平方米 | 71716166 | 61912436 | 62269874 | 54493677 |
| #住宅 | 平方米 | 47042207 | 40344712 | 39498509 | 34422495 |
| 本年新开工房屋面积 | 平方米 | 14862092 | 14947301 | 11996533 | 12797840 |
| #住宅 | 平方米 | 10217209 | 9529962 | 7965634 | 7831557 |
| 竣工房屋面积 | 平方米 | 5782234 | 4716136 | 4547564 | 3708937 |
| #住宅 | 平方米 | 4404749 | 3381023 | 3376576 | 2600132 |
| 竣工房屋价值 | 万元 | 1785774 | 1187875 | 1509455 | 942348 |
| #住宅 | 万元 | 1326250 | 859401 | 1100827 | 675093 |
| 商品房销售面积 | 平方米 | 15441267 | 13275262 | 12785602 | 11436697 |
| #住宅 | 平方米 | 13076791 | 11501526 | 10506795 | 9709279 |
| 商品房待售面积 | 平方米 | 3073228 | 3298163 | 1894112 | 2288956 |
| #住宅 | 平方米 | 1468069 | 1573489 | 713665 | 972710 |
| 办公楼 | 平方米 | 115718 | 169891 | 113085 | 167258 |
| 商业营业用房 | 平方米 | 727013 | 703563 | 416871 | 402771 |
| 其他 | 平方米 | 762428 | 851220 | 650491 | 746217 |
| 商品房销售额 | 万元 | 12007743 | 9142399 | 10978796 | 8485171 |
| #住宅 | 万元 | 10069617 | 7783453 | 9088537 | 7159491 |

# 7-8 房地产开发经营情况

单位：千元

| 指标名称 | 全市 | | 市区 | |
|---|---|---|---|---|
| | 2017年 | 2016年 | 2017年 | 2016年 |
| 资产总计 | 484336351 | 398289818 | 410767192 | 363716609 |
| 固定资产累计折旧 | 1859583 | 1824413 | 1593904 | 1660851 |
| #本年折旧 | 312140 | 294262 | 261823 | 254334 |
| 负债总计 | 405221021 | 323001252 | 344045225 | 298530088 |
| 所有者权益合计 | 79115330 | 75288566 | 66721967 | 65186521 |
| #实收资本合计 | 39682637 | 40314595 | 31587211 | 37353012 |
| 土地转让收入 | 1321259 | 1782368 | 1319947 | 1780311 |
| 商品房屋销售收入 | 63625065 | 58106596 | 54051138 | 53118137 |
| 房屋出租收入 | 1193968 | 862048 | 1112506 | 830587 |
| 其他收入 | 788675 | 592137 | 738565 | 586001 |
| 主营业务成本 | 45016341 | 42611101 | 37642025 | 38707577 |
| 主营业务税金及附加 | 3717110 | 5104131 | 3443644 | 4783532 |
| 其他业务利润 | 255058 | 183682 | 219101 | 172929 |
| 销售费用 | 3368194 | 3055869 | 2781127 | 2855065 |
| 管理费用及财务费用 | 3676822 | 3311661 | 3115839 | 3013920 |
| 投资收益及营业外收入 | 1516446 | 951144 | 1489472 | 946665 |
| 营业外支出 | 391519 | 787609 | 297781 | 774676 |
| 利润总额 | 12499733 | 8748895 | 12010735 | 8579700 |

# 7-9 全市总承包和专业承包建筑业企业生产情况

（2017 年）

| 指标名称 | 企业个数（个） | #有工作量的企业个数 | 建筑业总产值（万元） | | | | |
|---|---|---|---|---|---|---|---|
| | | | 合计 | 建筑工程 | #装修装饰 | 安装工程 | 其他 |
| **总计** | **422** | **376** | **14691103** | **12540955** | **519871** | **1068812** | **1081336** |
| #二级以上企业 | 217 | 202 | 13363712 | 11446626 | 453661 | 889023 | 1028063 |
| 国有及国有控股 | 50 | 48 | 8596857 | 7890099 | 81087 | 368834 | 337923 |
| **按登记注册类型分组** | | | | | | | |
| 国有企业 | 13 | 13 | 102775 | 95008 | 94 | 2296 | 5471 |
| 集体企业 | 12 | 12 | 175627 | 135815 | 11873 | 6004 | 33807 |
| 有限责任公司 | 90 | 84 | 10799576 | 9700536 | 212977 | 660407 | 438633 |
| 股份有限公司 | 1 | 1 | 280146 | | | | 280146 |
| 私营企业 | 306 | 266 | 3332980 | 2609595 | 294927 | 400106 | 323278 |
| **按国民经济行业分组** | | | | | | | |
| 房屋建筑业 | 204 | 181 | 8515528 | 7629576 | 245987 | 455526 | 430426 |
| 土木工程建筑 | 87 | 81 | 5305640 | 4504061 | 89511 | 223114 | 578465 |
| 建筑安装业 | 58 | 55 | 626740 | 193683 | 68265 | 382939 | 50117 |
| 建筑装饰和其他建筑业 | 73 | 59 | 243195 | 213635 | 116108 | 7232 | 22327 |
| **按企业资质等级分组** | | | | | | | |
| 施工总承包 | 268 | 239 | 13970730 | 12092037 | 335198 | 841559 | 1037134 |
| 特级 | 4 | 4 | 4343303 | 4205915 | 60767 | 50603 | 86785 |
| 一级 | 43 | 42 | 7159469 | 5825568 | 149719 | 573978 | 759923 |
| 二级 | 95 | 86 | 1337813 | 1066702 | 76582 | 126443 | 144669 |
| 三级及以下 | 126 | 107 | 1130145 | 993852 | 48130 | 90535 | 45758 |
| 专业承包 | 154 | 137 | 720373 | 448918 | 184673 | 227253 | 44201 |
| 一级 | 28 | 26 | 355273 | 263904 | 142638 | 66481 | 24888 |
| 二级 | 47 | 44 | 167854 | 84537 | 23955 | 71519 | 11798 |
| 三级及以下 | 79 | 67 | 197246 | 100477 | 18080 | 89254 | 7515 |
| **按地区分** | | | | | | | |
| 兴宁区 | 29 | 29 | 2597951 | 2555554 | 20748 | 20497 | 21900 |
| 青秀区 | 234 | 196 | 4159628 | 3276654 | 281421 | 420574 | 462399 |
| 江南区 | 22 | 21 | 854597 | 785860 | 26112 | 64054 | 4683 |
| 西乡塘区 | 44 | 41 | 3070205 | 2588329 | 101523 | 307639 | 174238 |
| 良庆区 | 16 | 15 | 258912 | 158754 | 15809 | 77778 | 22380 |
| 邕宁区 | 5 | 5 | 775631 | 649720 | 14266 | 92436 | 33476 |
| 武鸣区 | 7 | 7 | 540867 | 509815 | 20280 | 2911 | 28140 |
| 隆安县 | 5 | 5 | 31419 | 31218 | | 201 | |
| 马山县 | 5 | 5 | 42338 | 27669 | 8429 | 10540 | 4129 |
| 上林县 | 5 | 5 | 27553 | 17718 | | 9836 | |
| 宾阳县 | 8 | 8 | 153185 | 140593 | 8811 | 6925 | 5667 |
| 横　县 | 11 | 11 | 261729 | 253776 | 18833 | 3777 | 4176 |
| 高新区 | 16 | 15 | 1495596 | 1143045 | 139 | 47293 | 305257 |
| 经开区 | 13 | 11 | 371968 | 352726 | 3501 | 4352 | 14891 |
| 东盟区 | 2 | 2 | 49524 | 49524 | | | |

7-9 续表

| 指标名称 | 竣工产值（万元） | 房屋施工面积（万平方米） | #本年新开工面　积 | 房屋建筑竣工面积（万平方米） | 从事建筑业活动的平均人数（万人） | 建筑业企业年末人数（万人） |
|---|---|---|---|---|---|---|
| **总计** | **6877771** | **7955.52** | **2448.80** | **1842.88** | **45.76** | **45.85** |
| #二级以上企业 | 6417944 | 7638.02 | 2234.18 | 1708.93 | 41.10 | 41.05 |
| 国有及国有控股 | 4060515 | 5523.45 | 1400.70 | 1001.43 | 22.41 | 22.66 |
| **按登记注册类型分组** | | | | | | |
| 国有企业 | 36847 | 32.97 | 27.45 | 12.88 | 0.29 | 0.26 |
| 集体企业 | 72778 | 117.45 | 49.51 | 50.07 | 0.62 | 0.74 |
| 有限责任公司 | 4800631 | 6339.87 | 1755.06 | 1106.48 | 31.88 | 31.54 |
| 股份有限公司 | | | | | 0.84 | 0.95 |
| 私营企业 | 1967514 | 1465.23 | 616.77 | 673.46 | 12.13 | 12.37 |
| **按国民经济行业分组** | | | | | | |
| 房屋建筑业 | 3925912 | 7233.73 | 2178.37 | 1703.14 | 31.32 | 31.46 |
| 土木工程建筑 | 2534374 | 579.24 | 199.12 | 119.66 | 11.95 | 12.16 |
| 建筑安装业 | 272442 | 136.38 | 69.33 | 17.85 | 1.78 | 1.68 |
| 建筑装饰和其他建筑业 | 145043 | 6.18 | 1.98 | 2.23 | 0.71 | 0.56 |
| **按企业资质等级分组** | | | | | | |
| 施工总承包 | 6486395 | 7947.59 | 2446.36 | 1840.93 | 43.30 | 43.61 |
| 特级 | 2416092 | 4031.94 | 869.96 | 741.72 | 13.00 | 12.26 |
| 一级 | 2924938 | 2865.04 | 1019.07 | 614.39 | 21.19 | 21.24 |
| 二级 | 785383 | 737.60 | 344.61 | 350.87 | 5.23 | 6.02 |
| 三级及以下 | 359982 | 313.00 | 212.72 | 133.96 | 3.88 | 4.09 |
| 专业承包 | 391376 | 7.94 | 2.44 | 1.95 | 2.46 | 2.24 |
| 一级 | 222321 | 1.20 | | 1.00 | 1.03 | 0.93 |
| 二级 | 69210 | 2.24 | 0.54 | 0.95 | 0.65 | 0.59 |
| 三级及以下 | 99845 | 4.50 | 1.90 | | 0.79 | 0.72 |
| **按地区分** | | | | | | |
| 兴宁区 | 1810646 | 867.00 | 216.31 | 145.37 | 5.20 | 5.39 |
| 青秀区 | 2085307 | 2802.78 | 679.25 | 709.71 | 16.19 | 16.12 |
| 江南区 | 272350 | 8.74 | 2.94 | 4.45 | 2.67 | 2.67 |
| 西乡塘区 | 1465332 | 2978.18 | 791.66 | 593.75 | 9.09 | 8.27 |
| 良庆区 | 79904 | 71.88 | 40.42 | 1.79 | 0.96 | 0.99 |
| 邕宁区 | 360504 | 634.58 | 343.17 | 53.14 | 4.62 | 4.89 |
| 武鸣区 | 148004 | 136.24 | 66.30 | 98.35 | 1.42 | 1.45 |
| 隆安县 | 31417 | 32.73 | 26.54 | 19.19 | 0.11 | 0.12 |
| 马山县 | 30127 | 30.03 | 20.86 | 21.18 | 0.15 | 0.15 |
| 上林县 | 7955 | 16.67 | 14.91 | 7.17 | 0.09 | 0.08 |
| 宾阳县 | 94102 | 110.45 | 86.76 | 69.79 | 0.49 | 0.47 |
| 横　县 | 186815 | 157.82 | 135.18 | 112.81 | 1.21 | 1.53 |
| 高新区 | 282237 | 44.55 | 12.79 | 6.18 | 2.39 | 2.56 |
| 经开区 | 23070 | 54.51 | 7.87 | | 1.10 | 1.12 |
| 东盟区 | | 9.37 | 3.85 | | 0.06 | 0.06 |

# 7-10 全市总承包和专业承包建筑业企业财务状况

（2017 年）

单位：万元

| 指标名称 | 年初存货 | 年末资产负债 | | |
|---|---|---|---|---|
| | | 流动资产合计 | #应收工程款 | #存货 |
| **总计** | **1676560** | **8862919** | **1875353** | **1919890** |
| #二级以上企业 | 1583294 | 7727264 | 1614078 | 1828235 |
| 国有及国有控股 | 1229270 | 5510529 | 1031294 | 1415249 |
| **按登记注册类型分组** | | | | |
| 国有企业 | 15295 | 141082 | 42595 | 13911 |
| 集体企业 | 8327 | 35868 | 9068 | 10842 |
| 有限责任公司 | 1371525 | 6201997 | 1124949 | 1571236 |
| 股份有限公司 | 51662 | 221911 | 137605 | 59113 |
| 私营企业 | 229752 | 2262061 | 561135 | 264789 |
| **按国民经济行业分组** | | | | |
| 房屋建筑业 | 633250 | 4056403 | 866930 | 637068 |
| 土木工程建筑 | 897941 | 4002218 | 785931 | 1111730 |
| 建筑安装业 | 132995 | 583226 | 165704 | 149006 |
| 建筑装饰和其他建筑业 | 12375 | 221073 | 56788 | 22086 |
| **按企业资质等级分组** | | | | |
| 施工总承包 | 1596197 | 8223399 | 1686189 | 1830220 |
| 特级 | 473962 | 2184147 | 318669 | 544057 |
| 一级 | 870437 | 4015631 | 948983 | 1037150 |
| 二级 | 182533 | 1114991 | 218734 | 179772 |
| 三级及以下 | 69265 | 908630 | 199804 | 69241 |
| 专业承包 | 80363 | 639520 | 189164 | 89670 |
| 一级 | 33866 | 237250 | 77390 | 33018 |
| 二级 | 22496 | 175246 | 50303 | 34237 |
| 三级及以下 | 24001 | 227025 | 61472 | 22414 |
| **按地区分** | | | | |
| 兴宁区 | 609061 | 2253009 | 270091 | 727941 |
| 青秀区 | 268952 | 2494021 | 565267 | 312328 |
| 江南区 | 163142 | 658400 | 129087 | 184483 |
| 西乡塘区 | 239871 | 1359738 | 315944 | 252624 |
| 良庆区 | 10330 | 137451 | 51441 | 13546 |
| 邕宁区 | 10969 | 80102 | 17309 | 14584 |
| 武鸣区 | 16678 | 172872 | 83812 | 17240 |
| 隆安县 | 764 | 10611 | 4436 | 1542 |
| 马山县 | 6110 | 39506 | 2797 | 7993 |
| 上林县 | 420 | 3785 | 2279 | 337 |
| 宾阳县 | 2006 | 17790 | 5547 | 3278 |
| 横　县 | 29801 | 59092 | 15990 | 36144 |
| 高新区 | 266678 | 1195987 | 312545 | 260128 |
| 经开区 | 47520 | 341224 | 94516 | 80649 |
| 东盟区 | 4258 | 39332 | 4294 | 7075 |

7-10 续表 1

单位：万元

| 指标名称 | 年末资产负债 | | | |
|---|---|---|---|---|
| | 固定资产合计 | 固定资产原价 | 累计折旧 | # 本年折旧 |
| **总计** | **846833** | **1108911** | **538230** | **71127** |
| # 二级以上企业 | 749986 | 1020565 | 500066 | 63260 |
| 国有及国有控股 | 536764 | 751679 | 380078 | 45181 |
| **按登记注册类型分组** | | | | |
| 国有企业 | 10794 | 16089 | 10259 | 749 |
| 集体企业 | 13189 | 15567 | 4395 | 393 |
| 有限责任公司 | 612819 | 828062 | 414151 | 53361 |
| 股份有限公司 | 15432 | 12422 | 6215 | 1652 |
| 私营企业 | 194599 | 236771 | 103210 | 14972 |
| **按国民经济行业分组** | | | | |
| 房屋建筑业 | 259961 | 320666 | 121330 | 19867 |
| 土木工程建筑 | 502104 | 702534 | 371828 | 44933 |
| 建筑安装业 | 41088 | 58034 | 30498 | 4798 |
| 建筑装饰和其他建筑业 | 43679 | 27677 | 14573 | 1529 |
| **按企业资质等级分组** | | | | |
| 施工总承包 | 772419 | 1021975 | 489090 | 62791 |
| 特级 | 227430 | 143697 | 56794 | 11429 |
| 一级 | 334854 | 523185 | 245913 | 30691 |
| 二级 | 157381 | 290610 | 162330 | 15816 |
| 三级及以下 | 52754 | 64483 | 24054 | 4855 |
| 专业承包 | 74414 | 86936 | 49139 | 8335 |
| 一级 | 16478 | 30652 | 15752 | 1452 |
| 二级 | 13843 | 32422 | 19277 | 3872 |
| 三级及以下 | 44093 | 23863 | 14110 | 3012 |
| **按地区分** | | | | |
| 兴宁区 | 298382 | 283136 | 141545 | 16537 |
| 青秀区 | 198956 | 370308 | 193758 | 18150 |
| 江南区 | 47485 | 84508 | 43591 | 5511 |
| 西乡塘区 | 99021 | 102075 | 33693 | 3948 |
| 良庆区 | 9213 | 13296 | 5503 | 1647 |
| 邕宁区 | 21891 | 30773 | 10263 | 4369 |
| 武鸣区 | 16715 | 19360 | 5668 | 1540 |
| 隆安县 | 1797 | 4169 | 2371 | 420 |
| 马山县 | 3169 | 2920 | 1806 | 1398 |
| 上林县 | 810 | 846 | 229 | 56 |
| 宾阳县 | 3359 | 4219 | 1467 | 551 |
| 横　县 | 12170 | 13733 | 5062 | 617 |
| 高新区 | 56222 | 92052 | 46794 | 8343 |
| 经开区 | 71633 | 86963 | 46264 | 7861 |
| 东盟区 | 6012 | 553 | 215 | 180 |

7-10 续表 2

单位：万元

| 指标名称 | 年末资产负债 | | | | |
|---|---|---|---|---|---|
| | 资产合计 | 负债合计 | #流动负债 | 所有者权益合　计 | 实收资本合　计 |
| **总计** | **10475327** | **7349283** | **6270698** | **3126045** | **2175466** |
| #二级以上企业 | 9134784 | 6554328 | 5638063 | 2580456 | 1788131 |
| 国有及国有控股 | 6403819 | 4908433 | 4232368 | 1495385 | 997236 |
| **按登记注册类型分组** | | | | | |
| 国有企业 | 159050 | 124325 | 110362 | 34725 | 22624 |
| 集体企业 | 50141 | 28103 | 24647 | 22039 | 14538 |
| 有限责任公司 | 7231572 | 5451976 | 4612782 | 1779596 | 1205018 |
| 股份有限公司 | 237343 | 118452 | 117249 | 118891 | 16556 |
| 私营企业 | 2797222 | 1626428 | 1405659 | 1170794 | 916730 |
| **按国民经济行业分组** | | | | | |
| 房屋建筑业 | 4695023 | 3177032 | 2724562 | 1517991 | 1083629 |
| 土木工程建筑 | 4830390 | 3519777 | 2942785 | 1310613 | 885148 |
| 建筑安装业 | 675682 | 468113 | 459507 | 207569 | 137909 |
| 建筑装饰和其他建筑业 | 274233 | 184361 | 143844 | 89872 | 68780 |
| **按企业资质等级分组** | | | | | |
| 施工总承包 | 9682578 | 6857235 | 5840565 | 2825343 | 1953300 |
| 特级 | 2572960 | 1750946 | 1491786 | 822014 | 384027 |
| 一级 | 4598749 | 3536444 | 3168268 | 1062305 | 756436 |
| 二级 | 1462959 | 974272 | 697521 | 488687 | 502359 |
| 三级及以下 | 1047911 | 595573 | 482990 | 452339 | 310479 |
| 专业承包 | 792749 | 492048 | 430133 | 300701 | 222166 |
| 一级 | 265705 | 155103 | 145821 | 110602 | 69027 |
| 二级 | 234413 | 137563 | 134668 | 96850 | 76283 |
| 三级及以下 | 292632 | 199382 | 149644 | 93250 | 76856 |
| **按地区分** | | | | | |
| 兴宁区 | 2722691 | 1950700 | 1626432 | 771991 | 382471 |
| 青秀区 | 3024788 | 2040584 | 1667947 | 984204 | 917194 |
| 江南区 | 767746 | 669550 | 621813 | 98196 | 90264 |
| 西乡塘区 | 1559724 | 1056607 | 973681 | 503118 | 352000 |
| 良庆区 | 156300 | 92850 | 93991 | 63450 | 55735 |
| 邕宁区 | 104164 | 64320 | 12164 | 39844 | 26101 |
| 武鸣区 | 193720 | 162556 | 158921 | 31164 | 14816 |
| 隆安县 | 12535 | 6198 | 4898 | 6337 | 5490 |
| 马山县 | 46190 | 25819 | 13560 | 20372 | 7084 |
| 上林县 | 5380 | 2810 | 2736 | 2570 | 2083 |
| 宾阳县 | 22249 | 7888 | 6723 | 14362 | 12754 |
| 横　县 | 72814 | 41594 | 21104 | 31220 | 17287 |
| 高新区 | 1276141 | 820166 | 701331 | 455975 | 225235 |
| 经开区 | 462170 | 370600 | 328356 | 91570 | 59451 |
| 东盟区 | 48715 | 37042 | 37042 | 11673 | 7500 |

单位：万元

| 指标名称 | 损益及分配 | | | | |
|---|---|---|---|---|---|
| | 营业收入 | 工程结算收入 | 工程结算成本 | 工程结算税金及附加 | 应交增值税 |
| **总计** | **12499151** | **12306621** | **11348997** | **102751** | **238969** |
| #二级以上企业 | 11265356 | 11087515 | 10280619 | 87460 | 219494 |
| 国有及国有控股 | 7761768 | 7718081 | 7212794 | 31363 | 144252 |
| **按登记注册类型分组** | | | | | |
| 国有企业 | 100605 | 91623 | 83686 | 1532 | 2664 |
| 集体企业 | 172336 | 172083 | 154495 | 4461 | 5217 |
| 有限责任公司 | 9217637 | 9158993 | 8538147 | 57493 | 171823 |
| 股份有限公司 | 273438 | 273438 | 204456 | 1264 | 4750 |
| 私营企业 | 2735135 | 2610485 | 2368213 | 38002 | 54516 |
| **按国民经济行业分组** | | | | | |
| 房屋建筑业 | 6820173 | 6764784 | 6349901 | 64021 | 129600 |
| 土木工程建筑 | 4820075 | 4767317 | 4299510 | 33357 | 87790 |
| 建筑安装业 | 620707 | 585939 | 535052 | 3713 | 13130 |
| 建筑装饰和其他建筑业 | 238195 | 188582 | 164534 | 1659 | 8448 |
| **按企业资质等级分组** | | | | | |
| 施工总承包 | 11718401 | 11596581 | 10712837 | 96687 | 220770 |
| 特级 | 3661392 | 3658647 | 3407164 | 13353 | 76237 |
| 一级 | 5723520 | 5699522 | 5299071 | 58749 | 102338 |
| 二级 | 1309958 | 1227033 | 1119124 | 10662 | 27756 |
| 三级及以下 | 1023532 | 1011379 | 887479 | 13923 | 14439 |
| 专业承包 | 780750 | 710041 | 636160 | 6064 | 18199 |
| 一级 | 338755 | 281426 | 255986 | 2719 | 10114 |
| 二级 | 231731 | 220887 | 199275 | 1976 | 3050 |
| 三级及以下 | 210263 | 207728 | 180899 | 1368 | 5035 |
| **按地区分** | | | | | |
| 兴宁区 | 2556639 | 2504708 | 2300174 | 13230 | 51761 |
| 青秀区 | 3509683 | 3422139 | 3186920 | 38447 | 55957 |
| 江南区 | 828914 | 824690 | 742854 | 3033 | 9274 |
| 西乡塘区 | 2158389 | 2127763 | 1975791 | 14911 | 48825 |
| 良庆区 | 283542 | 283430 | 274155 | 599 | 1821 |
| 邕宁区 | 783073 | 782933 | 757885 | 12086 | 14698 |
| 武鸣区 | 404320 | 403989 | 383021 | 2863 | 11054 |
| 隆安县 | 31131 | 30986 | 26864 | 315 | 797 |
| 马山县 | 31079 | 30984 | 14773 | 1707 | 1055 |
| 上林县 | 11309 | 11274 | 8665 | 606 | 325 |
| 宾阳县 | 110793 | 110793 | 91990 | 5364 | 3119 |
| 横　县 | 144912 | 144830 | 125721 | 2838 | 3540 |
| 高新区 | 1259418 | 1250986 | 1107921 | 5076 | 29899 |
| 经开区 | 339967 | 331135 | 309895 | 1517 | 6457 |
| 东盟区 | 45982 | 45982 | 42370 | 160 | 388 |

7-10 续表 4 单位：万元

| 指标名称 | 损益及分配 | | | | |
|---|---|---|---|---|---|
| | 其他业务利润 | 销售费用 | 管理费用 | 财务费用 | #利息支出 |
| **总计** | **14042** | **28227** | **447362** | **94889** | **80123** |
| #二级以上企业 | 12622 | 20941 | 379323 | 82099 | 69033 |
| 国有及国有控股 | 5706 | 6526 | 255687 | 67743 | 63400 |
| **按登记注册类型分组** | | | | | |
| 国有企业 | 53 | 832 | 4562 | 184 | 68 |
| 集体企业 | 73 | 2183 | 6336 | 444 | 421 |
| 有限责任公司 | 7550 | 6604 | 292167 | 76001 | 67370 |
| 股份有限公司 | | 9726 | 25515 | 1748 | 1643 |
| 私营企业 | 6366 | 8883 | 118782 | 16512 | 10621 |
| **按国民经济行业分组** | | | | | |
| 房屋建筑业 | 4944 | 7040 | 197419 | 38904 | 25467 |
| 土木工程建筑 | 7539 | 17985 | 205878 | 48577 | 47987 |
| 建筑安装业 | 1528 | 1934 | 31085 | 7041 | 6140 |
| 建筑装饰和其他建筑业 | 32 | 1269 | 12979 | 368 | 529 |
| **按企业资质等级分组** | | | | | |
| 施工总承包 | 12897 | 23314 | 399437 | 92225 | 77851 |
| 特级 | 1872 | 1581 | 133302 | 22668 | 17236 |
| 一级 | 5384 | 14370 | 155810 | 43605 | 38711 |
| 二级 | 5181 | 2653 | 59154 | 13869 | 11400 |
| 三级及以下 | 461 | 4711 | 51171 | 12083 | 10504 |
| 专业承包 | 1145 | 4913 | 47925 | 2664 | 2272 |
| 一级 | 190 | 639 | 16250 | 1423 | 1311 |
| 二级 | -5 | 1700 | 14807 | 535 | 375 |
| 三级及以下 | 959 | 2575 | 16868 | 706 | 586 |
| **按地区分** | | | | | |
| 兴宁区 | 2754 | 1934 | 95858 | 24358 | 26391 |
| 青秀区 | 3075 | 5480 | 120649 | 29499 | 23787 |
| 江南区 | 2307 | 2254 | 33957 | 6852 | 5472 |
| 西乡塘区 | 5115 | 1958 | 89282 | 14588 | 10003 |
| 良庆区 | | 541 | 5443 | 220 | 187 |
| 邕宁区 | | 463 | 6884 | 247 | 57 |
| 武鸣区 | 171 | | 10130 | 139 | 187 |
| 隆安县 | | 250 | 1465 | 103 | 100 |
| 马山县 | | 3 | 2245 | 25 | |
| 上林县 | | 141 | 929 | 175 | |
| 宾阳县 | | 3473 | 8140 | 340 | 314 |
| 横　县 | | 234 | 8903 | 425 | 328 |
| 高新区 | 591 | 10177 | 52720 | 12171 | 7895 |
| 经开区 | 30 | 1319 | 9906 | 5462 | 5402 |
| 东盟区 | | | 852 | 284 | |

7-10 续表 5

单位：万元

| 指标名称 | 损益及分配 | | | 应付职工薪酬 | 境外营业收入 |
|---|---|---|---|---|---|
| | 营业利润 | 利润总额 | 应交所得税 | | |
| **总计** | **261988** | **273847** | **60889** | **1746045** | **336733** |
| #二级以上企业 | 221422 | 233353 | 49420 | 1647162 | 212872 |
| 国有及国有控股 | 151664 | 165944 | 27449 | 1254006 | 306709 |
| **按登记注册类型分组** | | | | | |
| 国有企业 | 2226 | 1869 | 256 | 6723 | |
| 集体企业 | 4167 | 4186 | 2060 | 19000 | |
| 有限责任公司 | 173661 | 188234 | 33959 | 1477941 | 332025 |
| 股份有限公司 | 27854 | 27916 | 4469 | 68209 | |
| 私营企业 | 54081 | 51642 | 20146 | 174174 | 4709 |
| **按国民经济行业分组** | | | | | |
| 房屋建筑业 | 92433 | 90310 | 30610 | 1079591 | 148678 |
| 土木工程建筑 | 149197 | 162640 | 26218 | 542320 | 114232 |
| 建筑安装业 | 9903 | 10524 | 2540 | 107564 | 73823 |
| 建筑装饰和其他建筑业 | 10455 | 10374 | 1520 | 16570 | |
| **按企业资质等级分组** | | | | | |
| 施工总承包 | 243228 | 254453 | 56842 | 1682260 | 332025 |
| 特级 | 85219 | 84810 | 14778 | 772681 | 50 |
| 一级 | 104674 | 107871 | 19352 | 701092 | 204100 |
| 二级 | 19774 | 28439 | 12688 | 131281 | 4562 |
| 三级及以下 | 33561 | 33333 | 10022 | 77207 | 123313 |
| 专业承包 | 18760 | 19394 | 4047 | 63785 | 4709 |
| 一级 | 7581 | 8141 | 1825 | 28218 | |
| 二级 | 4175 | 4093 | 776 | 13891 | 4160 |
| 三级及以下 | 7005 | 7160 | 1446 | 21676 | 549 |
| **按地区分** | | | | | |
| 兴宁区 | 80201 | 80498 | 12274 | 241719 | 104239 |
| 青秀区 | 39313 | 46975 | 17037 | 509547 | 34087 |
| 江南区 | 21713 | 21147 | 3289 | 62948 | |
| 西乡塘区 | 28652 | 29623 | 6735 | 481670 | 73274 |
| 良庆区 | 2374 | 2335 | 511 | 9360 | |
| 邕宁区 | 4185 | 4152 | 955 | 196369 | |
| 武鸣区 | 7488 | 7558 | 3712 | 13065 | 123313 |
| 隆安县 | 2053 | 2051 | 592 | 3728 | |
| 马山县 | 1559 | 1520 | 427 | 2235 | |
| 上林县 | 603 | 632 | 133 | 2438 | |
| 宾阳县 | 1486 | 1303 | 550 | 20102 | |
| 横　县 | 6680 | 6754 | 1912 | 18952 | |
| 高新区 | 60269 | 62461 | 11927 | 160741 | 1272 |
| 经开区 | 3096 | 4461 | 732 | 22627 | 549 |
| 东盟区 | 2316 | 2377 | 105 | 543 | |

# 7-11 市区固定资产投资

（2017 年）

单位：万元

| 指标名称 | 固定资产投资合计 | 国有控股 | 集体控股 | 私人控股 | 港澳台商控股 | 外商控股 | 其他 |
|---|---|---|---|---|---|---|---|
| **合计** | **36150747** | **10913668** | **429948** | **16578265** | **807574** | **376498** | **6940501** |
| **按隶属关系分** | | | | | | | |
| 中央 | 163619 | 157811 | | 5800 | | | 8 |
| 地方 | 35987128 | 10755857 | 429948 | 16572465 | 807574 | 376498 | 6940493 |
| # 自治区 | 2318134 | 2060044 | 54653 | 149926 | 15814 | | 37697 |
| **按三次产业分** | | | | | | | |
| 第一产业 | 627769 | 78548 | 5640 | 406940 | | 20965 | 115676 |
| 第二产业 | 8771227 | 1040535 | 99705 | 5736920 | 146198 | 60969 | 1686900 |
| # 工业 | 8384735 | 1025096 | 99705 | 5450011 | 146198 | 60969 | 1602756 |
| 第三产业 | 26751751 | 9794585 | 324603 | 10434405 | 661376 | 294564 | 5137925 |
| 批发和零售业 | 2396899 | 203163 | 2957 | 1697639 | 3701 | 4877 | 484562 |
| 交通运输、仓储和邮政业 | 2756370 | 2189587 | 20933 | 298075 | 3160 | | 244615 |
| 住宿和餐饮业 | 479239 | 34511 | 3350 | 342497 | | 2677 | 96204 |
| 信息传输、软件和信息技术服务业 | 1457635 | 364988 | 13453 | 758246 | | | 320948 |
| 金融业 | 225242 | 32971 | 41019 | 96743 | | | 54509 |
| 房地产业 | 10649408 | 1955168 | 183323 | 4469371 | 653768 | 286447 | 2997038 |
| 租赁和商务服务业 | 1770898 | 266961 | 13749 | 1299568 | | | 190620 |
| 科学研究和技术服务业 | 524287 | 52390 | | 362421 | | | 109476 |
| 水利、环境和公共设施管理业 | 3899764 | 3138366 | 7160 | 368162 | | 563 | 385513 |
| 居民服务、修理和其他服务业 | 219096 | 10870 | | 149039 | | | 59187 |
| 教育 | 1172080 | 854946 | 25901 | 210457 | 747 | | 80029 |
| 卫生和社会工作 | 468613 | 318281 | 1550 | 104428 | | | 44354 |
| 文化、体育和娱乐业 | 646944 | 316843 | 5180 | 270549 | | | 54372 |
| 公共管理、社会保障和社会组织 | 85276 | 55540 | 6028 | 7210 | | | 16498 |

# 7-12 市区按行业、注册类型、隶属关系和建设性质分区固定资产投资

单位：万元

| 指标名称 | 2017 年 | 指标名称 | 2017 年 |
|---|---|---|---|
| **本年完成投资** | **36150747** | # 制糖业 | 15933 |
| **投资额按登记注册类型分** | | 电力、煤气及水的生产和供应业 | 728250 |
| **内资** | **30019151** | 建筑业 | 386492 |
| 国有 | 5233328 | 第三产业 | 26751751 |
| 集体 | 268388 | 批发和零售业 | 2396899 |
| 股份合作 | 55685 | 交通运输、仓储和邮政业 | 2756370 |
| 联营 | 7370 | 住宿和餐饮业 | 479239 |
| 有限责任公司 | 11904050 | 信息传输、计算机服务和软件业 | 1457635 |
| 股份有限公司 | 657696 | 金融业 | 225242 |
| 私营 | 9634628 | 房地产业 | 10649408 |
| 其他 | 2258006 | 租赁和商务服务业 | 1770898 |
| **港澳台商投资** | **324108** | 科学研究和综合服务和地质勘查业 | 524287 |
| 合资经营 | 130996 | 水利、环境和公共设施管理业 | 3899764 |
| 合作经营 | | 居民服务和其他服务业 | 219096 |
| 独资 | 179403 | 教育 | 1172080 |
| 股份有限 | 13709 | 卫生、社会保障和社会福利业 | 468613 |
| 其他 | | 文化、体育和娱乐业 | 646944 |
| **外商投资** | **539807** | 公共管理和社会组织 | 85276 |
| 合资经营 | 34333 | **投资额按隶属关系分** | |
| 合作经营 | 380 | 中央 | 163619 |
| 独资 | 441537 | 自治区 | 2318134 |
| 股份有限 | 23477 | 市 | 5389950 |
| 其他 | 40080 | 县 | 2000707 |
| **个体经营** | **72612** | 其他 | 20985752 |
| 个人经营 | 70322 | **投资额按建设性质分** | |
| 个人合伙 | 2290 | # 新建 | 18267547 |
| **按国民经济行业分** | | 扩建 | 2613199 |
| 农、林、牧、渔业 | 627769 | 改建 | 4944725 |
| 采矿业 | 155175 | | |
| 制造业 | 7501310 | | |

# 7-13 市区按国民经济行业分新增固定资产

（2017 年）

单位：万元

| 指标名称 | 总 计 | 国有控股 | 集体控股 | 私人控股 | 港澳台商控股 | 外商控股 | 其 他 |
|---|---|---|---|---|---|---|---|
| **总计** | **19532941** | **5902558** | **225764** | **10306707** | **110389** | **23716** | **2905947** |
| 农、林、牧、渔业 | 494564 | 69320 | 622 | 339566 | | 50 | 85006 |
| 采矿业 | 153127 | | 2881 | 115652 | | | 34594 |
| 制造业 | 5119017 | 273326 | 76877 | 3430845 | 43571 | 14646 | 1279752 |
| 电力、燃气及水生产和供应业 | 480470 | 336581 | 6494 | 116054 | | | 21341 |
| 建筑业 | 320453 | 15571 | | 260863 | | | 44019 |
| 批发和零售业 | 1862654 | 48080 | 2957 | 1494857 | 3685 | 2943 | 310132 |
| 交通运输仓储和邮政业 | 897445 | 610271 | 9263 | 215953 | 3160 | | 58798 |
| 住宿和餐饮业 | 484318 | 145037 | 1423 | 294348 | | 2677 | 40833 |
| 信息传输 计算机服务和软件业 | 1107514 | 337427 | 8013 | 575909 | | | 186165 |
| 金融业 | 109573 | 3480 | | 80482 | | | 25611 |
| 房地产业 | 2745801 | 1061046 | 78494 | 1122319 | 59973 | 3400 | 362709 |
| 租赁和商务服务业 | 1238976 | 9066 | 6349 | 1113994 | | | 109567 |
| 科学研究 技术服务和地质勘查业 | 461916 | 18622 | | 361034 | | | 82260 |
| 水利 环境和公共设施管理业 | 2466652 | 2191964 | 3001 | 157600 | | | 114087 |
| 居民服务和其他服务业 | 171792 | 2622 | | 133375 | | | 35795 |
| 教育 | 775046 | 501682 | 24177 | 180112 | | | 69075 |
| 卫生 社会保障和社会福利业 | 217877 | 141624 | 1550 | 59029 | | | 15674 |
| 文化 体育和娱乐业 | 372708 | 101359 | | 250691 | | | 20658 |
| 公共管理和社会组织 | 53038 | 35480 | 3663 | 4024 | | | 9871 |

# 7-14 各县固定资产投资完成情况

（2017 年）

| 指标名称 | 单位 | 隆安县 | 马山县 | 上林县 | 宾阳县 | 横 县 |
|---|---|---|---|---|---|---|
| **固定资产投资** | **万元** | **578107** | **421921** | **462457** | **2760991** | **2705242** |
| **按构成分** | | | | | | |
| 建筑工程 | 万元 | 447654 | 308868 | 310913 | 1967261 | 1948777 |
| 安装工程 | 万元 | 39907 | 26166 | 48720 | 191209 | 157758 |
| 设备工器具购置 | 万元 | 55415 | 44416 | 59230 | 474391 | 454645 |
| 其他费用 | 万元 | 35131 | 42471 | 43594 | 128130 | 144062 |
| # 土地购置费 | 万元 | 21572 | 26852 | 16920 | 68028 | 109181 |
| 本年新增固定资产 | 万元 | 638700 | 338220 | 260903 | 2141954 | 2230210 |
| 本年施工房屋面积 | 平方米 | 1360759 | 410768 | 1367090 | 2049874 | 4486211 |
| # 住宅 | 平方米 | 1202228 | 218383 | 1092096 | 882985 | 1499043 |
| 本年竣工房屋面积 | 平方米 | 247369 | 143444 | 123371 | 847153 | 563859 |
| # 住宅 | 平方米 | 222910 | 68664 | 115757 | 248531 | 68697 |
| 本年竣工房屋价值 | 万元 | 53410 | 17647 | 28201 | 209439 | 161952 |
| # 住宅 | 万元 | 50828 | 9561 | 26698 | 47752 | 10383 |
| 施工项目个数 | 个 | 100 | 239 | 111 | 1125 | 957 |
| # 本年新开工 | 个 | 20 | 66 | 13 | 60 | 58 |
| 本年投产项目个数 | 个 | 83 | 202 | 80 | 1115 | 905 |
| 本年资金来源合计 | | 222334 | 287496 | 141986 | 2102369 | 1978715 |
| 上年末结余资金 | 万元 | 23019 | 31618 | 91228 | 67446 | 8178 |
| 本年资金来源小计 | 万元 | 510351 | 530212 | 450821 | 2565190 | 2394343 |
| 国家预算内资金 | 万元 | 134372 | 180910 | 74306 | 546353 | 480058 |
| 国内贷款 | 万元 | 4550 | 129657 | 89302 | 207489 | 176513 |
| 债券 | 万元 | 3000 | 11602 | 14275 | | 1463 |
| 利用外资 | 万元 | | | | | 549 |
| 自筹资金 | 万元 | 242951 | 167767 | 188464 | 1681991 | 1525518 |
| 其他资金来源 | 万元 | 125478 | 40276 | 84474 | 129357 | 210242 |
| 本年应付款合计 | 万元 | 106894 | 49717 | 62771 | 135647 | 374682 |

注：施工、投产项目个数不含房地产开发项目。

## 7-15 各县按行业、注册类型、隶属关系和建设性质分固定资产投资

（2017 年）

单位：万元

| 指标名称 | 隆安县 | 马山县 | 上林县 | 宾阳县 | 横 县 |
|---|---|---|---|---|---|
| **本年完成投资** | **578107** | **421921** | **462457** | **2760991** | **2705242** |
| **投资额按登记注册类型分** | | | | | |
| **内资** | **424953** | **406227** | **377624** | **2686458** | **2567399** |
| 国有 | 178953 | 214534 | 161710 | 912149 | 702098 |
| 集体 | | 1620 | | 4741 | 28442 |
| 股份合作 | | 500 | 1100 | | 3350 |
| 联营 | | | | 4430 | 23183 |
| 有限责任公司 | 82422 | 89619 | 167431 | 355770 | 330933 |
| 股份有限公司 | 1702 | 637 | | 35700 | 75977 |
| 私营 | 156424 | 57618 | 46853 | 1149789 | 1153343 |
| 其他 | 5452 | 41699 | 530 | 223879 | 250073 |
| **港澳台商投资** | | | **6000** | **8440** | **20717** |
| 合资经营 | | | | | 11267 |
| 合作经营 | | | | | |
| 独资 | | | 6000 | 8440 | 9450 |
| 股份有限 | | | | | |
| 其他 | | | | | |
| **外商投资** | | | | **29488** | **1798** |
| 合资经营 | | | | 23398 | 1249 |
| 合作经营 | | | | | |
| 独资 | | | | | 549 |
| 股份有限 | | | | 6090 | |
| 其他 | | | | | |
| **个体经营** | | | | **5750** | **28764** |
| 个人经营 | | | | 5750 | 28764 |
| 个人合伙 | | | | | |
| **按国民经济行业分** | | | | | |
| 农、林、牧、渔业 | 31547 | 75627 | 23709 | 312749 | 419270 |
| 采矿业 | 2300 | 903 | | 26592 | 51544 |
| 制造业 | 92014 | 39940 | 46573 | 999217 | 863876 |

7-15 续表 单位：万元

| 指标名称 | 隆安县 | 马山县 | 上林县 | 宾阳县 | 横 县 |
|---|---|---|---|---|---|
| # 制糖业 | 606 | 2642 | | 13334 | 31123 |
| 电力、煤气及水的生产和供应业 | 2143 | 37838 | 55600 | 110697 | 27322 |
| 建筑业 | | 19185 | 2085 | 22136 | 50351 |
| 第三产业 | 450103 | 248428 | 334490 | 1289600 | 1292879 |
| 批发和零售业 | | 595 | | 25907 | 102940 |
| 交通运输、仓储和邮政业 | 123610 | 31211 | 36953 | 427479 | 181277 |
| 住宿和餐饮业 | 2391 | 918 | | 27560 | 24796 |
| 信息传输、计算机服务和软件业 | 977 | 4421 | 4000 | 30430 | 28494 |
| 金融业 | | | | | 12520 |
| 房地产业 | 237012 | 72954 | 113335 | 137239 | 137211 |
| 租赁和商务服务业 | 127 | 1782 | 5510 | 6377 | 28170 |
| 科学研究和综合服务和地质勘查业 | | 3031 | | 5298 | 9210 |
| 水利、环境和公共设施管理业 | 72586 | 63517 | 152448 | 500886 | 542240 |
| 居民服务和其他服务业 | | | | 7950 | 11057 |
| 教育 | 6623 | 9108 | 18676 | 35824 | 79984 |
| 卫生、社会保障和社会福利业 | 2781 | 11058 | 3568 | 38279 | 58959 |
| 文化、体育和娱乐业 | 3996 | 2814 | | 30853 | 10129 |
| 公共管理和社会组织 | | 47019 | | 15518 | 65892 |
| **投资额按隶属关系分** | | | | | |
| 中央 | | 28521 | | 37472 | 41353 |
| 自治区 | 98711 | 160 | 14513 | 357985 | 84245 |
| 市 | 15362 | 3202 | 57650 | 176975 | 17546 |
| 县 | 130506 | 235071 | 198115 | 513786 | 795736 |
| 其他 | 180374 | 139273 | 94346 | 1643918 | 1679798 |
| **投资额按建设性质分** | | | | | |
| # 新建 | 308548 | 320863 | 203716 | 1217237 | 1929122 |
| 扩建 | 9284 | 25977 | 18897 | 772352 | 250674 |
| 改建 | 48326 | 54226 | 134379 | 626024 | 361365 |

# 7-16 各县房地产开发投资完成情况

（2017 年）

| 指标名称 | 单 位 | 隆安县 | 马山县 | 上林县 | 宾阳县 | 横 县 |
|---|---|---|---|---|---|---|
| **本年完成投资** | **万元** | **206923** | **18875** | **102765** | **118266** | **124700** |
| **投资额按构成分** | | | | | | |
| 建筑工程 | 万元 | 170020 | 7182 | 78522 | 105665 | 94167 |
| 安装工程 | 万元 | 14330 | 2648 | 11488 | 6877 | 16815 |
| 设备工器具购置 | 万元 | | | 770 | 2787 | 4084 |
| 其他费用 | 万元 | 22573 | 9045 | 11985 | 2937 | 9634 |
| # 土地购置费 | 万元 | 12208 | | 7091 | 1340 | 6855 |
| **投资额按工程用途分** | | | | | | |
| 住宅 | 万元 | 194637 | 5727 | 75205 | 105549 | 105546 |
| 办公楼 | 万元 | | | 37 | 80 | 21 |
| 商业营业用房 | 万元 | 4749 | 2600 | 17819 | 8744 | 8000 |
| 其他 | 万元 | 7537 | 10548 | 9704 | 3893 | 11133 |
| 本年新增固定资产 | 万元 | 142076 | 14325 | 29560 | 99978 | 6136 |
| 本年购置土地面积 | 平方米 | | | | 183586 | |
| 本年资金来源合计 | 万元 | | | | | |
| 上年末结余资金 | 万元 | 281 | 6569 | 65530 | 61635 | 6593 |
| 本年资金来源小计 | 万元 | 183011 | 35620 | 128827 | 149892 | 136962 |
| 国内贷款 | 万元 | | 2900 | 4165 | 61686 | 7500 |
| 利用外资 | 万元 | | | | | |
| 自筹资金 | 万元 | 109554 | 11143 | 62752 | 20096 | 35782 |
| 其他资金来源 | 万元 | 73457 | 21577 | 61910 | 68110 | 93680 |
| 本年各项应付款合计 | 万元 | 63990 | 3956 | 9237 | 20523 | 45362 |
| 竣工房屋住宅套数合计 | 套 | 2184 | 585 | 772 | 2031 | 19 |
| 施工房屋面积 | 平方米 | 1314401 | 273839 | 1336657 | 1149803 | 1660019 |
| # 住宅 | 平方米 | 1198227 | 196704 | 1090616 | 846385 | 1306715 |
| 本年新开工房屋面积 | 平方米 | 712228 | 54493 | 200033 | 283408 | 449702 |
| # 住宅 | 平方米 | 611545 | 44904 | 163854 | 239388 | 324897 |
| 竣工房屋面积 | 平方米 | 222910 | 73965 | 122471 | 390023 | 2401 |
| # 住宅 | 平方米 | 222910 | 55747 | 115127 | 247931 | 1921 |
| 竣工房屋价值 | 万元 | 50828 | 12706 | 28051 | 74624 | 256 |
| # 住宅 | 万元 | 50828 | 9024 | 26548 | 47572 | 210 |
| 商品房销售面积 | 平方米 | 288386 | 64346 | 296607 | 442441 | 447694 |
| # 住宅 | 平方米 | 283871 | 47422 | 288451 | 426012 | 436685 |
| 商品房待售面积 | 平方米 | 185893 | 11046 | 84218 | 159402 | 293249 |
| # 住宅 | 平方米 | 183516 | 10926 | 62174 | 66981 | 128182 |
| 办公楼 | 平方米 | | | | 1783 | 850 |
| 商业营业用房 | 平方米 | 952 | | 20877 | 87286 | 109976 |
| 其他 | 平方米 | 1425 | 120 | 1167 | 3352 | 54241 |
| 商品房销售额 | 万元 | 93076 | 20986 | 95330 | 157741 | 174464 |
| # 住宅 | 万元 | 92325 | 13204 | 91122 | 150470 | 169795 |

# 八 能源购进消费与库存

## CHAPTER 8 PURCHASE,CONSUMPTION AND STOCK OF ENERGY

# 8-1 全市规模以上工业企业主要能源购进、消费与库存

（2017年）

| 指标名称 | 单位 | 购进量合计 | 消费量合计 | | | 年末库存 |
|---|---|---|---|---|---|---|
| | | | | 工业生产消费 | 非工业生产消费 | |
| **全市** | | | | | | |
| 原煤 | 吨 | 4309748 | 4377406 | 4377372 | 35 | 204866 |
| 煤制品 | 吨 | 23005 | 23130 | 23130 | | 207 |
| 焦炭 | 吨 | 5651 | 5887 | 5887 | | 3159 |
| 其他焦化产品 | 吨 | 4146 | 4397 | 4397 | | 13407 |
| 天然气 | 万立方米 | 9363 | 9353 | 9332 | 21 | 3 |
| 汽油 | 吨 | 5149 | 5202 | 3141 | 2061 | 151 |
| 煤油 | 吨 | 171 | 166 | 166 | | 2 |
| 柴油 | 吨 | 63610 | 63591 | 57713 | 5878 | 2117 |
| 燃料油 | 吨 | 2483 | 2501 | 2501 | | 129 |
| 液化石油气 | 吨 | 3675 | 3675 | 3643 | 31 | 1 |
| 石油焦 | 吨 | 57118 | 57805 | 57805 | | 971 |
| 热力 | 百万千焦 | 2085612 | 2154536 | 2154536 | | |
| 电力 | 万千瓦时 | 748062 | 872054 | 856295 | 15759 | |
| 生物燃料 | 吨 | 276131 | 539356 | 539356 | | 451 |
| **市区** | | | | | | |
| 原煤 | 吨 | 1367528 | 1366768 | 1366733 | 35 | 49695 |
| 煤制品 | 吨 | 23005 | 23130 | 23130 | | 207 |
| 焦炭 | 吨 | 5088 | 5322 | 5322 | | 3159 |
| 其他焦化产品 | 吨 | 4146 | 4397 | 4397 | | 13407 |
| 天然气 | 万立方米 | 9217 | 9207 | 9186 | 21 | 3 |
| 汽油 | 吨 | 4600 | 4654 | 3054 | 1601 | 147 |
| 煤油 | 吨 | 5 | 7 | 7 | | 1 |
| 柴油 | 吨 | 46544 | 46521 | 42870 | 3651 | 1291 |
| 燃料油 | 吨 | 2483 | 2501 | 2501 | | 129 |
| 液化石油气 | 吨 | 211 | 211 | 181 | 30 | 1 |
| 石油焦 | 吨 | 56819 | 57356 | 57356 | | 893 |
| 热力 | 百万千焦 | 608913 | 614987 | 614987 | | |
| 电力 | 万千瓦时 | 574811 | 612984 | 607628 | 5356 | |
| 生物燃料 | 吨 | 96247 | 228611 | 228611 | | 50 |

## 8-2 全市规模以上工业企业主要能源按行业消费量

（2017 年）

| 指标名称 | 本年消费 | | | | | | |
|---|---|---|---|---|---|---|---|
| | 原煤（吨） | 煤制品（吨） | 焦炭（吨） | 其他焦化产品（吨） | 天然气（万立方米） | 汽油（吨） | 煤油（吨） |
| **总计** | **4377406** | **23130** | **5887** | **4397** | **9353** | **5202** | **166** |
| **按工业行业大类分列** | | | | | | | |
| 煤炭开采和洗选业 | | | | | | | |
| 石油和天然气开采业 | | | | | | | |
| 黑色金属矿采选业 | | | | | | | |
| 有色金属矿采选业 | | | | | | | |
| 非金属矿采选业 | 940 | | | | | 4 | |
| 开采辅助活动 | | | | | | | |
| 其他采矿业 | | | | | | | |
| 农副食品加工业 | 186788 | 1291 | 5322 | | 866 | 490 | |
| 食品制造业 | 5082 | 9419 | 189 | | 353 | 261 | |
| 酒、饮料和精制茶制造业 | 65430 | 8133 | | | 464 | 245 | |
| 烟草制品业 | 2062 | | | | 330 | | |
| 纺织业 | | | | | 32 | 62 | |
| 纺织服装、服饰业 | | | | | 2 | | |
| 皮革、毛皮、羽毛及其制品和制鞋业 | | | | | | 7 | |
| 木材加工和木、竹、藤、棕、草制品业 | 20 | | | | 137 | 507 | |
| 家具制造业 | | | | | | 74 | |
| 造纸和纸制品业 | 211250 | | | | 76 | 124 | |
| 印刷业和记录媒介复制 业 | | | | | | 75 | |
| 文教、工美、体育和娱乐用品制造业 | | | | | | 13 | |
| 石油加工、炼焦及核燃料加工业 | 2184 | | | | | | |
| 化学原料和化学制品制造业 | 289854 | | | | 368 | 537 | 129 |
| 医药制造业 | 15713 | 4286 | | | 573 | 543 | |
| 化学纤维制造业 | | | | | | | |
| 橡胶和塑料制品业 | 1766 | | | | 2 | 201 | |
| 非金属矿物制品业 | 2229625 | | | 4397 | 261 | 426 | 37 |
| 黑色金属冶炼及压延加工业 | | | | | 67 | 41 | |
| 有色金属冶炼及压延加工业 | | | | | 539 | 10 | |
| 金属制品业 | 4426 | | | | 3120 | 116 | |
| 通用设备制造业 | 11413 | | 376 | | | 81 | |
| 专用设备制造业 | | | | | | 299 | |
| 汽车制造业 | | | | | | 112 | |
| 铁路、船舶、航空航天和其他运输设备制造业 | | | | | | 35 | |
| 电气机械和器材制造业 | 34 | | | | | 192 | |
| 计算机、通信和其他电子设备制造业 | | | | | | 445 | |
| 仪器仪表制造业 | | | | | | 16 | |
| 其他制造业 | | | | | | 48 | |
| 废弃资源综合利用业 | | | | | | 20 | |
| 金属制品、机械和设备修理业 | | | | | | | |
| 电力、热力生产和供应业 | 1350818 | | | | 2163 | 49 | |
| 燃气生产和供应业 | | | | | | 48 | |
| 水的生产和供应业 | | | | | | 121 | |

8-2 续表

| 指标名称 | 本年消费 | | | | | | |
|---|---|---|---|---|---|---|---|
| | 柴油（吨） | 燃料油（吨） | 液化石油气（吨） | 石油焦（吨） | 热力（百万千焦） | 电力（万千瓦时） | 生物燃料（吨） |
| **总计** | **63591** | **2501** | **3675** | **57805** | **2154536** | **872054** | **539356** |
| **按工业行业大类分列** | | | | | | | |
| 煤炭开采和洗选业 | | | | | | 839 | |
| 石油和天然气开采业 | | | | | | | |
| 黑色金属矿采选业 | | | | | | | |
| 有色金属矿采选业 | | | | | | 638 | |
| 非金属矿采选业 | 5090 | | | | | 2298 | |
| 开采辅助活动 | | | | | | | |
| 其他采矿业 | | | | | | | |
| 农副食品加工业 | 1773 | 772 | | | 220788 | 85875 | 372950 |
| 食品制造业 | 411 | 20 | 26 | | 84129 | 22626 | 4214 |
| 酒、饮料和精制茶制造业 | 122 | | | | 242573 | 22709 | 5756 |
| 烟草制品业 | | | | | | 4073 | |
| 纺织业 | 158 | | | | 23521 | 10759 | 34012 |
| 纺织服装、服饰业 | | | | | | 344 | |
| 皮革、毛皮、羽毛及其制品和制鞋业 | 31 | | | | | 1652 | 395 |
| 木材加工和木、竹、藤、棕、草制品业 | 3118 | | | | | 71032 | 76437 |
| 家具制造业 | 67 | | | | | 2003 | |
| 造纸和纸制品业 | 571 | | | | 1474566 | 35873 | 37395 |
| 印刷业和记录媒介复制 业 | 32 | | | | | 9593 | 936 |
| 文教、工美、体育和娱乐用品制造业 | | | | | | 984 | |
| 石油加工、炼焦及核燃料加工业 | | 3 | | | | 820 | |
| 化学原料和化学制品制造业 | 1511 | 137 | | | 21856 | 46129 | 4469 |
| 医药制造业 | 1314 | 162 | 6 | | 80747 | 17013 | 2730 |
| 化学纤维制造业 | | | | | | | |
| 橡胶和塑料制品业 | 66 | | | | | 61618 | |
| 非金属矿物制品业 | 47907 | | 3131 | 57805 | 6356 | 179350 | |
| 黑色金属冶炼及压延加工业 | 86 | | 248 | | | 19711 | |
| 有色金属冶炼及压延加工业 | 431 | 1103 | 95 | | | 9335 | |
| 金属制品业 | 100 | | 143 | | | 35337 | 46 |
| 通用设备制造业 | 69 | | | | | 2968 | 15 |
| 专用设备制造业 | 106 | 284 | | | | 8830 | |
| 汽车制造业 | 403 | 21 | | | | 12254 | |
| 铁路、船舶、航空航天和其他运输设备制造业 | 22 | | 20 | | | 1096 | |
| 电气机械和器材制造业 | 9 | | | | | 16569 | |
| 计算机、通信和其他电子设备制造业 | 2 | | 4 | | | 22513 | |
| 仪器仪表制造业 | | | | | | 3615 | |
| 其他制造业 | 6 | | | | | 2206 | |
| 废弃资源综合利用业 | 15 | | | | | 62 | |
| 金属制品、机械和设备修理业 | | | | | | | |
| 电力、热力生产和供应业 | 24 | | | | | 136284 | |
| 燃气生产和供应业 | 19 | | 2 | | | 157 | |
| 水的生产和供应业 | 128 | | | | | 24888 | |

# 8-3 市区规模以上工业企业主要能源按行业消费量

（2017 年）

| 指标名称 | 本年消费 | | | | | | |
| --- | --- | --- | --- | --- | --- | --- | --- |
| | 原煤（吨） | 煤制品（吨） | 焦炭（吨） | 其他焦化产品（吨） | 天然气（万立方米） | 汽油（吨） | 煤油（吨） |
| **总计** | **1366768** | **23130** | **5322** | **4397** | **9207** | **4654** | **7** |
| **按工业行业大类分列** | | | | | | | |
| 煤炭开采和洗选业 | | | | | | | |
| 石油和天然气开采业 | | | | | | | |
| 黑色金属矿采选业 | | | | | | | |
| 有色金属矿采选业 | | | | | | | |
| 非金属矿采选业 | | | | | | | |
| 开采辅助活动 | | | | | | | |
| 其他采矿业 | | | | | | | |
| 农副食品加工业 | 113038 | 1291 | 5322 | | 866 | 426 | |
| 食品制造业 | 3957 | 9419 | | | 353 | 261 | |
| 酒、饮料和精制茶制造业 | 23711 | 8133 | | | 464 | 245 | |
| 烟草制品业 | 2062 | | | | 330 | | |
| 纺织业 | | | | | 32 | 16 | |
| 纺织服装、服饰业 | | | | | 2 | | |
| 皮革、毛皮、羽毛及其制品和制鞋业 | | | | | | | |
| 木材加工和木、竹、藤、棕、草制品业 | | | | | 137 | 476 | |
| 家具制造业 | | | | | | 74 | |
| 造纸和纸制品业 | 22649 | | | | 76 | 124 | |
| 印刷业和记录媒介复制 业 | | | | | | 75 | |
| 文教、工美、体育和娱乐用品制造业 | | | | | | | |
| 石油加工、炼焦及核燃料加工业 | | | | | | | |
| 化学原料和化学制品制造业 | 132099 | | | | 368 | 518 | |
| 医药制造业 | 15713 | 4286 | | | 573 | 518 | |
| 化学纤维制造业 | | | | | | | |
| 橡胶和塑料制品业 | 1295 | | | | 2 | 169 | |
| 非金属矿物制品业 | 988571 | | | 4397 | 164 | 241 | 7 |
| 黑色金属冶炼及压延加工业 | | | | | 19 | 26 | |
| 有色金属冶炼及压延加工业 | | | | | 539 | 10 | |
| 金属制品业 | 4028 | | | | 3120 | 69 | |
| 通用设备制造业 | 11413 | | | | | 68 | |
| 专用设备制造业 | | | | | | 299 | |
| 汽车制造业 | | | | | | 112 | |
| 铁路、船舶、航空航天和其他运输设备制造业 | | | | | | 32 | |
| 电气机械和器材制造业 | 34 | | | | | 192 | |
| 计算机、通信和其他电子设备制造业 | | | | | | 436 | |
| 仪器仪表制造业 | | | | | | 16 | |
| 其他制造业 | | | | | | 48 | |
| 废弃资源综合利用业 | | | | | | 20 | |
| 金属制品、机械和设备修理业 | | | | | | | |
| 电力、热力生产和供应业 | 48198 | | | | 2163 | 15 | |
| 燃气生产和供应业 | | | | | | 48 | |
| 水的生产和供应业 | | | | | | 121 | |

8-3 续表

| 指标名称 | 本年消费 | | | | | | |
|---|---|---|---|---|---|---|---|
| | 柴油（吨） | 燃料油（吨） | 液化石油气（吨） | 石油焦（吨） | 热力（百万千焦） | 电力（万千瓦时） | 生物燃料（吨） |
| **总计** | **46521** | **2501** | **211** | **57356** | **614987** | **612984** | **228611** |
| **按工业行业大类分列** | | | | | | | |
| 煤炭开采和洗选业 | | | | | | | |
| 石油和天然气开采业 | | | | | | | |
| 黑色金属矿采选业 | | | | | | | |
| 有色金属矿采选业 | | | | | | | |
| 非金属矿采选业 | 704 | | | | | 1140 | |
| 开采辅助活动 | | | | | | | |
| 其他采矿业 | | | | | | | |
| 农副食品加工业 | 1358 | 772 | | | 156335 | 49862 | 196848 |
| 食品制造业 | 407 | 20 | 26 | | 84129 | 22069 | 4214 |
| 酒、饮料和精制茶制造业 | 43 | | | | 242573 | 20403 | 2243 |
| 烟草制品业 | | | | | | 4073 | |
| 纺织业 | 20 | | | | | 8199 | 1328 |
| 纺织服装、服饰业 | | | | | | 344 | |
| 皮革、毛皮、羽毛及其制品和制鞋业 | | | | | | 1586 | |
| 木材加工和木、竹、藤、棕、草制品业 | 489 | | | | | 38241 | 8786 |
| 家具制造业 | 67 | | | | | 1991 | |
| 造纸和纸制品业 | 88 | | | | 69911 | 11538 | 7767 |
| 印刷业和记录媒介复制 业 | 32 | | | | | 9593 | 936 |
| 文教、工美、体育和娱乐用品制造业 | | | | | | 956 | |
| 石油加工、炼焦及核燃料加工业 | | 3 | | | | 139 | |
| 化学原料和化学制品制造业 | 1397 | 137 | | | | 27249 | 4469 |
| 医药制造业 | 1296 | 162 | 6 | | 55682 | 15466 | 2004 |
| 化学纤维制造业 | | | | | | | |
| 橡胶和塑料制品业 | 49 | | | | | 55186 | |
| 非金属矿物制品业 | 39214 | | | 57356 | 6356 | 95995 | |
| 黑色金属冶炼及压延加工业 | 57 | | | | | 2057 | |
| 有色金属冶炼及压延加工业 | 431 | 1103 | 95 | | | 9335 | |
| 金属制品业 | 80 | | 77 | | | 31972 | |
| 通用设备制造业 | 66 | | | | | 2589 | 15 |
| 专用设备制造业 | 106 | 284 | | | | 8469 | |
| 汽车制造业 | 403 | 21 | | | | 12254 | |
| 铁路、船舶、航空航天和其他运输设备制造业 | 22 | | | | | 1064 | |
| 电气机械和器材制造业 | 9 | | | | | 16511 | |
| 计算机、通信和其他电子设备制造业 | | | 4 | | | 21773 | |
| 仪器仪表制造业 | | | | | | 3615 | |
| 其他制造业 | 6 | | | | | 2206 | |
| 废弃资源综合利用业 | 15 | | | | | 62 | |
| 金属制品、机械和设备修理业 | | | | | | | |
| 电力、热力生产和供应业 | 15 | | | | | 112014 | |
| 燃气生产和供应业 | 19 | | 2 | | | 157 | |
| 水的生产和供应业 | 128 | | | | | 24875 | |

# 8-4 各县规模以上工业企业主要能源购进、消费与库存

（2017 年）

| 指标名称 | 单位 | 购进量合计 | 消费量合计 | 工业生产消费 | 非工业生产消费 | 年末库存 |
|---|---|---|---|---|---|---|
| **隆安县** | | | | | | |
| 原煤 | 吨 | 383819 | 373638 | 373638 | | 24635 |
| 汽油 | 吨 | 77 | 77 | 1 | 77 | |
| 柴油 | 吨 | 2028 | 2034 | 1123 | 911 | 7 |
| 热力 | 百万千焦 | 25065 | 25065 | 25065 | | |
| 电力 | 万千瓦时 | 28820 | 41334 | 41096 | 238 | |
| 生物燃料 | 吨 | 23873 | 36501 | 36501 | | |
| **马山县** | | | | | | |
| 原煤 | 吨 | 52081 | 49595 | 49595 | | 2503 |
| 汽油 | 吨 | 51 | 51 | 13 | 38 | |
| 柴油 | 吨 | 243 | 247 | 219 | 28 | |
| 石油焦 | 吨 | 300 | 449 | 449 | | 78 |
| 电力 | 万千瓦时 | 3293 | 4954 | 4948 | 6 | |
| 生物燃料 | 吨 | 51 | 5486 | 5486 | | 6 |
| **上林县** | | | | | | |
| 原煤 | 吨 | 3166 | 3166 | 3166 | | |
| 汽油 | 吨 | 20 | 20 | 17 | 3 | |
| 柴油 | 吨 | 3547 | 3551 | 2634 | 917 | |
| 电力 | 万千瓦时 | 6627 | 7759 | 7655 | 104 | |
| 生物燃料 | 吨标准煤 | 15242 | 15242 | 15242 | | |
| **宾阳县** | | | | | | |
| 原煤 | 吨 | 380947 | 390723 | 390723 | | 13084 |
| 焦炭 | 吨 | 376 | 376 | 376 | | |
| 天然气 | 万立方米 | 146 | 146 | 146 | | |
| 汽油 | 吨 | 102 | 99 | 14 | 84 | 4 |
| 煤油 | 吨 | 27 | 29 | 29 | | 1 |
| 柴油 | 吨 | 5926 | 5832 | 5545 | 287 | 52 |
| 液化石油气 | 吨 | 3379 | 3379 | 3377 | 1 | |
| 电力 | 万千瓦时 | 49157 | 61892 | 60479 | 1413 | |
| 生物燃料 | 吨 | 73917 | 86300 | 86300 | | |
| **横　县** | | | | | | |
| 原煤 | 吨 | 2122206 | 2193518 | 2193518 | | 114949 |
| 焦炭 | 吨 | 187 | 189 | 189 | | |
| 汽油 | 吨 | 299 | 301 | 43 | 258 | |
| 煤油 | 吨 | 138 | 129 | 129 | | |
| 柴油 | 吨 | 5322 | 5406 | 5321 | 84 | 767 |
| 液化石油气 | 吨 | 86 | 86 | 86 | | |
| 热力 | 百万千焦 | 1451634 | 1514484 | 1514484 | | |
| 电力 | 万千瓦时 | 85354 | 143131 | 134489 | 8642 | |
| 生物燃料 | 吨 | 66800 | 167217 | 167217 | | 396 |

# 8-5 规模以上工业企业综合能耗

(2017 年)

单位：吨标准煤

| 指标名称 | 全 市 | 市 区 | 隆安县 | 马山县 | 上林县 | 宾阳县 | 横 县 |
|---|---|---|---|---|---|---|---|
| **综合能耗** | **4692277** | **2266308** | **335373** | **49795** | **44758** | **449632** | **1546412** |
| 煤炭开采和洗选业 | 1031 | | | | 1031 | | |
| 石油和天然气开采业 | | | | | | | |
| 黑色金属矿采选业 | | | | | | | |
| 有色金属矿采选业 | 761 | | 761 | | | | |
| 非金属矿采选业 | 9727 | 2424 | | | 1416 | 2626 | 3261 |
| 开采辅助活动 | | | | | | | |
| 其他采矿业 | | | | | | | |
| 农副食品加工业 | 604433 | 343788 | 25351 | 6214 | 14700 | 69845 | 144534 |
| 食品制造业 | 48638 | 46995 | 4 | | | 769 | 871 |
| 酒、饮料和精制茶制造业 | 94673 | 61843 | 5883 | 7123 | | | 19823 |
| 烟草制品业 | 10466 | 10466 | | | | | |
| 纺织业 | 54220 | 11734 | 30 | | 16051 | 15353 | 11053 |
| 纺织服装、服饰业 | 367 | 367 | | | | | |
| 皮革、毛皮、羽毛及其制品和制鞋业 | 2576 | 2081 | | | | | 495 |
| 木材加工和木、竹、藤、棕、草制品业 | 165494 | 59875 | 31855 | 190 | 247 | 37987 | 35340 |
| 家具制造业 | 2469 | 2455 | 14 | | | | |
| 造纸和纸制品业 | 225697 | 35956 | | | | 2360 | 187381 |
| 印刷业和记录媒介复制 业 | 12865 | 12865 | | | | | |
| 文教、工美、体育和娱乐用品制造业 | 1222 | 1169 | | 53 | | | |
| 石油加工、炼焦及核燃料加工业 | 2572 | 175 | 1646 | | | | 752 |
| 化学原料和化学制品制造业 | 299250 | 154715 | 55018 | | 3282 | 51027 | 35209 |
| 医药制造业 | 47791 | 44246 | 1059 | | | | 2486 |
| 化学纤维制造业 | | | | | | | |
| 橡胶和塑料制品业 | 75348 | 67106 | 1396 | | | 1719 | 5127 |
| 非金属矿物制品业 | 1894232 | 921285 | 211898 | 34346 | 8032 | 264979 | 453693 |
| 黑色金属冶炼及压延加工业 | 25623 | 2871 | | | | 1225 | 21526 |
| 有色金属冶炼及压延加工业 | 20924 | 20924 | | | | | |
| 金属制品业 | 88560 | 83900 | | 175 | | | 4485 |
| 通用设备制造业 | 4284 | 3456 | 207 | | | 494 | 127 |
| 专用设备制造业 | 12136 | 11739 | | | | 396 | |
| 汽车制造业 | 15209 | 15209 | | | | | |
| 铁路、船舶、航空航天和其他运输设备制造业 | 1443 | 1370 | | | | | 73 |
| 电气机械和器材制造业 | 20352 | 20281 | 70 | | | | |
| 计算机、通信和其他电子设备制造业 | 28254 | 27404 | | | | 850 | |
| 仪器仪表制造业 | 4218 | 4218 | | | | | |
| 其他制造业 | 2777 | 2777 | | | | | |
| 废弃资源综合利用业 | 99 | 99 | | | | | |
| 金属制品、机械和设备修理业 | | | | | | | |
| 电力、热力生产和供应业 | 883377 | 261341 | 182 | 1678 | | | 620177 |
| 燃气生产和供应业 | 272 | 272 | | | | | |
| 水的生产和供应业 | 30919 | 30903 | | 16 | | | |

# 8-6 规模以上工业企业产值能耗

（2017 年）

单位：吨标准煤 / 万元

| 指标名称 | 全 市 | 市 区 | 隆安县 | 马山县 | 上林县 | 宾阳县 | 横 县 |
|---|---|---|---|---|---|---|---|
| **产值能耗** | **0.1176** | **0.0705** | **0.6808** | **0.6102** | **0.2332** | **0.2714** | **0.5457** |
| 煤炭开采和洗选业 | 0.3802 | | | | 0.3802 | | |
| 石油和天然气开采业 | | | | | | | |
| 黑色金属矿采选业 | | | | | | | |
| 有色金属矿采选业 | 0.1583 | | 0.1583 | | | | |
| 非金属矿采选业 | 0.1345 | 0.1200 | | | 0.1180 | 0.2338 | 0.1128 |
| 开采辅助活动 | | | | | | | |
| 其他采矿业 | | | | | | | |
| 农副食品加工业 | 0.1170 | 0.0884 | 0.1225 | 0.4095 | 0.5675 | 0.1166 | 0.3472 |
| 食品制造业 | 0.0400 | 0.0402 | 0.0013 | | | 0.0906 | 0.0236 |
| 酒、饮料和精制茶制造业 | 0.0563 | 0.0540 | 0.4839 | 0.5083 | | | 0.0389 |
| 烟草制品业 | 0.0088 | 1.3159 | | | | | |
| 纺织业 | 0.1039 | 0.0667 | 0.0067 | | 0.2361 | 0.1161 | 0.0781 |
| 纺织服装、服饰业 | 0.0232 | 0.0232 | | | | | |
| 皮革、毛皮、羽毛及其制品和制鞋业 | 0.0158 | 0.0197 | | | | | 0.1458 |
| 木材加工和木、竹、藤、棕、草制品业 | 0.0752 | 0.0387 | 0.4209 | 0.0323 | 0.0140 | 0.1258 | 0.1959 |
| 家具制造业 | 0.0253 | 0.0266 | 0.0026 | | | | |
| 造纸和纸制品业 | 0.2029 | 0.0422 | | | | 0.0778 | 0.8144 |
| 印刷业和记录媒介复制业 | 0.0191 | 0.0191 | | | | | |
| 文教、工美、体育和娱乐用品制造业 | 0.0106 | 0.0103 | | 0.0229 | | | |
| 石油加工、炼焦及核燃料加工业 | 0.0349 | 0.0033 | 0.2562 | | | | 0.0554 |
| 化学原料和化学制品制造业 | 0.0932 | 0.0588 | 0.9256 | | 0.1762 | 0.3571 | 0.0984 |
| 医药制造业 | 0.0292 | 0.0277 | 0.2465 | | | | 0.0745 |
| 化学纤维制造业 | | | | | | | |
| 橡胶和塑料制品业 | 0.0371 | 0.0352 | 0.1134 | | | 0.0544 | 0.0630 |
| 非金属矿物制品业 | 0.6808 | 0.4268 | 3.2736 | 1.4574 | 0.1706 | 0.8538 | 2.5452 |
| 黑色金属冶炼及压延加工业 | 0.0766 | 0.0149 | | | | 0.2086 | 0.1576 |
| 有色金属冶炼及压延加工业 | 0.0459 | 0.0459 | | | | | |
| 金属制品业 | 0.0501 | 0.0580 | | 0.0528 | | | 0.0141 |
| 通用设备制造业 | 0.0108 | 0.0097 | 0.0102 | | | 0.0395 | 0.0204 |
| 专用设备制造业 | 0.0077 | 0.0077 | | | | 0.0073 | |
| 汽车制造业 | 0.0127 | 0.0161 | | | | | |
| 铁路、船舶、航空航天和其他运输设备制造业 | 0.0087 | 0.0085 | | | | | 0.0174 |
| 电气机械和器材制造业 | 0.0078 | 0.0078 | 0.0131 | | | | 0.0002 |
| 计算机、通信和其他电子设备制造业 | 0.0050 | 0.0049 | | | | 0.0534 | |
| 仪器仪表制造业 | 0.0169 | 0.0169 | | | | | |
| 其他制造业 | 0.0176 | 0.0176 | | | | | |
| 废弃资源综合利用业 | 0.0089 | 0.0089 | | | | | |
| 金属制品、机械和设备修理业 | | | | | | | |
| 电力、热力生产和供应业 | 0.7620 | 6.0326 | 0.0247 | 0.1053 | | | 4.0209 |
| 燃气生产和供应业 | 0.0036 | 0.0036 | | | | | |
| 水的生产和供应业 | 0.2329 | 0.2352 | | 0.0116 | | | |

# 8-7 全社会用电量

（2017 年）　　单位：万千瓦时

| 指标名称 | 全　市 | 市 区 | 横 县 | 宾阳县 | 上林县 | 马山县 | 隆安县 |
|---|---|---|---|---|---|---|---|
| **总计** | **1962368** | **1544281** | **175767** | **127737** | **34181** | **40556** | **68963** |
| **全行业用电量** | **1422696** | **1131282** | **127984** | **86644** | **16259** | **19185** | **53459** |
| 农林牧渔业 | 53840 | 36030 | 4997 | 3634 | 1008 | 82 | 8088 |
| 工业 | 736587 | 506439 | 108694 | 70378 | 8836 | 14270 | 40087 |
| 轻工业 | 167438 | 112991 | 25353 | 17763 | 2549 | 3226 | 5556 |
| 重工业 | 569150 | 393448 | 83341 | 52616 | 6286 | 11043 | 34531 |
| 建筑业 | 58094 | 53042 | 1432 | 1871 | 874 | 121 | 754 |
| 交通运输、仓储、邮政业 | 88248 | 86551 | 440 | 405 | 181 | 430 | 240 |
| 信息传输、计算机服务和软件业 | 39956 | 33796 | 1977 | 1348 | 1056 | 1070 | 709 |
| 商业、住宿和餐饮业 | 165512 | 157372 | 2765 | 1834 | 1294 | 1276 | 972 |
| 金融、房地产、商务及居民服务业 | 111318 | 105958 | 2359 | 1892 | 614 | 199 | 296 |
| 公共事业及管理组织 | 169141 | 152095 | 5320 | 5281 | 2397 | 1736 | 2313 |
| **城乡居民生活用电** | **539672** | **412999** | **47783** | **41093** | **17922** | **21371** | **15504** |
| 城镇 | 332639 | 295842 | 10821 | 17615 | 6368 | 5992 | 5966 |
| 乡村 | 207033 | 117157 | 36962 | 23478 | 11554 | 15379 | 9538 |

注：本表数据来自于南宁市供电局

# 九 商业旅游物价

CHAPTER 9 BUSINESS,TRAVEL,PRICE

# 9-1 全市主要年份商品销售总额和社会消费品零售总额、居民消费价格总指数

单位：万元

| 年份 | 商品销售总额 | 社会消费品零售总额 | #批发零售业 | #住宿餐饮业 | 居民消费价格总指数（%） |
|---|---|---|---|---|---|
| 1950 | 3760 | 3331 | 2698 | 326 | |
| 1965 | 41791 | 17034 | 14651 | 1008 | |
| 1978 | 50735 | 34737 | 28682 | 1916 | |
| 1980 | 67827 | 49381 | 37008 | 2595 | |
| 1985 | 180035 | 117249 | 89369 | 5129 | 118.3 |
| 1986 | 192905 | 124956 | 90024 | 5966 | 105.2 |
| 1987 | 278652 | 151615 | 106832 | 6823 | 111.1 |
| 1988 | 403478 | 205927 | 142668 | 8656 | 121.6 |
| 1989 | 506027 | 237944 | 173722 | 10727 | 119.4 |
| 1990 | 688049 | 251606 | 173490 | 13231 | 98.0 |
| 1991 | 1183943 | 306330 | 209751 | 17191 | 104.1 |
| 1992 | 1330612 | 367574 | 236449 | 22925 | 106.7 |
| 1993 | 1858423 | 520934 | 320946 | 28447 | 125.1 |
| 1994 | 2778661 | 667903 | 423470 | 39138 | 124.8 |
| 1995 | 2393263 | 839856 | 545805 | 62980 | 118.6 |
| 1996 | 2121924 | 1006556 | 654329 | 109594 | 103.3 |
| 1997 | 2555047 | 1153593 | 595818 | 170827 | 100.2 |
| 1998 | 2553541 | 1286387 | 738214 | 164742 | 96.7 |
| 1999 | 2629390 | 1371382 | 845114 | 181460 | 95.9 |
| 2000 | 4967441 | 2124265 | 1902756 | 213107 | 100.0 |
| 2001 | 5332548 | 2313462 | 2054150 | 249629 | 102.8 |
| 2002 | 6160693 | 2567758 | 2270643 | 287402 | 99.4 |
| 2003 | 7865973 | 2884483 | 2559611 | 318557 | 100.8 |
| 2004 | 9308593 | 3320502 | 2963591 | 353524 | 104.2 |
| 2005 | 10108931 | 3803408 | 3396513 | 400436 | 101.1 |
| 2006 | 9965245 | 4382033 | 3922893 | 452025 | 102.5 |
| 2007 | 10937511 | 5188124 | 4662019 | 511603 | 104.4 |
| 2008 | 14856054 | 6474617 | 5914285 | 581784 | 108.4 |
| 2009 | 15526320 | 7549161 | 6690923 | 866028 | 98.2 |
| 2010 | 18567715 | 9059318 | 8274696 | 784622 | 102.5 |
| 2011 | 24523398 | 10731541 | | | 105.7 |
| 2012 | 29974127 | 12555902 | | | 102.9 |
| 2013 | 34986886 | 14428367 | | | 102.1 |
| 2014 | 39240173 | 16169020 | | | 101.6 |
| 2015 | 43611658 | 17866839 | | | 101.9 |
| 2016 | 49231802 | 19803601 | | | 101.4 |
| 2017 | 55184950 | 22041551 | | | 102.3 |

注：2000 年以后为区划调整后的数据，其余年份仍为原南宁口径。2013 年数据根据第三次经济普查作了相应调整。

# 9-2 全市及各县区社会消费品零售总额

单位：万元

| 指标名称 | 2017 年 | 比上年增长（%） |
|---|---|---|
| **全市** | **22041551** | **11.3** |
| 兴宁区 | 4649313 | 11.8 |
| 青秀区 | 4486378 | 10.3 |
| 江南区 | 3572755 | 12.1 |
| 西乡塘区 | 4967526 | 11.1 |
| 良庆区 | 371416 | 11.4 |
| 邕宁区 | 232076 | 12.9 |
| 武鸣区 | 878374 | 10.5 |
| 隆安县 | 212160 | 10.6 |
| 马山县 | 253396 | 10.0 |
| 上林县 | 219741 | 9.9 |
| 宾阳县 | 1158224 | 12.4 |
| 横　县 | 1040195 | 11.9 |

## 9-3 全市限额以上批发业商品购销存总额

（2017 年）

单位：万元

| 指标名称 | 企业数（个） | 年末从业人员数（人） | 购进总额 | 进口 | 年末商品库存额 |
|---|---|---|---|---|---|
| **总计** | **448** | **28194** | **28991479** | **891396** | **1712517** |
| **按批发行业小类分组** | | | | | |
| 农、林、牧、渔产品批发 | 20 | 454 | 665952 | 22528 | 80601 |
| 食品、饮料及烟草制品批发 | 77 | 5590 | 4066781 | 163484 | 376666 |
| 纺织、服装及家庭用品批发 | 43 | 4231 | 870989 | 1430 | 171963 |
| 文化、体育用品及器材批发 | 10 | 456 | 330541 | | 28234 |
| 医药及医疗器材批发 | 48 | 4330 | 954593 | 25793 | 172533 |
| 矿产品、建材及化工产品批发 | 170 | 8594 | 21023264 | 678162 | 730874 |
| 机械设备、五金产品及电子产品批发 | 78 | 4503 | 1037429 | | 151601 |
| 其他批发业 | 2 | 36 | 41930 | | 46 |
| **按登记注册类型分组** | | | | | |
| 内资企业 | 427 | 26644 | 28397125 | 891344 | 1678436 |
| 国有企业 | 5 | 1672 | 625607 | | 39385 |
| 集体企业 | 4 | 280 | 90349 | | 2616 |
| 有限责任公司 | 136 | 10532 | 21192376 | 788794 | 1049061 |
| 股份有限公司 | 13 | 1612 | 1995149 | 230 | 103675 |
| 私营企业 | 269 | 12548 | 4493644 | 102321 | 483700 |
| 港、澳、台商投资企业 | 5 | 1116 | 225341 | 52 | 1386 |
| 外商投资企业 | 8 | 281 | 242825 | | 18444 |
| 个体经营 | 8 | 153 | 126187 | | 14251 |
| **按企业控股情况分** | | | | | |
| 国有控股 | 65 | 7200 | 20156945 | 784764 | 867568 |
| 集体控股 | 9 | 410 | 833156 | 1608 | 21920 |
| 私人控股 | 317 | 15300 | 5760594 | 102321 | 600569 |
| 港澳台商控股 | 2 | 63 | 5668 | 52 | 1366 |
| 外商控股 | 4 | 107 | 43179 | | 7972 |
| 其他 | 33 | 3149 | 1642414 | 2652 | 187239 |
| **按经营形式分组** | | | | | |
| 独立门店 | 231 | 11999 | 14175095 | 216121 | 932823 |
| 连锁总店 | 5 | 2270 | 221310 | | 20491 |
| 其他 | 212 | 13925 | 14595073 | 675275 | 759204 |

9–3 续表

单位：万元

| 指标名称 | 商品销售总额 | 批发额 | 出口 | 零售额 | 年末零售营业面积（平方米） |
|---|---|---|---|---|---|
| **总计** | **26425404** | **25035874** | **150263** | **1389530** | **754512** |
| **按批发行业小类分组** | | | | | |
| 农、林、牧、渔产品批发 | 707046 | 635525 | 12276 | 71521 | 102237 |
| 食品、饮料及烟草制品批发 | 4884892 | 4820687 | 7472 | 64206 | 21805 |
| 纺织、服装及家庭用品批发 | 993024 | 935511 | 40982 | 57513 | 8039 |
| 文化、体育用品及器材批发 | 359712 | 327334 | | 32378 | 452 |
| 医药及医疗器材批发 | 1207711 | 1024750 | 1857 | 182962 | 87766 |
| 矿产品、建材及化工产品批发 | 17100464 | 16244551 | 80669 | 855913 | 493227 |
| 机械设备、五金产品及电子产品批发 | 1128784 | 1003823 | 7008 | 124961 | 40886 |
| 其他批发业 | 43770 | 43694 | | 76 | 100 |
| **按登记注册类型分组** | | | | | |
| 内资企业 | 25654579 | 24282473 | 150263 | 1372106 | 740014 |
| 国有企业 | 896152 | 881842 | | 14309 | 698 |
| 集体企业 | 98166 | 74785 | | 23381 | 1342 |
| 有限责任公司 | 18752692 | 17967508 | 71143 | 785185 | 577995 |
| 股份有限公司 | 912236 | 652833 | 20979 | 259404 | 46569 |
| 私营企业 | 4995333 | 4705505 | 58142 | 289827 | 113410 |
| 港、澳、台商投资企业 | 263180 | 262637 | | 542 | 8670 |
| 外商投资企业 | 378567 | 373029 | | 5538 | 4755 |
| 个体经营 | 129078 | 117735 | | 11343 | 1073 |
| **按企业控股情况分** | | | | | |
| 国有控股 | 16420637 | 15617256 | 6417 | 803380 | 566968 |
| 集体控股 | 935867 | 904991 | 8955 | 30876 | 1832 |
| 私人控股 | 6453666 | 6075699 | 72439 | 377968 | 146885 |
| 港澳台商控股 | 7492 | 6949 | | 542 | 8670 |
| 外商控股 | 50853 | 45314 | | 5538 | 4755 |
| 其他 | 1830138 | 1685792 | 62453 | 144346 | 23237 |
| **按经营形式分组** | | | | | |
| 独立门店 | 9313025 | 8881289 | 25962 | 431736 | 223698 |
| 连锁总店 | 1329659 | 642110 | | 687549 | 439810 |
| 其他 | 15782720 | 15512476 | 124302 | 270245 | 91004 |

# 9-4 全市限额以上零售业商品购销存总额

（2017年）

单位：万元

| 指标名称 | 企业数（个） | 年末从业人员数（人） | 购进总额 | 进口 | 年末商品库存总额 |
|---|---|---|---|---|---|
| **总计** | **623** | **47032** | **7542036** | **148232** | **772041** |
| **按零售行业小类分组** | | | | | |
| 综合零售 | 78 | 13361 | 1069441 | 111 | 152827 |
| 食品、饮料及烟草制品专门零售 | 60 | 1566 | 160552 | 1527 | 22275 |
| 纺织、服装及日用品专门零售 | 33 | 1415 | 140020 | 2689 | 25548 |
| 文化、体育用品及器材专门零售 | 27 | 1983 | 84385 | | 22411 |
| 医药及医疗器材专门零售 | 32 | 7508 | 1083947 | 929 | 71627 |
| 汽车、摩托车、燃料及零配件专门零售 | 241 | 14121 | 3935086 | 140124 | 349897 |
| 家用电器及电子产品专门零售 | 110 | 4789 | 801569 | 2829 | 113892 |
| 五金、家具及室内装饰材料专门零售 | 24 | 406 | 210796 | | 11110 |
| 货摊、无店铺及其他零售业 | 18 | 1883 | 56239 | 23 | 2454 |
| **按登记注册类型分组** | | | | | |
| 内资企业 | 560 | 40673 | 6661182 | 92373 | 692096 |
| 国有企业 | 6 | 284 | 34119 | | 2533 |
| 集体企业 | 1 | 25 | 227 | | 23 |
| 有限责任公司 | 182 | 20045 | 4240452 | 30640 | 386436 |
| 股份有限公司 | 6 | 2285 | 273087 | | 18551 |
| 私营企业 | 364 | 18014 | 2112296 | 61733 | 284253 |
| 其他企业 | 1 | 20 | 1000 | | 300 |
| 港、澳、台商投资企业 | 14 | 3750 | 628810 | 40196 | 54146 |
| 外商投资企业 | 8 | 1966 | 208223 | 14693 | 18841 |
| 个体经营 | 41 | 643 | 43821 | 970 | 6958 |
| **按企业控股情况分** | | | | | |
| 国有控股 | 40 | 5012 | 734962 | 14089 | 49465 |
| 集体控股 | 5 | 458 | 161533 | | 13160 |
| 私人控股 | 437 | 23674 | 3367034 | 61733 | 415694 |
| 港澳台商控股 | 11 | 2111 | 462568 | 40196 | 35434 |
| 外商控股 | 6 | 3633 | 151566 | 14693 | 23497 |
| 其他 | 78 | 10641 | 2520369 | 16551 | 223546 |
| **按经营形式分组** | | | | | |
| 独立门店 | 518 | 30873 | 5390353 | 145403 | 537365 |
| 连锁总店 | 21 | 7893 | 480666 | | 59686 |
| 连锁直营店 | 7 | 4376 | 165332 | | 47828 |
| 其他 | 77 | 3890 | 1505685 | 2829 | 127162 |
| **按零售业态分组** | | | | | |
| 有店铺零售 | 573 | 45366 | 7125545 | 146727 | 746448 |
| 食杂店 | 7 | 129 | 14871 | | 1116 |
| 便利店 | 6 | 1001 | 26282 | | 4050 |
| 超市 | 31 | 2283 | 77710 | | 17493 |
| 大型超市 | 30 | 7483 | 493070 | 30 | 111873 |
| 仓储会员店 | 1 | 11 | 728 | | |
| 百货店 | 26 | 3616 | 543690 | 81 | 29627 |
| 专业店 | 267 | 20133 | 3391667 | 30259 | 314569 |
| 专卖店 | 183 | 10168 | 2531115 | 112740 | 262863 |
| 家居建材商店 | 10 | 164 | 7168 | | 872 |
| 购物中心 | 2 | 112 | 5093 | 1719 | 639 |
| 厂家直销中心 | 10 | 266 | 34150 | 1899 | 3347 |
| 无店铺零售 | 50 | 1666 | 416491 | 1505 | 25593 |
| 电视购物 | 1 | 177 | 5162 | | 123 |
| 网上商店 | 13 | 249 | 20154 | | 2735 |
| 其他 | 36 | 1240 | 391174 | 1505 | 22734 |

9–4 续表 单位：万元

| 指标名称 | 商品销售总额 | 批发额 | 零售额 | 年末零售营业面积（平方米） |
|---|---|---|---|---|
| **总计** | **8825704** | **980902** | **7844802** | **2297362** |
| **按零售行业小类分组** | | | | |
| 综合零售 | 1563874 | 2411 | 1561463 | 1069237 |
| 食品、饮料及烟草制品专门零售 | 181737 | 33806 | 147931 | 52674 |
| 纺织、服装及日用品专门零售 | 164101 | 23756 | 140345 | 32474 |
| 文化、体育用品及器材专门零售 | 154670 | 33746 | 120924 | 34016 |
| 医药及医疗器材专门零售 | 1238446 | 288975 | 949470 | 133113 |
| 汽车、摩托车、燃料及零配件专门零售 | 4279341 | 133203 | 4146138 | 809085 |
| 家用电器及电子产品专门零售 | 947081 | 355774 | 591307 | 104948 |
| 五金、家具及室内装饰材料专门零售 | 219279 | 86557 | 132722 | 44975 |
| 货摊、无店铺及其他零售 | 77176 | 22673 | 54502 | 16840 |
| **按登记注册类型分组** | | | | |
| 内资企业 | 7826586 | 955039 | 6871546 | 2031494 |
| 国有企业 | 42700 | 1849 | 40851 | 34584 |
| 集体企业 | 388 | | 388 | 400 |
| 有限责任公司 | 4944532 | 587229 | 4357303 | 1135919 |
| 股份有限公司 | 306295 | 9 | 306286 | 147280 |
| 私营企业 | 2531172 | 365952 | 2165220 | 711311 |
| 其他企业 | 1500 | | 1500 | 2000 |
| 港、澳、台商投资企业 | 708963 | 11815 | 697148 | 134808 |
| 外商投资企业 | 242491 | | 242491 | 88143 |
| 个体工商户 | 47665 | 14048 | 33616 | 42917 |
| **按企业控股情况分** | | | | |
| 国有控股 | 833726 | 59560 | 774166 | 335719 |
| 集体控股 | 156806 | | 156806 | 8650 |
| 私人控股 | 3983133 | 522084 | 3461049 | 1015051 |
| 港澳台商控股 | 525708 | 11815 | 513893 | 84182 |
| 外商控股 | 228722 | 5093 | 223628 | 109199 |
| 其他 | 2927453 | 368302 | 2559151 | 674044 |
| **按经营形式分组** | | | | |
| 独立门店 | 6270485 | 420116 | 5850369 | 1748520 |
| 连锁总店 | 688205 | 35154 | 653052 | 245496 |
| 连锁直营店 | 230463 | 9 | 230454 | 79554 |
| 其他 | 1636550 | 525624 | 1110927 | 223792 |
| **按零售业态分组** | | | | |
| 有店铺零售 | 8368005 | 799439 | 7568566 | 2259545 |
| 食杂店 | 17375 | 6398 | 10977 | 2657 |
| 便利店 | 35158 | 6504 | 28655 | 12623 |
| 超市 | 95809 | 2160 | 93649 | 77786 |
| 大型超市 | 687796 | | 687796 | 513261 |
| 仓储会员店 | 1041 | | 1041 | 100 |
| 百货店 | 836349 | 5662 | 830687 | 509187 |
| 专业店 | 3829339 | 656383 | 3172956 | 598370 |
| 专卖店 | 2809095 | 110087 | 2699008 | 506185 |
| 家居建材商店 | 9082 | 1873 | 7209 | 31695 |
| 购物中心 | 5465 | 3636 | 1829 | 1288 |
| 厂家直销中心 | 41497 | 6736 | 34762 | 6393 |
| 无店铺零售 | 457699 | 181464 | 276236 | 37817 |
| 电视购物 | 8075 | | 8075 | 300 |
| 网上商店 | 21147 | 2388 | 18759 | 6131 |
| 其他 | 428478 | 179076 | 249401 | 31386 |

# 9-5 全市限额以上批发和零售业商品销售类值

（2017年）　　单位：万元

| 指标名称 | 合计 | 批发 | 零售 |
| --- | --- | --- | --- |
| **合　计** | **34092399** | **24702736** | **9389663** |
| 粮油、食品、饮料、烟酒类 | 4179286 | 3621805 | 557481 |
| 粮油、食品类 | 3080173 | 2643347 | 436826 |
| #粮油类 | 749126 | 666175 | 82952 |
| 肉禽蛋类 | 93111 | 39860 | 53251 |
| 水产品类 | 35168 | 25953 | 9215 |
| 蔬菜类 | 32752 | | 32752 |
| 干鲜果品类 | 120478 | 83577 | 36902 |
| 饮料类 | 196535 | 126679 | 69856 |
| 烟酒类 | 902578 | 851779 | 50799 |
| 服装、鞋帽、针纺织品类 | 699854 | 69759 | 630095 |
| 服装类 | 536451 | 45428 | 491024 |
| 鞋帽类 | 119668 | 19517 | 100151 |
| 针、纺织品类 | 43734 | 4814 | 38920 |
| 化妆品类 | 253085 | 144144 | 108941 |
| 金银珠宝类 | 121135 | 1459 | 119676 |
| 日用品类 | 404370 | 141481 | 262889 |
| 儿童玩具类 | 6030 | 36 | 5994 |
| 五金、电料类 | 9694 | 825 | 8869 |
| 体育、娱乐用品类 | 74386 | 1391 | 72995 |
| 其中：照相器材类 | 7264 | | 7264 |
| 书报杂志类 | 258051 | 212784 | 45267 |
| 电子出版物及音像制品类 | 1855 | 560 | 1296 |
| 家用电器和音像器材类 | 1621630 | 416247 | 1205383 |
| 中西药品类 | 2220966 | 1070429 | 1150537 |
| #西药类 | 1780214 | 800998 | 979216 |
| 中草药及中成药类 | 202756 | 63251 | 139504 |
| 文化办公用品类 | 359149 | 238194 | 120955 |
| 其中：计算机及其配套产品 | 160561 | 95184 | 65377 |
| 家具类 | 13725 | | 13725 |
| 通讯器材类 | 306037 | 137569 | 168468 |
| 煤炭及制品类 | 1269376 | 1266937 | 2439 |
| 木材及制品类 | 62449 | 62449 | |
| 石油及制品类 | 3498364 | 3113920 | 384444 |
| 化工材料及制品类 | 923608 | 923608 | |
| #化肥类 | 210385 | 210385 | |
| 金属材料类 | 11669874 | 11669874 | |
| 建筑及装潢材料类 | 650247 | 477038 | 173209 |
| 机电产品及设备类 | 551318 | 530103 | 21216 |
| #农机类 | 15201 | 14915 | 286 |
| 汽车类 | 4349992 | 152249 | 4197744 |
| 种子饲料类 | 116582 | 116582 | |
| 棉麻类 | 1463 | 1463 | |
| 其他类 | 475904 | 331870 | 144035 |

# 9-6 全市限额以上批发和零售业商品购销存数量

（2017 年）

| 指标名称 | 计量单位 | 购进量 | 销售量 | 年末库存量 |
| --- | --- | --- | --- | --- |
| 大米（稻米） | 千克 | 105885614 | 284448717 | 28396679 |
| 白面（小麦面） | 千克 | 6771886 | 6771506 | 231143 |
| 杂粮 | 千克 | 163592333 | 227813895 | 3778698 |
| 食用植物油 | 千克 | 36315031 | 117089746 | 3676801 |
| 猪肉 | 千克 | 8791431 | 8708524 | 471402 |
| 牛肉 | 千克 | 402972 | 367128 | 51149 |
| 羊肉 | 千克 | 172622 | 163096 | 36498 |
| 禽肉 | 千克 | 4028642 | 3974843 | 134932 |
| 鲜蛋 | 千克 | 3638014 | 9032127 | 202218 |
| 彩色电视机 | 台 | 414008 | 384358 | 54236 |
| 家用电冰箱 | 台 | 370179 | 387092 | 25983 |
| 房间空调器 | 台 | 1401180 | 1368959 | 294462 |
| 电脑（微型计算机） | 台 | 306872 | 311924 | 17844 |
| 汽车 | 辆 | 238937 | 242701 | 21834 |
| #轿车 | 辆 | 137256 | 138246 | 12053 |
| 钢材 | 吨 | 4827785 | 4900551 | 177955 |
| 铜 | 吨 | 22212 | 22212 | |
| 铝 | 吨 | 4979233 | 4786931 | 10612 |
| 水泥 | 吨 | 3882857 | 3874081 | 31059 |
| 化学肥料 | 吨 | 971920 | 992571 | 201877 |
| 化学农药 | 吨 | 26429 | 24942 | 2273 |

# 9-7 全市限额以上批发业法人企业财务状况

（2017 年）

单位：万元

| 指标名称 | 企业数（个） | 年初存货 | 流动资产合计 | | | 固定资产合计 | 固定资产原价 |
|---|---|---|---|---|---|---|---|
| | | | | # 应收账款 | # 存货 | | |
| **总计** | **430** | **1630968** | **12299608** | **2300638** | **1603856** | **326082** | **507922** |
| **按批发行业小类分组** | | | | | | | |
| 农、林、牧、渔产品批发 | 20 | 136776 | 312122 | 34428 | 82311 | 10222 | 8561 |
| 食品、饮料及烟草制品批发 | 66 | 309898 | 2928444 | 258731 | 331226 | 58935 | 111685 |
| 纺织、服装及家庭用品批发 | 40 | 143883 | 398545 | 37524 | 152418 | 19580 | 26567 |
| 文化、体育用品及器材批发 | 10 | 36009 | 311670 | 18924 | 36735 | 14765 | 22058 |
| 医药及医疗器材批发 | 48 | 75893 | 584949 | 300291 | 105960 | 28613 | 38293 |
| 矿产品、建材及化工产品批发 | 167 | 801958 | 6989342 | 1306860 | 736353 | 168173 | 264804 |
| 机械设备、五金产品及电子产品批发 | 77 | 123574 | 770829 | 342650 | 158814 | 24999 | 34989 |
| 其他批发业 | 2 | 2978 | 3707 | 1229 | 40 | 797 | 966 |
| **按登记注册类型分组** | | | | | | | |
| 内资企业 | 423 | 1617958 | 12145828 | 2278325 | 1592454 | 322182 | 500852 |
| 国有企业 | 4 | 40183 | 263627 | 1491 | 31291 | 39658 | 83226 |
| 集体企业 | 2 | 2693 | 3050 | 400 | 2643 | 688 | 1118 |
| 有限责任公司 | 136 | 1033010 | 8943002 | 1477062 | 986816 | 174546 | 248095 |
| 股份有限公司 | 12 | 128402 | 465994 | 71085 | 92263 | 31858 | 52306 |
| 私营企业 | 269 | 413670 | 2470155 | 728287 | 479441 | 75433 | 116108 |
| 港、澳、台商投资企业 | 2 | 542 | 7349 | 38 | 1185 | 2182 | 3467 |
| 外商投资企业 | 5 | 12469 | 146432 | 22275 | 10217 | 1717 | 3603 |
| **按控股情况分组** | | | | | | | |
| 国有控股 | 65 | 848823 | 7255711 | 1112278 | 863789 | 208164 | 331656 |
| 集体控股 | 9 | 19924 | 129742 | 77897 | 20337 | 1272 | 2287 |
| 私人控股 | 317 | 630071 | 3872083 | 983773 | 598040 | 96864 | 146084 |
| 港澳台商控股 | 2 | 542 | 7349 | 38 | 1185 | 2182 | 3467 |
| 外商控股 | 4 | 7510 | 51284 | 22018 | 7891 | 73 | 251 |
| 其他 | 33 | 124098 | 983439 | 104635 | 112614 | 17527 | 24176 |
| **按经营形式分组** | | | | | | | |
| 独立门店 | 222 | 886927 | 5455441 | 1156618 | 873262 | 89363 | 138752 |
| 连锁总店 | 5 | 18786 | 486309 | 6041 | 43244 | 67815 | 114724 |
| 其他 | 203 | 725255 | 6357859 | 1137978 | 687350 | 168905 | 254446 |

9-7 续表 1

单位：万元

| 指标名称 | 累计折旧 | 本年折旧 | 在建工程 | 资产总计 | 流动负债合计 | 应付账款 | 非流动负债合计 |
|---|---|---|---|---|---|---|---|
| **总计** | **204626** | **27040** | **340150** | **15906443** | **11168251** | **1633923** | **68933** |
| **按批发行业小类分组** | | | | | | | |
| 农、林、牧、渔产品批发 | 2288 | 248 | 3678 | 425365 | 330288 | 31422 | 25477 |
| 食品、饮料及烟草制品批发 | 53449 | 5311 | 18681 | 3447180 | 2788379 | 330734 | 67454 |
| 纺织、服装及家庭用品批发 | 8214 | 1663 | 1197 | 424445 | 374592 | 66546 | 742 |
| 文化、体育用品及器材批发 | 7292 | 1164 | 3596 | 555451 | 320950 | 89146 | 3026 |
| 医药及医疗器材批发 | 13920 | 3100 | 17203 | 655385 | 507555 | 193502 | 7224 |
| 矿产品、建材及化工产品批发 | 101812 | 12894 | 285421 | 9522385 | 6166753 | 776099 | -46315 |
| 机械设备、五金产品及电子产品批发 | 17482 | 2610 | 10375 | 871725 | 678437 | 145599 | 11324 |
| 其他批发业 | 170 | 49 | | 4506 | 1297 | 874 | |
| **按登记注册类型分组** | | | | | | | |
| 内资企业 | 201456 | 26499 | 339764 | 15644303 | 10990204 | 1618442 | 68923 |
| 国有企业 | 43568 | 4192 | 1027 | 344000 | 87235 | 26451 | 16100 |
| 集体企业 | 447 | 20 | | 3807 | 3012 | 2007 | |
| 有限责任公司 | 85823 | 12319 | 214690 | 11735854 | 8121229 | 1022482 | 534496 |
| 股份有限公司 | 21362 | 1695 | 74726 | 815885 | 522212 | 101975 | -509611 |
| 私营企业 | 50258 | 8273 | 49321 | 2744756 | 2256515 | 465527 | 27938 |
| 港、澳、台商投资企业 | 1285 | 337 | | 9535 | 3323 | 1026 | |
| 外商投资企业 | 1885 | 204 | 386 | 252606 | 174724 | 14455 | 10 |
| **按控股情况分组** | | | | | | | |
| 国有控股 | 128670 | 14881 | 267015 | 9819204 | 6591797 | 641841 | -103512 |
| 集体控股 | 1038 | 66 | | 141245 | 128058 | 10667 | 346 |
| 私人控股 | 62843 | 9956 | 69761 | 4710721 | 3465772 | 783626 | 172008 |
| 港澳台商控股 | 1285 | 337 | | 9535 | 3323 | 1026 | |
| 外商控股 | 178 | 16 | | 57208 | 47852 | 14221 | |
| 其他 | 10613 | 1784 | 3374 | 1168530 | 931449 | 182542 | 90 |
| **按经营形式分组** | | | | | | | |
| 独立门店 | 62318 | 9653 | 250467 | 7040897 | 5285800 | 913164 | -216946 |
| 连锁总店 | 47350 | 3347 | 441 | 658102 | 481437 | 2926 | -108 |
| 其他 | 94958 | 14040 | 89242 | 8207445 | 5401014 | 717833 | 285987 |

单位：万元

| 指标名称 | 负债合计 | 所有者权益合计 | | | | | |
|---|---|---|---|---|---|---|---|
| | | | 实收资本 | 国家资本 | 集体资本 | 法人资本 | 个人资本 |
| **总计** | **11293064** | **4613379** | **3697291** | **2628761** | **16495** | **732571** | **309196** |
| **按批发行业小类分组** | | | | | | | |
| 农、林、牧、渔产品批发 | 355975 | 69390 | 55270 | 47091 | | 1330 | 6849 |
| 食品、饮料及烟草制品批发 | 2813635 | 633546 | 228142 | 147943 | 1000 | 32824 | 46375 |
| 纺织、服装及家庭用品批发 | 375334 | 49111 | 44104 | 2700 | 148 | 24490 | 7653 |
| 文化、体育用品及器材批发 | 323977 | 231474 | 146908 | 124115 | | 209 | 22584 |
| 医药及医疗器材批发 | 514780 | 140606 | 99487 | | 695 | 62149 | 36643 |
| 矿产品、建材及化工产品批发 | 6218305 | 3304080 | 3060508 | 2306660 | 11651 | 584678 | 157018 |
| 机械设备、五金产品及电子产品批发 | 689761 | 181964 | 59774 | 252 | 3000 | 26891 | 28974 |
| 其他批发业 | 1297 | 3209 | 3100 | | | | 3100 |
| **按登记注册类型分组** | | | | | | | |
| 内资企业 | 11115006 | 4529296 | 3655375 | 2628761 | 16495 | 722571 | 287549 |
| 国有企业 | 103336 | 240665 | 13250 | 13250 | | | |
| 集体企业 | 3012 | 795 | 473 | | 473 | | |
| 有限责任公司 | 8711779 | 3024075 | 2474835 | 1873080 | 11283 | 537201 | 53271 |
| 股份有限公司 | 12601 | 803284 | 761059 | 740039 | 3800 | 1784 | 15436 |
| 私营企业 | 2284278 | 460477 | 405758 | 2392 | 938 | 183586 | 218842 |
| 港、澳、台商投资企业 | 3323 | 6212 | 9770 | | | | |
| 外商投资企业 | 174734 | 77871 | 32147 | | | 10000 | 21647 |
| **按控股情况分组** | | | | | | | |
| 国有控股 | 6444340 | 3374864 | 2917528 | 2617669 | | 299165 | 694 |
| 集体控股 | 128404 | 12841 | 11221 | 530 | 9881 | 650 | 160 |
| 私人控股 | 3737605 | 973116 | 659576 | 5892 | 1178 | 372216 | 280290 |
| 港澳台商控股 | 3323 | 6212 | 9770 | | | | |
| 外商控股 | 47852 | 9356 | 10500 | | | 10000 | |
| 其他 | 931539 | 236991 | 88697 | 4670 | 5435 | 50540 | 28052 |
| **按经营形式分组** | | | | | | | |
| 独立门店 | 5124869 | 1916028 | 2052718 | 1454017 | 5678 | 414669 | 168741 |
| 连锁总店 | 481329 | 176772 | 15125 | 9125 | | | 6000 |
| 其他 | 5686866 | 2520579 | 1629449 | 1165619 | 10817 | 317901 | 134455 |

9-7 续表 3　　单位：万元

| 指标名称 | 港澳台资本及外商资本 | 营业收入 | | 营业成本 | | 税金及附加 |
|---|---|---|---|---|---|---|
| | | | 主营业务收入 | | 主营业务成本 | |
| **总计** | **10270** | **22944429** | **22396863** | **21809805** | **21307518** | **137857** |
| **按批发行业小类分组** | | | | | | |
| 农、林、牧、渔产品批发 | | 635333 | 635231 | 577472 | 577455 | 3110 |
| 食品、饮料及烟草制品批发 | | 3975029 | 3905319 | 3650536 | 3607166 | 105382 |
| 纺织、服装及家庭用品批发 | 9113 | 756074 | 750458 | 691373 | 688184 | 1385 |
| 文化、体育用品及器材批发 | | 315521 | 314771 | 290338 | 290111 | 731 |
| 医药及医疗器材批发 | | 1070974 | 1068764 | 930980 | 930754 | 3666 |
| 矿产品、建材及化工产品批发 | 500 | 15113889 | 14652721 | 14686918 | 14238149 | 21186 |
| 机械设备、五金产品及电子产品批发 | 657 | 1040199 | 1032187 | 946178 | 939688 | 2346 |
| 其他批发业 | | 37410 | 37410 | 36011 | 36011 | 52 |
| **按登记注册类型分组** | | | | | | |
| 内资企业 | | 22827145 | 22279679 | 21696916 | 21194661 | 137689 |
| 国有企业 | | 744892 | 742508 | 519448 | 518619 | 98885 |
| 集体企业 | | 71002 | 71002 | 70001 | 70001 | 60 |
| 有限责任公司 | | 16747086 | 16270409 | 16215986 | 15769331 | 28651 |
| 股份有限公司 | | 811744 | 758373 | 747585 | 703604 | 3256 |
| 私营企业 | | 4452421 | 4437387 | 4143897 | 4133106 | 6836 |
| 港、澳、台商投资企业 | 9770 | 7492 | 7490 | 7664 | 7664 | 35 |
| 外商投资企业 | 500 | 109793 | 109694 | 105225 | 105194 | 134 |
| **按控股情况分组** | | | | | | |
| 国有控股 | | 14649143 | 14175869 | 14034696 | 13586324 | 122578 |
| 集体控股 | | 823313 | 823267 | 811257 | 811257 | 993 |
| 私人控股 | | 5833648 | 5762483 | 5429014 | 5375816 | 11298 |
| 港澳台商控股 | 9770 | 7492 | 7490 | 7664 | 7664 | 35 |
| 外商控股 | 500 | 43762 | 43752 | 40749 | 40749 | 79 |
| 其他 | | 1587073 | 1584002 | 1486425 | 1485710 | 2873 |
| **按经营形式分组** | | | | | | |
| 独立门店 | 9613 | 8024435 | 7943024 | 7592015 | 7539382 | 17963 |
| 连锁总店 | | 1624565 | 1208641 | 1538688 | 1124447 | 1749 |
| 其他 | 657 | 13295430 | 13245198 | 12679102 | 12643690 | 118146 |

单位：万元

| 指标名称 | 主营业务税金及附加 | 其他业务利润 | 销售费用 | 管理费用 | 财务费用 | # 利息收入 |
|---|---|---|---|---|---|---|
| **总计** | **136573** | **16507** | **383947** | **281886** | **182037** | **79617** |
| **按批发行业小类分组** | | | | | | |
| 农、林、牧、渔产品批发 | 3110 | 60 | 10842 | 5271 | 14151 | 1736 |
| 食品、饮料及烟草制品批发 | 105323 | 2975 | 49240 | 56226 | 54711 | 9930 |
| 纺织、服装及家庭用品批发 | 1385 | 1647 | 41273 | 17173 | 3242 | 1217 |
| 文化、体育用品及器材批发 | 731 | 911 | 13369 | 8148 | 1465 | 1974 |
| 医药及医疗器材批发 | 3666 | 1886 | 57054 | 37252 | 6666 | 449 |
| 矿产品、建材及化工产品批发 | 20128 | 7007 | 163576 | 136371 | 96560 | 63820 |
| 机械设备、五金产品及电子产品批发 | 2178 | 2021 | 47821 | 20961 | 5244 | 490 |
| 其他批发业 | 52 | | 772 | 486 | –1 | 2 |
| **按登记注册类型分组** | | | | | | |
| 内资企业 | 136404 | 16449 | 381836 | 279349 | 179408 | 79456 |
| 国有企业 | 98872 | 213 | 19989 | 35641 | –5132 | 5542 |
| 集体企业 | 60 | | 535 | 338 | 35 | |
| 有限责任公司 | 27666 | 5050 | 173433 | 149778 | 143746 | 69446 |
| 股份有限公司 | 2985 | 1581 | 36703 | 12451 | 7344 | 3094 |
| 私营企业 | 6820 | 9606 | 151175 | 81141 | 33414 | 1374 |
| 港、澳、台商投资企业 | 35 | | 1011 | 517 | –137 | 146 |
| 外商投资企业 | 134 | 58 | 1100 | 2021 | 2767 | 15 |
| **按控股情况分组** | | | | | | |
| 国有控股 | 121508 | 4811 | 133080 | 160343 | 121164 | 69153 |
| 集体控股 | 993 | 271 | 7782 | 1860 | 4530 | 1635 |
| 私人控股 | 11233 | 10665 | 194051 | 102121 | 51503 | 3126 |
| 港澳台商控股 | 35 | | 1011 | 517 | –137 | 146 |
| 外商控股 | 79 | | 1088 | 876 | 138 | 3 |
| 其他 | 2724 | 760 | 46935 | 16169 | 4839 | 5554 |
| **按经营形式分组** | | | | | | |
| 独立门店 | 17510 | 6360 | 162075 | 105592 | 106936 | 9618 |
| 连锁总店 | 1220 | 798 | 39309 | 9342 | 643 | 19 |
| 其他 | 117843 | 9349 | 182563 | 166953 | 74458 | 69980 |

9-7 续表 5

单位：万元

| 指标名称 | | 资产减值损失 | 公允价值变动收益 | 投资收益 | 营业利润 | 营业外收入 |
|---|---|---|---|---|---|---|
| | # 利息支出 | | | | | |
| **总计** | **217634** | **50118** | **-2226** | **84525** | **195695** | **18619** |
| **按批发行业小类分组** | | | | | | |
| 农、林、牧、渔产品批发 | 12627 | 1100 | | -998 | 22505 | 1612 |
| 食品、饮料及烟草制品批发 | 49044 | 21997 | -356 | 43893 | 80701 | 8057 |
| 纺织、服装及家庭用品批发 | 2351 | 7 | | 45 | 2219 | 709 |
| 文化、体育用品及器材批发 | 3016 | 2273 | | 1049 | 311 | 158 |
| 医药及医疗器材批发 | 3551 | 1493 | | 94 | 33319 | 849 |
| 矿产品、建材及化工产品批发 | 144391 | 23076 | -1870 | 36744 | 38039 | 6849 |
| 机械设备、五金产品及电子产品批发 | 2654 | 173 | | 3699 | 18511 | 386 |
| 其他批发业 | | | | | 91 | |
| **按登记注册类型分组** | | | | | | |
| 内资企业 | 215145 | 50090 | -2226 | 84525 | 198774 | 18307 |
| 国有企业 | 384 | 11 | | -220 | 76043 | 461 |
| 集体企业 | 20 | 10 | | | 23 | |
| 有限责任公司 | 187443 | 48032 | -2227 | 75704 | 76995 | 13074 |
| 股份有限公司 | 3835 | 1743 | | 4394 | 7065 | 1891 |
| 私营企业 | 23463 | 294 | 1 | 4647 | 38648 | 2880 |
| 港、澳、台商投资企业 | 1 | -2 | | | -1595 | 299 |
| 外商投资企业 | 2488 | 30 | | | -1483 | 14 |
| **按控股情况分组** | | | | | | |
| 国有控股 | 171508 | 42642 | -2197 | 76711 | 127434 | 12729 |
| 集体控股 | 3001 | 10 | | -1334 | -4400 | 38 |
| 私人控股 | 34644 | 4285 | 1 | 8324 | 45974 | 5319 |
| 港澳台商控股 | 1 | -2 | | | -1595 | 299 |
| 外商控股 | 141 | 30 | | | 801 | 2 |
| 其他 | 8340 | 3153 | -31 | 823 | 27481 | 232 |
| **按经营形式分组** | | | | | | |
| 独立门店 | 86366 | 27552 | -325 | 74097 | 73267 | 10806 |
| 连锁总店 | 166 | 265 | | | 34570 | 825 |
| 其他 | 131101 | 22301 | -1901 | 10427 | 87859 | 6988 |

9-7 续表 6

单位：万元

| 指标名称 | 利润总额 | 应交所得税 | 应付职工薪酬 | 应交增值税 |
| --- | --- | --- | --- | --- |
| **总计** | **218029** | **56346** | **207106** | **162675** |
| **按批发行业小类分组** | | | | |
| 农、林、牧、渔产品批发 | 23859 | 4566 | 2366 | 5497 |
| 食品、饮料及烟草制品批发 | 92812 | 20848 | 55334 | 46753 |
| 纺织、服装及家庭用品批发 | 1827 | 1456 | 17875 | 7883 |
| 文化、体育用品及器材批发 | 86 | 482 | 7318 | -18 |
| 医药及医疗器材批发 | 26852 | 4582 | 20517 | 21044 |
| 矿产品、建材及化工产品批发 | 51489 | 22446 | 80879 | 71657 |
| 机械设备、五金产品及电子产品批发 | 21012 | 1947 | 22637 | 9632 |
| 其他批发业 | 92 | 19 | 179 | 227 |
| **按登记注册类型分组** | | | | |
| 内资企业 | 221866 | 56142 | 205854 | 162080 |
| 国有企业 | 76358 | 19741 | 37664 | 32823 |
| 集体企业 | 21 | | 638 | 1 |
| 有限责任公司 | 89356 | 29561 | 88824 | 69241 |
| 股份有限公司 | 10550 | 651 | 17928 | 14194 |
| 私营企业 | 45581 | 6189 | 60801 | 45822 |
| 港、澳、台商投资企业 | -2337 | | 325 | 252 |
| 外商投资企业 | -1500 | 205 | 927 | 344 |
| **按控股情况分组** | | | | |
| 国有控股 | 137235 | 39332 | 109011 | 90537 |
| 集体控股 | -4524 | 160 | 2593 | 785 |
| 私人控股 | 66428 | 11191 | 76670 | 54522 |
| 港澳台商控股 | -2337 | | 325 | 252 |
| 外商控股 | 803 | 205 | 606 | 339 |
| 其他 | 20425 | 5459 | 17901 | 16240 |
| **按经营形式分组** | | | | |
| 独立门店 | 87186 | 18198 | 75071 | 60445 |
| 连锁总店 | 34631 | 832 | 15940 | 8137 |
| 其他 | 96212 | 37316 | 116096 | 94093 |

# 9-8 全市限额以上零售业法人企业财务状况

（2017 年）

单位：万元

| 指标名称 | 企业数（个） | 年初存货 | 流动资产合计 | # 应收账款 | # 存货 | 固定资产合计 | 固定资产原价 |
|---|---|---|---|---|---|---|---|
| **总计** | **577** | **628637** | **3591872** | **549532** | **650893** | **322639** | **462721** |
| **按零售行业小类分组** | | | | | | | |
| 综合零售 | 66 | 88805 | 445195 | 64097 | 94522 | 164659 | 201767 |
| 食品、饮料及烟草制品专门零售 | 44 | 16759 | 74285 | 16921 | 18412 | 3114 | 4530 |
| 纺织、服装及日用品专门零售 | 30 | 20149 | 379378 | 9775 | 21176 | 2077 | 3608 |
| 文化、体育用品及器材专门零售 | 26 | 16146 | 58166 | 11710 | 15523 | 17481 | 29647 |
| 医药及医疗器材专门零售 | 32 | 59736 | 503279 | 304559 | 69012 | 14441 | 24774 |
| 汽车、摩托车、燃料及零配件专门零售 | 239 | 310634 | 1161218 | 82373 | 308375 | 99212 | 163199 |
| 家用电器及电子产品专门零售 | 103 | 108106 | 884224 | 50562 | 108547 | 7895 | 14551 |
| 五金、家具及室内装饰材料专门零售 | 19 | 4391 | 53400 | 5953 | 11480 | 1173 | 2303 |
| 货摊、无店铺及其他零售业 | 18 | 3912 | 32726 | 3582 | 3848 | 12586 | 18342 |
| **按登记注册类型分组** | | | | | | | |
| 内资企业 | 559 | 572005 | 3431676 | 530384 | 591765 | 292942 | 404448 |
| 国有企业 | 6 | 3119 | 21984 | 2225 | 2478 | 2095 | 4378 |
| 集体企业 | 1 | 35 | 88 | 4 | 23 | 185 | 376 |
| 有限责任公司 | 182 | 326548 | 2420272 | 374708 | 325961 | 117875 | 193835 |
| 股份有限公司 | 6 | 18566 | 81283 | 3022 | 22842 | 112315 | 108648 |
| 私营企业 | 363 | 223438 | 907550 | 150256 | 240161 | 60474 | 97211 |
| 其他企业 | 1 | 300 | 500 | 169 | 300 | | |
| 港、澳、台商投资企业 | 14 | 42411 | 128212 | 16336 | 45980 | 20846 | 43948 |
| 外商投资企业 | 4 | 14220 | 31983 | 2811 | 13148 | 8850 | 14325 |
| **按控股情况分组** | | | | | | | |
| 国有控股 | 40 | 57982 | 247897 | 17651 | 56213 | 140315 | 157080 |
| 集体控股 | 5 | 8723 | 28519 | 3536 | 12835 | 3615 | 6955 |
| 私人控股 | 437 | 328169 | 1306567 | 212244 | 346896 | 93934 | 149423 |
| 港澳台商控股 | 11 | 28019 | 88568 | 9383 | 29433 | 16926 | 35314 |
| 外商控股 | 6 | 23208 | 51647 | 7508 | 20639 | 11226 | 19408 |
| 其他 | 78 | 182537 | 1868674 | 299211 | 184878 | 56622 | 94542 |
| **按经营形式分组** | | | | | | | |
| 独立门店 | 475 | 452603 | 2160306 | 242563 | 457531 | 272191 | 377992 |
| 连锁总店 | 21 | 42339 | 164834 | 26027 | 46905 | 30323 | 49266 |
| 连锁直营店 | 5 | 16174 | 49485 | 6611 | 20308 | 3984 | 7923 |
| 其他 | 76 | 117521 | 1217248 | 274331 | 126149 | 16142 | 27540 |
| **按零售业态分组** | | | | | | | |
| 有店铺零售 | 527 | 614137 | 3479398 | 535170 | 630184 | 315629 | 451351 |
| 食杂店 | 4 | 337 | 8788 | 1389 | 1144 | 33 | 147 |
| 便利店 | 6 | 5379 | 20081 | 3980 | 3858 | 1884 | 3296 |
| 超市 | 20 | 11748 | 40519 | 3822 | 12210 | 6858 | 11760 |
| 大型超市 | 29 | 48207 | 167850 | 7240 | 48518 | 23029 | 39245 |
| 百货店 | 25 | 32846 | 247829 | 55463 | 39238 | 136186 | 151934 |
| 专业店 | 250 | 296590 | 2215624 | 385080 | 305450 | 86130 | 133550 |
| 专卖店 | 176 | 211561 | 762090 | 75451 | 215273 | 60728 | 110001 |
| 家居建材商店 | 7 | 2171 | 5477 | 850 | 1193 | 352 | 596 |
| 购物中心 | 2 | 885 | 2088 | 459 | 591 | 7 | 34 |
| 厂家直销中心 | 8 | 4413 | 9053 | 1437 | 2711 | 423 | 789 |
| 无店铺零售 | 50 | 14500 | 112474 | 14362 | 20709 | 7010 | 11370 |
| 电视购物 | 1 | 109 | 2666 | 33 | 105 | 233 | 524 |
| 网上商店 | 13 | 1465 | 15903 | 2498 | 1544 | 2133 | 2989 |
| 其他 | 36 | 12926 | 93905 | 11832 | 19060 | 4643 | 7856 |

单位：万元

| 指标名称 | 累计折旧 | 本年折旧 | 在建工程 | 资产总计 | 流动负债合计 | 应付账款 | 非流动负债合计 |
|---|---|---|---|---|---|---|---|
| **总计** | **201821** | **33556** | **65811** | **4493750** | **3079626** | **648132** | **102311** |
| **按零售行业小类分组** | | | | | | | |
| 综合零售 | 87203 | 12618 | 51838 | 874627 | 524871 | 148310 | 37640 |
| 食品、饮料及烟草制品专门零售 | 2445 | 570 | 1013 | 79574 | 50460 | 7327 | 2329 |
| 纺织、服装及日用品专门零售 | 2291 | 907 | 366 | 509424 | 322525 | 29738 | 4157 |
| 文化、体育用品及器材专门零售 | 12319 | 1346 | 284 | 82879 | 48442 | 20121 | 582 |
| 医药及医疗器材专门零售 | 10417 | 2773 | 727 | 543030 | 400474 | 238525 | 5252 |
| 汽车、摩托车、燃料及零配件专门零售 | 73027 | 13487 | 8974 | 1372531 | 848079 | 118337 | 42297 |
| 家用电器及电子产品专门零售 | 7225 | 940 | 1409 | 920808 | 816283 | 75893 | 5793 |
| 五金、家具及室内装饰材料专门零售 | 1134 | 115 | 1092 | 58961 | 43277 | 6409 | 272 |
| 货摊、无店铺及其他零售业 | 5760 | 800 | 108 | 51916 | 25217 | 3473 | 3990 |
| **按登记注册类型分组** | | | | | | | |
| 内资企业 | 172440 | 26959 | 63740 | 4211926 | 2949639 | 599000 | 92522 |
| 国有企业 | 2578 | 168 | 804 | 31384 | 16029 | 3095 | 304 |
| 集体企业 | 192 | 2 | | 396 | 437 | 211 | |
| 有限责任公司 | 87213 | 13978 | 7017 | 2838554 | 2045807 | 421679 | 24113 |
| 股份有限公司 | 40210 | 4292 | 227 | 234598 | 125261 | 5020 | 5670 |
| 私营企业 | 42247 | 8518 | 55692 | 1106395 | 761757 | 168795 | 62436 |
| 其他企业 | | | | 600 | 350 | 200 | |
| 港、澳、台商投资企业 | 23906 | 5257 | 159 | 231886 | 91388 | 33381 | 7191 |
| 外商投资企业 | 5475 | 1340 | 1911 | 49937 | 38599 | 15751 | 2598 |
| **按控股情况分组** | | | | | | | |
| 国有控股 | 61465 | 6109 | 3761 | 448280 | 245391 | 30085 | 1557 |
| 集体控股 | 3667 | 538 | 140 | 34268 | 21623 | 10569 | 33 |
| 私人控股 | 65758 | 13200 | 57592 | 1630093 | 1082805 | 249555 | 80661 |
| 港澳台商控股 | 19052 | 4543 | 19 | 184891 | 61981 | 26887 | 7191 |
| 外商控股 | 8182 | 2246 | 1911 | 74242 | 55232 | 19059 | 2598 |
| 其他 | 43697 | 6921 | 2387 | 2121976 | 1612596 | 311978 | 10271 |
| **按经营形式分组** | | | | | | | |
| 独立门店 | 162361 | 27112 | 62429 | 2884295 | 1805576 | 314506 | 70634 |
| 连锁总店 | 23285 | 2546 | 1923 | 280166 | 159367 | 77071 | 21930 |
| 连锁直营店 | 4542 | 977 | 49 | 64272 | 46467 | 19906 | 65 |
| 其他 | 11632 | 2920 | 1410 | 1265016 | 1068216 | 236650 | 9682 |
| **按零售业态分组** | | | | | | | |
| 有店铺零售 | 197264 | 32712 | 65413 | 4369698 | 3005652 | 633584 | 100854 |
| 食杂店 | 115 | 1 | | 8922 | 8135 | 257 | 2 |
| 便利店 | 1412 | 210 | 245 | 23179 | 18012 | 4164 | 1 |
| 超市 | 5709 | 648 | 350 | 51697 | 34257 | 12243 | 4465 |
| 大型超市 | 21545 | 3373 | 2203 | 281163 | 143445 | 75385 | 25085 |
| 百货店 | 60314 | 9206 | 49649 | 556946 | 345454 | 59678 | 8763 |
| 专业店 | 55869 | 10180 | 10012 | 2541240 | 1892883 | 386270 | 36940 |
| 专卖店 | 51568 | 8824 | 1863 | 884591 | 551454 | 94029 | 25327 |
| 家居建材商店 | 244 | 48 | 1092 | 10218 | 6487 | 413 | 272 |
| 购物中心 | 27 | 7 | | 2123 | 1987 | 580 | |
| 厂家直销中心 | 462 | 214 | | 9621 | 3537 | 566 | |
| 无店铺零售 | 4557 | 844 | 397 | 124052 | 73974 | 14548 | 1456 |
| 电视购物 | 291 | 27 | | 2909 | 1447 | 406 | |
| 网上商店 | 898 | 200 | 32 | 18894 | 6583 | 1035 | 126 |
| 其他 | 3369 | 617 | 365 | 102249 | 65945 | 13107 | 1330 |

单位：万元

| 指标名称 | 负债合计 | 所有者权益合计 | | | | | |
|---|---|---|---|---|---|---|---|
| | | | 实收资本 | | | | |
| | | | | 国家资本 | 集体资本 | 法人资本 | 个人资本 |
| **总计** | **3189989** | **1303760** | **1776136** | **1092960** | **8954** | **463669** | **190143** |
| **按零售行业小类分组** | | | | | | | |
| 综合零售 | 572512 | 302115 | 122828 | 14180 | 4356 | 46548 | 46569 |
| 食品、饮料及烟草制品专门零售 | 52789 | 26786 | 22711 | 644 | | 12784 | 8637 |
| 纺织、服装及日用品专门零售 | 322709 | 186715 | 194618 | | | 192638 | 717 |
| 文化、体育用品及器材专门零售 | 49023 | 33856 | 15432 | 2718 | | 6530 | 5683 |
| 医药及医疗器材专门零售 | 405726 | 137304 | 106282 | 50000 | | 23307 | 32975 |
| 汽车、摩托车、燃料及零配件专门零售 | 892375 | 480156 | 231236 | 24361 | 4366 | 136356 | 61388 |
| 家用电器及电子产品专门零售 | 822100 | 98707 | 61588 | 500 | 40 | 37317 | 23671 |
| 五金、家具及室内装饰材料专门零售 | 43549 | 15412 | 12461 | 55 | | 7120 | 5286 |
| 货摊、无店铺及其他零售业 | 29206 | 22710 | 1008981 | 1000501 | 192 | 1070 | 5218 |
| **按登记注册类型分组** | | | | | | | |
| 内资企业 | 3050214 | 1161712 | 1747972 | 1092960 | 8954 | 455827 | 189731 |
| 国有企业 | 16333 | 15051 | 3014 | 2092 | | 896 | 26 |
| 集体企业 | 437 | -41 | 40 | | 40 | | |
| 有限责任公司 | 2079959 | 758595 | 1460073 | 1081064 | 4558 | 343853 | 30098 |
| 股份有限公司 | 130931 | 103667 | 55066 | 9804 | 4356 | 600 | 40306 |
| 私营企业 | 822205 | 284190 | 229781 | | | 110478 | 119302 |
| 其他企业 | 350 | 250 | | | | | |
| 港、澳、台商投资企业 | 98579 | 133307 | 20095 | | | 6830 | 400 |
| 外商投资企业 | 41196 | 8741 | 8069 | | | 1012 | 12 |
| **按控股情况分组** | | | | | | | |
| 国有控股 | 246948 | 201332 | 104442 | 35460 | 4356 | 23384 | 41241 |
| 集体控股 | 21656 | 12612 | 5999 | | 40 | 4459 | |
| 私人控股 | 1171518 | 458575 | 323513 | | 192 | 183498 | 139823 |
| 港澳台商控股 | 69171 | 115720 | 16095 | | | 4330 | 400 |
| 外商控股 | 57829 | 16413 | 9069 | | | 1512 | 12 |
| 其他 | 1622867 | 499109 | 1317018 | 1057500 | 4366 | 246486 | 8667 |
| **按经营形式分组** | | | | | | | |
| 独立门店 | 1878210 | 1006085 | 1598675 | 1027725 | 8914 | 408037 | 140846 |
| 连锁总店 | 191297 | 88869 | 29218 | 5490 | | 12190 | 4493 |
| 连锁直营店 | 46532 | 17741 | 21573 | 1000 | | 800 | 19561 |
| 其他 | 1073951 | 191065 | 126670 | 58745 | 40 | 42642 | 25244 |
| **按零售业态分组** | | | | | | | |
| 有店铺零售 | 3114560 | 1255138 | 742159 | 89460 | 8762 | 448839 | 174689 |
| 食杂店 | 8137 | 785 | 770 | | | 710 | 60 |
| 便利店 | 18013 | 5166 | 10500 | | | 9900 | 600 |
| 超市 | 38722 | 12975 | 9444 | 376 | | 5855 | 3213 |
| 大型超市 | 178529 | 102634 | 34872 | 4000 | | 18960 | 3533 |
| 百货店 | 354218 | 202728 | 83687 | 9804 | 4356 | 24773 | 41745 |
| 专业店 | 1927840 | 613400 | 444681 | 62680 | 2000 | 299422 | 77874 |
| 专卖店 | 576817 | 307774 | 148577 | 12600 | 2406 | 83803 | 43453 |
| 家居建材商店 | 6760 | 3458 | 4649 | | | 1849 | 2800 |
| 购物中心 | 1987 | 136 | 118 | | | 118 | |
| 厂家直销中心 | 3537 | 6084 | 4861 | | | 3450 | 1411 |
| 无店铺零售 | 75430 | 48622 | 1033976 | 1003500 | 192 | 14830 | 15454 |
| 电视购物 | 1447 | 1463 | 392 | | 192 | 200 | |
| 网上商店 | 6708 | 12186 | 1007965 | 1000000 | | 2190 | 5775 |
| 其他 | 67275 | 34974 | 25619 | 3500 | | 12440 | 9679 |

单位：万元

| 指标名称 | 港澳台资本 | 外商资本 | 营业收入 | 主营业务收入 | 营业成本 | 主营业务成本 | 税金及附加 |
|---|---|---|---|---|---|---|---|
| **总计** | **12865** | **7545** | **7673369** | **7497120** | **6859431** | **6737411** | **25044** |
| **按零售行业小类分组** | | | | | | | |
| 综合零售 | 4131 | 7045 | 1346431 | 1237508 | 1060062 | 1039229 | 6464 |
| 食品、饮料及烟草制品专门零售 | 646 | | 118795 | 118420 | 102864 | 102764 | 352 |
| 纺织、服装及日用品专门零售 | 1264 | | 137979 | 136314 | 107402 | 106505 | 573 |
| 文化、体育用品及器材专门零售 | | 500 | 142903 | 141036 | 112137 | 111807 | 967 |
| 医药及医疗器材专门零售 | | | 1073411 | 1067357 | 954275 | 953422 | 2689 |
| 汽车、摩托车、燃料及零配件专门零售 | 4764 | | 3792364 | 3743706 | 3566197 | 3467449 | 10487 |
| 家用电器及电子产品专门零售 | 60 | | 793330 | 789074 | 719253 | 719134 | 2503 |
| 五金、家具及室内装饰材料专门零售 | | | 188316 | 184608 | 180159 | 180070 | 549 |
| 货摊、无店铺及其他零售业 | 2000 | | 79842 | 79096 | 57085 | 57032 | 460 |
| **按登记注册类型分组** | | | | | | | |
| 内资企业 | | 500 | 6881188 | 6768433 | 6246957 | 6126783 | 22074 |
| 国有企业 | | | 38620 | 37563 | 30336 | 30292 | 341 |
| 集体企业 | | | 331 | 331 | 218 | 218 | 1 |
| 有限责任公司 | | 500 | 4341013 | 4260610 | 3993444 | 3878619 | 11916 |
| 股份有限公司 | | | 279160 | 275016 | 241755 | 241755 | 2292 |
| 私营企业 | | | 2221079 | 2193930 | 1980299 | 1974994 | 7524 |
| 其他企业 | | | 985 | 985 | 905 | 905 | |
| 港、澳、台商投资企业 | 12865 | | 684121 | 623958 | 525995 | 524149 | 2665 |
| 外商投资企业 | | 7045 | 108061 | 104728 | 86480 | 86480 | 305 |
| **按控股情况分组** | | | | | | | |
| 国有控股 | | | 755283 | 746882 | 648246 | 644867 | 4438 |
| 集体控股 | 1500 | | 141607 | 140615 | 127931 | 127463 | 491 |
| 私人控股 | | | 3515525 | 3457583 | 3147868 | 3124981 | 10818 |
| 港澳台商控股 | 11365 | | 516100 | 457043 | 391792 | 390244 | 2154 |
| 外商控股 | | 7545 | 202578 | 198036 | 149316 | 149012 | 518 |
| 其他 | | | 2542277 | 2496959 | 2394278 | 2300845 | 6625 |
| **按经营形式分组** | | | | | | | |
| 独立门店 | 12652 | 500 | 5549939 | 5414806 | 4920101 | 4897374 | 18748 |
| 连锁总店 | | 7045 | 594139 | 565163 | 479042 | 463579 | 2098 |
| 连锁直营店 | 213 | | 119819 | 117368 | 79353 | 79337 | 700 |
| 其他 | | | 1409472 | 1399783 | 1380936 | 1297121 | 3497 |
| **按零售业态分组** | | | | | | | |
| 有店铺零售 | 12865 | 7545 | 7272098 | 7102952 | 6413397 | 6374516 | 23948 |
| 食杂店 | | | 13651 | 13651 | 12969 | 12969 | 17 |
| 便利店 | | | 34320 | 31100 | 24777 | 22099 | 180 |
| 超市 | | | 76292 | 72376 | 59720 | 59712 | 214 |
| 大型超市 | 1334 | 7045 | 576202 | 534718 | 478243 | 461237 | 1505 |
| 百货店 | 3010 | | 736406 | 675532 | 556018 | 554755 | 4900 |
| 专业店 | 2706 | | 3356624 | 3326415 | 3022649 | 3014205 | 9499 |
| 专卖店 | 5815 | 500 | 2434785 | 2405468 | 2221614 | 2212221 | 7223 |
| 家居建材商店 | | | 6045 | 5918 | 5406 | 5317 | 217 |
| 购物中心 | | | 4671 | 4671 | 4087 | 4087 | 8 |
| 厂家直销中心 | | | 33103 | 33103 | 27914 | 27914 | 186 |
| 无店铺零售 | | | 401271 | 394168 | 446035 | 362896 | 1095 |
| 电视购物 | | | 7104 | 6907 | 4412 | 4412 | 51 |
| 网上商店 | | | 19377 | 19225 | 16120 | 16120 | 193 |
| 其他 | | | 374790 | 368036 | 425503 | 342364 | 851 |

9-8 续表 4

单位：万元

| 指标名称 | 主营业务税金及附加 | 其他业务利润 | 销售费用 | 管理费用 | 财务费用 | #利息收入 |
|---|---|---|---|---|---|---|
| **总计** | **24413** | **67917** | **439622** | **187147** | **28487** | **6799** |
| **按零售行业小类分组** | | | | | | |
| 综合零售 | 6298 | 22791 | 154465 | 55788 | 4446 | 2551 |
| 食品、饮料及烟草制品专门零售 | 351 | 483 | 6942 | 8547 | 399 | -3 |
| 纺织、服装及日用品专门零售 | 480 | 582 | 18192 | 4374 | 3390 | 15 |
| 文化、体育用品及器材专门零售 | 954 | 1577 | 14913 | 8055 | 57 | 89 |
| 医药及医疗器材专门零售 | 2677 | 1858 | 60950 | 25407 | 4386 | 273 |
| 汽车、摩托车、燃料及零配件专门零售 | 10165 | 15852 | 124366 | 58636 | 13159 | 3112 |
| 家用电器及电子产品专门零售 | 2480 | 23445 | 46378 | 20128 | 2019 | 677 |
| 五金、家具及室内装饰材料专门零售 | 549 | 81 | 1322 | 1777 | 617 | 1 |
| 货摊、无店铺及其他零售业 | 460 | 1248 | 12096 | 4436 | 16 | 84 |
| **按登记注册类型分组** | | | | | | |
| 内资企业 | 21539 | 62432 | 366793 | 166183 | 28948 | 5194 |
| 国有企业 | 242 | 779 | 3773 | 1242 | 98 | 282 |
| 集体企业 | 1 | | 97 | 17 | | |
| 有限责任公司 | 11552 | 47764 | 222892 | 70873 | 13621 | 2190 |
| 股份有限公司 | 2285 | 3073 | 15002 | 19250 | 1664 | 34 |
| 私营企业 | 7459 | 10816 | 125029 | 74740 | 13565 | 2687 |
| 其他企业 | | | | 62 | | |
| 港、澳、台商投资企业 | 2569 | 5485 | 57026 | 19582 | -1024 | 1590 |
| 外商投资企业 | 305 | | 15803 | 1381 | 563 | 15 |
| **按控股情况分组** | | | | | | |
| 国有控股 | 4306 | 3432 | 41511 | 31542 | 2002 | 268 |
| 集体控股 | 491 | 614 | 6152 | 3204 | 231 | 67 |
| 私人控股 | 10682 | 15266 | 184009 | 99808 | 18190 | 3458 |
| 港澳台商控股 | 2059 | 5485 | 40032 | 14243 | -1156 | 1404 |
| 外商控股 | 518 | | 36173 | 5454 | 688 | 134 |
| 其他 | 6358 | 43121 | 131746 | 32896 | 8532 | 1468 |
| **按经营形式分组** | | | | | | |
| 独立门店 | 18168 | 37885 | 287422 | 135357 | 22932 | 5206 |
| 连锁总店 | 2091 | 23825 | 71558 | 25408 | 1255 | 678 |
| 连锁直营店 | 700 | 538 | 30760 | 6255 | 266 | 26 |
| 其他 | 3455 | 5668 | 49883 | 20127 | 4034 | 890 |
| **按零售业态分组** | | | | | | |
| 有店铺零售 | 23342 | 66667 | 422874 | 179789 | 27152 | 6731 |
| 食杂店 | 17 | | 354 | 274 | 2 | |
| 便利店 | 179 | 413 | 6719 | 2496 | 181 | 24 |
| 超市 | 206 | 87 | 10638 | 5488 | 31 | 148 |
| 大型超市 | 1495 | 12084.7 | 69950 | 12380 | 116 | 1101 |
| 百货店 | 4751 | 11281 | 76279 | 39343 | 4165 | 1284 |
| 专业店 | 9284 | 28838 | 162085 | 74536 | 14907 | 1088 |
| 专卖店 | 6999 | 13891 | 93757 | 42518 | 7622 | 3112 |
| 家居建材商店 | 217 | 72 | 225 | 692 | -9 | -28 |
| 购物中心 | 8 | | 316 | 240 | | |
| 厂家直销中心 | 186 | | 2550 | 1823 | 138 | 2 |
| 无店铺零售 | 1071 | 1250 | 16749 | 7358 | 1335 | 68 |
| 电视购物 | 51 | 197 | 2218 | 435 | -6 | 7 |
| 网上商店 | 192 | 4 | 1852 | 1185 | 49 | |
| 其他 | 828 | 1049 | 12679 | 5738 | 1291 | 61 |

9–8 续表 5　　　　单位：万元

| 指标名称 | # 利息支出 | 资产减值损失 | 公允价值变动收益 | 投资收益 | 营业利润 | 营业外收入 |
|---|---|---|---|---|---|---|
| **总计** | **18290** | **6094** | **–84** | **3667** | **141018** | **13057** |
| **按零售行业小类分组** | | | | | | |
| 综合零售 | 4529 | 2513 | | 3027 | 16265 | 2478 |
| 食品、饮料及烟草制品专门零售 | 147 | 2 | 1 | | –325 | 880 |
| 纺织、服装及日用品专门零售 | 99 | 38 | | | 64 | 127 |
| 文化、体育用品及器材专门零售 | 42 | 494 | | 9 | 6295 | 344 |
| 医药及医疗器材专门零售 | 4098 | 615 | | 17 | 25987 | 1367 |
| 汽车、摩托车、燃料及零配件专门零售 | 7482 | 2167 | –86 | 151 | 79850 | 6734 |
| 家用电器及电子产品专门零售 | 1204 | 233 | 1 | 424 | 3382 | 722 |
| 五金、家具及室内装饰材料专门零售 | 614 | | | | 3742 | 41 |
| 货摊、无店铺及其他零售业 | 75 | 31 | 1 | 39 | 5758 | 364 |
| **按登记注册类型分组** | | | | | | |
| 内资企业 | 17965 | 4032 | –84 | 665 | 108125 | 10911 |
| 国有企业 | 374 | | –13 | 128 | 2945 | 501 |
| 集体企业 | | | | | –2 | |
| 有限责任公司 | 7599 | 3404 | –73 | 218 | 84952 | 5844 |
| 股份有限公司 | 919.1 | | | 5 | –797 | 884.8 |
| 私营企业 | 9073 | 628 | 1 | 314 | 21009 | 3682 |
| 其他企业 | | | | | 17 | |
| 港、澳、台商投资企业 | 301 | 2035 | | 3003 | 29391 | 2031 |
| 外商投资企业 | 25 | 26 | | | 3502 | 115 |
| **按控股情况分组** | | | | | | |
| 国有控股 | 1684 | 1416 | | 184 | 26476 | 2075 |
| 集体控股 | 246 | | | | 5307 | 702 |
| 私人控股 | 11865 | 1348 | –84 | 437 | 39732 | 4792 |
| 港澳台商控股 | 244 | 1665 | | 3003 | 17072 | 533 |
| 外商控股 | 25 | 26 | | | 10402 | 973 |
| 其他 | 4226 | 1639 | | 43 | 42030 | 3983 |
| **按经营形式分组** | | | | | | |
| 独立门店 | 13263 | 4646 | –86 | 3638 | 97311 | 10316 |
| 连锁总店 | 650 | 770 | | 7 | 14068 | 2046 |
| 连锁直营店 | 235 | 126 | | 17 | –1570 | 188 |
| 其他 | 4142 | 551 | 1 | 5 | 31210 | 507 |
| **按零售业态分组** | | | | | | |
| 有店铺零售 | 17355 | 6080 | –85 | 3665 | 132124 | 12505 |
| 食杂店 | 1 | | | | 36 | |
| 便利店 | 162 | 720 | | | –751 | 343 |
| 超市 | 56 | 12 | | | 197 | 448 |
| 大型超市 | 501 | 101 | | 22 | 13958 | 913 |
| 百货店 | 3813 | 1680 | | 3005 | 3587 | 1099 |
| 专业店 | 7821 | 2347 | 1 | 346 | 67349 | 5189 |
| 专卖店 | 4921 | 1220 | –86 | 292 | 47722 | 4463 |
| 家居建材商店 | | | | | –486 | 19 |
| 购物中心 | | | | | 20 | 1 |
| 厂家直销中心 | 78 | | | | 492 | 30 |
| 无店铺零售 | 936 | 14 | 1 | 2 | 8894 | 552 |
| 电视购物 | 2 | | | | –6 | 137 |
| 网上商店 | | 13 | 1 | | 70 | 218 |
| 其他 | 934 | | | 2 | 8830 | 197 |

9-8 续表 6

单位：万元

| 指标名称 | 利润总额 | 应交所得税 | 应付职工薪酬 | 应交增值税 |
|---|---|---|---|---|
| **总计** | **244221** | **30304** | **216832** | **94132** |
| **按零售行业小类分组** | | | | |
| 综合零售 | 64043 | 3441 | 49262 | 19191 |
| 食品、饮料及烟草制品专门零售 | -15 | 258 | 6272 | 1308 |
| 纺织、服装及日用品专门零售 | 3631 | 1107 | 6193 | 4266 |
| 文化、体育用品及器材专门零售 | 6581 | 172 | 9190 | 1971 |
| 医药及医疗器材专门零售 | 75698 | 4259 | 32182 | 15011 |
| 汽车、摩托车、燃料及零配件专门零售 | 81604 | 17918 | 84785 | 40744 |
| 家用电器及电子产品专门零售 | 3614 | 863 | 19240 | 8676 |
| 五金、家具及室内装饰材料专门零售 | 3066 | 778 | 1264 | 525 |
| 货摊、无店铺及其他零售业 | 6000 | 1508 | 8444 | 2439 |
| **按登记注册类型分组** | | | | |
| 内资企业 | 109112 | 22023 | 187003 | 77453 |
| 国有企业 | 3487 | 871 | 2868 | 499 |
| 集体企业 | | | 72 | 3 |
| 有限责任公司 | 85856 | 16352 | 104994 | 51933 |
| 股份有限公司 | 64 | 1 | 8524 | 4475 |
| 私营企业 | 19688 | 4795 | 70165 | 20542 |
| 其他企业 | 17 | 4 | 380 | |
| 港、澳、台商投资企业 | 131533 | 7942 | 23315 | 14900 |
| 外商投资企业 | 3576 | 338 | 6514 | 1779 |
| **按控股情况分组** | | | | |
| 国有控股 | 28350 | 5259 | 30591 | 10602 |
| 集体控股 | 5861 | 1713 | 2639 | 2077 |
| 私人控股 | 39131 | 8586 | 97585 | 36399 |
| 港澳台商控股 | 68196 | 5185 | 14365 | 9929 |
| 外商控股 | 60934 | 1541 | 17020 | 5929 |
| 其他 | 41749 | 8021 | 54631 | 29197 |
| **按经营形式分组** | | | | |
| 独立门店 | 145693 | 21447 | 144026 | 66122 |
| 连锁总店 | 64683 | 2208 | 35996 | 10614 |
| 连锁直营店 | 2093 | 866 | 13658 | 2662 |
| 其他 | 31752 | 5783 | 23153 | 14734 |
| **按零售业态分组** | | | | |
| 有店铺零售 | 234880 | 28113 | 207532 | 91684 |
| 食杂店 | 36 | | 330 | 157 |
| 便利店 | -1071 | 283 | 4981 | 1255 |
| 超市 | 689 | 169 | 5799 | 855 |
| 大型超市 | 14577 | 2204 | 26799 | 7862 |
| 百货店 | 54331 | 1667 | 16306 | 11917 |
| 专业店 | 115149 | 13181 | 93824 | 40798 |
| 专卖店 | 51161 | 10506 | 57684 | 27335 |
| 家居建材商店 | -533 | 29 | 513 | 118 |
| 购物中心 | 21 | | 146 | 28 |
| 厂家直销中心 | 520 | 74 | 1151 | 1358 |
| 无店铺零售 | 9341 | 2190 | 9300 | 2448 |
| 电视购物 | 83 | | 1039 | 346 |
| 网上商店 | 270 | 8 | 1459 | 165 |
| 其他 | 8989 | 2182 | 6801 | 1937 |

# 9-9 全市限额以上住宿业经营情况

（2017 年）

| 指标名称 | 企业数（个） | 年末从业人员数（人） | 客房间数（间） | 床位数（个） | 餐位数（位） | 年末餐饮营业面积（平方米） |
|---|---|---|---|---|---|---|
| **总计** | **165** | **15491** | **34847** | **54023** | **64307** | **390063** |
| **按住宿行业小类分组** | | | | | | |
| 旅游饭店 | 74 | 9755 | 18916 | 30952 | 50376 | 239362 |
| 一般旅馆 | 88 | 5588 | 15528 | 22451 | 12871 | 148621 |
| 其他住宿服务 | 3 | 148 | 403 | 620 | 1060 | 2080 |
| **按登记注册类型分组** | | | | | | |
| 内资企业 | 144 | 13433 | 32192 | 50110 | 57375 | 346948 |
| 国有企业 | 17 | 2220 | 2450 | 4299 | 9038 | 45568 |
| 集体企业 | 1 | 75 | 202 | 362 | 60 | 936 |
| 有限责任公司 | 37 | 4323 | 13743 | 20820 | 28025 | 63749 |
| 股份有限公司 | 2 | 396 | 429 | 726 | 1920 | 3756 |
| 私营企业 | 86 | 6193 | 15142 | 23606 | 16432 | 222679 |
| 其他企业 | 1 | 226 | 226 | 297 | 1900 | 10260 |
| 港、澳、台商投资企业 | 5 | 1774 | 1586 | 2490 | 6232 | 21007 |
| 个体工商户 | 16 | 284 | 1069 | 1423 | 700 | 22108 |
| **按控股情况分组** | | | | | | |
| 国有控股 | 19 | 2737 | 3376 | 5687 | 9790 | 44688 |
| 集体控股 | 1 | 75 | 202 | 362 | 60 | 936 |
| 私人控股 | 101 | 7008 | 17374 | 26747 | 18912 | 240794 |
| 港澳台商控股 | 3 | 1028 | 981 | 1492 | 4132 | 12800 |
| 其他 | 41 | 4643 | 12914 | 19735 | 31413 | 90845 |
| **按经营形式分组** | | | | | | |
| 独立门店 | 125 | 12609 | 29686 | 46492 | 54087 | 319989 |
| 连锁直营店 | 5 | 134 | 730 | 1010 | 36 | 7090 |
| 连锁加盟店 | 5 | 153 | 500 | 768 | 560 | 3100 |
| **其他** | 30 | 2595 | 3931 | 5753 | 9624 | 59884 |
| **按星级分组** | | | | | | |
| 五星级 | 5 | 1869 | 1355 | 2303 | 8032 | 21062 |
| 四星级 | 20 | 2868 | 4201 | 6473 | 9070 | 79531 |
| 三星级 | 20 | 1196 | 3267 | 5276 | 5220 | 61450 |
| 二星级 | 5 | 310 | 719 | 1300 | 1136 | 5196 |
| 其他 | 115 | 9248 | 25305 | 38671 | 40849 | 222824 |

9–9 续表

单位：万元

| 指标名称 | 营业额 | 客房收入 | 餐费收入 | 商品销售收入 | 其他收入 |
| --- | --- | --- | --- | --- | --- |
| **总计** | **293676** | **184478** | **81429** | **9352** | **18416** |
| **按住宿行业小类分组** | | | | | |
| 旅游饭店 | 179078 | 95636 | 60447 | 8069 | 14927 |
| 一般旅馆 | 112502 | 87218 | 20692 | 1272 | 3320 |
| 其他住宿服务 | 2096 | 1623 | 291 | 11 | 170 |
| **按登记注册类型分组** | | | | | |
| 内资企业 | 257258 | 166307 | 65243 | 8895 | 16813 |
| 国有企业 | 34299 | 11008 | 12520 | 6180 | 4592 |
| 集体企业 | 1079 | 749 | 68 | 50 | 213 |
| 有限责任公司 | 81494 | 59094 | 17078 | 703 | 4620 |
| 股份有限公司 | 12017 | 5656 | 4795.8 | 2 | 1564 |
| 私营企业 | 124066 | 87904 | 28594 | 1929 | 5638 |
| 其他企业 | 4303 | 1896 | 2189 | 32 | 187 |
| 港、澳、台商投资企业 | 32103 | 14388 | 15746 | 415 | 1554 |
| 个体工商户 | 4315 | 3783 | 440 | 43 | 49 |
| **按控股情况分组** | | | | | |
| 国有控股 | 41221 | 14203 | 13942 | 6387 | 6689 |
| 集体控股 | 1079 | 749 | 68 | 50 | 213 |
| 私人控股 | 139254 | 101112 | 29382 | 2018 | 6742 |
| 港澳台商控股 | 26731 | 11818 | 13241 | 187 | 1484 |
| 其他 | 85392 | 56596 | 24796 | 711 | 3288 |
| **按经营形式分组** | | | | | |
| 独立门店 | 272685 | 169172 | 76491 | 9175 | 17847 |
| 连锁直营店 | 4200 | 4102 | 41 | 7 | 50 |
| 连锁加盟店 | 3447 | 3147 | 189 | 19 | 93 |
| **其他** | 13344 | 8058 | 4708 | 151 | 427 |
| **按星级分组** | | | | | |
| 五星级 | 43053 | 19016 | 21333 | 749 | 1955 |
| 四星级 | 48034 | 23772 | 13395 | 5648 | 5219 |
| 三星级 | 23188 | 13035 | 6881 | 263 | 3009 |
| 二星级 | 3594 | 1951 | 886 | 182 | 575 |
| 其他 | 175807 | 126705 | 38934 | 2509 | 7659 |

# 9-10 全市限额以上餐饮业经营情况

（2017年）

| 指标名称 | 企业数（个） | 年末从业人员数（人） | 客房间数（间） | 床位数（个） | 餐位数（位） | 年末餐饮营业面积（平方米） |
|---|---|---|---|---|---|---|
| **总计** | **302** | **23458** | **1621** | **2612** | **114759** | **470497** |
| **按餐饮行业小类分组** | | | | | | |
| 正餐服务 | 283 | 14094 | 1621 | 2612 | 95215 | 410878 |
| 快餐服务 | 11 | 9213 | | | 18949 | 56324 |
| 饮料及冷饮服务 | 5 | 92 | | | 205 | 2536 |
| 其他餐饮业 | 3 | 59 | | | 390 | 759 |
| **按登记注册类型分组** | | | | | | |
| 内资企业 | 103 | 11197 | 985 | 1567 | 50431 | 232618 |
| 国有企业 | 1 | 42 | 44 | 88 | 500 | 2140 |
| 集体企业 | 1 | 47 | | | 300 | 600 |
| 有限责任公司 | 36 | 6842 | 470 | 712 | 20567 | 96808 |
| 股份有限公司 | 1 | 55 | | | 280 | 500 |
| 私营企业 | 64 | 4211 | 471 | 767 | 28784 | 132570 |
| 其他企业 | | | | | | |
| 港、澳、台商投资企业 | 4 | 240 | | | 1662 | 8648 |
| 外商投资企业 | 4 | 5259 | | | 9583 | 28493 |
| 个体工商户 | 191 | 6762 | 636 | 1045 | 53083 | 200738 |
| **按控股情况分组** | | | | | | |
| 国有控股 | 3 | 450 | 257 | 404 | 896 | 6940 |
| 集体控股 | 1 | 47 | | | 300 | 600 |
| 私人控股 | 81 | 8648 | 402 | 652 | 37715 | 183913 |
| 港澳台商控股 | 3 | 170 | | | 1366 | 5637 |
| 外商控股 | 1 | 5017 | | | 9243 | 27157 |
| 其他 | 213 | 9126 | 962 | 1556 | 65239 | 246250 |
| **按经营形式分组** | | | | | | |
| 独立门店 | 274 | 13294 | 1621 | 2612 | 92086 | 395190 |
| 连锁总店 | 6 | 8192 | | | 14080 | 49625 |
| 连锁直营店 | 6 | 1377 | | | 5359 | 11991 |
| 连锁加盟店 | 5 | 133 | | | 515 | 1632 |
| 其他 | 11 | 462 | | | 2719 | 12059 |

9-10 续表

单位：万元

| 指标名称 | 营业额 | | | | |
|---|---|---|---|---|---|
| | | 客房收入 | 餐费收入 | 商品销售收入 | 其他收入 |
| **总计** | **365335** | **5342** | **339016** | **18272** | **2705** |
| **按餐饮行业小类分组** | | | | | |
| 正餐服务 | 224227 | 5342 | 206095 | 11111 | 1679 |
| 快餐服务 | 137434 | | 129251 | 7161 | 1023 |
| 饮料及冷饮服务 | 1387 | | 1383 | | 4 |
| 其他餐饮业 | 2287 | | 2287 | | |
| **按登记注册类型分组** | | | | | |
| 内资企业 | 180021 | 3958 | 156287 | 17432 | 2344 |
| 国有企业 | 260 | 77 | 1 | 182 | |
| 集体企业 | 633 | | 633 | | |
| 有限责任公司 | 112795 | 2606 | 92923 | 15240 | 2027 |
| 股份有限公司 | 383 | | 383 | | |
| 私营企业 | 65950 | 1276 | 62347 | 2010 | 317 |
| 其他企业 | | | | | |
| 港、澳、台商投资企业 | 7175 | | 7044 | 51 | 80 |
| 外商投资企业 | 70446 | | 70446 | | |
| 个体工商户 | 107693 | 1383 | 105239 | 790 | 281 |
| **按控股情况分组** | | | | | |
| 国有控股 | 13458 | 1431 | 3846 | 7299 | 882 |
| 集体控股 | 633 | | 633 | | |
| 私人控股 | 125108 | 1033 | 121771 | 1987 | 317 |
| 港澳台商控股 | 6236 | | 6105 | 51 | 80 |
| 外商控股 | 67843 | | 67843 | | |
| 其他 | 152056 | 2877 | 138818 | 8935 | 1426 |
| **按经营形式分组** | | | | | |
| 独立门店 | 207565 | 5342 | 198244 | 3142 | 838 |
| 连锁总店 | 106289 | | 105211 | 1078 | |
| 连锁直营店 | 34223 | | 26265 | 6935 | 1023 |
| 连锁加盟店 | 1382 | | 1382 | | |
| 其他 | 15876 | | 7914 | 7117 | 845 |

# 9-11 全市限额以上住宿业法人企业财务状况

（2017年）　　单位：万元

| 指标名称 | 企业数（个） | 年初存货 | 流动资产合计 | #应收账款 | #存货 | 固定资产合计 | 固定资产原价 |
|---|---|---|---|---|---|---|---|
| **总计** | **141** | **7427** | **239838** | **15480** | **6980** | **237813** | **445561** |
| **按行业小类分组** | | | | | | | |
| 旅游饭店 | 69 | 5985 | 183023 | 8509 | 3619 | 216473 | 406480 |
| 一般旅馆 | 70 | 1438 | 56249 | 6965 | 3355 | 20590 | 37124 |
| 其他住宿服务 | 2 | 4 | 566 | 6 | 6 | 750 | 1957 |
| **按登记注册类型分组** | | | | | | | |
| 内资企业 | 136 | 6933 | 175065 | 12371 | 6543 | 160253 | 270207 |
| 国有企业 | 14 | 773 | 27037 | 1465 | 818 | 26331 | 73484 |
| 集体企业 | 1 | 2 | 457 | 79 | 2 | 412 | 1411 |
| 有限责任公司 | 35 | 1285 | 62927 | 3853 | 2750 | 116012 | 139879 |
| 股份有限公司 | 1 | 2 | 137 | 2 | 4 | 19 | 101 |
| 私营企业 | 85 | 4871 | 84507 | 6971 | 2968 | 17480 | 55332 |
| 其他企业 | | | | | | | |
| 港、澳、台商投资企业 | 5 | 495 | 64774 | 3109 | 437 | 77560 | 175354 |
| **按控股情况分组** | | | | | | | |
| 国有控股 | 19 | 866 | 46230 | 1876 | 948 | 40574 | 113277 |
| 集体控股 | 1 | 2 | 457 | 79 | 2 | 412 | 1411 |
| 私人控股 | 101 | 5315 | 100394 | 9536 | 4811 | 31936 | 76704 |
| 港澳台商控股 | 3 | 358 | 60251 | 2660 | 314 | 70367 | 134633 |
| 其他 | 17 | 887 | 32506 | 1328 | 904 | 94524 | 119536 |
| **按经营形式分组** | | | | | | | |
| 独立门店 | 125 | 6982 | 200781 | 13994 | 5098 | 202152 | 387462 |
| 连锁直营店 | 5 | 35 | 4772 | 178 | 1545 | 1084 | 2401 |
| 连锁加盟店 | 5 | 84 | 1310 | 629 | 111 | 1834 | 2602 |
| 其他 | 6 | 326 | 32974 | 680 | 226 | 32743 | 53095 |
| **按星级分组** | | | | | | | |
| 五星级 | 4 | 1017 | 68147 | 2923 | 1079 | 53849 | 124798 |
| 四星级 | 20 | 748 | 45131 | 1932 | 1460 | 15116 | 64481 |
| 三星级 | 18 | 253 | 34627 | 2261 | 186 | 22412 | 36143 |
| 二星级 | 4 | 52 | 1844 | 113 | 69 | 2192 | 5480 |
| 其他 | 95 | 5358 | 90089 | 8252 | 4187 | 144244 | 214660 |

单位：万元

| 指标名称 | 累计折旧 | 本年折旧 | 在建工程 | 资产总计 | 流动负债合计 | 应付账款 | 非流动负债合计 |
|---|---|---|---|---|---|---|---|
| **总计** | **211518** | **17580** | **11689** | **604233** | **395214** | **58567** | **93150** |
| **按行业小类分组** | | | | | | | |
| 旅游饭店 | 190709 | 13319 | 8347 | 488553 | 326112 | 46182 | 83098 |
| 一般旅馆 | 19601 | 4186 | 3342 | 114320 | 68312 | 12342 | 9548 |
| 其他住宿服务 | 1207 | 75 | | 1360 | 790 | 43 | 504 |
| **按登记注册类型分组** | | | | | | | |
| 内资企业 | 113629 | 11621 | 9445 | 455127 | 322195 | 49525 | 26869 |
| 国有企业 | 47153 | 2555 | 3218 | 78690 | 38024 | 1678 | 5627 |
| 集体企业 | 999 | 53 | | 943 | 107 | | |
| 有限责任公司 | 27380 | 4546 | 3828 | 228989 | 169985 | 32454 | 8859 |
| 股份有限公司 | 83 | 7 | | 155 | 65 | 48 | |
| 私营企业 | 38013 | 4459 | 2399 | 146350 | 114014 | 15345 | 12383 |
| 其他企业 | | | | | | | |
| 港、澳、台商投资企业 | 97889 | 5959 | 2244 | 149107 | 73019 | 9043 | 66282 |
| **按控股情况分组** | | | | | | | |
| 国有控股 | 72702 | 2850 | 3226 | 115734 | 93119 | 8104 | 12576 |
| 集体控股 | 999 | 53 | | 943 | 107 | | |
| 私人控股 | 45255 | 6088 | 2426 | 182004 | 141231 | 20596 | 16439 |
| 港澳台商控股 | 64296 | 4973 | 2179 | 137234 | 22248 | 2159 | 59139 |
| 其他 | 28266 | 3616 | 3859 | 168319 | 138508 | 27708 | 4997 |
| **按经营形式分组** | | | | | | | |
| 独立门店 | 189028 | 14276 | 11669 | 525593 | 373394 | 56826 | 84273 |
| 连锁直营店 | 1318 | 264 | | 6906 | 2837 | 321 | |
| 连锁加盟店 | 769 | 304 | | 3540 | 846 | 284 | 838 |
| 其他 | 20403 | 2735 | 20 | 68195 | 18137 | 1135 | 8040 |
| **按星级分组** | | | | | | | |
| 五星级 | 70949 | 4303 | 4494 | 137223 | 32283 | 4918 | 44317 |
| 四星级 | 49482 | 3243 | 3294 | 86556 | 55233 | 3529 | 7173 |
| 三星级 | 13730 | 971 | 24 | 67420 | 31727 | 1396 | 700 |
| 二星级 | 3288 | 154 | 1 | 4352 | 3038 | 106 | 211 |
| 其他 | 74069 | 8910 | 3876 | 308682 | 272932 | 48619 | 40749 |

9-11 续表 2 单位：万元

| 指标名称 | 负债合计 | 所有者权益合计 | 实收资本 | | | | |
|---|---|---|---|---|---|---|---|
| | | | | 国家资本 | 集体资本 | 法人资本 | 个人资本 |
| **总计** | **487679** | **116555** | **196115** | **26359** | **1163** | **51599** | **42355** |
| **按行业小类分组** | | | | | | | |
| 旅游饭店 | 409210 | 79343 | 165479 | 25129 | 1043 | 41179 | 23489 |
| 一般旅馆 | 77175 | 37145 | 30386 | 1010 | 120 | 10420 | 18836 |
| 其他住宿服务 | 1293 | 67 | 250 | 220 | | | 30 |
| **按登记注册类型分组** | | | | | | | |
| 内资企业 | 348379 | 106748 | 103194 | 26359 | 1163 | 33317 | 42355 |
| 国有企业 | 44136 | 34554 | 18029 | 10155 | 50 | 7824 | |
| 集体企业 | 107 | 836 | 723 | | 723 | | |
| 有限责任公司 | 178860 | 50129 | 36497 | 16204 | | 7005 | 13288 |
| 股份有限公司 | 65 | 90 | 50 | | | | 50 |
| 私营企业 | 125210 | 21140 | 47895 | | 390 | 18488 | 29016 |
| 其他企业 | | | | | | | |
| 港、澳、台商投资企业 | 139300 | 9806 | 92921 | | | 18282 | |
| **按控股情况分组** | | | | | | | |
| 国有控股 | 106180 | 9554 | 31213 | 14929 | 50 | 13699 | 660 |
| 集体控股 | 107 | 836 | 723 | | 723 | | |
| 私人控股 | 156484 | 25520 | 60494 | | 390 | 24183 | 35921 |
| 港澳台商控股 | 81387 | 55847 | 71263 | | | | |
| 其他 | 143522 | 24797 | 32422 | 11430 | | 13717 | 5774 |
| **按经营形式分组** | | | | | | | |
| 独立门店 | 456982 | 68611 | 146994 | 25996 | 1163 | 50197 | 35006 |
| 连锁直营店 | 2837 | 4069 | 490 | 140 | | 51 | 299 |
| 连锁加盟店 | 1683 | 1857 | 750 | | | | 750 |
| 其他 | 26177 | 42018 | 47881 | 223 | | 1351 | 6299 |
| **按星级分组** | | | | | | | |
| 五星级 | 76600 | 60623 | 71562 | | | | 9885 |
| 四星级 | 62406 | 24150 | 37340 | 7907 | | 22184 | 5748 |
| 三星级 | 32253 | 35167 | 15718 | 3839 | | 3490 | 8389 |
| 二星级 | 3249 | 1103 | 1490 | 667 | 723 | 100 | |
| 其他 | 313171 | –4488 | 70006 | 13947 | 440 | 25826 | 18333 |

9-11 续表 3

单位：万元

| 指标名称 | 港澳台资本 | 外商资本 | 营业收入 | 主营业务收入 | 营业成本 | 主营业务成本 | 税金及附加 |
|---|---|---|---|---|---|---|---|
| **总计** | **72765** | **1875** | **246403** | **239997** | **76588** | **75830** | **3814** |
| **按行业小类分组** | | | | | | | |
| 旅游饭店 | 72765 | 1875 | 159800 | 154323 | 46745 | 46376 | 2680 |
| 一般旅馆 | | | 84979 | 84165 | 29690 | 29301 | 1113 |
| 其他住宿服务 | | | 1624 | 1509 | 153 | 153 | 20 |
| **按登记注册类型分组** | | | | | | | |
| 内资企业 | | | 214851 | 208747 | 70962 | 70205 | 3183 |
| 国有企业 | | | 32393 | 29047 | 10264 | 9934 | 1013 |
| 集体企业 | | | 1028 | 1028 | 568 | 568 | 5 |
| 有限责任公司 | | | 63461 | 62399 | 17809 | 17673 | 1101 |
| 股份有限公司 | | | 648 | 648 | 16 | 16 | 2 |
| 私营企业 | | | 117321 | 115624 | 42306 | 42014 | 1062 |
| 其他企业 | | | | | | | |
| 港、澳、台商投资企业 | 72765 | 1875 | 31552 | 31250 | 5625 | 5625 | 631 |
| **按控股情况分组** | | | | | | | |
| 国有控股 | | 1875 | 40867 | 37349 | 11651 | 11322 | 1456 |
| 集体控股 | | | 1028 | 1028 | 568 | 568 | 5 |
| 私人控股 | | | 133114 | 130697 | 46728 | 46305 | 1221 |
| 港澳台商控股 | 71263 | | 25753 | 25502 | 4272 | 4272 | 449 |
| 其他 | 1502 | | 45641 | 45421 | 13369 | 13364 | 682 |
| **按经营形式分组** | | | | | | | |
| 独立门店 | 32758 | 1875 | 225256 | 219752 | 73872 | 73114 | 3352 |
| 连锁直营店 | | | 4570 | 4475 | 176 | 176 | 38 |
| 连锁加盟店 | | | 3093 | 3093 | 587 | 587 | 29 |
| 其他 | 40007 | | 13485 | 12676 | 1953 | 1953 | 394 |
| **按星级分组** | | | | | | | |
| 五星级 | 61678 | | 37362 | 37358 | 9612 | 9612 | 817 |
| 四星级 | 1502 | | 46764 | 43491 | 15319 | 15114 | 658 |
| 三星级 | | | 21048 | 20851 | 7049 | 7043 | 413 |
| 二星级 | | | 2823 | 2807 | 1050 | 1050 | 72 |
| 其他 | 9585 | 1875 | 138406 | 135491 | 43559 | 43012 | 1853 |

9-11 续表 4　　　　单位：万元

| 指标名称 | 主营业务税金及附加 | 其他业务利润 | 销售费用 | 管理费用 | # 税金 | 财务费用 | 利息收入 |
|---|---|---|---|---|---|---|---|
| **总计** | **3411** | **3009** | **94811** | **68427** | | **7432** | **836** |
| **按行业小类分组** | | | | | | | |
| 旅游饭店 | 2306 | 1784 | 63578 | 50118 | | 6247 | 827 |
| 一般旅馆 | 1098 | 1226 | 30098 | 18110 | | 1161 | 9 |
| 其他住宿服务 | 8 | | 1135 | 199 | | 24 | |
| **按登记注册类型分组** | | | | | | | |
| 内资企业 | 2783 | 2762 | 85073 | 54254 | | 5466 | 557 |
| 国有企业 | 624 | 565 | 12686 | 8692 | | 419 | 42 |
| 集体企业 | 5 | | 180 | 272 | | | 1 |
| 有限责任公司 | 1100 | 127 | 27234 | 18712 | | 3097 | 513 |
| 股份有限公司 | 2 | | 580 | | | 2 | |
| 私营企业 | 1051 | 2071 | 44394 | 26576 | | 1949 | 1 |
| 其他企业 | | | | | | | |
| 港、澳、台商投资企业 | 629 | 247 | 9737 | 14173 | | 1967 | 279 |
| **按控股情况分组** | | | | | | | |
| 国有控股 | 1067 | 565 | 18052 | 11144 | | –63 | 542 |
| 集体控股 | 5 | | 180 | 272 | | | 1 |
| 私人控股 | 1209 | 2043 | 51769 | 31145 | | 2586 | 2 |
| 港澳台商控股 | 448 | 246 | 7153 | 11910 | | 1705 | 279 |
| 其他 | 682 | 155 | 17658 | 13956 | | 3204 | 12 |
| **按经营形式分组** | | | | | | | |
| 独立门店 | 2953 | 2286 | 85363 | 61067 | | 7071 | 566 |
| 连锁直营店 | 38 | 34 | 2750 | 568 | | 65 | |
| 连锁加盟店 | 29 | | 2030 | 298 | | 62 | |
| 其他 | 391 | 689 | 4668 | 6494 | | 234 | 270 |
| **按星级分组** | | | | | | | |
| 五星级 | 817 | | 11367 | 13535 | | 1976 | 265 |
| 四星级 | 648 | 1206 | 17742 | 12591 | | 686 | 24 |
| 三星级 | 413 | 144 | 10367 | 3682 | | –188 | 506 |
| 二星级 | 72 | | 883 | 1142 | | 5 | 1 |
| 其他 | 1462 | 1660 | 54453 | 37477 | | 4954 | 39 |

9-11 续表 5

单位：万元

| 指标名称 | # 利息支出 | 资产减值损失 | 公允价值变动收益 | 投资收益 | 营业利润 | 营业外收入 | 政府补助 |
|---|---|---|---|---|---|---|---|
| **总计** | **6902** | **684** | **6** | **257** | **–5088** | **1320** | |
| **按行业小类分组** | | | | | | | |
| 旅游饭店 | 6314 | 683 | 6 | 247 | –9999 | 1201 | |
| 一般旅馆 | 589 | | | 10 | 4817 | 118 | |
| 其他住宿服务 | | | | | 94 | 2 | |
| **按登记注册类型分组** | | | | | | | |
| 内资企业 | 4684 | 682 | 6 | 146 | –4616 | 1215 | |
| 国有企业 | 400 | 312 | 6 | 123 | –864 | 400 | |
| 集体企业 | 1.1 | | | | 2 | 5 | |
| 有限责任公司 | 2822 | 67 | | 8 | –4551 | 187 | |
| 股份有限公司 | | | | | 50 | | |
| 私营企业 | 1461 | 303 | | 15 | 747 | 624 | |
| 其他企业 | | | | | | | |
| 港、澳、台商投资企业 | 2218 | 1 | | 110.5 | –472 | 105 | 10 |
| **按控股情况分组** | | | | | | | |
| 国有控股 | 400 | 314 | 6 | 123 | –1559 | 518 | 8975 |
| 集体控股 | 1 | | | | 2 | 5 | |
| 私人控股 | 1573 | 303 | | 24 | –614 | 648 | 200 |
| 港澳台商控股 | 1968 | | | 111 | 376 | 64 | 10 |
| 其他 | 2961 | 67 | | | –3293 | 86 | 5 |
| **按经营形式分组** | | | | | | | |
| 独立门店 | 6313 | 684 | 6 | 131 | –6016 | 1299 | 9010 |
| 连锁直营店 | 24 | | | 9 | 983 | 2 | |
| 连锁加盟店 | 52 | | | | 87 | | |
| 其他 | 513 | | | 117 | –142 | 19 | 180 |
| **按星级分组** | | | | | | | |
| 五星级 | 2230 | | | 110.5 | 166 | 185 | |
| 四星级 | 556 | 333 | | 6 | –558 | 323 | 2011 |
| 三星级 | 264 | 36 | | | –309 | 98 | |
| 二星级 | 1 | | | | –328 | 33 | |
| 其他 | 3851 | 315 | 6 | 140 | –4059 | 682 | |

9-11 续表 6　　单位：万元

| 指标名称 | 利润总额 | 所得税费用 | 应付职工薪酬 |
| --- | --- | --- | --- |
| **总计** | **-5173** | **875** | **58601** |
| **按行业小类分组** | | | |
| 旅游饭店 | -8899 | 366 | 42489 |
| 一般旅馆 | 3631 | 508 | 15693 |
| 其他住宿服务 | 96 | | 420 |
| **按登记注册类型分组** | | | |
| 内资企业 | -5081 | 875 | 51048 |
| 国有企业 | -494 | 175 | 13034 |
| 集体企业 | 7 | 1 | 423 |
| 有限责任公司 | -4724 | 301 | 14012 |
| 股份有限公司 | 49 | 1 | 91 |
| 私营企业 | 82 | 397 | 23488 |
| 其他企业 | | | |
| 港、澳、台商投资企业 | -92 | | 7554 |
| **按控股情况分组** | | | |
| 国有控股 | -788 | 233 | 17487 |
| 集体控股 | 7 | 1 | 423 |
| 私人控股 | -1596 | 399 | 26464 |
| 港澳台商控股 | 430 | | 5698 |
| 其他 | -3226 | 241 | 8529 |
| **按经营形式分组** | | | |
| 独立门店 | -5840 | 658 | 54640 |
| 连锁直营店 | 998 | 193 | 706 |
| 连锁加盟店 | 83 | 1 | 580 |
| 其他 | -414 | 22 | 2675 |
| **按星级分组** | | | |
| 五星级 | 341 | | 7592 |
| 四星级 | -535 | 106 | 13941 |
| 三星级 | -278 | 64 | 5597 |
| 二星级 | -304 | 1 | 1277 |
| 其他 | -4397 | 703 | 30195 |

## 9-12 全市限额以上餐饮业法人企业财务状况

（2017 年）

单位：万元

| 指标名称 | 企业数（个） | 年初存货 | 流动资产合计 | #应收账款 | #存货 | 固定资产合计 | 固定资产原价 |
|---|---|---|---|---|---|---|---|
| **总计** | **104** | **7107** | **72158** | **9451** | **7502** | **48564** | **66502** |
| **按行业小类分组** | | | | | | | |
| 正餐服务 | 96 | 5171 | 59831 | 7960 | 5787 | 35102 | 47528 |
| 快餐服务 | 6 | 1924 | 12154 | 1404 | 1715 | 13281 | 18739 |
| 饮料及冷饮服务 | 2 | 12 | 173 | 87 | | 182 | 234 |
| 其他餐饮业 | | | | | | | |
| **按登记注册类型分组** | | | | | | | |
| 内资企业 | 100 | 6527 | 67416 | 9393 | 6832 | 42067 | 54860 |
| 集体企业 | 1 | 3 | 68 | 1 | 3 | 7 | 725 |
| 国有企业 | 1 | | 4 | 4 | | | |
| 有限责任公司 | 35 | 3849 | 40096 | 6316 | 3741 | 33293 | 40970 |
| 股份有限公司 | 1 | 9 | 34 | | 9 | 11 | 31 |
| 私营企业 | 62 | 2667 | 27215 | 3073 | 3080 | 8755 | 13134 |
| 其他企业 | | | | | | | |
| 港、澳、台商投资企业 | 3 | 98 | 3180 | 42 | 65 | 282 | 1442 |
| 外商投资企业 | 1 | 481 | 1563 | 15 | 604 | 6216 | 10199 |
| **按控股情况分组** | | | | | | | |
| 国有控股 | 3 | 1324 | 7980 | 348 | 1343 | 577 | 1636 |
| 集体控股 | 1 | | 4 | 4 | | | |
| 私人控股 | 81 | 4204 | 41898 | 5169 | 4355 | 15803 | 23118 |
| 港澳台商控股 | 3 | 98 | 3180 | 42 | 65 | 282 | 1442 |
| 外商控股 | 1 | 481 | 1563 | 15 | 604 | 6216 | 10199 |
| 其他 | 15 | 999 | 17535 | 3873 | 1134 | 25687 | 30107 |
| **按经营形式分组** | | | | | | | |
| 独立门店 | 93 | 4258 | 50352 | 7137 | 4527 | 35093 | 47131 |
| 连锁总店 | 4 | 1055 | 7787 | 339 | 1390 | 12274 | 16735 |
| 连锁直营店 | 4 | 1115 | 7094 | 1075 | 694 | 1009 | 2457 |
| 其他 | 3 | 680 | 6926 | 900 | 891 | 189 | 179 |

9-12 续表 1

单位：万元

| 指标名称 | 累计折旧 | 本年折旧 | 在建工程 | 资产总计 | 流动负债合计 | 应付账款 | 非流动负债合计 |
|---|---|---|---|---|---|---|---|
| **总计** | **18838** | **3399** | **1404** | **158564** | **136677** | **21862** | **8889** |
| **按行业小类分组** | | | | | | | |
| 正餐服务 | 12799 | 2450 | 129 | 112285 | 115322 | 17675 | 6788 |
| 快餐服务 | 5987 | 906 | 1275 | 45923 | 21061 | 3894 | 2101 |
| 饮料及冷饮服务 | 53 | 43 | | 355 | 294 | 294 | |
| 其他餐饮业 | | | | | | | |
| **按登记注册类型分组** | | | | | | | |
| 内资企业 | 13694 | 2950 | 297 | 134422 | 129587 | 21260 | 7745 |
| 集体企业 | 718 | 4 | | 81 | 1323 | 36 | 87 |
| 国有企业 | | | | 44 | | | |
| 有限责任公司 | 8360 | 2202 | 177 | 87890 | 85202 | 10456 | 6786 |
| 股份有限公司 | 20 | | | 45 | 30 | 30 | |
| 私营企业 | 4596 | 744 | 120 | 46362 | 43032 | 10738 | 872 |
| 其他企业 | | | | | | | |
| 港、澳、台商投资企业 | 1161 | 142 | | 3517 | 631 | 430 | |
| 外商投资企业 | 3984 | 307 | 1108 | 20624 | 6459 | 172 | 1144 |
| **按控股情况分组** | | | | | | | |
| 国有控股 | 1170 | 204 | | 11846 | 13194 | 781 | 87 |
| 集体控股 | | | | 44 | | | |
| 私人控股 | 7920 | 1580 | 129 | 75294 | 72982 | 15151 | 6008 |
| 港澳台商控股 | 1161 | 142 | | 3517 | 631 | 430 | |
| 外商控股 | 3984 | 307 | 1108 | 20624 | 6459 | 172 | 1144 |
| 其他 | 4604 | 1167 | 168 | 47238 | 43411 | 5328 | 1650 |
| **按经营形式分组** | | | | | | | |
| 独立门店 | 12279 | 2431 | 129 | 100212 | 102747 | 17082 | 7075 |
| 连锁总店 | 4820 | 702 | 1108 | 38468 | 18514 | 1617 | 1571 |
| 连锁直营店 | 1619 | 231 | 168 | 10088 | 5790 | 2334 | 240 |
| 其他 | 121 | 36 | | 9795 | 9626 | 830 | 3 |

9-12 续表 2

单位：万元

| 指标名称 | 负债合计 | 所有者权益合计 | | | | | |
| --- | --- | --- | --- | --- | --- | --- | --- |
| | | | 实收资本 | 国家资本 | 集体资本 | 法人资本 | 个人资本 |
| **总计** | **145591** | **12973** | **34726** | **3590** | **120** | **21497** | **5592** |
| **按行业小类分组** | | | | | | | |
| 正餐服务 | 122136 | –9851 | 27258 | 3590 | 120 | 16483 | 5374 |
| 快餐服务 | 23162 | 22762 | 7218 | | | 4964 | 19 |
| 饮料及冷饮服务 | 294 | 62 | 250 | | | 50 | 200 |
| 其他餐饮业 | | | | | | | |
| **按登记注册类型分组** | | | | | | | |
| 内资企业 | 137356 | –2935 | 30799 | 3590 | 120 | 21497 | 5592 |
| 集体企业 | 1410 | –1329 | 78 | 78 | | | |
| 国有企业 | 10 | 35 | 35 | | 35 | | |
| 有限责任公司 | 91988 | –4098 | 14866 | 3500 | 41 | 9407 | 1919 |
| 股份有限公司 | 30 | 15 | 15 | | | | 15 |
| 私营企业 | 43920 | 2443 | 15805 | 12 | 45 | 12090 | 3659 |
| 其他企业 | | | | | | | |
| 港、澳、台商投资企业 | 631 | 2887 | 1692 | | | | |
| 外商投资企业 | 7604 | 13021 | 2235 | | | | |
| **按控股情况分组** | | | | | | | |
| 国有控股 | 13280 | –1435 | 4578 | 3578 | | 1000 | |
| 集体控股 | 10 | 35 | 35 | | 35 | | |
| 私人控股 | 79006 | –3712 | 21084 | 12 | 45.0 | 15534 | 5492 |
| 港澳台商控股 | 631 | 2887 | 1692 | | | | |
| 外商控股 | 7604 | 13021 | 2235 | | | | |
| 其他 | 45061 | 2177 | 5103 | | 41 | 4962 | 100 |
| **按经营形式分组** | | | | | | | |
| 独立门店 | 109847 | –9635 | 25896 | 3578 | 75 | 15010 | 5541 |
| 连锁总店 | 20085 | 18384 | 4228 | | | 1956 | 38 |
| 连锁直营店 | 6029 | 4059 | 3230 | | | 3221 | 9 |
| 其他 | 9630 | 165 | 1372 | 12 | 45 | 1310 | 5 |

9-12 续表 3

单位：万元

| 指标名称 | 港澳台资本 | 外商资本 | 营业收入 | | 营业成本 | | 税金及附加 |
|---|---|---|---|---|---|---|---|
| | | | | 主营业务收入 | | 主营业务成本 | |
| **总计** | **1692** | **2235** | **241942** | **235814** | **119423** | **115590** | **1385** |
| **按行业小类分组** | | | | | | | |
| 正餐服务 | 1692 | | 113092 | 109347 | 60024 | 57264 | 1126 |
| 快餐服务 | | 2235 | 128169 | 125786 | 59099 | 58026 | 254 |
| 饮料及冷饮服务 | | | 681 | 681 | 300 | 300 | 4 |
| 其他餐饮业 | | | | | | | |
| **按登记注册类型分组** | | | | | | | |
| 内资企业 | | | 169775.4 | 166311 | 86014 | 83982 | 1279 |
| 集体企业 | | | 260 | 260 | 172 | 172 | 6 |
| 国有企业 | | | 598 | 598 | 503 | 503 | 41 |
| 有限责任公司 | | | 106214 | 104281 | 48677 | 48057 | 488 |
| 股份有限公司 | | | 365 | 365 | 179 | 179 | 20 |
| 私营企业 | | | 62339 | 60808 | 36484 | 35071 | 725 |
| 其他企业 | | | | | | | |
| 港、澳、台商投资企业 | 1692 | | 7070 | 5824 | 2858 | 2105 | 41 |
| 外商投资企业 | | 2235 | 65096 | 63679 | 30550 | 29503 | 65 |
| **按控股情况分组** | | | | | | | |
| 国有控股 | | | 12388 | 11480 | 6195 | 5645 | 41 |
| 集体控股 | | | 598 | 598 | 503 | 503 | 41 |
| 私人控股 | | | 119082 | 117550 | 58048 | 56636 | 884 |
| 港澳台商控股 | 1692 | | 7070 | 5824 | 2858 | 2105 | 41 |
| 外商控股 | | 2235 | 65096 | 63679 | 30550 | 29503 | 65 |
| 其他 | | | 37708 | 36682 | 21267 | 21198 | 313 |
| **按经营形式分组** | | | | | | | |
| 独立门店 | 1692 | | 100780 | 98022 | 53171 | 51116 | 1072 |
| 连锁总店 | | 2235 | 100103 | 98685 | 41790 | 40742 | 77 |
| 连锁直营店 | | | 30936 | 29949 | 18249 | 18223 | 137 |
| 其他 | | | 10123 | 9158 | 6213 | 5508 | 99 |

9-12 续表 4

单位：万元

| 指标名称 | 主营业务税金及附加 | 其他业务利润 | 销售费用 | 管理费用 | #税金 | 财务费用 | 利息收入 |
|---|---|---|---|---|---|---|---|
| **总计** | **1047** | **2744** | **80088** | **25293** | | **3596** | **103** |
| **按行业小类分组** | | | | | | | |
| 正餐服务 | 794 | 1803 | 38555 | 15423 | | 3158 | 67 |
| 快餐服务 | 249 | 941 | 41367 | 9759 | | 433 | 36 |
| 饮料及冷饮服务 | 4 | | 166 | 111 | | 5 | |
| 其他餐饮业 | | | | | | | |
| **按登记注册类型分组** | | | | | | | |
| 内资企业 | 947 | 2734 | 60829 | 18967 | | 3627 | 66 |
| 集体企业 | 6 | | 4 | 75 | | 1 | |
| 国有企业 | 41 | | | 54 | | | |
| 有限责任公司 | 253 | 1440 | 41752 | 10952 | | 1494 | 64.0 |
| 股份有限公司 | 20 | | 277 | | | | |
| 私营企业 | 628 | 1293 | 18797 | 7885 | | 2131.1 | 1.9 |
| 其他企业 | | | | | | | |
| 港、澳、台商投资企业 | 41 | 10 | 2637 | 1109 | | 11 | 1 |
| 外商投资企业 | 60 | | 16622 | 5218 | | -42 | 36 |
| **按控股情况分组** | | | | | | | |
| 国有控股 | 38 | | 2245 | 4740 | | 227 | 61 |
| 集体控股 | 41 | | | 54 | | | |
| 私人控股 | 787 | 1793 | 47369 | 11533 | | 2967 | 4 |
| 港澳台商控股 | 41 | 10 | 2637 | 1109 | | 11 | 1 |
| 外商控股 | 60 | | 16622 | 5218 | | -42 | 36 |
| 其他 | 81 | 941 | 11216 | 2639 | | 433 | 1 |
| **按经营形式分组** | | | | | | | |
| 独立门店 | 775 | 1802 | 37030 | 11864 | | 2981 | 65 |
| 连锁总店 | 72 | | 35130 | 7229 | | 368 | 36 |
| 连锁直营店 | 132 | 941 | 7556 | 3026 | | 71 | |
| 其他 | 68 | 1 | 372 | 3174 | | 176 | 2 |

9–12 续表 5

单位：万元

| 指标名称 | #利息支出 | 资产减值损失 | 公允价值变动收益 | 投资收益 | 营业利润 | 营业外收入 | 政府补助 |
|---|---|---|---|---|---|---|---|
| **总计** | **2368** | **219** | **−5** | **1** | **11563** | **875** | |
| **按行业小类分组** | | | | | | | |
| 正餐服务 | 2315 | 12 | −5 | 1 | −5583 | 203 | |
| 快餐服务 | 53 | 207 | | | 17051 | 672 | |
| 饮料及冷饮服务 | | | | | 95 | | |
| 其他餐饮业 | | | | | | | |
| **按登记注册类型分组** | | | | | | | |
| 内资企业 | 2368 | 12 | −5 | 1 | −1329 | 568 | |
| 集体企业 | | | | | 2 | | |
| 国有企业 | | | | | 27 | 1 | |
| 有限责任公司 | 505 | | | | 2430 | 386 | |
| 股份有限公司 | | | | | −110 | | |
| 私营企业 | 1862.4 | 12 | −5 | 1 | −3677 | 181 | |
| 其他企业 | | | | | | | |
| 港、澳、台商投资企业 | | | | | 415 | 2 | |
| 外商投资企业 | | 207 | | | 12477 | 305 | |
| **按控股情况分组** | | | | | | | |
| 国有控股 | 153 | | | | −1061 | 12 | |
| 集体控股 | | | | | 27 | 1 | |
| 私人控股 | 1932 | 12 | −5 | 1 | −1825 | 518 | |
| 港澳台商控股 | | | | | 415 | 2 | |
| 外商控股 | | 207 | | | 12477 | 305 | |
| 其他 | 283 | | | | 1529 | 38 | |
| **按经营形式分组** | | | | | | | |
| 独立门店 | 2141 | 10 | −5 | 1 | −5378 | 208 | |
| 连锁总店 | 2 | 207 | | | 15303 | 630 | |
| 连锁直营店 | 52 | | | | 1550 | 32 | |
| 其他 | 172 | 2 | | | 88 | 6 | |

9-12 续表 6

单位：万元

| 指标名称 | 利润总额 | 所得税费用 | 应付职工薪酬 |
|---|---|---|---|
| **总计** | **12163** | **5045** | **46224** |
| **按行业小类分组** | | | |
| 正餐服务 | -4992 | 517 | 24506 |
| 快餐服务 | 17168 | 4528 | 21512 |
| 饮料及冷饮服务 | -14 | | 206 |
| 其他餐饮业 | | | |
| **按登记注册类型分组** | | | |
| 内资企业 | -1016 | 1799 | 35865 |
| 集体企业 | 2 | | 77 |
| 国有企业 | 27 | | 187 |
| 有限责任公司 | 2271 | 1647 | 22400 |
| 股份有限公司 | -110 | | 150 |
| 私营企业 | -3206 | 152 | 13051 |
| 其他企业 | | | |
| 港、澳、台商投资企业 | 619 | 119 | 1645 |
| 外商投资企业 | 12560 | 3127 | 8715 |
| **按控股情况分组** | | | |
| 国有控股 | -1054 | | 1959 |
| 集体控股 | 27 | | 187 |
| 私人控股 | -1535 | 1056 | 26454 |
| 港澳台商控股 | 619 | 119 | 1645 |
| 外商控股 | 12560 | 3127 | 8715 |
| 其他 | 1546 | 743 | 7266 |
| **按经营形式分组** | | | |
| 独立门店 | -4757 | 516 | 23085 |
| 连锁总店 | 15204 | 3895 | 17181 |
| 连锁直营店 | 1626 | 633 | 5321 |
| 其他 | 89 | 1 | 637 |

# 9-13 全市亿元以上商品交易市场基本情况

（2017 年）

| 指标名称 | 市场数（个） | 总摊位数（个） | 年末出租摊位数（个） | 营业面积（平方米） | 成交额（万元） |
|---|---|---|---|---|---|
| **总 计** | **28** | **24253** | **21438** | **1622254** | **4803602** |
| **按市场类别分组** | | | | | |
| 综合市场 | 5 | 5213 | 3394 | 449405 | 790559 |
| 综合贸易市场 | 5 | 5213 | 3394 | 449405 | 790559 |
| 农产品综合市场 | 4 | 4336 | 2517 | 431405 | 766445 |
| 其他综合市场 | 1 | 877 | 877 | 18000 | 24114 |
| 专业市场 | 23 | 19040 | 18044 | 1172849 | 4013043 |
| 生产资料市场 | 7 | 2585 | 2431 | 295631 | 2017792 |
| 农用生产资料市场 | 2 | 710 | 710 | 52000 | 241325 |
| 建材市场 | 2 | 646 | 496 | 100000 | 47467 |
| 金属材料市场 | 2 | 729 | 729 | 113631 | 1650600 |
| 机械设备市场 | 1 | 500 | 496 | 30000 | 78400 |
| 农产品市场 | 4 | 5752 | 5644 | 210203 | 1358658 |
| 粮油市场 | 1 | 94 | 86 | 10000 | 10123 |
| 肉禽蛋市场 | 1 | 4639 | 4639 | 66000 | 418950 |
| 蔬菜市场 | 1 | 220 | 220 | 46620 | 145525 |
| 干鲜果品市场 | 1 | 799 | 699 | 87583 | 784060 |
| 食品、饮料及烟酒市场 | 2 | 240 | 240 | 12500 | 96906 |
| 茶叶市场 | 2 | 240 | 240 | 12500 | 96906 |
| 纺织、服装、鞋帽市场 | 4 | 5048 | 5038 | 75697 | 62342 |
| 服装市场 | 4 | 5048 | 5038 | 75697 | 62342 |
| 电器、通讯器材、电子设备市场 | 1 | 700 | 650 | 20678 | 79000 |
| 计算机及辅助设备市场 | 1 | 700 | 650 | 20678 | 79000 |
| 家具、五金及装饰材料市场 | 4 | 3765 | 3091 | 504940 | 371025 |
| 装饰材料市场 | 1 | 704 | 704 | 140000 | 23650 |
| 厨具、盥洗设备市场 | 1 | 2111 | 1438 | 164940 | 49875 |
| 五金材料市场 | 1 | 400 | 400 | 50000 | 60000 |
| 其他装修市场 | 1 | 550 | 549 | 150000 | 237500 |
| 汽车、摩托车及零配件市场 | 1 | 950 | 950 | 53200 | 27320 |
| 汽车市场 | 1 | 950 | 950 | 53200 | 27320 |
| **按营业状态分组** | | | | | |
| 常年营业 | 27 | 24131 | 21316 | 1616254 | 4758115 |
| 季节性营业 | 1 | 122 | 122 | 6000 | 45487 |
| **按经营方式分组** | | | | | |
| 以批发为主 | 18 | 11257 | 8712 | 1151529 | 3926193 |
| 以零售为主 | 10 | 12996 | 12726 | 470725 | 877409 |
| **按经营环境分组** | | | | | |
| 露天式 | 3 | 1878 | 1878 | 135451 | 1341045 |
| 封闭式 | 17 | 16163 | 15275 | 919815 | 1865350 |
| 其他 | 8 | 6212 | 4285 | 566988 | 1597207 |

# 9–14 各县区限额以上批发和零售业商品销售类值

（2017 年）

单位：万元

| 指标名称 | 兴宁区 | 青秀区 | 江南区 | 西乡塘区 | 良庆区 | 邕宁区 |
|---|---|---|---|---|---|---|
| **合计** | **3848598** | **16912249** | **4438047** | **6504742** | **1511283** | **243864** |
| 粮油、食品、饮料、烟酒类 | 293718 | 2035540 | 502222 | 1092951 | 41358 | 5394 |
| 粮油、食品类 | 282891 | 1959497 | 470287 | 255585 | 38707 | 4840 |
| # 粮油类 | 125448 | 316195 | 201837 | 34190 | 23140 | 945 |
| 肉禽蛋类 | 39031 | 19741 | 11566 | 11595 | 3570 | 100 |
| 水产品 | 10245 | 19786 | 2499 | 1381 | 532 | |
| 蔬菜类 | 4246 | 12298 | 6604 | 5309 | 1083 | 94 |
| 干鲜果品类 | 69027 | 10224 | 32049 | 3741 | 1007 | 56 |
| 饮料类 | 4433 | 24175 | 19933 | 10296 | 2096 | 360 |
| 烟酒类 | 6394 | 51869 | 12002 | 827071 | 555 | 195 |
| 服装、鞋帽、针纺织品类 | 230363 | 388627 | 35515 | 36593 | 3613 | 226 |
| 服装类 | 172594 | 313991 | 24176 | 22168 | 1262 | 96 |
| 鞋帽类 | 53078 | 51191 | 6913 | 5650 | 1604 | 38 |
| 针、纺织品类 | 4691 | 23445 | 4426 | 8775 | 747 | 92 |
| 化妆品类 | 47364 | 53037 | 12164 | 138370 | 228 | 9 |
| 金银珠宝类 | 61262 | 48825 | 2726 | 8322 | | |
| 日用品类 | 39063 | 137697 | 119895 | 87449 | 5292 | 737 |
| 儿童玩具类 | 841 | 2552 | 550 | 1115 | 243 | 36 |
| 五金、电料类 | 2094 | 1796 | 977 | 213 | 126 | 252 |
| 体育、娱乐用品类 | 3134 | 22964 | 46323 | 1483 | 90 | |
| 其中：照相器材类 | | 7243 | | | 1 | |
| 书报杂志类 | 11987 | 203193 | 124 | 25441 | 1793 | |
| 电子出版物及音像制品类 | 898 | 686 | 76 | 21 | 87 | |
| 家用电器和音响器材类 | 976742 | 430559 | 106900 | 64804 | 1880 | 2008 |
| 中西药品类 | 222949 | 166351 | 1119504 | 591124 | 110688 | |
| # 西药类 | 218309 | 111056 | 897354 | 544132 | 4422 | |
| 中草药及中成药类 | 4640 | 19652 | 132041 | 34382 | 6633 | |
| 文化办公用品类 | 25468 | 314092 | 15881 | 1199 | 1602 | 90 |
| 其中：计算机及其配套产品 | 3845 | 155303 | 31 | 998 | 171 | |
| 家具类 | 616 | 7660 | 1705 | 375 | 81 | 7 |
| 通讯器材类 | 160593 | 124027 | 21351 | 52 | | |
| 煤炭及制品类 | 114407 | 1055057 | 1777 | 98134 | | |
| 木材及制品类 | | 53999 | 1667 | 3750 | | 3033 |
| 石油及制品类 | 228200 | 1691255 | 33731 | 1514818 | 4285 | 3392 |
| 化工材料及制品类 | 11066 | 331709 | 22135 | 229196 | 8766 | 141212 |
| # 化肥类 | 10122 | 12712 | | 103438 | | 5385 |
| 金属材料类 | 392380 | 8853001 | 1437 | 1120336 | 1296546 | |
| 建筑及装潢材料类 | 176967 | 461799 | 168 | | | 2474 |
| 机电产品及设备类 | 15893 | 13185 | 380245 | 17313 | 28239 | 85006 |
| # 农机类 | | | 14915 | | | |
| 汽车类 | 768206 | 266519 | 1824721 | 1424078 | 5846 | |
| 种子饲料类 | | 17124 | 91393 | 8065 | | |
| 棉麻类 | | 1463 | | | | |
| 其他类 | 65229 | 232082 | 95410 | 40655 | 764 | 24 |

9–14 续表 1

单位：万元

| 指标名称 | 武鸣区 | 隆安县 | 马山县 | 上林县 | 宾阳县 | 横　县 |
|---|---|---|---|---|---|---|
| **合计** | **113949** | **98880** | **15885** | **6781** | **157948** | **240173** |
| 粮油、食品、饮料、烟酒类 | 11258 | 2262 | 3198 | 1570 | 49291 | 140524 |
| 粮油、食品类 | 9358 | 1738 | 2427 | 1003 | 44979 | 8862 |
| # 粮油类 | 7121 | 1008 | 237 | 213 | 37228 | 1565 |
| 肉禽蛋类 | 671 | | 237 | 228 | 4653 | 1718 |
| 水产品 | 155 | | 55 | 40 | 116 | 359 |
| 蔬菜类 | 606 | | 182 | 175 | 903 | 1252 |
| 干鲜果品类 | 805 | | 133 | 143 | 764 | 2529 |
| 饮料类 | 1102 | 324 | 316 | 284 | 2658 | 130561 |
| 烟酒类 | 798 | 200 | 456 | 283 | 1654 | 1101 |
| 服装、鞋帽、针纺织品类 | 1167 | 201 | 296 | 418 | 1042 | 1795 |
| 服装类 | 513 | 84 | 207 | 168 | 422 | 771 |
| 鞋帽类 | 282 | 68 | 19 | 97 | 314 | 414 |
| 针、纺织品类 | 372 | 48 | 70 | 153 | 306 | 610 |
| 化妆品类 | 501 | 349 | 117 | 73 | 824 | 49 |
| 日用品类 | 3690 | 639 | 1992 | 440 | 2797 | 4679 |
| 儿童玩具类 | 189 | | 254 | 24 | 187 | 39 |
| 五金、电料类 | 42 | | 96 | | 2613 | 1485 |
| 体育、娱乐用品类 | 161 | | 6 | 16 | 172 | 37 |
| 其中：照相器材类 | 13 | | 6 | | | 2 |
| 书报杂志类 | 4230 | 1044 | 2131 | 1770 | 2313 | 4025 |
| 电子出版物及音像制品类 | 79 | | | | | 8 |
| 家用电器和音响器材类 | 9714 | 449 | 2555 | 2327 | 15661 | 8032 |
| 中西药品类 | | | | | 10350 | |
| 其中：西药类 | | | | | 4942 | |
| 中草药及中成药类 | | | | | 5408 | |
| 文化办公用品类 | 277 | | 385 | 55 | 80 | 20 |
| 其中：计算机及其配套产品 | 24 | | 185 | | 5 | |
| 家具类 | 1059 | | 99 | 2 | 1263 | 859 |
| 通讯器材类 | 13 | | | | | |
| 石油及制品类 | 1518 | 588 | 808 | | 7780 | 11989 |
| 化工材料及制品类 | 69776 | 90804 | | | 18943 | |
| # 化肥类 | 55008 | 4777 | | | 18943 | |
| 金属材料类 | | | | | | 6174 |
| 建筑及装潢材料类 | 2078 | | | | 1385 | 5376 |
| 机电产品及设备类 | 1909 | | 461 | | 2748 | 6320 |
| 其中：农机类 | | | | | | 286 |
| 汽车类 | 6426 | 2544 | 3743 | 54 | 40098 | 7758 |
| 其他类 | 53 | | | 55 | 589 | 41044 |

# 9-15 各县区限额以上批发和零售业法人企业财务状况

（2017 年）

单位：万元

| 指标名称 | 兴宁区 | 青秀区 | 江南区 | 西乡塘区 | 良庆区 | 邕宁区 |
|---|---|---|---|---|---|---|
| 法人企业数（个） | 119 | 391 | 166 | 180 | 22 | 14 |
| 年初存货 | 258819 | 976433 | 329586 | 411631 | 221628 | 15892 |
| 流动资产合计 | 1601205 | 8986148 | 1607072 | 2856930 | 528784 | 186976 |
| # 应收帐款 | 210744 | 1567903 | 507481 | 346551 | 171877 | 15379 |
| 存货 | 279689 | 933407 | 367353 | 447491 | 164037 | 16111 |
| 固定资产合计 | 171729 | 209624 | 80988 | 148421 | 4888 | 16164 |
| 固定资产原价 | 208038 | 335462 | 138942 | 239307 | 7749 | 17382 |
| 累计折旧 | 85260 | 132189 | 64595 | 107327 | 3626 | 4290 |
| # 本年折旧 | 12556 | 19565 | 10166 | 14993 | 491 | 1312 |
| 在建工程 | 66665 | 257521 | 15953 | 61577 | 568 | 1819 |
| 资产总计 | 2106072 | 12072226 | 1796049 | 3473854 | 563986 | 236213 |
| 流动负债合计 | 1592279 | 8331344 | 1284075 | 2348996 | 426412 | 162070 |
| # 应付帐款 | 187369 | 1136552 | 459121 | 306097 | 113064 | 49816 |
| 非流动负债合计 | 67570 | -14216 | 66159 | 33743 | 961 | 9806 |
| 负债合计 | 1659849 | 8313043 | 1310250 | 2490741 | 427372 | 171876 |
| 所有者权益合计 | 446223 | 3759183 | 485800 | 983113 | 136614 | 64337 |
| # 实收资本 | 1254854 | 3331934 | 261858 | 521410 | 66086 | 12639 |
| # 国家资本 | 1082824 | 2501545 | 64130 | 11190 | 56000 | 3555 |
| 集体资本 | 4356 | 10309 | 1955 | 4696 |  | 3200 |
| 法人资本 | 79554 | 598288 | 121899 | 379544 | 4099 | 1330 |
| 个人资本 | 84523 | 209894 | 60237 | 124433 | 5987 | 4553 |
| 港澳台资本 | 3597 | 4354 | 4024 | 1547 |  |  |
| 外商资本 |  | 7545 | 9613 |  |  |  |
| 营业收入 | 3055067 | 14521160 | 3866656 | 6930543 | 1508003 | 235705 |
| # 主营业务收入 | 2974523 | 14431922 | 3821237 | 6429553 | 1501380 | 235283 |
| 营业成本 | 2713761 | 14016249 | 3495496 | 6322281 | 1431164 | 224240 |
| # 主营业务成本 | 2707910 | 13892841 | 3478458 | 5846411 | 1429498 | 224132 |
| 税金及附加 | 12235 | 24574 | 10531 | 111900 | 2277 | 369 |
| # 主营业务税金及附加 | 11980 | 23733 | 10340 | 111279 | 2277 | 369 |
| 其他业务利润 | 28874 | 27369 | 18177 | 7360 | 1664 |  |
| 销售费用 | 129960 | 281893 | 183827 | 177688 | 29641 | 6046 |
| 管理费用 | 75860 | 151804 | 74129 | 147558 | 6973 | 3072 |
| 财务费用 | 24426 | 124783 | 15847 | 28803 | 9894 | 2542 |
| # 利息收入 | 2287 | 72472 | 4706 | 6178 | 624 | 17 |
| 利息支出 | 22736 | 169827 | 10521 | 14141 | 12499 | 2437 |
| 资产减值损失 | 5372 | 27978 | 2586 | 6435 | 13676 |  |
| 公允价值变动收益 | 1 | -2230 | -85 |  |  |  |
| 投资收益 | 3507 | 83679 | -157 | 4344 | -3298 | 30 |
| 营业利润 | 42104 | 72711 | 71218 | 135002 | 11088 | -534 |
| 营业外收入 | 4277 | 13952 | 4930 | 5647 | 1495 | 48 |
| 利润总额 | 86840 | 146589 | 74702 | 136232 | 12219 | -554 |
| 应交所得税 | 10335 | 22486 | 13861 | 37253 | 1690 | 139 |
| 应付职工薪酬 | 53884 | 149400 | 85588 | 113337 | 7538 | 2735 |
| 本年应交增值税 | 27667 | 97729 | 41308 | 76637 | 9972 | 622 |

9-15 续表 1

| 指标名称 | 武鸣区 | 隆安县 | 马山县 | 上林县 | 宾阳县 | 横　县 |
|---|---|---|---|---|---|---|
| 法人企业数（个） | 23 | 8 | 8 | 7 | 36 | 33 |
| 年初存货 | 7250 | 3649 | 992 | 714 | 25471 | 7539 |
| 流动资产合计 | 21299 | 14235 | 7138 | 11858 | 48602 | 21232 |
| # 应收帐款 | 6642 | 6528 | 984 | 1728 | 8940 | 5413 |
| 存货 | 7697 | 1411 | 2192 | 928 | 28478 | 5957 |
| 固定资产合计 | 2345 | 1145 | 424 | 1167 | 6328 | 5497 |
| 固定资产原价 | 3963 | 1775 | 1113 | 1300 | 7893 | 7720 |
| 累计折旧 | 1835 | 1018 | 690 | 283 | 3106 | 2230 |
| # 本年折旧 | 298 | 332 | 69 | 14 | 348 | 452 |
| 在建工程 |  | 209 |  |  | 1617 | 32 |
| 资产总计 | 25332 | 15775 | 7614 | 13721 | 57822 | 31530 |
| 流动负债合计 | 15554 | 12904 | 4523 | 9455 | 43907 | 16360 |
| # 应付帐款 | 9256 | 2985 | 1198 | 912 | 11673 | 4011 |
| 非流动负债合计 | 232 | 215 | 73 | 1739 | 2672 | 2290 |
| 负债合计 | 15786 | 13119 | 4596 | 11194 | 46579 | 18649 |
| 所有者权益合计 | 9546 | 2656 | 3017 | 2527 | 11243 | 12881 |
| # 实收资本 | 5643 | 1795 | 1607 | 614 | 8354 | 6633 |
| # 国家资本 | 132 | 40 | 9 | 78 | 1750 | 468 |
| 集体资本 | 291 | 182 |  |  | 460 |  |
| 法人资本 | 2026 | 167 | 956 | 274 | 5398 | 2704 |
| 个人资本 | 3193 | 1406 | 643 | 262 | 746 | 3461 |
| 营业收入 | 113408 | 133142 | 14068 | 17037 | 133373 | 89637 |
| # 主营业务收入 | 113408 | 133099 | 13943 | 17037 | 132971 | 89628 |
| 营业成本 | 105132 | 128089 | 11634 | 13708 | 125872 | 81612 |
| # 主营业务成本 | 105132 | 127989 | 11634 | 13708 | 125606 | 81612 |
| 营业税金及附加 | 218 | 242 | 47 | 59 | 326 | 125 |
| # 主营业务税金及附加 | 211 | 242 | 47 | 59 | 326 | 125 |
| 其他业务利润 | 89 |  |  | 149 | 293 | 449 |
| 销售费用 | 2843 | 1148 | 1457 | 1228 | 3572 | 4266 |
| 管理费用 | 2381 | 894 | 361 | 497 | 3559 | 1947 |
| 财务费用 | 230 | 2857 | 167 | 128 | 596 | 252 |
| # 利息收入 | 1 | 5 | 1 | 1 | 116 | 10 |
| 利息支出 | 65 | 2805 | 142 | 15 | 542 | 195 |
| 资产减值损失 | 13 |  | 146 | –1 |  | 7 |
| 公允价值变动收益 | 4 |  |  |  |  | 1 |
| 投资收益 |  | 11 |  | 19.6 |  | 57 |
| 营业利润 | 2594 | –69 | 256 | 1390 | –534 | 1487 |
| 营业外收入 | 187 | 62 | 7 | 101 | 934 | 37 |
| 利润总额 | 2883 | –18 | 261 | 1540 | 32 | 1525 |
| 应交所得税 | 261 | 30 | 26 | 393 | 117 | 59 |
| 应付职工薪酬 | 2179 | 632 | 372 | 941 | 3802 | 3530 |
| 本年应交增值税 | 398 | 664 | 103 | 407 | 664 | 635 |

# 9-16 各县区限额以上住宿和餐饮业经营情况

（2017 年）

| 指标名称 | 兴宁区 | 青秀区 | 江南区 | 西乡塘区 | 良庆区 | 邕宁区 |
|---|---|---|---|---|---|---|
| 企业数（个） | 36 | 271 | 29 | 46 | 7 | 2 |
| 年末从业人员数(人) | 6115 | 24807 | 1557 | 3077 | 486 | 270 |
| 营业额 | 91416 | 434040 | 22569 | 65688 | 5285 | 1913 |
| 客房收入 | 21308 | 114396 | 9999 | 35247 | 1752 | 487 |
| 餐费收入 | 56032 | 288747 | 12151 | 28114 | 3478 | 1257 |
| 商品销售额收入 | 6409 | 20120 | 11 | 596 | 2 | 32 |
| 其他收入 | 7668 | 10776 | 408 | 1731 | 54 | 138 |
| 客房数（间） | 4625 | 20494 | 1797 | 6806 | 532 | 218 |
| 床位数（个） | 7150 | 32566 | 2826 | 9747 | 839 | 353 |
| 餐位数（位） | 14764 | 105644 | 9869 | 17910 | 2993 | 552 |
| 年末餐饮营业面积（平方米） | 95561 | 454450 | 57181 | 106963 | 21720 | 1700 |

9-16 续表 1

| 指标名称 | 武鸣区 | 隆安县 | 马山县 | 上林县 | 宾阳县 | 横 县 |
|---|---|---|---|---|---|---|
| 企业数（个） | 16 | 3 | 5 | 6 | 29 | 17 |
| 年末从业人员数(人) | 670 | 148 | 137 | 90 | 852 | 740 |
| 营业额 | 8063 | 1261 | 2037 | 1460 | 9724 | 15554 |
| 客房收入 | 1715 | 227 | 283 | 451 | 1801 | 2153 |
| 餐费收入 | 6170 | 1034 | 1703 | 974 | 7490 | 13296 |
| 商品销售额收入 | 152 | | | 13 | 289 | 2 |
| 其他收入 | 25 | | 51 | 22 | 144 | 104 |
| 客房数（间） | 415 | 138 | 102 | 100 | 603 | 638 |
| 床位数（个） | 718 | 222 | 155 | 194 | 887 | 978 |
| 餐位数（位） | 7328 | 2450 | 115 | 930 | 7751 | 8760 |
| 年末餐饮营业面积（平方米） | 33656 | 4537 | 8800 | 4980 | 42862 | 28150 |

# 9-17 各县区限额以上住宿和餐饮业法人企业财务状况

（2017年）

单位：万元

| 指标名称 | 兴宁区 | 青秀区 | 江南区 | 西乡塘区 | 良庆区 | 邕宁区 |
|---|---|---|---|---|---|---|
| 法人企业数（个） | 29 | 164 | 10 | 26 | 3 | |
| 年初存货 | 1488 | 8241 | 2453 | 701 | 709 | |
| 流动资产合计 | 58608 | 213848 | 5087 | 25462 | 1738 | |
| #应收帐款 | 2183 | 18215 | 838 | 2503 | 146 | |
| 存货 | 1427 | 8769 | 336 | 2238 | 494 | |
| 固定资产合计 | 46731 | 168741 | 20940 | 21739 | 1323 | |
| 固定资产原价 | 116503 | 301681 | 34291 | 26286 | 1733 | |
| 累计折旧 | 70178 | 134435 | 13400 | 7252 | 410 | |
| #本年折旧 | 3197 | 13005 | 1684 | 1674 | 180 | |
| 在建工程 | 3243 | 7497 | 38 | 2316 | | |
| 资产合计 | 145472 | 481905 | 29472 | 63892 | 4168 | |
| 流动负债合计 | 115600 | 331319 | 8634 | 38158 | 3276 | |
| #应付帐款 | 10805 | 56397 | 1342 | 8839 | 294 | |
| 非流动负债合计 | 14007 | 60281 | 21969 | 3059 | 300 | |
| 负债合计 | 129649 | 390414 | 30602 | 41217 | 3576 | |
| 所有者权益合计 | 15824 | 91492 | -1131 | 22675 | 593 | |
| #实收资本 | 36433 | 161151 | 11266 | 15388 | 4680 | |
| #国家资本 | 13524 | 12615 | 232 | | 3500 | |
| 集体资本 | 85 | 390 | 45 | 723 | | |
| 法人资本 | 19301 | 48887 | 718 | 2157 | 500 | |
| 个人资本 | 1649 | 32153 | 685 | 12508 | 680 | |
| 港澳台资本 | | 64871 | 9585 | | | |
| 外商资本 | 1875 | 2235 | | | | |
| 营业收入 | 83699 | 333566 | 13885 | 45205 | 3648 | |
| #主营业务收入 | 80158 | 325201 | 13430 | 45071 | 3648 | |
| 营业成本 | 26270 | 142693 | 3060 | 17082 | 764 | |
| #主营业务成本 | 25947 | 138668 | 2905 | 17036 | 764 | |
| 税金及附加 | 1486 | 2647 | 141 | 518 | 27 | |
| #主营业务税金及附加 | 1113 | 2563 | 99 | 517 | 26 | |
| 其他业务利润 | 559 | 4917 | 247 | 24 | | |
| 销售费用 | 38573 | 110789 | 6078 | 15708 | 2154 | |
| 管理费用 | 14235 | 60943 | 5590 | 10460 | 1648 | |
| #税金 | | | | | | |
| 财务费用 | 894 | 8936 | 91 | 630 | 53 | |
| #利息收入 | 530 | 336 | 6 | 5 | 59 | |
| 利息支出 | 776 | 8057 | | 39 | -18 | |
| 资产减值损失 | 281 | 617 | 2 | 3 | | |
| 公允价值变动收益 | 6 | -5 | | | | |
| 投资收益 | 124 | 125 | | 8 | | |
| 营业利润 | 2052 | 6728 | -1077 | 812 | -998 | |
| 营业外收入 | 876 | 842 | 35 | 376 | 58 | |
| #补贴收入 | | | | | | |
| 利润总额 | 2800 | 5849 | -691 | 1180 | -1153 | |
| 应交所得税 | 1052 | 4708 | 69 | 66.3 | | |
| 应付职工薪酬 | 26271 | 64126 | 3851 | 7526 | 1664 | |

注：邕宁区无独立核算限额以上住宿和餐饮企业，故本表无数据。

9-17 续表 1

单位：万元

| 指标名称 | 武鸣区 | 隆安县 | 马山县 | 上林县 | 宾阳县 | 横 县 |
|---|---|---|---|---|---|---|
| 法人企业数（个） | 2 | | | 3 | 3 | 5 |
| 年初存货 | 138 | | | 82 | 626 | 97 |
| 流动资产合计 | 3377 | | | 218 | 1808 | 1851 |
| # 应收帐款 | 77 | | | 4 | 827 | 136 |
| 存货 | 129 | | | 75 | 917 | 98 |
| 固定资产合计 | 24553 | | | 1800 | 157 | 391 |
| 固定资产原价 | 26816 | | | 2272 | 925 | 1556 |
| 累计折旧 | 2262 | | | 472 | 769 | 1178 |
| # 本年折旧 | 828 | | | 295 | 42 | 75 |
| 在建工程 | | | | | | |
| 资产合计 | 29864 | | | 2413 | 2251 | 3360 |
| 流动负债合计 | 28662 | | | 277 | 3018 | 2947 |
| # 应付帐款 | 945 | | | 25 | 1641 | 141 |
| 非流动负债合计 | 1500 | | | 838 | 87 | |
| 负债合计 | 30162 | | | 1114 | 3105 | 3432 |
| 所有者权益合计 | –299 | | | 1299 | –854 | –72 |
| # 实收资本 | 1010 | | | 100 | 524 | 290 |
| # 国家资本 | | | | | 78 | |
| 集体资本 | | | | | | 41 |
| 法人资本 | 1000 | | | | 433 | 100 |
| 个人资本 | 10 | | | 100 | 13 | 149 |
| 港澳台资本 | | | | | | |
| 外商资本 | | | | | | |
| 营业收入 | 3406 | | | 389 | 1133 | 3416 |
| # 主营业务收入 | 3367 | | | 389 | 1131 | 3416 |
| 营业成本 | 3809 | | | 201 | 779 | 1353 |
| # 主营业务成本 | 3769 | | | 201 | 777 | 1353 |
| 营业税金及附加 | 229 | | | 11 | 29 | 112 |
| # 主营业务税金及附加 | 1 | | | 11 | 27 | 102 |
| 其他业务利润 | | | | | 7 | |
| 销售费用 | 95 | | | 62 | 195 | 1244 |
| 管理费用 | 146 | | | 12 | 120 | 566 |
| # 税金 | | | | | | |
| 财务费用 | 253 | | | 52 | 2 | 116 |
| # 利息收入 | 2 | | | | | 1 |
| 利息支出 | 246 | | | 52 | 1 | 116 |
| 资产减值损失 | | | | | | |
| 公允价值变动收益 | | | | | | |
| 投资收益 | | | | | | |
| 营业利润 | –1127 | | | 51 | 8 | 26 |
| 营业外收入 | 9 | | | | | |
| # 补贴收入 | | | | | | |
| 利润总额 | –1118 | | | 51 | 14 | 57 |
| 应交所得税 | | | | | 1 | 23 |
| 应付职工薪酬 | 265 | | | 80 | 286 | 757 |

注：隆安县、马山县无独立核算限额以上住宿和餐饮企业，故本表无数据。

## 9-18 国际旅游收入

（2017 年）

单位：万美元

| 指标名称 | 合计 | 指标名称 | 合计 |
|---|---|---|---|
| **合计** | **25996** | 长途交通费 | 8916.62 |
| 商品性收入 | 7486.86 | 市内交通费 | 519.92 |
| 商品销售收入 | 5433.18 | 邮政电讯费 | 597.92 |
| 饮食销售收入 | 2053.68 | 景区游览 | 1195.82 |
| 劳务性收入 | 18509.14 | 文化娱乐费 | 1377.8 |
| 宿费 | 2911.55 | 其他 | 2989.51 |

## 9-19 接待过夜国际旅游人数

（2017 年）

单位：人次

| 指标名称 | 人数 | 人天数 | 指标名称 | 人数 | 人天数 |
|---|---|---|---|---|---|
| **合计** | **591288** | **1279327** | 柬埔寨 | 4704 | |
| 港澳同胞 | 112598 | 234179 | 老挝 | 4629 | |
| 台湾同胞 | 70998 | 148007 | 日本 | 13283 | |
| 外国人 | 407692 | 897141 | 韩国 | 28574 | |
| # 东盟 | 221985 | | 美国 | 6801 | |
| 印度尼西亚 | 30678 | | 加拿大 | 6008 | |
| 马来西亚 | 33896 | | 英国 | 6449 | |
| 菲律宾 | 30182 | | 法国 | 6760 | |
| 新加坡 | 34148 | | 德国 | 5877 | |
| 泰国 | 34587 | | 意大利 | 5485 | |
| 越南 | 32623 | | 澳大利亚 | 4759 | |
| 缅甸 | 10266 | | 新西兰 | 3999 | |
| 文莱 | 6272 | | | | |

## 9-20 星级宾馆酒店接待能力

| 指标名称 | 单 位 | 2017 年 | 2016 年 |
| --- | --- | --- | --- |
| 星级宾馆酒店数 | 个 | 49 | 48 |
| 五星级 | 个 | 2 | 2 |
| 四星级 | 个 | 14 | 12 |
| 三星级 | 个 | 27 | 26 |
| 二星级 | 个 | 6 | 8 |
| 客房总数 | 间 | 8595 | 7922 |
| 床位总数 | 张 | 14170 | 13389 |

## 9-21 旅行社基本情况

| 指标名称 | 单 位 | 2017 年 | 2016 年 |
| --- | --- | --- | --- |
| 企业数 | 家 | 131 | 118 |
| 年末职工人数 | 人 | 3441 | 2028 |
| 接待旅游人数 | 万人次 | 74.02 | 83.54 |
| # 国际旅游人数 | 万人次 | 4.89 | 5.42 |
| 国内旅游者 | 万人次 | 69.13 | 78.12 |

# 9-22 个体工商业基本情况

（2017 年）

| 指标名称 | 户数（户） | #城镇 | 从业人员（人） | #城镇 | 资金数额（万元） | #城镇 |
|---|---|---|---|---|---|---|
| **全市** | **278610** | **181083** | **746074** | **298411** | **3189986** | **1568982** |
| 农、林、牧、渔业 | 5515 | 3585 | 17028 | 6811 | 210842 | 101204 |
| 采矿业 | 35 | 23 | 461 | 184 | 2992 | 1436 |
| 制造业 | 9769 | 6350 | 42672 | 17069 | 117107 | 56211 |
| 电力、热力、燃气及水生产和供应业 | 60 | 39 | 147 | 59 | 1273 | 611 |
| 建筑业 | 377 | 245 | 1544 | 618 | 8526 | 4092 |
| 批发和零售业 | 164815 | 107130 | 358968 | 143587 | 1771774 | 890451 |
| 交通运输、仓储和邮政业 | 6406 | 4164 | 5651 | 2260 | 278710 | 133780 |
| 住宿和餐饮业 | 47089 | 30608 | 174202 | 69681 | 421065 | 202111 |
| 信息传输、软件和信息技术服务业 | 713 | 463 | 1565 | 626 | 12994 | 3937 |
| 金融业 | 19 | 8 | 48 | 15 | 196 | 53 |
| 房地产业 | 24 | 14 | 78 | 27 | 366 | 175 |
| 租赁和商务服务业 | 5183 | 3369 | 14344 | 5738 | 54713 | 26262 |
| 科学研究和技术服务业 | 387 | 252 | 1376 | 550 | 4244 | 2037 |
| 水利、环境和公共设施管理业 | 19 | 12 | 66 | 26 | 228 | 109 |
| 居民服务、修理和其他服务业 | 35317 | 22956 | 116867 | 46747 | 242940 | 116611 |
| 教育 | 45 | 21 | 199 | 72 | 1326 | 657 |
| 卫生和社会工作 | 1781 | 1158 | 6278 | 2511 | 18242 | 8756 |
| 文化、体育和娱乐业 | 1029 | 669 | 4516 | 1806 | 41089 | 19722 |
| 其他 | 27 | 17 | 64 | 24 | 1359 | 767 |

注：本表数据根据工商局统计报表整理。

# 9-23 私营企业基本情况

（2017 年）

| 指标名称 | 合计 | | | | |
|---|---|---|---|---|---|
| | 户数（户） | #分支机构（户） | 投资者人数（人） | 雇工人数（人） | 注册资本（万元） |
| **全市** | **210516** | **19651** | **453528** | **818583** | **100406761** |
| 农、林、牧、渔业 | 8831 | 756 | 14330 | 32931 | 3410285 |
| 采矿业 | 439 | 18 | 898 | 2712 | 203805 |
| 制造业 | 6640 | 424 | 16383 | 51381 | 3418944 |
| 电力、热力、燃气及水生产和供应业 | 499 | 149 | 1319 | 1657 | 1456231 |
| 建筑业 | 12256 | 1288 | 24230 | 42015 | 8203469 |
| 批发和零售业 | 91271 | 8185 | 199906 | 359551 | 20430023 |
| 交通运输、仓储和邮政业 | 3920 | 734 | 7555 | 14444 | 1326312 |
| 住宿和餐饮业 | 3626 | 814 | 6690 | 12273 | 678734 |
| 信息传输、软件和信息技术服务业 | 7479 | 516 | 14478 | 25784 | 2162410 |
| 金融业 | 1007 | 265 | 2370 | 4370 | 5145633 |
| 房地产业 | 6249 | 1115 | 13518 | 25403 | 4415372 |
| 租赁和商务服务业 | 39522 | 3012 | 91460 | 139820 | 36974586 |
| 科学研究和技术服务业 | 19568 | 976 | 41380 | 69513 | 9808082 |
| 水利、环境和公共设施管理业 | 421 | 30 | 1021 | 2075 | 366770 |
| 居民服务、修理和其他服务业 | 5026 | 733 | 10095 | 20942 | 858253 |
| 教育 | 321 | 55 | 592 | 1175 | 79350 |
| 卫生和社会工作 | 263 | 45 | 537 | 1038 | 427694 |
| 文化、体育和娱乐业 | 2398 | 101 | 5408 | 9051 | 960402 |
| 其他 | 780 | 435 | 1358 | 2448 | 80406 |

9-23 续表

| 指标名称 | 其中：城镇 | | |
| --- | --- | --- | --- |
| | 户数（户） | 投资者人数（人） | 雇工人数（人） |
| **全市** | **141046** | **281188** | **507521** |
| 农、林、牧、渔业 | 5917 | 8885 | 20417 |
| 采矿业 | 294 | 557 | 1681 |
| 制造业 | 4449 | 10157 | 31856 |
| 电力、热力、燃气及水生产和供应业 | 334 | 818 | 1027 |
| 建筑业 | 8212 | 15023 | 26049 |
| 批发和零售业 | 61151 | 123942 | 222922 |
| 交通运输、仓储和邮政业 | 2626 | 4684 | 8955 |
| 住宿和餐饮业 | 2429 | 4148 | 7609 |
| 信息传输、软件和信息技术服务业 | 5011 | 8976 | 15986 |
| 金融业 | 675 | 1469 | 2709 |
| 房地产业 | 4187 | 8381 | 15750 |
| 租赁和商务服务业 | 26480 | 56705 | 86688 |
| 科学研究和技术服务业 | 13111 | 25656 | 43098 |
| 水利、环境和公共设施管理业 | 282 | 633 | 1287 |
| 居民服务、修理和其他服务业 | 3367 | 6259 | 12984 |
| 教育 | 215 | 367 | 729 |
| 卫生和社会工作 | 176 | 333 | 644 |
| 文化、体育和娱乐业 | 1607 | 3353 | 5612 |
| 其他 | 523 | 842 | 1518 |

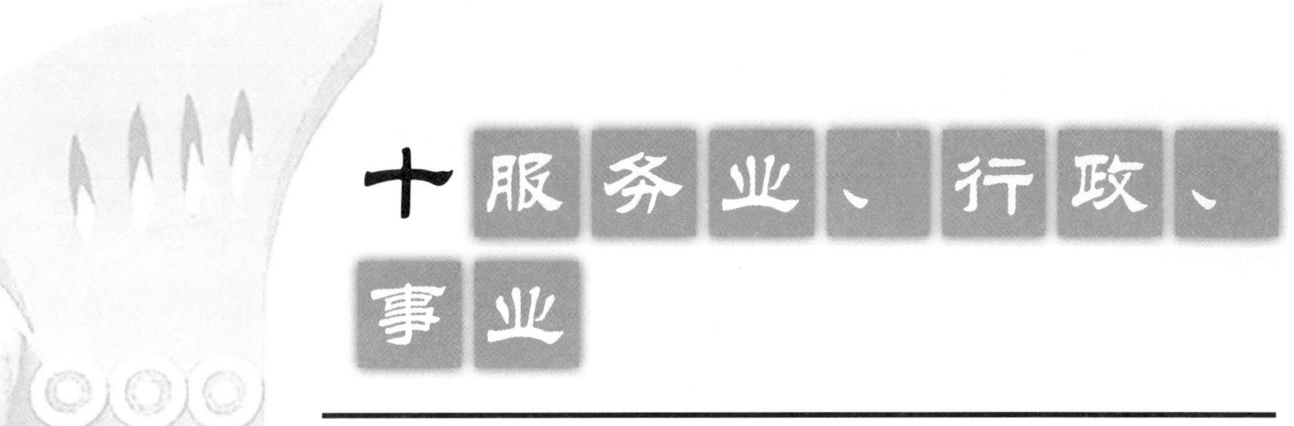

# 十 服务业、行政、事业

**CHAPTER 10 Service Industry, Administration, Public Institution**

# 10-1 全市规模以上服务业企业财务状况

（2017 年）　　　　单位：万元

| 指 标 | 单位数（个） | 资产总计 | 负债合计 | 所有者权益合计 | 营业收入 | 营业成本 |
|---|---|---|---|---|---|---|
| **总计** | **651** | **81201060** | **49336292** | **31864768** | **6647863** | **4906757** |
| **按行业类型分** | | | | | | |
| 交通运输、仓储和邮政业 | 109 | 47508063 | 29416571 | 18091492 | 2313814 | 1768393 |
| 信息传输、软件和信息技术服务业 | 55 | 3449417 | 1556318 | 1893099 | 1385449 | 1114484 |
| 房地产业 | 103 | 2027208 | 1033769 | 993439 | 335318 | 202215 |
| 租赁和商务服务业 | 177 | 19146156 | 11663349 | 7482806 | 1312202 | 881062 |
| 科学研究和技术服务业 | 100 | 3792929 | 2247534 | 1545394 | 743869 | 545832 |
| 水利、环境和公共设施管理业 | 14 | 4254257 | 2969396 | 1284861 | 167292 | 148380 |
| 居民服务、修理和其他服务业 | 24 | 90509 | 72460 | 18048 | 65571 | 42763 |
| 教育 | 3 | 17236 | 4403 | 12833 | 20053 | 8603 |
| 卫生和社会工作 | 16 | 27493 | 20291 | 7203 | 56658 | 43939 |
| 文化、体育和娱乐业 | 50 | 887792 | 352199 | 535593 | 247637 | 151086 |
| **按登记注册类型分** | | | | | | |
| **内资企业** | **638** | **80887366** | **49177557** | **31709810** | **6470360** | **4772511** |
| 国有企业 | 46 | 1347848 | 738847 | 609001 | 403947 | 294814 |
| 集体企业 | 7 | 21258 | 13307 | 7951 | 13606 | 9248 |
| 股份合作企业 | 2 | 1921 | 987 | 934 | 4652 | 4042 |
| 有限责任公司 | 257 | 71460362 | 43510688 | 27949675 | 3907126 | 2749802 |
| 股份有限公司 | 31 | 6757878 | 3999647 | 2758231 | 797891 | 686516 |
| 私营企业 | 287 | 1231828 | 888422 | 343406 | 1310980 | 1010512 |
| 其他企业 | 8 | 66272 | 25659 | 40612 | 32158 | 17577 |
| **港、澳、台商投资企业** | **11** | **303626** | **153401** | **150225** | **169610** | **128092** |
| 合资经营企业（港或澳、台资） | 6 | 73715 | 56277 | 17438 | 24550 | 44873 |
| 港、澳、台商独资经营企业 | 5 | 229911 | 97124 | 132787 | 145061 | 83219 |
| **外商投资企业** | **2** | **10067** | **5334** | **4734** | **7893** | **6155** |
| 中外合资经营企业 | 1 | 1521 | 738 | 782 | 4818 | 4227 |
| 外资企业 | 1 | 8547 | 4595 | 3951 | 3075 | 1928 |
| **按所有制分类** | | | | | | |
| 公有制企业 | 184 | 76557982 | 46394189 | 30163793 | 3522617 | 2640793 |
| 非公有制企业 | 467 | 4643078 | 2942103 | 1700975 | 3125246 | 2265965 |

10-1-续表 单位：万元

| 指　标 | 销售费用 | 管理费用 | 财务费用 | 利润总额 | 平均用工人数（人） |
|---|---|---|---|---|---|
| **总计** | **325259** | **791548** | **654524** | **698033** | **190966** |
| **按行业类型分** | | | | | |
| 交通运输、仓储和邮政业 | 32813 | 183457 | 337824 | 276634 | 47034 |
| 信息传输、软件和信息技术服务业 | 150551 | 160671 | –26450 | –4336 | 21226 |
| 房地产业 | 14555 | 63871 | 10295 | 40290 | 29089 |
| 租赁和商务服务业 | 83351 | 166507 | 253179 | 276314 | 55878 |
| 科学研究和技术服务业 | 9286 | 127022 | 3298 | 52197 | 23776 |
| 水利、环境和公共设施管理业 | 1665 | 16358 | 72885 | 6645 | 2214 |
| 居民服务、修理和其他服务业 | 8395 | 6679 | 2540 | 4899 | 2828 |
| 教育 | | 8712 | –263 | 3642 | 1216 |
| 卫生和社会工作 | 4225 | 7388 | 38 | 465 | 1519 |
| 文化、体育和娱乐业 | 20418 | 50883 | 1178 | 41283 | 6186 |
| **按登记注册类型分** | | | | | |
| **内资企业** | **300666** | **782811** | **651573** | **663162** | **187354** |
| 国有企业 | 5154 | 66486 | 7397 | 30273 | 13686 |
| 集体企业 | 1359 | 1869 | –7 | 1066 | 1054 |
| 股份合作企业 | 52 | 328 | 17 | 355 | 193 |
| 有限责任公司 | 208809 | 382901 | 522923 | 680727 | 82219 |
| 股份有限公司 | 40295 | 135139 | 111146 | –113351 | 18622 |
| 私营企业 | 44403 | 183573 | 10334 | 61673 | 69957 |
| 其他企业 | 594 | 12515 | –237 | 2420 | 1623 |
| **港、澳、台商投资企业** | **24593** | **7796** | **3012** | **34166** | **3525** |
| 合资经营企业（港或澳、台资） | 3221 | 2348 | 1440 | 1978 | 2693 |
| 港、澳、台商独资经营企业 | 21372 | 5448 | 1572 | 32187 | 832 |
| **外商投资企业** | | **941** | **–62** | **705** | **87** |
| 中外合资经营企业 | | 499 | –17 | 99 | 58 |
| 外资企业 | | 441 | –44 | 607 | 29 |
| **按所有制分类** | | | | | |
| 公有制企业 | 177349 | 448824 | 618800 | 305240 | 71058 |
| 非公有制企业 | 147910 | 342724 | 35724 | 392794 | 119908 |

## 10-2 全市行政单位财务状况

（2017 年）

单位：万元

| 指标名称 | 固定资产原价 | 本年收入合计 | 本年支出合计 |
| --- | --- | --- | --- |
| **总计** | **1652951** | **4239898** | **4125515** |
| 互联网和相关服务 | 483 | 923 | 923 |
| 商务服务业 | 10516 | 6966 | 6704 |
| 研究和试验发展 | 797 | 2287 | 2244 |
| 专业技术服务业 | 10 | 179 | 179 |
| 科技推广和应用服务业 | 2515 | 17094 | 17114 |
| 教育 | 14163 | 10218 | 9365 |
| 社会工作 | 391 | 1824 | 1815 |
| 文化艺术业 | 500 | 965 | 967 |
| 中国共产党机关 | 40759 | 116719 | 114584 |
| 国家机构 | 1544298 | 4029377 | 3919372 |
| 人民政协、民主党派 | 17216 | 21700 | 21201 |
| 社会保障 | 2 | 1706 | 1823 |
| 群众团体、社会团体和其他成员组织 | 21302 | 29942 | 29226 |

## 10-3 全市民间非营利组织财务状况

（2017 年）

单位：万元

| 指标名称 | 固定资产原价 | 收入合计 | 本年费用合计 |
| --- | --- | --- | --- |
| **总计** | **89114** | **41103** | **32373** |
| 研究和试验发展 | 61 | 407 | 428 |
| 教育 | 87948 | 35531 | 27364 |
| 卫生 | 18 | 196 | 186 |
| 社会工作 | 525 | 3480 | 3299 |
| 群众团体、社会团体和其他成员组织 | 563 | 1489 | 1096 |

# 10-4 全市事业单位财务状况

（2017 年）

单位：万元

| 指标名称 | 固定资产原价 | 本年收入合计 | | 本年支出合计 |
|---|---|---|---|---|
| | | | # 事业收入 | |
| **总计** | **8847833** | **9562057** | **4398899** | **9306579** |
| 农、林、牧、渔服务业 | 107 | 460 | 460 | 450 |
| 道路运输业 | 10925 | 10563 | 8044 | 10101 |
| 航空运输业 | 32532 | 32431 | 32016 | 12753 |
| 仓储业 | 8203 | 2477 | 2326 | 2489 |
| 电信、广播电视和卫星传输服务 | 25335 | 9153 | 540 | 19464 |
| 互联网和相关服务 | 5498 | 1301 | 88 | 1267 |
| 软件和信息技术服务业 | 30072 | 24457 | 8942 | 24488 |
| 货币金融服务 | 66300 | 17251 | 5997 | 17563 |
| 资本市场服务 | 3521 | 1019 | 1019 | 895 |
| 房地产业 | 5254 | 1177 | 11 | 1166 |
| 商务服务业 | 46836 | 238129 | 53132 | 83907 |
| 研究和试验发展 | 215504 | 209165 | 102328 | 206225 |
| 专业技术服务业 | 241113 | 235783 | 116698 | 237851 |
| 科技推广和应用服务业 | 24209 | 39099 | 23332 | 35257 |
| 水利管理业 | 42286 | 15941 | 8742 | 17531 |
| 生态保护和环境治理业 | 17248 | 11826 | 11180 | 9562 |
| 公共设施管理业 | 66870 | 205676 | 74239 | 206413 |
| 居民服务业 | 10715 | 9146 | 9092 | 9181 |
| 其他服务业 | 2272 | 2033 | | 2032 |
| 教育 | 3049272 | 3106380 | 811064 | 3042627 |
| 卫生 | 3628349 | 3019114 | 2043549 | 2974790 |
| 社会工作 | 10303 | 20644 | 3887 | 20063 |
| 新闻和出版业 | 9826 | 26923 | 18521 | 26044 |
| 广播、电视、电影和影视录音制作业 | 141368 | 93816 | 42322 | 94844 |
| 文化艺术业 | 110288 | 78653 | 23040 | 81467 |
| 体育 | 19615 | 23910 | 12930 | 23906 |
| 娱乐业 | 24345 | 25095 | 24789 | 24796 |
| 中国共产党机关 | 28 | 280 | 186 | 280 |
| 国家机构 | 987898 | 1951593 | 868031 | 1970617 |
| 社会保障 | 9484 | 138809 | 88250 | 138868 |
| 群众团体、社会团体和其他成员组织 | 2258 | 9752 | 4145 | 9685 |

# 十一 财政金融保险

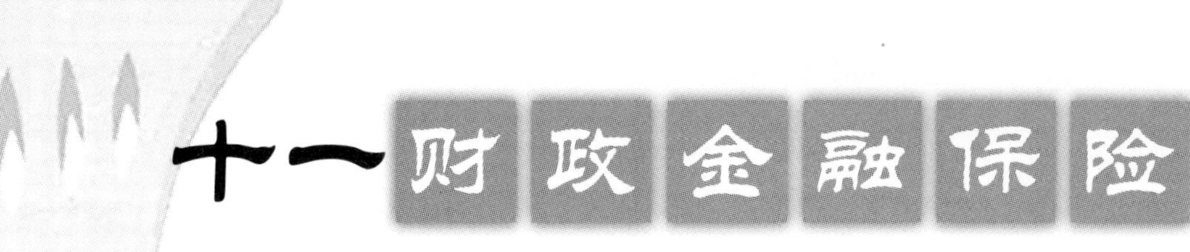

## CHAPTER 11 GOVERNMENT FINANCE, BANKING AND INSURANCE

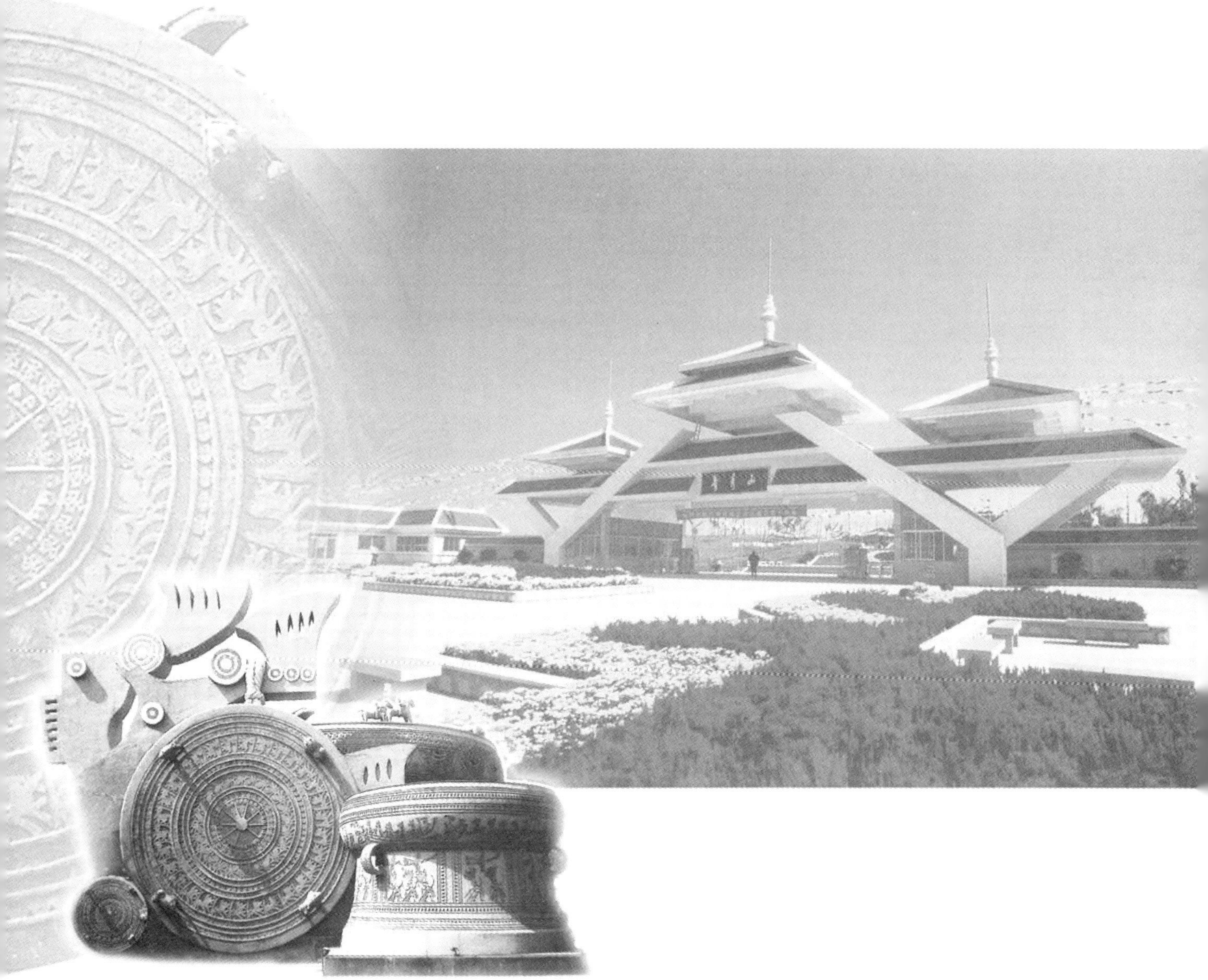

# 11-1 全市主要年份财政、金融

单位：万元

| 年份 | 财政收入 | #一般公共预算收入 | 地方财政支出 | 金融机构存款余额 | #住户存款余额 | 金融机构贷款余额 |
|---|---|---|---|---|---|---|
| 1950 | 394 | 394 | 190 | 1364 | 21 | 34 |
| 1965 | 4479 | 4479 | 2116 | 39443 | 1426 | 18356 |
| 1978 | 20102 | 20102 | 7074 | 110660 | 5735 | 59521 |
| 1980 | 23682 | 23682 | 7410 | 110309 | 10358 | 71873 |
| 1985 | 35447 | 35447 | 17967 | 212380 | 43646 | 167691 |
| 1986 | 38873 | 38873 | 26745 | 226697 | 61348 | 222735 |
| 1987 | 44078 | 44078 | 28971 | 262623 | 82535 | 270298 |
| 1988 | 51071 | 51071 | 40532 | 260827 | 100160 | 297861 |
| 1989 | 57352 | 57352 | 39426 | 328250 | 138715 | 287226 |
| 1990 | 63930 | 63930 | 47677 | 464879 | 197821 | 346755 |
| 1991 | 70051 | 70051 | 48397 | 552636 | 258819 | 383694 |
| 1992 | 73459 | 73459 | 48401 | 685440 | 341946 | 444498 |
| 1993 | 106465 | 106465 | 66850 | 1077025 | 515981 | 657827 |
| 1994 | 150232 | 73492 | 85826 | 1537665 | 802162 | 880566 |
| 1995 | 171074 | 91236 | 94609 | 2063550 | 1123696 | 1107552 |
| 1996 | 190465 | 103583 | 105844 | 2724968 | 1439865 | 1385499 |
| 1997 | 215806 | 116778 | 119471 | 3014072 | 1618159 | 1731336 |
| 1998 | 245249 | 131583 | 139884 | 4461444 | 2001576 | 3460657 |
| 1999 | 270113 | 149700 | 172851 | 5268177 | 2190918 | 4262816 |
| 2000 | 364639 | 216484 | 290667 | 6834187 | 2938619 | 4779409 |
| 2001 | 452926 | 291860 | 348556 | 7424543 | 3329511 | 5260807 |
| 2002 | 525342 | 312805 | 452615 | 8547872 | 3916029 | 7701981 |
| 2003 | 610594 | 362435 | 524981 | 9434021 | 4514961 | 9597681 |
| 2004 | 746328 | 432526 | 621191 | 10909576 | 5157925 | 12087669 |
| 2005 | 1002186 | 451954 | 735508 | 12636347 | 5982307 | 13816546 |
| 2006 | 1203609 | 566191 | 930781 | 15853616 | 6814522 | 16625434 |
| 2007 | 1508393 | 701510 | 1180007 | 18715101 | 7147919 | 19223502 |
| 2008 | 1911682 | 928812 | 1660830 | 23204808 | 8886542 | 23166252 |
| 2009 | 2313664 | 1204628 | 2035519 | 32313624 | 11161975 | 32781209 |
| 2010 | 3008775 | 1560958 | 2612785 | 40214534 | 13758853 | 41423040 |
| 2011 | 3635192 | 1862928 | 3018491 | 47281399 | 15810297 | 48450689 |
| 2012 | 4219938 | 2297183 | 3765096 | 56271788 | 18638024 | 55012783 |
| 2013 | 4736644 | 2562467 | 4172858 | 64835258 | 21566911 | 61158787 |
| 2014 | 5265905 | 2748518 | 4657759 | 70644876 | 23217437 | 70914611 |
| 2015 | 5724781 | 2970501 | 5267231 | 82577730 | 27003678 | 82286621 |
| 2016 | 6138706 | 3127921 | 5869793 | 89017247 | 29245457 | 94237920 |
| 2017 | 6879808 | 3321500 | 6463707 | 93675341 | 31766881 | 104704409 |

注：2000 年以后为行政区划调整后的数据，其余年份为原南宁口径。

## 11-2 全市财政收入

（2017 年）

单位：万元

| 指标名称 | 收入 | 指标名称 | 收入 |
| --- | --- | --- | --- |
| **财政收入** | **6879808** | 土地增值税 | 333130 |
| 上划中央收入 | 2807405 | 车船税 | 54443 |
| # 上划所得税收入 | 1017802 | 耕地占用税 | 106860 |
| 上划自治区分享四税 | 750897 | 契税 | 367415 |
| 一般公共预算收入 | 3321500 | 烟叶税 | |
| 增值税 | 688791 | 专项收入 | 373755 |
| 营业税 | 1394 | 行政事业性收费收入 | 93053 |
| 企业所得税 | 346564 | 罚没收入 | 41997 |
| 个人所得税 | 125712 | 国有资本经营收入 | 68618 |
| 资源税 | 8803 | 国有资源（资产）有偿使用收入 | 199614 |
| 城市维护建设税 | 209859 | 捐赠收入 | 1116 |
| 房产税 | 118766 | 政府住房基金收入 | 27151 |
| 印花税 | 37314 | 其他收入 | 35166 |
| 城镇土地使用税 | 51979 | | |

## 11-3 全市财政支出

（2017 年）

单位：万元

| 指标名称 | 支出 | 指标名称 | 支出 |
| --- | --- | --- | --- |
| **本年支出合计** | **6463707** | 交通运输 | 221029 |
| 一般公共服务 | 602934 | 资源勘探信息等支出 | 191089 |
| 国防 | 15719 | 商业服务业等事务 | 51602 |
| 公共安全 | 443145 | 金融支出 | 10286 |
| 教育 | 1173869 | 国土海洋气象支出 | 43657 |
| 科学技术 | 64433 | 住房保障支出 | 171360 |
| 文化体育与传媒 | 84073 | 粮油物资储备管理事务 | 7292 |
| 社会保障和就业 | 688562 | 国债还本付息支出 | 173904 |
| 医疗卫生 | 611263 | 其他支出 | 27980 |
| 节能环保 | 171397 | 援助其他地区支出 | |
| 城乡社区事务 | 997398 | 债务发行费用支出 | 1210 |
| 农林水事务 | 711505 | | |

## 11-4 市区财政收入

（2017 年）

单位：万元

| 指标名称 | 收入 | 指标名称 | 收入 |
|---|---|---|---|
| **财政收入** | **6221236** | 土地增值税 | 286872 |
| 上划中央收入 | 2631219 | 车船税 | 50317 |
| # 上划所得税收入 | 958849 | 耕地占用税 | 69955 |
| 上划自治区分享四税 | 693793 | 契税 | 351129 |
| 一般公共预算收入 | 2940318 | 烟叶税 | |
| 增值税 | 626307 | 专项收入 | 354342 |
| 营业税 | 1445 | 行政事业性收费收入 | 61843 |
| 企业所得税 | 329727 | 罚没收入 | 29007 |
| 个人所得税 | 119021 | 国有资本经营收入 | 7952 |
| 资源税 | 1595 | 国有资源（资产）有偿使用收入 | 177421 |
| 城市维护建设税 | 200460 | 捐赠收入 | 124 |
| 房产税 | 111673 | 政府住房基金收入 | 21800 |
| 印花税 | 63659 | 其他收入 | 29731 |
| 城镇土地使用税 | 45938 | | |

## 11-5 市区财政支出

（2017 年）

单位：万元

| 指标名称 | 支出 | 指标名称 | 支出 |
|---|---|---|---|
| **本年支出合计** | **4160161** | 交通运输 | 177910 |
| 一般公共服务 | 368674 | 资源勘探信息等支出 | 177274 |
| 国防 | 14308 | 商业服务业等事务 | 34377 |
| 公共安全 | 338280 | 金融支出 | 8287 |
| 教育 | 668552 | 国土海洋气象支出 | 21103 |
| 科学技术 | 54602 | 住房保障支出 | 123371 |
| 文化体育与传媒 | 61706 | 粮油物资储备管理事务 | 2814 |
| 社会保障和就业 | 389175 | 国债还本付息支出 | 157660 |
| 医疗卫生 | 332493 | 其他支出 | 25144 |
| 节能环保 | 137351 | 援助其他地区支出 | |
| 城乡社区事务 | 803601 | 债务发行费用支出 | 981 |
| 农林水事务 | 262498 | | |

备注：市区范围为市本级、六城区、四开发区，暂不包含武鸣区。

## 11-6 各县区财政收入

（2017 年）

单位：万元

| 指标名称 | 武鸣区 | 隆安县 | 马山县 | 上林县 | 宾阳县 | 横 县 |
|---|---|---|---|---|---|---|
| **财政收入** | **272324** | **49951** | **34222** | **43108** | **184310** | **190669** |
| 上划中央收入 | 95875 | 17272 | 11123 | 13238 | 43907 | 42755 |
| #上划所得税收入 | 33758 | 5119 | 4397 | 4327 | 13291 | 13686 |
| 上划自治区分享四税 | 27690 | 5617 | 3604 | 4548 | 14396 | 13662 |
| 公共财政预算收入 | 104659 | 27062 | 19495 | 25322 | 126007 | 134252 |
| 增值税 | 26126 | 7475 | 3995 | 5202 | 18825 | 17926 |
| 营业税 | 153 | 46 | 16 | 13 | -225 | 79 |
| 企业所得税 | 9357 | 1722 | 1259 | 1070 | 4713 | 4778 |
| 个人所得税 | 2438 | 697 | 783 | 832 | 1611 | 1721 |
| 资源税 | 3345 | 723 | 58 | 402 | 1600 | 1109 |
| 城市维护建设税 | 1802 | 850 | 662 | 910 | 2755 | 2976 |
| 房产税 | 3241 | 649 | 310 | 435 | 1841 | 2978 |
| 印花税 | 1672 | 472 | 110 | 201 | 1298 | 792 |
| 城镇土地使用税 | 2999 | 601 | 378 | 241 | 1761 | 2723 |
| 土地增值税 | 2189 | 1656 | 249 | 1657 | 16208 | 25417 |
| 车船税 | 3 | 330 | 364 | 577 | 1531 | 1322 |
| 耕地占用税 | 10888 | 1493 | 2515 | 2439 | 17273 | 10914 |
| 契税 | 2863 | 1895 | 446 | 2288 | 6543 | 5026 |
| 烟叶税 | | | | | | |
| 专项收入 | 11385 | 2506 | 3128 | 1518 | 4122 | 4853 |
| 行政事业性收费收入 | 11170 | 1534 | 2431 | 3699 | 5390 | 9435 |
| 罚没收入 | 4558 | 1119 | 817 | 809 | 3303 | 2700 |
| 国有资本经营收入 | 21 | | | | 27053 | 33592 |
| 国有资源（资产）有偿使用收入 | 7136 | 2434 | 1708 | 2072 | 4476 | 4553 |
| 捐赠收入 | 853 | 104 | | | 18 | 23 |
| 政府住房基金收入 | 1893 | 745 | 111 | 957 | 1179 | 1313 |
| 其他收入 | 567 | 11 | 155 | | 4732 | 22 |

注：武鸣区数据包含广西东盟经济开发区。

11-6 续表

| 指标名称 | 兴宁区 | 青秀区 | 江南区 | 西乡塘区 | 良庆区 | 邕宁区 |
| --- | --- | --- | --- | --- | --- | --- |
| **财政收入** | **411593** | **1841409** | **223305** | **360302** | **381867** | **143533** |
| 上划中央收入 | 175423 | 843417 | 91022 | 154457 | 158658 | 52881 |
| #上划所得税收入 | 80710 | 428157 | 42142 | 60989 | 75798 | 22795 |
| 上划自治区分享四税 | 54248 | 333861 | 24243 | 47425 | 45702 | 16096 |
| 上划地市税收 | 87339 | 340448 | 54917 | 75227 | 95493 | 43747 |
| 公共财政预算收入 | 91542 | 310514 | 51532 | 80226 | 78862 | 29858 |
| 增值税 | 27931 | 82424 | 15430 | 29262 | 25319 | 8963 |
| 营业税 | 41 | 322 | 2 | 35 | 52 | 6 |
| 企业所得税 | 14152 | 71072 | 4262 | 8129 | 16601 | 4281 |
| 个人所得税 | 4965 | 29893 | 2818 | 5929 | 1953 | 917 |
| 资源税 | 34 | 2 | 114 | 1310 | 5 | 84 |
| 城市维护建设税 | 6897 | 28744 | 3764 | 6564 | 6713 | 2131 |
| 房产税 | 5908 | 20291 | 3391 | 5606 | 1454 | 841 |
| 印花税 | 5372 | 22965 | 5452 | 5416 | 5374 | 1578 |
| 城镇土地使用税 | 771 | 1546 | 934 | 1313 | 990 | 257 |
| 土地增值税 | 5872 | 24208 | 3862 | 3398 | 8369 | 2163 |
| 车船税 | | | | | | |
| 耕地占用税 | 256 | 1360 | 1519 | 297 | 1492 | 4253 |
| 契税 | | | | | | |
| 烟叶税 | | | | | | |
| 专项收入 | 3101 | 12138 | 1586 | 2852 | 2994 | 1037 |
| 行政事业性收费收入 | 1192 | 5877 | 1729 | 3711 | 1219 | 570 |
| 罚没收入 | 1103 | 4915 | 3264 | 1144 | 2029 | 569 |
| 国有资本经营收入 | | | | | | -32 |
| 国有资源（资产）有偿使用收入 | 13947 | 2132 | 3405 | 1902 | 4298 | 2133 |
| 捐赠收入 | | | | 11 | | 107 |
| 政府住房基金收入 | | | | | | |
| 其他收入 | | 2625 | | 3347 | | |

# 11-7 各县区财政支出

（2017 年）

单位：万元

| 指标名称 | 武鸣区 | 隆安县 | 马山县 | 上林县 | 宾阳县 | 横 县 |
|---|---|---|---|---|---|---|
| **本年支出合计** | **461180** | **259101** | **337584** | **313817** | **481231** | **537099** |
| 一般公共服务 | 61664 | 20101 | 26451 | 21440 | 48803 | 69066 |
| 国防 | 290 | 137 | 247 | 298 | | 439 |
| 公共安全 | 19951 | 7816 | 14733 | 11032 | 29349 | 25330 |
| 教育 | 129641 | 47189 | 62684 | 61839 | 101960 | 115898 |
| 科学技术 | 5826 | 736 | 491 | 224 | 506 | 2617 |
| 文化体育与传媒 | 9192 | 1554 | 2827 | 2465 | 3449 | 2943 |
| 社会保障和就业 | 55158 | 31196 | 36590 | 40565 | 65792 | 76465 |
| 医疗卫生 | 27984 | 29617 | 36518 | 37314 | 71622 | 81874 |
| 节能环保 | 4707 | 1715 | 5146 | 8569 | 8683 | 6404 |
| 城乡社区事务 | 26420 | 19219 | 35690 | 15855 | 58546 | 50323 |
| 农林水事务 | 70770 | 76289 | 89867 | 79057 | 60111 | 77237 |
| 交通运输 | 4121 | 5279 | 8200 | 10863 | 5340 | 10404 |
| 资源勘探电力信息等事务 | 18589 | 1615 | 1610 | 2745 | 4322 | 1271 |
| 商业服务业等事务 | 1397 | 1891 | 4209 | 8117 | 610 | 1587 |
| 金融监管等事务支出 | 103 | 57 | 26 | | 45 | 1818 |
| 国土资源气象等事务 | 4062 | 7298 | 2475 | 4404 | 2179 | 2284 |
| 住房保障支出 | 12808 | 5151 | 6451 | 7422 | 16230 | 6153 |
| 粮油物资储备管理事务 | 766 | 364 | 182 | 475 | 394 | 2297 |
| 其他支出 | 842 | 562 | 747 | 222 | 327 | 136 |
| 债务付息支出 | 6829 | 1298 | 2405 | 877 | 2918 | 2501 |
| 债务发行费用支出 | 60 | 17 | 35 | 34 | 45 | 52 |

注：武鸣区数据包含广西东盟经济开发区。

11–7 续表

| 指标名称 | 兴宁区 | 青秀区 | 江南区 | 西乡塘区 | 良庆区 | 邕宁区 |
|---|---|---|---|---|---|---|
| **本年支出合计** | **178464** | **370098** | **348014** | **456203** | **192182** | **235407** |
| 一般公共服务 | 21546 | 45723 | 41155 | 41275 | 22210 | 18406 |
| 国防 | 320 |  | 422 | 82 | 498 | 337 |
| 公共安全 | 21791 | 42536 | 20712 | 35874 | 17067 | 11325 |
| 教育 | 36657 | 74843 | 73808 | 84456 | 42264 | 46047 |
| 科学技术 | 1373 | 3897 | 1581 | 10933 | 2369 | 2587 |
| 文化体育与传媒 | 1147 | 2516 | 1097 | 2914 | 2344 | 1685 |
| 社会保障和就业 | 20986 | 30876 | 29862 | 51729 | 17722 | 26502 |
| 医疗卫生 | 13209 | 26144 | 23122 | 34054 | 10749 | 17414 |
| 节能环保 | 2377 | 11875 | 2928 | 4038 | 2093 | 1814 |
| 城乡社区事务 | 36092 | 68642 | 59014 | 107974 | 20736 | 14198 |
| 农林水事务 | 14202 | 42954 | 27763 | 23821 | 25929 | 57793 |
| 交通运输 | 770 | 1435 | 7587 | 2052 | 9757 | 4090 |
| 资源勘探电力信息等事务 | 290 | 2691 | 40467 | 27751 | 1405 | 12729 |
| 商业服务业等事务 | 470 | 3605 | 5935 | 8915 | 1701 | 5293 |
| 金融监管等事务支出 |  | 843 | 65 | 1747 |  |  |
| 国土资源气象等事务 | 117 | 444 | 353 | 312 | 360 | 685 |
| 住房保障支出 | 6664 | 9913 | 10847 | 14974 | 14428 | 7614 |
| 粮油物资储备管理事务 |  | 151 | 18 |  | 106 | 500 |
| 其他支出 | 366 | 733 | 333 | 716 | 84 | 4773 |
| 债务付息支出 | 87 | 275 | 941 | 2581 | 353 | 1615 |
| 债务发行费用支出 |  | 2 | 4 | 5 | 7 |  |

注：江南区数据包含南宁国家经济技术开发区，西乡塘区数据包含南宁高新技术产业开发区。

## 11-8 全社会金融机构存款余额

（2017 年）

单位：万元

| 指标名称 | 存 款 | 指标名称 | 存 款 |
|---|---|---|---|
| **各项存款合计** | **93675341** | 定期及其他存款 | 13821159 |
| **（一）境内存款** | **93507897** | 3. 广义政府存款 | 19290385 |
| 1. 住户存款 | 31766881 | # 财政性存款 | 3692430 |
| # 活期存款 | 17847305 | 机关团体存款 | 15597954 |
| 定期及其他存款 | 13919576 | 4. 非银行业金融机构存款 | 2773932 |
| 2. 非金融企业存款 | 39676699 | **（二）境外存款** | **167444** |
| # 活期存款 | 25855540 | | |

## 11-9 全社会金融机构贷款余额

（2017 年）

单位：万元

| 指标名称 | 贷 款 | 指标名称 | 贷 款 |
|---|---|---|---|
| **各项贷款合计** | **104704409** | 2. 非金融企业及机关团体贷款 | 76410643 |
| **（一）境内贷款** | **104573841** | （1）短期贷款 | 14230805 |
| 1. 住户贷款 | 28163198 | （2）中长期贷款 | 59061505 |
| （1）短期贷款 | 2774474 | （3）票据融资 | 2603955 |
| # 消费贷款 | 1702520 | （4）融资租赁 | 329021 |
| 经营贷款 | 1071954 | （5）各项垫款 | 185358 |
| （2）中长期贷款 | 25388724 | 3. 非银行业金融机构贷款 | |
| 消费贷款 | 22338855 | **（二）境外贷款** | **130567** |
| 经营贷款 | 3049869 | | |

## 11-10 市区金融机构存款余额

（2017 年）

单位：万元

| 指标名称 | 存 款 | 指标名称 | 存 款 |
|---|---|---|---|
| **各项存款合计** | **86155312** | 定期及其他存款 | 13778666 |
| **（一）境内存款** | **85989213** | 3. 广义政府存款 | 18594388 |
| 1. 住户存款 | 25863151 | # 财政性存款 | 3647642 |
| # 活期存款 | 14283966 | 机关团体存款 | 14946746 |
| 定期及其他存款 | 11579185 | 4. 非银行业金融机构存款 | 2773923 |
| 2. 非金融企业存款 | 38757751 | **（二）境外存款** | **166099** |
| # 活期存款 | 24979085 | | |

## 11-11 市区金融机构贷款余额

（2017 年）

单位：万元

| 指标名称 | 贷 款 | 指标名称 | 贷 款 |
|---|---|---|---|
| **各项贷款合计** | **100521464** | 2. 非金融企业及机关团体贷款 | 75067238 |
| **（一）境内贷款** | **100390924** | （1）短期贷款 | 13657157 |
| 1. 住户贷款 | 25323686 | （2）中长期贷款 | 58293741 |
| （1）短期贷款 | 2189455 | （3）票据融资 | 2601961 |
| # 消费贷款 | 1571369 | （4）融资租赁 | 329021 |
| 经营贷款 | 618086 | （5）各项垫款 | 185358 |
| （2）中长期贷款 | 23134231 | 3. 非银行业金融机构贷款 | |
| 消费贷款 | 21196260 | **（二）境外贷款** | **130540** |
| 经营贷款 | 1937971 | | |

# 11-12 各县金融机构存款余额

（2017 年）

单位：万元

| 指标名称 | 隆安县 | 马山县 | 上林县 | 宾阳县 | 横 县 |
|---|---|---|---|---|---|
| **各项存款合计** | **978390** | **979909** | **944504** | **2127211** | **2490014** |
| **（一）境内存款** | **978303** | **979896** | **944459** | **2126829** | **2489197** |
| 1. 住户存款 | 780289 | 640503 | 763043 | 1683495 | 2036401 |
| （1）活期存款 | 492149 | 413811 | 488135 | 1052512 | 1116732 |
| （2）定期及其他存款 | 288140 | 226692 | 274908 | 630982 | 919669 |
| 2. 非金融企业存款 | 84686 | 241564 | 75757 | 278878 | 238062 |
| （1）活期存款 | 78376 | 241204 | 72885 | 260605 | 223385 |
| （2）定期及其他存款 | 6310 | 360 | 2872 | 18273 | 14677 |
| 3. 广义政府存款 | 113327 | 97829 | 105659 | 164452 | 214729 |
| （1）财政性存款 | 17253 | 5323 | 12167 | 2628 | 7418 |
| （2）机关团体存款 | 96075 | 92506 | 93492 | 161823 | 207312 |
| 4. 非银行业金融机构存款 | | | | 4 | 5 |
| **（二）境外存款** | **88** | **13** | **45** | **382** | **817** |

# 11-13 各县金融机构贷款余额

（2017年）

单位：万元

| 指标名称 | 隆安县 | 马山县 | 上林县 | 宾阳县 | 横 县 |
|---|---|---|---|---|---|
| **各项贷款合计** | **518139** | **477818** | **551956** | **1191999** | **1443034** |
| **（一）境内贷款** | **518139** | **477791** | **551956** | **1191999** | **1443034** |
| 1. 住户贷款 | 287658 | 276448 | 438713 | 863391 | 973302 |
| （1）短期贷款 | 112246 | 37566 | 103895 | 122442 | 208871 |
| 消费贷款 | 15304 | 12874 | 16954 | 42693 | 43328 |
| 经营贷款 | 96942 | 24692 | 86941 | 79749 | 165543 |
| （2）中长期贷款 | 175413 | 238882 | 334818 | 740949 | 764431 |
| 消费贷款 | 129675 | 111658 | 145656 | 443662 | 311944 |
| 经营贷款 | 45737 | 127224 | 189162 | 297287 | 452487 |
| 2. 非金融企业及机关团体贷款 | 230480 | 201343 | 113243 | 328607 | 469732 |
| （1）短期贷款 | 132579 | 49393 | 46879 | 129529 | 215267 |
| （2）中长期贷款 | 96403 | 151950 | 66364 | 198583 | 254464 |
| （3）票据融资 | 1499 |  |  | 495 |  |
| （4）融资租赁 |  |  |  |  |  |
| （5）各项垫款 |  |  |  |  |  |
| 3. 非银行业金融机构贷款 |  |  |  |  |  |
| **（二）境外贷款** |  | **28** |  |  |  |

## 11-14 保险业务情况

（2017年）

单位：万元

| 指标名称 | 全市 | 市区 |
|---|---|---|
| **保费收入合计** | **1816553** | **1650018** |
| **各项赔款及给付合计** | **511479** | **469084** |
| **财产保险业务** | | |
| **保费收入** | **735009** | **678742** |
| #财产保险 | 41843 | 40756 |
| #机动车辆险 | 505467 | 474350 |
| 责任险 | 24560 | 22903 |
| 工程险 | 27760 | 27709 |
| 货运险 | 5926 | 5854 |
| 其他险种 | 129453 | 106855 |
| **各项赔款及给付** | **311949** | **293061** |
| #财产保险 | 280945 | 268672 |
| 意外险 | 11219 | 9744 |
| 健康险 | 19785 | 19310 |
| **人身保险业务** | | |
| **保费收入** | **1081544** | **971276** |
| #寿险 | 863526 | 767447 |
| 意外险 | 42223 | 39619 |
| 健康险 | 175795 | 164210 |
| **各项赔款及给付** | **199529** | **176023** |
| #寿险 | 167583 | 146432 |
| 意外险 | 6979 | 6352 |
| 健康险 | 24968 | 23240 |

# 11-15 各县保险业务情况

（2017年）

单位：万元

| 指标名称 | 隆安县 | 马山县 | 上林县 | 宾阳县 | 横 县 |
|---|---|---|---|---|---|
| **保费收入合计** | **17747** | **12496** | **18038** | **53703** | **55093** |
| **各项赔款及给付合计** | **3528** | **3272** | **5040** | **13057** | **14191** |
| **财产保险业务** | | | | | |
| **保费收入** | **4173** | **4720** | **7506** | **16880** | **13530** |
| # 财产保险 | 170 | 53 | 109 | 479 | 277 |
| # 机动车辆险 | 2224 | 3058 | 4091 | 12565 | 9179 |
| 责任险 | 138 | 127 | 229 | 739 | 423 |
| 工程险 | 1 | | | | 51 |
| 货运险 | 1 | 6 | 4 | 17 | 43 |
| 其他险种 | 1953 | 1476 | 3074 | 3080 | 3557 |
| **各项赔款及给付** | **1253** | **1368** | **1999** | **6177** | **4785** |
| # 财产保险 | 493 | 694 | 1118 | 4316 | 2345 |
| 意外险 | 174 | 132 | 342 | 546 | 281 |
| 健康险 | 78 | 80 | 52 | 121 | 145 |
| **人身保险业务** | | | | | |
| **保费收入** | **13574** | **7776** | **10532** | **36823** | **41564** |
| # 寿险 | 12172 | 6879 | 9714 | 32002 | 35312 |
| 意外险 | 216 | 278 | 146 | 714 | 1250 |
| 健康险 | 1185 | 619 | 673 | 4107 | 5001 |
| **各项赔款及给付** | **2275** | **1903** | **3042** | **6880** | **9406** |
| # 寿险 | 1900 | 1452 | 2813 | 6280 | 8705 |
| 意外险 | 87 | 144 | 59 | 159 | 162 |
| 健康险 | 288 | 307 | 169 | 441 | 539 |

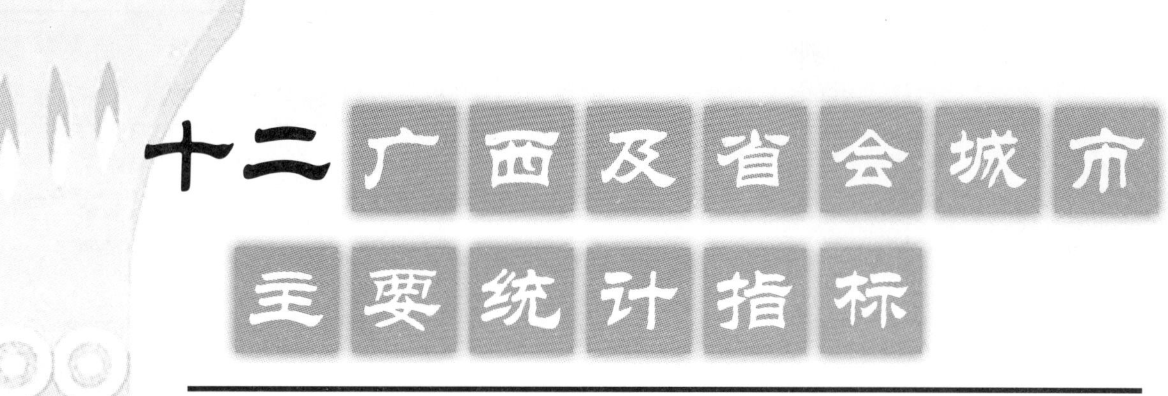

# 十二 广西及省会城市主要统计指标

## CHAPTER 12 MAIN INDICATORS OF GUANGXI AND PROVINCIAL CAPITAL CITIES

# 12-1 广西主要年份国民经济主要统计指标

| 指标名称 | 单位 | 2013年 | 2014年 | 2015年 | 2016年 | 2017年 |
|---|---|---|---|---|---|---|
| 地区生产总值 | 亿元 | 14378.00 | 15672.97 | 16803.12 | 18317.64 | 20396.25 |
| 第一产业 | 亿元 | 2343.57 | 2412.21 | 2565.97 | 2796.8 | 2906.87 |
| 第二产业 | 亿元 | 6863.04 | 7335.60 | 7694.74 | 8273.66 | 9297.84 |
| # 工业 | 亿元 | 5749.65 | 6065.34 | 6338.28 | 6816.64 | 7663.71 |
| 第三产业 | 亿元 | 5171.39 | 5925.16 | 6542.41 | 7247.18 | 8191.54 |
| 地区生产总值指数 | % | 110.2 | 108.5 | 108.1 | 107.3 | 107.3 |
| 第一产业 | % | 104.3 | 103.8 | 104 | 103.4 | 103.7 |
| 第二产业 | % | 111.9 | 110.1 | 108.1 | 107.4 | 107 |
| # 工业 | % | 111.4 | 110.1 | 107.7 | 107.3 | 107 |
| 第三产业 | % | 110.2 | 108.1 | 109.7 | 108.6 | 108.9 |
| 社会消费品零售总额 | 亿元 | 5083.08 | 5716.60 | 6348.06 | 7027.31 | 7813.03 |
| 全社会固定资产投资 | 亿元 | 11907.67 | 13843.21 | 15654.95 | 18236.78 | 20499.11 |
| 指数 | % | 121.4 | 116.3 | 117.8 | 112.4 | 112.4 |
| 地方财政收入 | 亿元 | 1316.84 | 1422.05 | 1515.08 | 1556.27 | 1615.13 |
| 指数 | % | 112.9 | 107.9 | 106.5 | 102.71 | 103.8 |
| 城镇居民人均可支配收入 | 元 | 23305 | 24669 | 26416 | 28324 | 30502 |
| 指数 | % | 109.7 | 108.7 | 107.1 | 107.2 | 107.7 |
| 农民人均可支配收入 | 元 | 6791 | 7565 | 9467 | 10359 | 11325 |
| 指数 | % | 113 | 111.4 | 109 | 109.4 | 109.3 |
| 居民消费价格指数（城市） | % | 102.2 | 102.1 | 101.5 | 101.6 | 101.6 |

注：1、地区生产总值、农林牧渔业总产值、工业总产值绝对值按当年价计算，指数按可比价计算（以上年为100）。
2、因统计调查制度调整，农民收入指标2015年之前为农民人均纯收入口径，2015年调整为农民人均可支配收入口径。

# 12-2 各省会城市年末总人口

单位：万人

| 城市名称 | 2013 年 | 位次 | 2014 年 | 位次 | 2015 年 | 位次 | 2016 年 | 位次 | 2017 年 |
|---|---|---|---|---|---|---|---|---|---|
| **南　宁** | **724.43** | **10** | **729.66** | **10** | **740.23** | **9** | **751.74** | **9** | **715.33** |
| 昆　明 | 546.79 | 17 | 550.50 | 17 | 555.57 | 17 | 559.79 | 17 | 678.30 |
| 成　都 | 1187.99 | 1 | 1210.74 | 1 | 1228.10 | 1 | 1398.90 | 1 | 1604.50 |
| 贵　阳 | 379.09 | 19 | 382.91 | 19 | 391.79 | 19 | 401.35 | 19 | 480.2* |
| 西　安 | 806.93 | 6 | 815.29 | 6 | 815.66 | 6 | 824.93 | 7 | 905.68* |
| 兰　州 | 321.43 | 21 | 321.64 | 21 | 321.90 | 21 | 324.23 | 21 | 372.96 |
| 乌鲁木齐 | 262.93 | 22 | 266.91 | 22 | 266.83 | 22 | 267.87 | 22 | 350.40 |
| 呼和浩特 | 233.96 | 23 | 237.98 | 23 | 238.58 | 23 | 241.00 | 23 | 311.50 |
| 银　川 | 208.27 | 24 | 212.89 | 24 | 216.40 | 24 | 219.11 | 24 | 222.54 |
| 西　宁 | 199.96 | 25 | 202.64 | 25 | 201.17 | 25 | 203.28 | 25 | 235.50 |
| 拉　萨 | 52.02 | 27 | 52.73 | 27 | 53.03 | 27 | 53.78 | 27 | 54.36* |
| 广　州 | 832.31 | 4 | 842.42 | 4 | 854.19 | 4 | 870.49 | 4 | 1449.84 |
| 福　州 | 665.49 | 14 | 674.94 | 13 | 678.37 | 13 | 687.06 | 14 | 766.00 |
| 杭　州 | 706.61 | 13 | 715.76 | 11 | 723.55 | 11 | 736.00 | 10 | 946.80 |
| 南　京 | 643.09 | 15 | 648.72 | 15 | 653.40 | 15 | 662.79 | 15 | 833.50 |
| 海　口 | 163.23 | 26 | 165.31 | 26 | 164.80 | 26 | 167.03 | 26 | 227.21 |
| 沈　阳 | 727.11 | 9 | 730.84 | 9 | 730.40 | 10 | 734.40 | 11 | 829.40 |
| 哈尔滨 | 995.20 | 2 | 987.30 | 3 | 961.40 | 3 | 962.10 | 3 | 1092.90 |
| 长　春 | 752.67 | 7 | 754.55 | 8 | 753.80 | 8 | 753.40 | 8 | 748.9* |
| 石家庄 | 951.80 | 3 | 1024.93 | 2 | 965.10 | 2 | 1078.46 | 2 | 1087.99 |
| 太　原 | 367.95 | 20 | 369.74 | 20 | 367.39 | 20 | 370.25 | 20 | 437.97 |
| 合　肥 | 711.50 | 12 | 712.81 | 12 | 717.72 | 12 | 729.83 | 12 | 796.50 |
| 南　昌 | 510.08 | 18 | 517.73 | 18 | 520.38 | 18 | 522.79 | 18 | 546.35 |
| 济　南 | 613.23 | 16 | 621.61 | 16 | 625.73 | 16 | 632.83 | 16 | 732.12 |
| 郑　州 | 783.64 | 8 | 794.10 | 7 | 810.50 | 7 | 827.10 | 6 | 988.10 |
| 武　汉 | 822.05 | 5 | 827.31 | 5 | 829.27 | 5 | 833.84 | 5 | 1089.29 |
| 长　沙 | 662.81 | 11 | 671.41 | 14 | 661.83 | 14 | 696.00 | 13 | 791.81 |

注：1、带“*”统计口径为户籍人口，其余为常住人口；
2、因 2017 年各市人口统计口径不统一，故不进行排位。
3、2016 年之前统计口径为户籍人口，2017 年为常住人口。

# 12-3 各省会城市地区生产总值

单位：亿元

| 城市名称 | 2013 年 | 位次 | 2014 年 | 位次 | 2015 年 | 位次 | 2016 年 | 位次 | 2017 年 | 位次 | 2017 年比 2016 年增长（%） |
|---|---|---|---|---|---|---|---|---|---|---|---|
| **南　宁** | **2803.54** | **18** | **3148.30** | **18** | **3410.07** | **18** | **3703.33** | **18** | **4118.83** | **18** | **8.0** |
| 昆　明 | 3415.31 | 16 | 3712.99 | 16 | 3970 | 17 | 4300.43 | 17 | 4857.64 | 17 | 9.7 |
| 成　都 | 9108.89 | 2 | 10056.59 | 3 | 10801.16 | 3 | 12170.23 | 2 | 13889.39 | 2 | 8.1 |
| 贵　阳 | 2085.42 | 22 | 2497.27 | 22 | 2891.16 | 20 | 3157.7 | 20 | 3537.96 | 19 | 11.3 |
| 西　安 | 4884.13 | 12 | 5474.77 | 10 | 5810.03 | 10 | 6257.18 | 10 | 7469.85 | 8 | 7.7 |
| 兰　州 | 1776.83 | 23 | 1913.50 | 23 | 2095.99 | 23 | 2264.23 | 23 | 2523.54 | 23 | 5.7 |
| 乌鲁木齐 | 2400.00 | 21 | 2510.00 | 21 | 2680 | 22 | 2459.0 | 22 | 2743.82 | 21 | 8.1 |
| 呼和浩特 | 2710.39 | 19 | 2894.05 | 19 | 3090.52 | 19 | 3173.59 | 19 | 2743.72 | 22 | 5.0 |
| 银　川 | 1273.49 | 24 | 1395.67 | 24 | 1480.73 | 24 | 1617.28 | 24 | 1803.17 | 24 | 8.0 |
| 西　宁 | 978.53 | 25 | 1077.14 | 25 | 1131.62 | 26 | 1248.16 | 26 | 1284.91 | 26 | 9.5 |
| 拉　萨 | 312.00 | 27 | 347.45 | 27 | 376.73 | 27 | 424.95 | 27 | 479.25 | 27 | 10.0 |
| 广　州 | 15420.14 | 1 | 16706.87 | 1 | 18100.41 | 1 | 19610.94 | 1 | 21503.15 | 1 | 7.0 |
| 福　州 | 4678.50 | 14 | 5169.16 | 14 | 5618.1 | 13 | 6197.77 | 11 | 7104.02 | 11 | 8.7 |
| 杭　州 | 8343.52 | 4 | 9201.16 | 4 | 10053.58 | 4 | 11050.49 | 4 | 12556.16 | 4 | 8.0 |
| 南　京 | 8011.78 | 5 | 8820.75 | 5 | 9720.77 | 5 | 10503.02 | 5 | 11715.1 | 5 | 8.1 |
| 海　口 | 904.64 | 26 | 1005.51 | 26 | 1161.28 | 25 | 1257.67 | 25 | 1390.48 | 25 | 7.5 |
| 沈　阳 | 7158.57 | 6 | 7098.71 | 7 | 7280.5 | 8 | 5460 | 15 | 5865 | 15 | 3.5 |
| 哈尔滨 | 5017.00 | 10 | 5340.10 | 12 | 5751.2 | 11 | 6101.6 | 12 | 6355 | 14 | 6.7 |
| 长　春 | 5003.20 | 11 | 5382.00 | 11 | 5530 | 14 | 5928.5 | 13 | 6530 | 12 | 8.0 |
| 石家庄 | 4863.60 | 13 | 5170.30 | 13 | 5440.6 | 15 | 5857.8 | 14 | 6460.9 | 13 | 7.3 |
| 太　原 | 2412.87 | 20 | 2531.09 | 20 | 2735.34 | 21 | 2955.6 | 21 | 3382.18 | 20 | 7.5 |
| 合　肥 | 4672.91 | 15 | 5157.97 | 15 | 5660.3 | 12 | 6274.3 | 9 | 7213.45 | 9 | 8.5 |
| 南　昌 | 3336.03 | 17 | 3667.96 | 17 | 4000.01 | 16 | 4354.99 | 16 | 5003.19 | 16 | 9.0 |
| 济　南 | 5230.20 | 9 | 5770.60 | 9 | 6100.23 | 9 | 6536.12 | 8 | 7201.96 | 10 | 8.0 |
| 郑　州 | 6201.85 | 8 | 6776.98 | 8 | 7315.19 | 7 | 7994.16 | 7 | 9130.2 | 7 | 8.2 |
| 武　汉 | 9051.27 | 3 | 10069.48 | 2 | 10905.6 | 2 | 11912.61 | 3 | 13410.34 | 3 | 8.0 |
| 长　沙 | 7153.13 | 7 | 7824.81 | 6 | 8510.13 | 6 | 9323.7 | 6 | 10535.51 | 6 | 9.0 |

# 12-4 各省会城市第一产业增加值

单位：亿元

| 城市名称 | 2013 年 | 位次 | 2014 年 | 位次 | 2015 年 | 位次 | 2016 年 | 位次 | 2017 年 | 位次 | 2017 年比 2016 年增长（%） |
|---|---|---|---|---|---|---|---|---|---|---|---|
| **南　宁** | **349.93** | **5** | **355.09** | **5** | **371.1** | **5** | **395.93** | **5** | **404.18** | **6** | **4.1** |
| 昆　明 | 175.27 | 16 | 187.56 | 16 | 188.1 | 16 | 200.51 | 16 | 210.13 | 16 | 6.0 |
| 成　都 | 353.17 | 4 | 357.07 | 4 | 373.15 | 4 | 474.94 | 4 | 500.9 | 3 | 3.9 |
| 贵　阳 | 81.52 | 20 | 108.02 | 20 | 129.89 | 19 | 137.14 | 19 | 147.33 | 19 | 6.3 |
| 西　安 | 217.76 | 14 | 214.55 | 15 | 220.2 | 15 | 232.01 | 15 | 281.12 | 11 | 4.6 |
| 兰　州 | 49.70 | 23 | 53.60 | 23 | 56.22 | 23 | 60.36 | 22 | 61.47 | 22 | 5.9 |
| 乌鲁木齐 | 27.00 | 26 | 29.00 | 26 | 31.2 | 26 | 28.37 | 26 | 29.62 | 26 | 2.7 |
| 呼和浩特 | 134.72 | 19 | 125.46 | 19 | 126.23 | 20 | 113.49 | 20 | 107.74 | 20 | 2.8 |
| 银　川 | 55.71 | 22 | 56.66 | 21 | 57.46 | 22 | 58.61 | 23 | 61.38 | 23 | 4.2 |
| 西　宁 | 36.10 | 25 | 37.75 | 25 | 37.46 | 24 | 39.15 | 24 | 41.8 | 24 | 5.1 |
| 拉　萨 | 11.72 | 27 | 12.94 | 27 | 13.8 | 27 | 15.12 | 27 | 17.54 | 27 | 4.5 |
| 广　州 | 228.87 | 13 | 218.70 | 14 | 228.09 | 14 | 240.04 | 14 | 233.49 | 15 | -1.0 |
| 福　州 | 402.26 | 3 | 416.09 | 3 | 434.74 | 3 | 492.65 | 2 | 519.49 | 2 | 3.7 |
| 杭　州 | 265.42 | 11 | 274.36 | 11 | 287.69 | 11 | 304.84 | 10 | 311.67 | 10 | 1.9 |
| 南　京 | 204.64 | 15 | 223.96 | 13 | 232.39 | 13 | 252.51 | 13 | 263.01 | 14 | 1.2 |
| 海　口 | 58.54 | 21 | 54.58 | 22 | 58.12 | 21 | 67.68 | 21 | 63.72 | 21 | 3.7 |
| 沈　阳 | 335.52 | 6 | 325.29 | 8 | 341.4 | 9 | 266.4 | 12 | 268.2 | 13 | 3.6 |
| 哈尔滨 | 587.10 | 1 | 626.50 | 1 | 672.6 | 1 | 691.2 | 1 | 688.8 | 1 | 3.7 |
| 长　春 | 332.00 | 8 | 340.10 | 7 | 343.3 | 7 | 323.5 | 8 | 315.1 | 9 | 3.8 |
| 石家庄 | 488.70 | 2 | 487.50 | 2 | 494.4 | 2 | 480.9 | 3 | 480.5 | 4 | 2.4 |
| 太　原 | 38.73 | 24 | 38.93 | 24 | 37.43 | 25 | 38.22 | 25 | 40.82 | 25 | 3.0 |
| 合　肥 | 247.21 | 12 | 257.63 | 12 | 263.4 | 12 | 270.2 | 11 | 272.75 | 12 | 3.7 |
| 南　昌 | 157.24 | 17 | 166.10 | 17 | 171.26 | 17 | 181.77 | 17 | 192.13 | 17 | 4.0 |
| 济　南 | 284.70 | 10 | 290.30 | 10 | 305.39 | 10 | 317.31 | 9 | 317.4 | 8 | 3.3 |
| 郑　州 | 146.96 | 18 | 147.14 | 18 | 150.96 | 18 | 156.35 | 18 | 158.6 | 18 | 2.6 |
| 武　汉 | 335.40 | 7 | 350.06 | 6 | 359.81 | 6 | 390.62 | 6 | 408.2 | 5 | 2.8 |
| 长　沙 | 291.16 | 9 | 311.90 | 9 | 341.78 | 8 | 370.95 | 7 | 379.45 | 7 | 3.0 |

# 12-5 各省会城市第二产业增加值

单位：亿元

| 城市名称 | 2013年 | 位次 | 2014年 | 位次 | 2015年 | 位次 | 2016年 | 位次 | 2017年 | 位次 | 2017年比2016年增长（%） |
|---|---|---|---|---|---|---|---|---|---|---|---|
| **南　宁** | **1110.89** | **18** | **1251.54** | **18** | **1345.1457** | **18** | **1426.5** | **18** | **1599.5** | **18** | **8.6** |
| 昆　明 | 1537.11 | 17 | 1642.03 | 17 | 1588.4 | 17 | 1660.46 | 17 | 1865.97 | 16 | 9.0 |
| 成　都 | 4181.49 | 3 | 4508.53 | 3 | 4723.49 | 3 | 5232.02 | 2 | 5998.2 | 2 | 7.5 |
| 贵　阳 | 848.64 | 22 | 976.59 | 20 | 1108.52 | 19 | 1218.79 | 19 | 1375.18 | 19 | 10.0 |
| 西　安 | 2117.66 | 13 | 2205.37 | 14 | 2165.54 | 15 | 2197.81 | 14 | 2596.08 | 13 | 5.5 |
| 兰　州 | 820.42 | 23 | 829.20 | 23 | 782.65 | 24 | 790.09 | 23 | 881.74 | 22 | 3.1 |
| 乌鲁木齐 | 930.00 | 20 | 928.00 | 21 | 788.8 | 22 | 704.94 | 24 | 827.63 | 23 | 7.4 |
| 呼和浩特 | 866.74 | 21 | 848.19 | 22 | 867.08 | 21 | 884.43 | 21 | 755.75 | 24 | 2.6 |
| 银　川 | 678.80 | 24 | 760.27 | 24 | 787.11 | 23 | 825.46 | 22 | 908.6 | 21 | 6.5 |
| 西　宁 | 514.50 | 25 | 560.73 | 25 | 543.47 | 25 | 595.64 | 25 | 556.44 | 25 | 10.6 |
| 拉　萨 | 107.56 | 27 | 127.75 | 27 | 140.95 | 27 | 162.8 | 27 | 189.38 | 27 | 10.4 |
| 广　州 | 5227.38 | 1 | 5590.97 | 1 | 5786.21 | 1 | 5925.87 | 1 | 6015.29 | 1 | 4.7 |
| 福　州 | 2133.60 | 12 | 2352.15 | 12 | 2482.44 | 11 | 2598.31 | 11 | 2962.94 | 10 | 6.9 |
| 杭　州 | 3661.98 | 6 | 3858.90 | 5 | 3910.6 | 6 | 3977.39 | 6 | 4387.19 | 6 | 5.3 |
| 南　京 | 3450.58 | 8 | 3671.45 | 6 | 3916.11 | 5 | 4117.2 | 5 | 4454.87 | 5 | 5.1 |
| 海　口 | 217.03 | 26 | 215.67 | 26 | 223.67 | 26 | 233.56 | 26 | 252.22 | 26 | 5.0 |
| 沈　阳 | 3709.25 | 5 | 3541.41 | 7 | 3499 | 8 | 2135.6 | 15 | 2261.4 | 15 | 2.7 |
| 哈尔滨 | 1743.90 | 16 | 1784.00 | 16 | 1862.8 | 16 | 1896.7 | 16 | 1820.7 | 17 | 3.6 |
| 长　春 | 2658.70 | 9 | 2862.80 | 10 | 2770.9 | 10 | 2926.2 | 9 | 3175.2 | 9 | 7.5 |
| 石家庄 | 2359.50 | 11 | 2417.50 | 11 | 2452.9 | 12 | 2638 | 10 | 2913.9 | 11 | 3.7 |
| 太　原 | 1052.08 | 19 | 1012.31 | 19 | 1020.14 | 20 | 1068.04 | 20 | 1271.42 | 20 | 7.0 |
| 合　肥 | 2583.75 | 10 | 2872.01 | 9 | 3097.9 | 9 | 3189.2 | 8 | 3643.08 | 8 | 8.6 |
| 南　昌 | 1850.49 | 15 | 2017.01 | 15 | 2179.96 | 14 | 2307.24 | 13 | 2666.1 | 12 | 8.4 |
| 济　南 | 2053.20 | 14 | 2261.70 | 13 | 2307 | 13 | 2368.9 | 12 | 2569.22 | 14 | 8.4 |
| 郑　州 | 3470.52 | 7 | 3487.13 | 8 | 3625.52 | 7 | 3780.68 | 7 | 4247.5 | 7 | 7.6 |
| 武　汉 | 4396.17 | 2 | 4785.66 | 2 | 4981.54 | 2 | 5227.05 | 3 | 5861.35 | 3 | 7.1 |
| 长　沙 | 3946.97 | 4 | 4241.25 | 4 | 4478.2 | 4 | 4513.23 | 4 | 4998.26 | 4 | 7.7 |

## 12-6 各省会城市第三产业增加值

单位：亿元

| 城市名称 | 2013年 | 位次 | 2014年 | 位次 | 2015年 | 位次 | 2016年 | 位次 | 2017年 | 位次 | 2017年比2016年增长（%） |
|---|---|---|---|---|---|---|---|---|---|---|---|
| **南　宁** | **1342.73** | **19** | **1541.67** | **19** | **1693.8309** | **19** | **1880.89** | **18** | **2115.15** | **18** | **8.4** |
| 昆　明 | 1702.93 | 17 | 1883.40 | 17 | 2193.5 | 16 | 2439.46 | 16 | 2781.54 | 16 | 10.5 |
| 成　都 | 4574.23 | 2 | 5190.99 | 2 | 5704.52 | 3 | 6463.27 | 3 | 7390.3 | 3 | 8.9 |
| 贵　阳 | 1155.26 | 22 | 1412.66 | 22 | 1652.75 | 21 | 1801.77 | 21 | 2015.45 | 20 | 12.6 |
| 西　安 | 2548.71 | 11 | 3054.85 | 10 | 3424.29 | 10 | 3827.36 | 9 | 4592.65 | 8 | 9.2 |
| 兰　州 | 906.74 | 23 | 1030.70 | 23 | 1257.11 | 23 | 1413.78 | 23 | 1580.34 | 23 | 7.2 |
| 乌鲁木齐 | 1443.00 | 18 | 1553.00 | 18 | 1860 | 18 | 1725.67 | 22 | 1886.56 | 21 | 8.4 |
| 呼和浩特 | 1708.93 | 16 | 1920.40 | 16 | 2097.21 | 17 | 2175.67 | 17 | 1880.23 | 22 | 6.1 |
| 银　川 | 529.97 | 25 | 578.74 | 25 | 636.16 | 25 | 733.21 | 25 | 833.18 | 25 | 10.1 |
| 西　宁 | 427.93 | 26 | 478.66 | 26 | 550.69 | 26 | 613.37 | 26 | 686.67 | 26 | 8.7 |
| 拉　萨 | 185.59 | 27 | 206.77 | 27 | 221.98 | 27 | 247.04 | 27 | 272.33 | 27 | 10.0 |
| 广　州 | 9963.89 | 1 | 10897.20 | 1 | 12086.11 | 1 | 13445.03 | 1 | 15254.37 | 1 | 8.2 |
| 福　州 | 2142.63 | 12 | 2400.92 | 12 | 2700.92 | 12 | 3106.81 | 11 | 3621.6 | 11 | 11.0 |
| 杭　州 | 4416.12 | 3 | 5067.90 | 3 | 5855.29 | 2 | 6768.26 | 2 | 7857.3 | 2 | 10.0 |
| 南　京 | 4356.56 | 4 | 4925.34 | 5 | 5572.27 | 4 | 6133.31 | 5 | 6997.22 | 5 | 10.3 |
| 海　口 | 629.07 | 24 | 735.26 | 24 | 879.49 | 24 | 956.43 | 24 | 1074.54 | 24 | 8.4 |
| 沈　阳 | 3113.80 | 6 | 3232.02 | 7 | 3440.1 | 9 | 3058 | 12 | 3335.4 | 12 | 4.0 |
| 哈尔滨 | 2986.00 | 7 | 2929.60 | 11 | 3215.8 | 11 | 3513.8 | 10 | 3845.5 | 10 | 9.0 |
| 长　春 | 2012.50 | 14 | 2179.10 | 14 | 2415.8 | 14 | 2678.8 | 15 | 3039.7 | 15 | 9.0 |
| 石家庄 | 2015.40 | 13 | 2265.20 | 13 | 2493.3 | 13 | 2738.9 | 14 | 3066.4 | 14 | 11.6 |
| 太　原 | 1322.06 | 21 | 1479.85 | 21 | 1677.77 | 20 | 1849.34 | 20 | 2069.94 | 19 | 7.9 |
| 合　肥 | 1841.95 | 15 | 2028.33 | 15 | 2298.9 | 15 | 2814.8 | 13 | 3297.62 | 13 | 8.9 |
| 南　昌 | 1328.30 | 20 | 1484.85 | 20 | 1648.79 | 22 | 1865.98 | 19 | 2144.96 | 17 | 10.2 |
| 济　南 | 2892.30 | 9 | 3218.60 | 8 | 3487.84 | 8 | 3849.91 | 8 | 4315.34 | 9 | 8.2 |
| 郑　州 | 2584.37 | 10 | 3142.70 | 9 | 3538.71 | 7 | 4057.14 | 7 | 4724.1 | 7 | 9.0 |
| 武　汉 | 4319.70 | 5 | 4933.76 | 4 | 5564.25 | 5 | 6294.94 | 4 | 7140.79 | 4 | 9.2 |
| 长　沙 | 2915.01 | 8 | 3271.66 | 6 | 3690.15 | 6 | 4439.52 | 6 | 5157.8 | 6 | 10.9 |

# 12-7 各省会城市人均地区生产总值

单位：元

| 城市名称 | 2013 年 | 位次 | 2014 年 | 位次 | 2015 年 | 位次 | 2016 年 | 位次 | 2017 年 | 位次 |
|---|---|---|---|---|---|---|---|---|---|---|
| **南　宁** | **38994** | **27** | **43303** | **27** | **49066** | **27** | **52723** | **27** | **57948** | **25** |
| 昆　明 | 52094 | 19 | 56036 | 20 | 59686 | 20 | 64162 | 21 | 71906 | 19 |
| 成　都 | 63977 | 14 | 70019 | 12 | 74273 | 13 | 76960 | 13 | 86911 | 13 |
| 贵　阳 | 46479 | 23 | 55018 | 21 | 63003 | 19 | 67771 | 18 | 74493 | 18 |
| 西　安 | 56988 | 17 | 63602 | 17 | 67343 | 17 | 71357 | 15 | 78346 | 15 |
| 兰　州 | 48777 | 22 | 54771 | 22 | 56972 | 23 | 61207 | 23 | 67882 | 21 |
| 乌鲁木齐 | 69364 | 9 | 68555 | 14 | 74340 | 12 | 69565 | 16 | 78306 | 16 |
| 呼和浩特 | 90941 | 5 | 95961 | 6 | 101977 | 6 | 102739 | 6 | 110561 | 6 |
| 银　川 | 61684 | 15 | 66277 | 16 | 69594 | 16 | 74269 | 14 | 81656 | 14 |
| 西　宁 | 43346 | 25 | 47261 | 25 | 49200 | 26 | 53800 | 26 | 54800 | 26 |
| 拉　萨 | 50710 | 20 | 56616 | 19 | 59233 | 21 | 64803 | 20 |  | #N/A |
| 广　州 | 119288 | 1 | 128478 | 1 | 138377 | 1 | 142394 | 1 | 150678 | 1 |
| 福　州 | 64045 | 13 | 69995 | 13 | 75259 | 11 | 82253 | 9 | 93290 | 8 |
| 杭　州 | 94566 | 4 | 103757 | 4 | 112268 | 4 | 121394 | 4 | 134607 | 4 |
| 南　京 | 98011 | 3 | 107545 | 3 | 118171 | 2 | 127264 | 2 | 141103 | 2 |
| 海　口 | 41955 | 26 | 46000 | 26 | 52501 | 24 | 56284 | 24 | 61583 | 23 |
| 沈　阳 | 86850 | 7 | 85816 | 7 | 87833 | 7 | 65851 | 19 | 70722 | 20 |
| 哈尔滨 | 50498 | 21 | 53872 | 23 | 59027 | 22 | 63445 | 22 | 66301 | 22 |
| 长　春 | 66286 | 11 | 70891 | 10 | 72592 | 15 | 78667 | 12 | 86931 | 12 |
| 石家庄 | 46321 | 24 | 48970 | 24 | 51248 | 25 | 54526 | 25 | 59645 | 24 |
| 太　原 | 56547 | 18 | 59023 | 18 | 63483 | 18 | 68234 | 17 | 77536 | 17 |
| 合　肥 | 61555 | 16 | 67394 | 15 | 73102 | 14 | 80136 | 11 | 91113 | 11 |
| 南　昌 | 64350 | 12 | 70373 | 11 | 75879 | 10 | 81598 | 10 | 93145 | 9 |
| 济　南 | 74993 | 8 | 82502 | 8 | 85919 | 8 | 90999 | 7 | 98967 | 7 |
| 郑　州 | 68070 | 10 | 72293 | 9 | 77217 | 9 | 82872 | 8 | 93143 | 10 |
| 武　汉 | 89000 | 6 | 98000 | 5 | 104132 | 5 | 111468 | 5 | 123831 | 5 |
| 长　沙 | 99055 | 2 | 107683 | 2 | 115443 | 3 | 123681 | 3 | 135388 | 3 |

# 12-8 各省会城市固定资产投资

单位：亿元

| 城市名称 | 2013 年 | 位次 | 2014 年 | 位次 | 2015 年 | 位次 | 2016 年 | 位次 | 2017 年 | 位次 | 2017 年比 2016 年增长（%） |
|---|---|---|---|---|---|---|---|---|---|---|---|
| **南　宁** | **2432.69** | **19** | **2886.68** | **19** | **3366.89** | **18** | **3824.73** | **17** | **4307.95** | **16** | **12.6** |
| 昆　明 | 2931.50 | 15 | 3138.17 | 17 | 3497.88 | 17 | 3920.07 | 16 | 4217.9 | 17 | 7.6 |
| 成　都 | 6501.10 | 1 | 6620.40 | 2 | 7007 | 2 | 8370.5 | 1 | 9404.2 | 1 | 12.3 |
| 贵　阳 | 2903.95 | 16 | 3421.76 | 16 | 2804.45 | 19 | 3380.73 | 18 | 3850.6 | 18 | 18.1 |
| 西　安 | 5055.23 | 6 | 5824.53 | 4 | 5165.98 | 11 | 5191.36 | 10 | 7556.47 | 5 | 12.9 |
| 兰　州 | 1316.86 | 22 | 1610.68 | 22 | 1803.75 | 21 | 1990.95 | 20 | 1315.35 | 25 | -33.9 |
| 乌鲁木齐 | 1262.41 | 23 | 1519.15 | 23 | 1708.39 | 22 | 1607.78 | 24 | 2020 | 19 | 25.7 |
| 呼和浩特 | 1504.83 | 21 | 1736.50 | 21 | 1618.6 | 23 | 1849.2 | 21 | 1490.8 | 22 | -19.4 |
| 银　川 | 1061.92 | 24 | 1371.92 | 24 | 1540.88 | 24 | 1723.31 | 22 | 1719.05 | 20 | 1.4 |
| 西　宁 | 925.44 | 25 | 1176.61 | 25 | 1295.95 | 25 | 1399.3 | 25 | 1600.03 | 21 | 14.3 |
| 拉　萨 | 376.00 | 27 | 455.39 | 27 | 546.04 | 27 | 582.27 | 27 | 611.73 | 27 | 5.1 |
| 广　州 | 4255.27 | 11 | 4808.51 | 11 | 5405.95 | 9 | 5703.59 | 8 | 5919.83 | 9 | 5.7 |
| 福　州 | 3834.22 | 13 | 4388.62 | 12 | 4853.61 | 12 | 5184.36 | 11 | 5823.39 | 11 | 12.3 |
| 杭　州 | 4263.87 | 10 | 4952.70 | 10 | 5556.32 | 7 | 5842.42 | 7 | 5856.65 | 10 | 1.4 |
| 南　京 | 5093.78 | 5 | 5460.03 | 5 | 5425.98 | 8 | 5533.56 | 9 | 6215.2 | 8 | 12.3 |
| 海　口 | 649.33 | 26 | 821.53 | 26 | 1012.05 | 26 | 1271.73 | 26 | 1415.5 | 24 | 11.3 |
| 沈　阳 | 6042.34 | 2 | 6564.06 | 3 | 5326 | 10 | 1631.6 | 23 | 1484 | 23 | -9.0 |
| 哈尔滨 | 5214.00 | 4 | 4176.00 | 13 | 4595.7 | 13 | 5040.1 | 12 | 5395.5 | 12 | 7.1 |
| 长　春 | 3408.40 | 14 | 3924.50 | 14 | 4400 | 14 | 4659 | 13 | 5194.8 | 13 | 11.5 |
| 石家庄 | 4369.20 | 9 | 5076.43 | 9 | 5689.9 | 6 | 5916 | 6 | 6310.1 | 7 | 6.7 |
| 太　原 | 1670.74 | 20 | 1746.09 | 20 | 2025.61 | 20 | 2027.71 | 19 | 964.86 | 26 | 6.8 |
| 合　肥 | 4537.50 | 7 | 5096.41 | 8 | 5851.9 | 5 | 6501.17 | 5 | 6351.43 | 6 | 5.0 |
| 南　昌 | 2896.86 | 17 | 3434.25 | 15 | 4000.07 | 15 | 4540.26 | 14 | 5115.18 | 14 | 12.7 |
| 济　南 | 2638.30 | 18 | 3063.40 | 18 | 3498.4 | 16 | 3974.3 | 15 | 4363.6 | 15 | 13.5 |
| 郑　州 | 4400.20 | 8 | 5259.60 | 7 | 6288 | 4 | 6998.6 | 3 | 7573.44 | 3 | 8.2 |
| 武　汉 | 5974.53 | 3 | 6962.53 | 1 | 7680.89 | 1 | 7093.17 | 2 | 7871.66 | 2 | 11.0 |
| 长　沙 | 4254.57 | 12 | 5435.75 | 6 | 6363.29 | 3 | 6693.32 | 4 | 7567.77 | 4 | 13.1 |

# 12-9 各省会城市社会消费品零售总额

单位：亿元

| 城市名称 | 2013 年 | 位次 | 2014 年 | 位次 | 2015 年 | 位次 | 2016 年 | 位次 | 2017 年 | 位次 | 2017 年比 2016 年增长（%） |
|---|---|---|---|---|---|---|---|---|---|---|---|
| **南　宁** | **1450.84** | **17** | **1616.90** | **17** | **1786.68** | **17** | **1980.36** | **17** | **2204.16** | **17** | **11.3** |
| 昆　明 | 1702.30 | 15 | 1905.89 | 15 | 2061.66 | 16 | 2310.09 | 16 | 2590.95 | 16 | 12.2 |
| 成　都 | 3752.90 | 3 | 4468.88 | 2 | 4946.19 | 3 | 5647.4 | 2 | 6403.5 | 2 | 11.5 |
| 贵　阳 | 785.66 | 23 | 888.58 | 23 | 1060.17 | 23 | 1195.34 | 23 | 1335.28 | 22 | 11.7 |
| 西　安 | 2548.02 | 12 | 2872.90 | 12 | 3405.38 | 10 | 3730.7 | 11 | 4329.51 | 7 | 10.5 |
| 兰　州 | 843.80 | 22 | 944.90 | 22 | 1152.15 | 21 | 1263.33 | 21 | 1358.72 | 21 | 7.6 |
| 乌鲁木齐 | 970.05 | 21 | 1069.96 | 21 | 1152 | 22 | 1236.69 | 22 | 1317 | 23 | 6.5 |
| 呼和浩特 | 1142.36 | 20 | 1256.08 | 20 | 1353.53 | 20 | 1481.46 | 20 | 1570.95 | 20 | 6.0 |
| 银　川 | 348.06 | 26 | 382.47 | 26 | 477.63 | 25 | 514.19 | 25 | 562.31 | 25 | 9.4 |
| 西　宁 | 365.07 | 25 | 412.86 | 25 | 461.94 | 26 | 513.07 | 26 | 560.79 | 26 | 9.3 |
| 拉　萨 | 150.00 | 27 | 180.33 | 27 | 205.8 | 27 | 229.67 | 27 | 258.76 | 27 | 12.7 |
| 广　州 | 6882.85 | 1 | 7144.45 | 1 | 7932.96 | 1 | 8706.49 | 1 | 9402.59 | 1 | 8.0 |
| 福　州 | 2681.72 | 10 | 2991.98 | 9 | 3488.74 | 8 | 3763.14 | 9 | 4193.87 | 8 | 11.4 |
| 杭　州 | 3531.17 | 4 | 3838.73 | 5 | 4697.23 | 4 | 5176.2 | 4 | 5717.43 | 4 | 10.5 |
| 南　京 | 3504.17 | 5 | 4167.19 | 4 | 4590.17 | 5 | 5088.2 | 5 | 5604.66 | 5 | 10.2 |
| 海　口 | 490.05 | 24 | 541.27 | 24 | 595.53 | 24 | 653.89 | 24 | 726.12 | 24 | 11.0 |
| 沈　阳 | 3186.09 | 6 | 3570.11 | 6 | 3883.2 | 6 | 3985.9 | 7 | 3989.8 | 12 | 0.1 |
| 哈尔滨 | 2728.30 | 9 | 3070.90 | 8 | 3394.5 | 11 | 3744.2 | 10 | 4044.8 | 11 | 8.0 |
| 长　春 | 1970.04 | 14 | 2217.55 | 14 | 2409.3 | 14 | 2650.3 | 14 | 2922.8 | 14 | 10.3 |
| 石家庄 | 2154.50 | 13 | 2423.50 | 13 | 2680.9 | 13 | 2975.2 | 13 | 3296 | 13 | 10.8 |
| 太　原 | 1281.46 | 18 | 1411.13 | 19 | 1540.8 | 19 | 1666.24 | 19 | 1767.82 | 19 | 6.1 |
| 合　肥 | 1480.84 | 16 | 1666.75 | 16 | 2183.65 | 15 | 2445.7 | 15 | 2728.51 | 15 | 11.6 |
| 南　昌 | 1270.01 | 19 | 1429.21 | 18 | 1662.87 | 18 | 1868 | 18 | 2096.96 | 18 | 12.3 |
| 济　南 | 2743.35 | 8 | 2964.40 | 10 | 3410.3 | 9 | 3764.8 | 8 | 4146.1 | 9 | 10.1 |
| 郑　州 | 2586.40 | 11 | 2913.60 | 11 | 3294.71 | 12 | 3665.83 | 12 | 4057.22 | 10 | 10.7 |
| 武　汉 | 3878.60 | 2 | 4369.32 | 3 | 5102.24 | 2 | 5610.59 | 3 | 6196.3 | 3 | 10.4 |
| 长　沙 | 2801.97 | 7 | 3162.07 | 7 | 3690.59 | 7 | 4117.4 | 6 | 4547.68 | 6 | 10.5 |

# 12-10 各省会城市海关进出口贸易总额

| 城市名称 | 2013 年 | 位次 | 2014 年 | 位次 | 2015 年 | 单位 | 2016 年 | 单位 | 2017 年 | 单位 | 2017 年比 2016 年增长（%） |
|---|---|---|---|---|---|---|---|---|---|---|---|
| **南　宁** | **442117** | **22** | **481400** | **21** | **3644600** | **万元** | **4162300** | **万元** | **6070900** | **万元** | **48.8** |
| 昆　明 | 1742200 | 11 | 1778700 | 11 | 1236400 | 万美元 | 668100 | 万美元 | 781800 | 万美元 | 18.2 |
| 成　都 | 5060000 | 4 | 5584300 | 4 | 24549000 | 万元 | 27134000 | 万元 | 39418000 | 万元 | 45.4 |
| 贵　阳 | 631800 | 20 | 784200 | 19 | 912200 | 万美元 | 390400 | 万美元 | 299200 | 万美元 | 25.3 |
| 西　安 | 1798200 | 10 | 2498300 | 8 | 17619200 | 万元 | 18284600 | 万元 | 25454100 | 万元 | 39.1 |
| 兰　州 | 406300 | 23 | 456000 | 22 | 3150700 | 万元 | 2810000 | 万元 | 1251100 | 万元 | 21.8 |
| 乌鲁木齐 | 779800 | 18 | 828500 | 18 | 3619100 | 万元 | 3237300 | 万元 | 4603400 | 万元 | 45.2 |
| 呼和浩特 | 159900 | 26 | 219500 | 25 | 207200 | 万美元 | 130900 | 万美元 | 159900 | 万美元 | 22.2 |
| 银　川 | 241100 | 25 | 450000 | 23 | 326700 | 万美元 | 1634700 | 万元 | 2706200 | 万元 | 65.6 |
| 西　宁 | 124100 | 27 | 159700 | 27 | 1141300 | 万元 | 850800 | 万元 | 329100 | 万元 | -61.4 |
| 拉　萨 | 320500 | 24 | 207600 | 26 | 412900 | 万元 | 412100 | 万元 | 442700 | 万元 | 7.4 |
| 广　州 | 11888800 | 1 | 13059000 | 1 | 83064100 | 万元 | 85669200 | 万元 | 97143600 | 万元 | 13.7 |
| 福　州 | 3142900 | 6 | 3461300 | 6 | 20654800 | 万元 | 20822000 | 万元 | 23360600 | 万元 | 12.0 |
| 杭　州 | 6507100 | 2 | 6799800 | 2 | 6656600 | 万美元 | 44859700 | 万元 | 50850800 | 万元 | 13.3 |
| 南　京 | 5580500 | 3 | 5722100 | 3 | 5324000 | 万美元 | 33153300 | 万元 | 41430000 | 万元 | 24.8 |
| 海　口 | 510100 | 21 | 340000 | 24 | 2704900 | 万元 | 2581800 | 万元 | 2102200 | 万元 | -18.5 |
| 沈　阳 | 1432900 | 12 | 1580000 | 12 | 1408000 | 万美元 | 1133000 | 万美元 | 1285000 | 万美元 | 13.4 |
| 哈尔滨 | 654000 | 19 | 681000 | 20 | 478000 | 万美元 | 397000 | 万美元 | 335000 | 万美元 | -15.8 |
| 长　春 | 2039900 | 8 | 2071900 | 9 | 1399000 | 万美元 | 1416000 | 万美元 | 9525000 | 万元 | 1.9 |
| 石家庄 | 1400000 | 13 | 1430000 | 13 | 1214000 | 万美元 | 1161000 | 万美元 | 8622000 | 万元 | 12.3 |
| 太　原 | 916300 | 17 | 1067100 | 16 | 1067700 | 万美元 | 8793800 | 万元 | 9152500 | 万元 | 4.1 |
| 合　肥 | 1819000 | 9 | 2008700 | 10 | 12629900 | 万元 | 1868700 | 万美元 | 2495900 | 万美元 | 33.6 |
| 南　昌 | 972200 | 15 | 1222600 | 15 | 1146400 | 万美元 | 6197000 | 万元 | 6692000 | 万元 | 8.3 |
| 济　南 | 956600 | 16 | 1049500 | 17 | 991000 | 万美元 | 6397000 | 万元 | 7081000 | 万元 | 10.5 |
| 郑　州 | 4274900 | 5 | 4643100 | 5 | 5703000 | 万美元 | 36456600 | 万元 | 40156500 | 万元 | 10.1 |
| 武　汉 | 2175200 | 7 | 2642900 | 7 | 2807000 | 万美元 | 15701000 | 万元 | 19362000 | 万元 | 23.2 |
| 长　沙 | 989300 | 14 | 1257100 | 14 | 8064700 | 万元 | 7467500 | 万元 | 9380200 | 万元 | 29.0 |

注：2014 年（含 2014 年）统计计量单位为万美元，2015-2016 年统计计量单位如表里所示。

# 12-11 各省会城市海关出口贸易总额

| 城市名称 | 2013 年 | 位次 | 2014 年 | 位次 | 2015 年 | 单位 | 2016 年 | 单位 | 2017 年 | 单位 |
|---|---|---|---|---|---|---|---|---|---|---|
| **南　宁** | **235270** | **23** | **261702** | **22** | **2024800** | **万元** | **2111300** | **万元** | **2756900** | **万元** |
| 昆　明 | 1041000 | 9 | 1160800 | 10 | 945400 | 万美元 | 413300 | 万美元 | 294300 | 万美元 |
| 成　都 | 3188000 | 4 | 3381800 | 3 | 14838800 | 万元 | 14505000 | 万元 | 20649000 | 万元 |
| 贵　阳 | 557900 | 16 | 727200 | 14 | 789700 | 万美元 | 326100 | 万美元 | 227100 | 万美元 |
| 西　安 | 847600 | 10 | 1196100 | 9 | 8198600 | 万元 | 9467500 | 万元 | 15523800 | 万元 |
| 兰　州 | 359300 | 19 | 400700 | 19 | 2777100 | 万元 | 2310000 | 万元 | 728800 | 万元 |
| 乌鲁木齐 | 639900 | 14 | 721700 | 15 | 2981800 | 万元 | 2777300 | 万元 | 3606700 | 万元 |
| 呼和浩特 | 73500 | 27 | 124200 | 25 | 124800 | 万美元 | 68200 | 万美元 | 76000 | 万美元 |
| 银　川 | 207800 | 24 | 360000 | 20 | 251100 | 万美元 | 198700 | 万美元 | 1959900 | 万元 |
| 西　宁 | 77874 | 26 | 108400 | 27 | 984900 | 万元 | 756000 | 万元 | 191300 | 万元 |
| 拉　萨 | 316400 | 21 | 207900 | 24 | 313300 | 万元 | 283000 | 万元 | 285900 | 万元 |
| 广　州 | 6280600 | 1 | 7271300 | 1 | 50346700 | 万元 | 51870500 | 万元 | 57921500 | 万元 |
| 福　州 | 1933700 | 6 | 2123800 | 6 | 13122800 | 万元 | 14068000 | 万元 | 14824000 | 万元 |
| 杭　州 | 4476600 | 2 | 4916600 | 2 | 5005600 | 万美元 | 33138000 | 万元 | 34556100 | 万元 |
| 南　京 | 3227300 | 3 | 3262800 | 4 | 3150300 | 万美元 | 19522800 | 万元 | 23330000 | 万元 |
| 海　口 | 189000 | 25 | 123000 | 26 | 597700 | 万元 | 522300 | 万元 | 554600 | 万元 |
| 沈　阳 | 699600 | 13 | 714300 | 16 | 679000 | 万美元 | 452000 | 万美元 | 3177000 | 万元 |
| 哈尔滨 | 290000 | 22 | 344400 | 21 | 236000 | 万美元 | 168000 | 万美元 | 917000 | 万元 |
| 长　春 | 329300 | 20 | 246700 | 23 | 192000 | 万美元 | 191000 | 万美元 | 1298000 | 万元 |
| 石家庄 | 712000 | 12 | 779000 | 13 | 732000 | 万美元 | 702000 | 万美元 | 5312000 | 万元 |
| 太　原 | 529500 | 18 | 657000 | 17 | 659200 | 万美元 | 5497100 | 万元 | 5721600 | 万元 |
| 合　肥 | 1189900 | 8 | 1251400 | 8 | 8515100 | 万元 | 1263500 | 万美元 | 1456600 | 万美元 |
| 南　昌 | 731100 | 11 | 841700 | 12 | 859400 | 万美元 | 3797500 | 万元 | 4282700 | 万元 |
| 济　南 | 548100 | 17 | 606000 | 18 | 599600 | 万美元 | 408000 | 万元 | 4510000 | 万元 |
| 郑　州 | 2506600 | 5 | 2665700 | 5 | 3127000 | 万美元 | 21006200 | 万元 | 23279400 | 万元 |
| 武　汉 | 1194300 | 7 | 1379100 | 7 | 1515000 | 万美元 | 9058000 | 万元 | 11576000 | 万元 |
| 长　沙 | 616600 | 15 | 877000 | 11 | 5382500 | 万元 | 5023100 | 万元 | 5878900 | 万元 |

注：2014 年（含 2014 年）统计计量单位为万美元，2015-2016 年统计计量单位如表里所示。

# 12-12 各省会城市一般公共预算收入

单位：亿元

| 城市名称 | 2013 年 | 位次 | 2014 年 | 位次 | 2015 年 | 位次 | 2016 年 | 位次 | 2017 年 | 位次 | 2017 年比 2016 年增长（%） |
|---|---|---|---|---|---|---|---|---|---|---|---|
| **南　宁** | **256.25** | **20** | **274.85** | **20** | **297.05** | **20** | **312.79** | **20** | **332.15** | **20** | **6.2** |
| 昆　明 | 450.75 | 12 | 477.97 | 13 | 502.22 | 13 | 530 | 13 | 560.86 | 13 | 8.2 |
| 成　都 | 898.50 | 4 | 1025.17 | 4 | 1154.4 | 4 | 1175.4 | 5 | 1275.5 | 4 | 11.3 |
| 贵　阳 | 277.21 | 19 | 331.59 | 19 | 374.15 | 18 | 366.32 | 19 | 377.77 | 18 | 8.0 |
| 西　安 | 501.98 | 9 | 583.76 | 9 | 650.91 | 8 | 641.1 | 9 | 654.5 | 11 | 9.8 |
| 兰　州 | 124.50 | 24 | 152.33 | 24 | 185.58 | 23 | 215.5 | 23 | 234.2 | 22 | 11.9 |
| 乌鲁木齐 | 301.90 | 17 | 340.62 | 18 | 368.67 | 19 | 369.67 | 18 | 400.78 | 17 | 8.4 |
| 呼和浩特 | 182.02 | 22 | 211.54 | 22 | 247.4 | 22 | 269.7 | 22 | 201.63 | 23 | −23.0 |
| 银　川 | 134.60 | 23 | 153.60 | 23 | 171.28 | 24 | 173.2 | 24 | 177.46 | 24 | 9.2 |
| 西　宁 | 67.11 | 26 | 83.88 | 26 | 94.79 | 26 | 75.22 | 26 | 79.2 | 27 | 18.2 |
| 拉　萨 | 50.00 | 27 | 64.79 | 27 | 62.42 | 27 | 70.79 | 27 | 89.63 | 26 | 26.0 |
| 广　州 | 1141.79 | 1 | 1243.10 | 1 | 1349.09 | 1 | 1393.85 | 2 | 1533.06 | 2 | 10.9 |
| 福　州 | 453.97 | 11 | 510.87 | 11 | 560.46 | 12 | 598.91 | 12 | 634.16 | 12 | 10.4 |
| 杭　州 | 945.20 | 3 | 1027.32 | 3 | 1233.88 | 3 | 1402.38 | 1 | 1567.42 | 1 | 17.4 |
| 南　京 | 831.31 | 5 | 903.49 | 5 | 1020.03 | 5 | 1142.6 | 6 | 1271.91 | 5 | 11.9 |
| 海　口 | 86.73 | 25 | 100.12 | 25 | 111.5 | 25 | 115.51 | 25 | 125.36 | 25 | 12.8 |
| 沈　阳 | 801.00 | 6 | 785.50 | 7 | 606.2 | 10 | 620.9 | 10 | 656.2 | 9 | 5.7 |
| 哈尔滨 | 402.30 | 14 | 423.50 | 14 | 407.7 | 14 | 376.2 | 17 | 368.1 | 19 | 8.4 |
| 长　春 | 381.80 | 15 | 397.30 | 15 | 388.2 | 16 | 415.5 | 14 | 450.1 | 15 | 8.3 |
| 石家庄 | 315.20 | 16 | 343.47 | 16 | 375 | 17 | 410.7 | 15 | 460.7 | 14 | 12.2 |
| 太　原 | 247.33 | 21 | 258.85 | 21 | 274.24 | 21 | 282.69 | 21 | 311.85 | 21 | 10.3 |
| 合　肥 | 413.97 | 13 | 500.34 | 12 | 571.54 | 11 | 614.85 | 11 | 655.9 | 10 | 12.8 |
| 南　昌 | 291.91 | 18 | 342.21 | 17 | 389.22 | 15 | 402.18 | 16 | 417.08 | 16 | 3.7 |
| 济　南 | 482.10 | 10 | 543.10 | 10 | 614.3 | 9 | 641.2 | 8 | 677.2 | 8 | 10.5 |
| 郑　州 | 723.60 | 7 | 833.90 | 6 | 942.9 | 6 | 1011.2 | 7 | 1056.67 | 6 | 9.6 |
| 武　汉 | 978.52 | 2 | 1101.02 | 2 | 1245.63 | 2 | 1322.1 | 3 | 1402.93 | 3 | 11.2 |
| 长　沙 | 536.63 | 8 | 632.80 | 8 | 718.95 | 7 | 1231.02 | 4 | 800.35 | 7 | 11.5 |

# 12-13 各省会城市地方财政支出

单位：亿元

| 城市名称 | 2013 年 | 位次 | 2014 年 | 位次 | 2015 年 | 位次 | 2016 年 | 位次 | 2017 年 | 位次 | 2017 年比 2016 年增长（%） |
|---|---|---|---|---|---|---|---|---|---|---|---|
| **南宁** | **418.40** | **17** | **465.77** | **18** | **527.69** | **18** | **586.98** | **18** | **646.31** | **18** | **10.1** |
| 昆明 | 585.75 | 13 | 594.05 | 13 | 615.51 | 16 | 689.14 | 16 | 775.9 | 16 | 12.7 |
| 成都 | 1162.60 | 2 | 1340.00 | 2 | 1478.6 | 2 | 1597.2 | 2 | 1759.63 | 2 | 10.2 |
| 贵阳 | 393.60 | 19 | 448.65 | 19 | 503.59 | 19 | 525.61 | 19 | 578.08 | 19 | 10.1 |
| 西安 | 729.81 | 8 | 819.50 | 8 | 916.81 | 8 | 942.52 | 8 | 1045.09 | 8 | 7.1 |
| 兰州 | 242.30 | 23 | 280.14 | 23 | 343.51 | 23 | 424.16 | 20 | 434.53 | 23 | 2.4 |
| 乌鲁木齐 | 353.20 | 20 | 404.81 | 20 | 446.66 | 20 | 417.56 | 23 | 458.58 | 22 | 9.8 |
| 呼和浩特 | 292.90 | 22 | 310.79 | 22 | 367.67 | 22 | 420.9 | 22 | 402.27 | 24 | -4.4 |
| 银川 | 220.53 | 24 | 263.90 | 24 | 309.27 | 24 | 397.04 | 24 | 341.53 | 25 | 2.9 |
| 西宁 | 207.57 | 25 | 248.14 | 25 | 280.03 | 25 | 287.81 | 25 | 560.79 | 20 | 9.3 |
| 拉萨 | 136.00 | 26 | 169.49 | 26 | 200.4 | 26 | 248.48 | 26 | 257.47 | 26 | 3.6 |
| 广州 | 1384.72 | 1 | 1436.22 | 1 | 1728.15 | 1 | 1943.68 | 1 | 2185.99 | 1 | 12.5 |
| 福州 | 534.36 | 14 | 571.02 | 15 | 723.68 | 13 | 831.24 | 11 | 940.82 | 11 | 13.1 |
| 杭州 | 855.74 | 5 | 961.18 | 4 | 1205.48 | 3 | 1404.31 | 4 | 1540.92 | 4 | 9.7 |
| 南京 | 851.01 | 6 | 921.20 | 5 | 1045.18 | 6 | 1173.79 | 6 | 1353.96 | 6 | 15.3 |
| 海口 | 132.00 | 27 | 150.92 | 27 | 171.13 | 27 | 206.17 | 27 | 198.5 | 27 | -4.8 |
| 沈阳 | 881.80 | 4 | 914.40 | 7 | 808.6 | 10 | 829.4 | 12 | 848 | 13 | 2.7 |
| 哈尔滨 | 709.80 | 9 | 740.10 | 10 | 824.8 | 9 | 876.3 | 9 | 958.5 | 10 | 9.4 |
| 长春 | 633.00 | 11 | 675.80 | 12 | 765.7 | 12 | 770.6 | 13 | 875.7 | 12 | 13.6 |
| 石家庄 | 514.90 | 16 | 566.49 | 16 | 682.3 | 14 | 746.1 | 14 | 804.2 | 15 | 8.7 |
| 太原 | 319.11 | 21 | 322.69 | 21 | 420.09 | 21 | 424.07 | 21 | 479.06 | 21 | 13.0 |
| 合肥 | 630.89 | 12 | 698.79 | 11 | 772.66 | 11 | 859.85 | 10 | 965.34 | 9 | 12.3 |
| 南昌 | 417.77 | 18 | 473.40 | 17 | 547.5 | 17 | 587.69 | 17 | 654.28 | 17 | 12.2 |
| 济南 | 522.30 | 15 | 571.90 | 14 | 658.6 | 15 | 741 | 15 | 834.2 | 14 | 12.6 |
| 郑州 | 815.70 | 7 | 918.60 | 6 | 1103.36 | 5 | 1321.6 | 5 | 1514.94 | 5 | 14.6 |
| 武汉 | 1103.59 | 3 | 1179.88 | 3 | 1191.6788 | 4 | 1524.7 | 3 | 1728.28 | 3 | 13.4 |
| 长沙 | 695.84 | 10 | 802.40 | 9 | 922.06 | 7 | 1041.43 | 7 | 1186.57 | 7 | 13.9 |

# 12-14 各省会城市金融机构存款余额

单位：亿元

| 城市名称 | 2013年 | 位次 | 2014年 | 位次 | 2015年 | 位次 | 2016年 | 位次 | 2017年 | 位次 |
|---|---|---|---|---|---|---|---|---|---|---|
| **南宁** | **6483.52** | **19** | **7064.49** | **19** | **8257.77** | **20** | **8901.72** | **20** | **9367.53** | **20** |
| 昆明 | 10085.36 | 11 | 10582.22 | 11 | 11879.67 | 11 | 12655.68 | 12 | 13466.56 | 12 |
| 成都 | 23662.00 | 2 | 26798.00 | 2 | 29474.92 | 2 | 31434.00 | 3 | 34423.3 | 3 |
| 贵阳 | 5742.09 | 20 | 6992.20 | 20 | 8772.22 | 18 | 9928.30 | 17 | 10814.51 | 17 |
| 西安 | 13763.19 | 6 | 15166.78 | 6 | 17796.38 | 6 | 19073.96 | 6 | 20047.62 | 7 |
| 兰州 | 5499.20 | 22 | 6617.51 | 21 | 7803.12 | 21 | 8623.11 | 21 | 8513.59 | 21 |
| 乌鲁木齐 | 5590.19 | 21 | 6233.97 | 22 | 6984.6 | 22 | 7406.60 | 22 | 8320.71 | 22 |
| 呼和浩特 | 4437.99 | 23 | 4723.75 | 23 | 5364.66 | 23 | 6178.80 | 23 | 6312.6 | 23 |
| 银川 | 2340.93 | 26 | 2608.97 | 26 | 3017.77 | 26 | 3343.40 | 26 | 3587.23 | 26 |
| 西宁 | 2822.47 | 25 | 3104.76 | 25 | 3548.43 | 25 | 3756.01 | 25 | 3883.79 | 25 |
| 拉萨 | 1556.38 | 27 | 1830.75 | 27 | 2123.1 | 27 | 2566.10 | 27 | 2732.78 | 27 |
| 广州 | 32850.57 | 1 | 34170.66 | 1 | 41574.49 | 1 | 45937.34 | 1 | 49332.53 | 1 |
| 福州 | 8720.26 | 13 | 9439.39 | 13 | 10875.62 | 13 | 12076.50 | 13 | 13136.68 | 13 |
| 杭州 | 22174.71 | 3 | 23950.05 | 3 | 29003.07 | 3 | 33386.04 | 2 | 36483.24 | 2 |
| 南京 | 18050.82 | 4 | 20161.85 | 4 | 25887.77 | 4 | 28355.89 | 4 | 30764.63 | 4 |
| 海口 | 2893.80 | 24 | 3152.59 | 24 | 3962.82 | 24 | 4989.30 | 24 | 5420.27 | 24 |
| 沈阳 | 11437.20 | 8 | 12309.60 | 8 | 13867.9 | 9 | 14446.30 | 10 | 15752.9 | 10 |
| 哈尔滨 | 8488.20 | 15 | 8884.00 | 16 | 9688.6 | 17 | 9804.00 | 18 | 10512.6 | 18 |
| 长春 | 7808.31 | 17 | 8723.40 | 17 | 9848.6 | 15 | 11122.20 | 14 | 11540.9 | 16 |
| 石家庄 | 8607.80 | 14 | 9124.60 | 15 | 9800.2 | 16 | 11077.90 | 15 | 11703 | 14 |
| 太原 | 9819.68 | 12 | 10011.26 | 12 | 10593.91 | 14 | 11070.04 | 16 | 11621.28 | 15 |
| 合肥 | 8232.58 | 16 | 9142.68 | 14 | 10967.91 | 12 | 13479.68 | 11 | 14235.41 | 11 |
| 南昌 | 6624.57 | 18 | 7296.23 | 18 | 8342.63 | 19 | 9503.00 | 19 | 10011.39 | 19 |
| 济南 | 10808.10 | 9 | 11744.40 | 9 | 13553 | 10 | 15537.40 | 8 | 16560.6 | 9 |
| 郑州 | 12450.50 | 7 | 13955.60 | 7 | 16936.27 | 7 | 19000.70 | 7 | 20349.6 | 6 |
| 武汉 | 14915.69 | 5 | 16004.89 | 5 | 19057.17 | 5 | 22196.21 | 5 | 24499.41 | 5 |
| 长沙 | 10148.76 | 10 | 11145.43 | 10 | 14065.66 | 8 | 15488.77 | 9 | 17141.80 | 8 |

# 12-15 各省会城市金融机构贷款余额

单位：亿元

| 城市名称 | 2013年 | 位次 | 2014年 | 位次 | 2015年 | 位次 | 2016年 | 位次 | 2017年 | 位次 |
|---|---|---|---|---|---|---|---|---|---|---|
| **南　宁** | **6115.88** | **17** | **7091.46** | **17** | **8228.66** | **17** | **9423.79** | **16** | **10470.44** | **15** |
| 昆　明 | 9148.63 | 9 | 10201.32 | 9 | 11976.49 | 9 | 13520.32 | 9 | 14789.35 | 9 |
| 成　都 | 17618.00 | 3 | 19779.00 | 3 | 21970.64 | 3 | 25009.00 | 3 | 28359.3 | 3 |
| 贵　阳 | 4177.93 | 22 | 6560.51 | 18 | 7875.58 | 18 | 9153.20 | 17 | 10403.12 | 16 |
| 西　安 | 10023.63 | 6 | 11668.14 | 6 | 13714.02 | 6 | 15282.65 | 7 | 16954.81 | 7 |
| 兰　州 | 4407.70 | 20 | 5612.72 | 20 | 6892.02 | 20 | 8663.00 | 19 | 9643.55 | 20 |
| 乌鲁木齐 | 3922.02 | 23 | 4502.33 | 23 | 4957.43 | 23 | 5287.20 | 23 | 6235.78 | 23 |
| 呼和浩特 | 4273.09 | 21 | 5145.89 | 21 | 6073.88 | 22 | 7051.80 | 22 | 7646.00 | 22 |
| 银　川 | 2660.62 | 25 | 3185.93 | 25 | 3653.98 | 26 | 4076.57 | 26 | 4460.31 | 26 |
| 西　宁 | 2727.69 | 24 | 3328.22 | 24 | 4095.93 | 24 | 4633.43 | 25 | 5109.15 | 25 |
| 拉　萨 | 615.58 | 27 | 931.42 | 27 | 1205.45 | 27 | 2011.51 | 27 | 2757.11 | 27 |
| 广　州 | 20172.97 | 1 | 22688.33 | 1 | 26136.95 | 1 | 28885.54 | 1 | 33312.7 | 1 |
| 福　州 | 7738.74 | 12 | 9331.49 | 11 | 10638.44 | 11 | 12124.69 | 12 | 13320.41 | 12 |
| 杭　州 | 19350.70 | 2 | 20356.17 | 2 | 22395.29 | 2 | 26169.00 | 2 | 29270.94 | 2 |
| 南　京 | 13791.06 | 5 | 16328.58 | 4 | 18217.8 | 4 | 22268.94 | 4 | 25159.48 | 4 |
| 海　口 | 2547.80 | 26 | 2945.41 | 26 | 3656.03 | 25 | 5268.49 | 24 | 5600.33 | 24 |
| 沈　阳 | 8867.10 | 10 | 10026.90 | 10 | 11343.8 | 10 | 12798.20 | 11 | 13160.6 | 13 |
| 哈尔滨 | 6275.90 | 16 | 7257.50 | 16 | 8492.3 | 16 | 9048.70 | 18 | 9968.3 | 19 |
| 长　春 | 6453.35 | 15 | 7475.50 | 15 | 8935.1 | 15 | 9966.10 | 15 | 10375.7 | 17 |
| 石家庄 | 4512.00 | 19 | 5098.92 | 22 | 6121.1 | 21 | 7175.90 | 21 | 8925 | 21 |
| 太　原 | 7111.87 | 13 | 7945.33 | 14 | 9027.59 | 14 | 10103.36 | 14 | 11340.29 | 14 |
| 合　肥 | 7054.99 | 14 | 8169.64 | 13 | 9636.57 | 13 | 12064.18 | 13 | 13401.22 | 11 |
| 南　昌 | 5464.22 | 18 | 6329.26 | 19 | 7376.05 | 19 | 8604.57 | 20 | 10209.28 | 18 |
| 济　南 | 7812.50 | 11 | 8508.30 | 12 | 9674.2 | 12 | 13096.00 | 10 | 14350.3 | 10 |
| 郑　州 | 9342.30 | 8 | 10868.30 | 7 | 12650.26 | 7 | 15422.40 | 6 | 17992.4 | 6 |
| 武　汉 | 14701.18 | 4 | 14463.40 | 5 | 16018.3 | 5 | 20754.87 | 5 | 23947.76 | 5 |
| 长　沙 | 9633.02 | 7 | 10377.71 | 8 | 12323.87 | 8 | 13866.96 | 8 | 16027.07 | 8 |

# 12-16 各省会城市居民消费价格总指数

| 城市名称 | 2013年 | 位次 | 2014年 | 位次 | 2015年 | 位次 | 2016年 | 位次 | 2017年 | 位次 |
|---|---|---|---|---|---|---|---|---|---|---|
| **南　宁** | **102.1** | **26** | **101.6** | **23** | **101.9** | **6** | **101.4** | **21** | **102.3** | **5** |
| 昆　明 | 103.9 | 1 | 103.1 | 1 | 102.4 | 2 | 101.7 | 16 | 100.5 | 27 |
| 成　都 | 103.1 | 9 | 101.3 | 25 | 101.1 | 21 | 102.2 | 11 | 102 | 8 |
| 贵　阳 | 103.2 | 8 | 102.7 | 5 | 102.3 | 3 | 101.1 | 25 | 101 | 26 |
| 西　安 | 102.7 | 17 | 101.4 | 24 | 100.7 | 25 | 100.9 | 26 | 102 | 8 |
| 兰　州 | 103.5 | 4 | 102.2 | 9 | 101.3 | 17 | 100.8 | 27 | 101.5 | 16 |
| 乌鲁木齐 | 103.5 | 4 | 102.8 | 3 | 100.7 | 25 | 101.5 | 20 | 102.8 | 3 |
| 呼和浩特 | 103.8 | 2 | 101.2 | 26 | 101.8 | 8 | 101.4 | 21 | 101.4 | 17 |
| 银　川 | 103.5 | 4 | 102.1 | 15 | 101.6 | 12 | 101.7 | 16 | 101.7 | 15 |
| 西　宁 | 103.8 | 2 | 102.8 | 3 | 102.5 | 1 | 102.1 | 12 | 101.4 | 17 |
| 拉　萨 | 103.4 | 7 | 103.0 | 2 | 102.2 | 4 | 102.6 | 5 | 101.4 | 17 |
| 广　州 | 102.6 | 20 | 102.3 | 8 | 101.7 | 10 | 102.7 | 2 | 102.3 | 5 |
| 福　州 | 102.6 | 20 | 101.8 | 22 | 101.7 | 10 | 102.3 | 9 | 101.1 | 25 |
| 杭　州 | 102.5 | 22 | 102.0 | 16 | 101.8 | 8 | 102.6 | 5 | 102.5 | 4 |
| 南　京 | 102.7 | 17 | 102.6 | 6 | 102.0 | 5 | 102.7 | 2 | 101.9 | 11 |
| 海　口 | 102.9 | 12 | 102.2 | 9 | 101.2 | 19 | 103.0 | 1 | 103.3 | 2 |
| 沈　阳 | 102.5 | 22 | 102.2 | 9 | 101.2 | 19 | 101.7 | 16 | 101.4 | 17 |
| 哈尔滨 | 102.1 | 26 | 102.0 | 16 | 101.4 | 15 | 101.8 | 15 | 103.5 | 1 |
| 长　春 | 103.0 | 11 | 102.2 | 9 | 101.3 | 17 | 101.4 | 21 | 101.3 | 23 |
| 石家庄 | 102.9 | 12 | 102.0 | 16 | 101 | 24 | 101.6 | 19 | 101.4 | 17 |
| 太　原 | 103.1 | 9 | 102.2 | 9 | 100.4 | 27 | 101.2 | 24 | 101.8 | 13 |
| 合　肥 | 102.7 | 17 | 102.0 | 16 | 101.6 | 12 | 102.6 | 5 | 101.4 | 17 |
| 南　昌 | 102.3 | 25 | 102.5 | 7 | 101.6 | 12 | 102.1 | 12 | 102.1 | 7 |
| 济　南 | 102.8 | 14 | 102.2 | 9 | 101.9 | 6 | 102.7 | 2 | 102 | 8 |
| 郑　州 | 102.8 | 14 | 102.0 | 16 | 101.1 | 21 | 102.3 | 9 | 101.8 | 13 |
| 武　汉 | 102.4 | 24 | 101.9 | 21 | 101.4 | 15 | 102.4 | 8 | 101.9 | 11 |
| 长　沙 | 102.8 | 14 | 100.2 | 27 | 101.1 | 21 | 101.9 | 14 | 101.3 | 23 |

# 12-17 各省会城市城镇居民人均可支配收入

单位：元

| 城市名称 | 2013年 | 位次 | 2014年 | 位次 | 2015年 | 位次 | 2016年 | 位次 | 2017年 | 位次 | 2017年比2016年增长（%） |
|---|---|---|---|---|---|---|---|---|---|---|---|
| **南　宁** | **24817** | **19** | **27075** | **18** | **29106** | **17** | **30728** | **20** | **33217** | **19** | **8.1** |
| 昆　明 | 28354 | 12 | 31295 | 12 | 33955 | 10 | 36739 | 10 | 39788 | 10 | 8.3 |
| 成　都 | 29968 | 9 | 32665 | 9 | 33476 | 11 | 35902 | 11 | 38918 | 11 | 8.4 |
| 贵　阳 | 23376 | 23 | 24961 | 24 | 27241 | 24 | 29502 | 25 | 32186 | 25 | 9.1 |
| 西　安 | 33100 | 7 | 36100 | 6 | 39007 | 6 | 35630 | 12 | 38536 | 12 | 8.2 |
| 兰　州 | 20767 | 26 | 23030 | 26 | 27088 | 25 | 29661 | 23 | 32331 | 24 | 9.0 |
| 乌鲁木齐 | 21304 | 25 | 26890 | 19 | 31500 | 14 | 34200 | 15 | 37028 | 15 | 8.3 |
| 呼和浩特 | 35629 | 5 | 34723 | 7 | 37362 | 7 | 40220 | 6 | 43518 | 6 | 8.2 |
| 银　川 | 23776 | 22 | 25940 | 22 | 28261 | 20 | 30478 | 21 | 32981 | 21 | 8.2 |
| 西　宁 | 19444 | 27 | 21291 | 27 | 25232 | 27 | 27539 | 27 | 30043 | 27 | 9.1 |
| 拉　萨 | 21421 | 24 | 23057 | 25 | 26908 | 26 | 29383 | 26 | 32408 | 23 | 10.3 |
| 广　州 | 42049 | 1 | 42955 | 2 | 46735 | 2 | 50941 | 2 | 55400 | 2 | 8.8 |
| 福　州 | 32265 | 8 | 32451 | 10 | 27782 | 22 | 37833 | 9 | 40973 | 9 | 8.3 |
| 杭　州 | 39310 | 3 | 44632 | 1 | 48316 | 1 | 52185 | 1 | 56276 | 1 | 7.8 |
| 南　京 | 39881 | 2 | 42568 | 3 | 46104 | 3 | 49997 | 3 | 54538 | 3 | 9.1 |
| 海　口 | 24461 | 20 | 26530 | 20 | 28535 | 19 | 30775 | 19 | 33320 | 18 | 8.3 |
| 沈　阳 | 29074 | 11 | 31720 | 11 | 36664 | 8 | 39135 | 8 | 41359 | 8 | 6.1 |
| 哈尔滨 | 25197 | 17 | 28816 | 16 | 30977 | 16 | 33190 | 17 | 35546 | 17 | 7.1 |
| 长　春 | 26034 | 16 | 27299 | 17 | 29090 | 18 | 31069 | 18 | 33168 | 20 | 6.8 |
| 石家庄 | 25000 | 18 | 26071 | 21 | 28097 | 21 | 30459 | 22 | 32929 | 22 | 8.1 |
| 太　原 | 24000 | 21 | 25768 | 23 | 27727 | 23 | 29632 | 24 | 31469 | 26 | 6.2 |
| 合　肥 | 28083 | 13 | 29348 | 13 | 31989 | 12 | 34852 | 13 | 37972 | 13 | 9.0 |
| 南　昌 | 26151 | 15 | 29091 | 15 | 31942 | 13 | 34619 | 14 | 37675 | 14 | 8.8 |
| 济　南 | 35648 | 4 | 38763 | 4 | 39889 | 5 | 43052 | 5 | 46642 | 5 | 8.3 |
| 郑　州 | 26615 | 14 | 29095 | 14 | 31099 | 15 | 33214 | 16 | 36050 | 16 | 8.5 |
| 武　汉 | 29821 | 10 | 33270 | 8 | 36436 | 9 | 39737 | 7 | 43405 | 7 | 9.2 |
| 长　沙 | 33662 | 6 | 36826 | 5 | 39961 | 4 | 43294 | 4 | 46948 | 4 | 8.4 |

# 12-18 各省会城市农民人均可支配收入

单位：元

| 城市名称 | 2013年 | 位次 | 2014年 | 位次 | 2015年 | 2016年 | 位次 | 2017年 | 位次 | 2017年比2016年增长（%） |
|---|---|---|---|---|---|---|---|---|---|---|
| **南　宁** | **7685** | **26** | **8576** | **26** | **9408** | **11398** | **25** | **12515** | **25** | **9.8** |
| 昆　明 | 9273 | 21 | 10366 | 21 | 11444 | 12555 | 21 | 13698 | 20 | 9.1 |
| 成　都 | 12985 | 8 | 14478 | 9 | 17690 | 18605 | 6 | 20298 | 6 | 9.1 |
| 贵　阳 | 9592 | 20 | 10826 | 19 | 11918 | 12967 | 18 | 14264 | 18 | 10.0 |
| 西　安 | 12930 | 9 | 14462 | 10 | 15778 | 15191 | 12 | 16522 | 12 | 8.8 |
| 兰　州 | 7114 | 27 | 8067 | 27 | 9621 | 10391 | 26 | 11305 | 26 | 8.8 |
| 乌鲁木齐 | 11496 | 13 | 13306 | 13 | 15200 | 16400 | 9 | 17839 | 10 | 9.1 |
| 呼和浩特 | 12736 | 11 | 12538 | 15 | 13491 | 14517 | 15 | 15710 | 14 | 8.2 |
| 银　川 | 9036 | 23 | 10275 | 23 | 11148 | 12037 | 23 | 13087 | 23 | 8.7 |
| 西　宁 | 9004 | 24 | 10097 | 24 | 8865 | 9678 | 27 | 10548 | 27 | 9.0 |
| 拉　萨 | 8537 | 25 | 9258 | 25 | 10378 | 11448 | 24 | 12994 | 24 | 13.5 |
| 广　州 | 18887 | 3 | 17663 | 3 | 19323 | 21449 | 3 | 23484 | 3 | 9.5 |
| 福　州 | 12910 | 10 | 14012 | 12 | 15203 | 16347 | 10 | 17865 | 9 | 9.3 |
| 杭　州 | 18923 | 2 | 23555 | 1 | 25719 | 27908 | 1 | 30397 | 1 | 8.9 |
| 南　京 | 16531 | 4 | 17661 | 4 | 19483 | 21156 | 4 | 23133 | 4 | 9.3 |
| 海　口 | 9155 | 22 | 10290 | 22 | 11635 | 12679 | 19 | 13763 | 19 | 8.6 |
| 沈　阳 | 14467 | 5 | 15945 | 6 | 13498 | 14445 | 16 | 15461 | 17 | 7.5 |
| 哈尔滨 | 10800 | 16 | 12125 | 17 | 13375 | 14439 | 17 | 15614 | 15 | 8.1 |
| 长　春 | 10240 | 18 | 11259 | 18 | 11749 | 12576 | 20 | 13431 | 21 | 6.8 |
| 石家庄 | 10010 | 19 | 10542 | 20 | 11609 | 12345 | 22 | 13345 | 22 | 8.1 |
| 太　原 | 11288 | 14 | 12616 | 14 | 13626 | 14591 | 14 | 15595 | 16 | 6.9 |
| 合　肥 | 10352 | 17 | 14407 | 11 | 15733 | 17059 | 8 | 18694 | 8 | 9.0 |
| 南　昌 | 10806 | 15 | 12414 | 16 | 13693 | 14952 | 13 | 16364 | 13 | 9.4 |
| 济　南 | 13248 | 7 | 14726 | 8 | 14232 | 15346 | 11 | 16594 | 11 | 8.1 |
| 郑　州 | 14009 | 6 | 15470 | 7 | 17125 | 18426 | 7 | 19974 | 7 | 8.4 |
| 武　汉 | 12713 | 12 | 16160 | 5 | 17722 | 19152 | 5 | 20887 | 5 | 9.1 |
| 长　沙 | 19713 | 1 | 21723 | 2 | 23601 | 25448 | 2 | 27360 | 2 | 7.5 |

注：2015年以前指标口径为农民人均纯收入。

## 12–19 各省会城市普通高等学校在校学生人数

单位：人

| 城市名称 | 2013 年 | 位次 | 2014 年 | 位次 | 2015 年 | 位次 | 2016 年 | 位次 | 2017 年 | 位次 |
|---|---|---|---|---|---|---|---|---|---|---|
| **南 宁** | **317900** | **21** | **340700** | **20** | **375200** | **19** | **405000** | **19** | **426700** | **17** |
| 昆 明 | 386100 | 16 | 409900 | 15 | 436400 | 14 | 465000 | 13 | 503500 | 12 |
| 成 都 | 624400 | 6 | 729300 | 5 | 756000 | 5 | 792000 | 4 | 817000 | 4 |
| 贵 阳 | 325400 | 19 | 359300 | 19 | 380700 | 18 | 409800 | 17 | 424900 | 18 |
| 西 安 | 872100 | 3 | 905300 | 3 | 757500 | 4 | 730000 | 5 | 726800 | 5 |
| 兰 州 | 404400 | 13 | 414282 | 14 | 315032 | 21 | 318900 | 20 | 359600 | 20 |
| 乌鲁木齐 | 146100 | 23 | 152700 | 23 | 180500 | 23 | 173800 | 23 | 193900 | 23 |
| 呼和浩特 | 229300 | 22 | 232500 | 22 | 235000 | 22 | 238000 | 22 | 239000 | 22 |
| 银 川 | 88500 | 25 | 93500 | 25 | 98000 | 25 | 98900 | 25 | 101600 | 25 |
| 西 宁 | 64000 | 26 | 67300 | 26 | 69900 | 26 | 71500 | 26 | 74200 | 26 |
| 拉 萨 | 28382 | 27 | 33173 | 27 | 35679 | 27 | 36397 | 27 | | |
| 广 州 | 983100 | 1 | 1019300 | 1 | 1043200 | 1 | 1057300 | 1 | 1067300 | 1 |
| 福 州 | 318300 | 20 | 320800 | 21 | 320965 | 20 | 317477 | 21 | 313857 | 21 |
| 杭 州 | 425900 | 12 | 426700 | 12 | 475600 | 13 | 481000 | 12 | 489500 | 13 |
| 南 京 | 707900 | 5 | 702300 | 6 | 706200 | 6 | 717400 | 6 | 721500 | 6 |
| 海 口 | 120700 | 24 | 127000 | 24 | 146100 | 24 | 148000 | 24 | 152300 | 24 |
| 沈 阳 | 383500 | 17 | 399700 | 17 | 404000 | 17 | 408800 | 18 | 398000 | 19 |
| 哈尔滨 | 492000 | 10 | 506000 | 10 | 663700 | 7 | 636240 | 7 | 618267 | 8 |
| 长 春 | 401800 | 14 | 414500 | 13 | 426000 | 15 | 434000 | 16 | 438000 | 16 |
| 石家庄 | 399100 | 15 | 393600 | 18 | 478000 | 12 | 457000 | 14 | 476000 | 14 |
| 太 原 | 378700 | 18 | 400900 | 16 | 421400 | 16 | 445210 | 15 | 440173 | 15 |
| 合 肥 | 443400 | 11 | 462600 | 11 | 615400 | 8 | 628600 | 8 | 625800 | 7 |
| 南 昌 | 520100 | 8 | 554400 | 7 | 587400 | 9 | 611800 | 9 | 609800 | 10 |
| 济 南 | 499400 | 9 | 524700 | 9 | 536200 | 11 | 557900 | 11 | 544400 | 11 |
| 郑 州 | 747600 | 4 | 783200 | 4 | 824000 | 3 | 889000 | 3 | 935000 | 3 |
| 武 汉 | 966400 | 2 | 961900 | 2 | 956800 | 2 | 949000 | 2 | 948000 | 2 |
| 长 沙 | 573400 | 7 | 547500 | 8 | 569400 | 10 | 590000 | 10 | 610400 | 9 |

# 指标解释

# EXPLANATORY NOTES ON STATISTICAL INDI–CATORS

# 主要指标解释

**地区生产总值** 是按市场价格计算的地区生产总值的简称。它是一个国家(地区)所有常住单位在一定时期内生产活动的最终成果。地区生产总值有三种表现形态，即价值形态、收入形态和产品形态。从价值形态看，它是所有常住单位在一定时期内所生产的全部货物和服务价值超过同期投入的全部非固定资产货物和服务价值的差额，即所有常住单位的增加值之和；从收入形态看，它是所有常住单位在一定时期内所创造并分配给常住单位和非常住单位的初次分配收入之和；从产品形态看，它是最终使用的货物和服务减去进口货物和服务。在实际核算中，地区生产总值的三种表现形态表现为三种计算方法，即生产法、收入法和支出法。三种方法分别从不同的方面反映地区生产总值及其构成。

**可比价格** 指在不同时期的价值指标对比时，扣除了价格变动的因素，以确切反映物量的变化。按可比价格计算有两种方法：一种是直接用产品产量乘某一年的不变价格计算；另一种是用价格指数换算。

**不变价格** 指用同类产品的年平均价格作为固定价格，来计算各年产品价值。按不变价格计算的产品价值消除了价格变动因素，不同时期对比可以反映生产的发展速度。新中国成立后，随着工农业产品价格水平的变化，国家统计局先后五次制定了全国统一的工业产品不变价格和农业产品不变价格，从1949年到1957年使用1952年工(农)业产品不变价格，从1957年到1971年使用1957年不变价格，1971年到1981年使用1970年不变价格，从1981年到1990年使用1980年不变价格，从1990年开始使用1990年不变价格。

**平均每年增长速度** 在我国计算平均增长速度有两种方法，一种是习惯上经常使用的“水平法”，又称几何平均法，是以间隔期最后一年的水平同基期水平对比来计算平均每年增长(或下降)速度。另一种是“累计法”，又称代数平均法或方程法，是以间隔期内各年水平的总和同基期水平对比来计算平均每年增长(或下降)速度。

在一般正常情况下，两种方法计算的平均每年增长速度比较接近，但在经济发展不平衡，出现大起大落时，两种方法计算的结果差别较大。

**国有经济单位** 指生产资料归国家所有的各种企业、事业单位，以及各级国家机关、人民团体等单位。

**集体经济单位** 指生产资料归公民集体所有的各种企业、事业单位。包括农村各种经济组织经营的农、林、牧、副、渔业，乡、村经营的企业、事业单位；城市、县、镇以及街道举办的集体经济性质的企业、事业单位。

**私营经济单位** 指生产资料归公民私人所有的单位。包括私营独资企业、私营合伙企业和私营有限责任公司。

**联营经济单位** 指不同所有制性质的企业之间或者企业、事业单位之间共同投资组成新的经济实体。包括紧密型联营企业，半紧密型联营企业和松散型联营企业。

**股份制经济单位** 指全部注册资本由全体股东共同出资，并以股份形式投资举办企业。主要包括股份有限公司和有限责任公司。

**外商投资经济单位** 指外国投资者根据中华人民共和国有关涉外经济的法律、法规，以合资、合作或独资的形式在中国大陆境内开办企业。包括中外合资经营企业、中外合作经营企业和外资企业。

**港澳台投资经济单位** 指港、澳、台地区投资者参照中华人民共和国有关涉外经济的法律、法规，以合资、合作或独资的形式在大陆举办企业。包括合资经营企业、合作经营企业和独资企业。

**三次产业** 根据社会生产活动历史发展的顺序对产业结构的划分，产品直接取自自然界的部门称为第一产业，对初级产品进行再加工的部门称为第二产业。为生产和消费提供各种服务的部门称为第三产业。它是世界上通用的产业结构分类，但各国的划分不尽一致。我国的三次产业划分是：

第一产业：农业(包括种植业、林业、牧业、副业和渔业)。

第二产业：工业(包括采矿业，制造业，电力、燃气及水的生产和供应业)和建筑业。

第三产业：除第一、第二产业以外的其他各业。第三产业包括：交通运输、仓储和邮政业，信息传输、计算机服务和软件业，批发和零售业，住宿和餐饮业，金融业，房地产业，租赁和商务服务业，科学研究、技术服务和地质勘察业，水利、环境和公共设施管理业，居民服务和其他服务业，教育，卫生，社会保障和社会福利业，文化、体育和娱乐业，公共管理和社会组织、国际组织。

**劳动者报酬** 劳动者报酬是指劳动者因从事生产活动所获得的全部报酬。它包括劳动者获得的各种形式工资、奖金和津贴，既包括货币形式的，也包括实物形式的，它还包括劳动者所享受的公费医疗和医药卫生费、上下班交通补贴和单位支付的社会保险费等。单位支付的社会保险费，就是单位直接支付给负责社会保险的政府单位（一般指劳动部门）的社会保险金或为本单位职工离退休、发生死亡、伤残、医疗保险等而支付的保险费。对于个体经济来说，其所有者所获得的劳动报酬和经营利润不易区分，这两部分统一作为劳动者报酬处理。

**生产税净额** 指生产税减生产补贴后的差额。生产税指政府对生产单位生产、销售和从事经营活动以及因从事生产活动使用某些生产要素，如固定资产、土地、劳动力所征收的各种税、附加费和规费。具体包括销售税金及附加、增值税、管理费中开支的各种税、应交纳的养路费、排污费和水电费附加、烟酒专卖上缴政府的专项收入等。生产补贴与生产税相反，是政府对生产单位的单方面收入转移，因此视为负生产税处理，包括政策亏损补贴、粮食系统价格补贴、外贸企业出口退税收入等。

**固定资产折旧** 指一定时期内为弥补固定资产损耗按照核定的固定资产折旧率提取的固定资产折旧，或按国民经济核算统一规定的折旧率虚拟计算的固定资产折旧。它反映了固定资产在当期生产中的转移价值。各种类型企业和企业化管理的事业单位的固定资产折旧指实际计提并计入成本费用中的折旧费；不计提折旧的单位，如政府机关、非企业化管理的事业和居民住房的固定资产折旧则是按照统一规定的折旧率和固定资产原值计算的虚拟折旧。原则上，固定资产折旧应按固定资产的重置价值来计算，但是我国目前尚不具备对全社会固定资产进行重估价的基础，所以暂时只能采用上述方法来计算。

**营业盈余** 指常住单位创造的增加值扣除劳动者报酬、生产税净额和固定资产折旧后的余额。它相当于企业的营业利润加上生产补贴，但要扣除从利润中开支的工资和福利以及从税后利润中提取的公益金等。

**人口数** 指一定时点、一定地区范围内的有生命的个人的总和。

年度统计的年末人口数是指每年 12 月 31 日 24 时的人口数。年度统计的全国人口总数内未包括台湾省和港澳同胞以及海外华侨人数。

**人口自然增长率** 指在一定时期内（通常为一年）人口自然增加数（出生人数减死亡人数）与该时期内平均人数（或期中人数）之比，一般用千分率表示。计算公式：

$$人口自然增长率 = \frac{本年出生人数 - 本年死亡人数}{年平均人数} 1000‰$$

人口自然增长率 = 人口出生率 – 人口死亡率

**经济活动人口** 指在 16 岁以上，有劳动能力，参加或要求参加社会经济活动的人口。包括：从业人员和失业人员。

**从业人员** 指从事一定社会劳动并取得劳动报酬或经营收入的人员。包括：

(1) 全部职工

(2) 再就业的离退休人员

(3) 私营业主

(4) 个体户主

(5) 私营和个体从业人员

(6) 乡镇企业从业人员

(7) 农村从业人员

(8) 其他从业人员（包括民办教师、宗教职业者、现役军人等）

这一指标反映了一定时期内全部劳动力资源的实际利用情况，是研究我国基本国情国力的重要指标。

各单位的从业人员是指在各级国家机关、政党机关、社会团体及企业、事业单位中工作，并取得劳动报酬的全部人员。包括职工、再就业的离退休人员、民办教师以及在各单位中工作的外方人员和港、澳、台方人员。

**城镇私营和个体从业人员** 城镇私营从业人员指在工商管理部门注册登记，其经营地址设在县城关镇（含城关镇）以上的私营企业从业人员。包括：私营企业投资者和雇工。城镇个体从业人员指在工商管理部门注册登记，并持有城镇户口或城镇长期居住，经批准从事个体工商经营的从业人员。包括：个体经营者和在个体工商户劳动的家庭帮工和雇工。

**城镇登记失业人员及失业率** 指有非农业户口，在一定的劳动年龄内，有劳动能力，无业而要求就业，并在当地就业服务机构进行求职登记的人员。城镇登记失业率指城镇登记失业人数同城镇从业人数与城镇登记失业

人数之和的比。计算公式为

$$城镇登记失业率=\frac{城镇登记失业人数}{城镇从业人数+城镇登记失业人数}\times 100\%$$

**职工** 指在国有经济、城镇集体经济、联营经济、股份制经济、外商和港、澳、台投资经济、其他经济单位及其附属机构工作，并由其支付工资的各类人员。

**合同制职工** 指各单位根据国务院国发(1986)77号文件和国务院第99号的规定，通过签订有固定期限劳动合同、无固定期限劳动合同和以完成一项工作为期限劳动合同所使用的职工。包括实行全员劳动合同制单位的全部职工。

**国有经济单位职工** 指在国有经济单位及其附属机构工作，并由其支付工资的各类人员，国有经济单位职工不包括：返聘的离退休人员、民办教师、在国有经济单位工作的外方人员和港、澳、台人员。

**城镇集体经济单位职工** 指在城镇集体经济单位及其管理部门工作，并由其支付工资的各类人员。

**其他经济单位职工** 指在联营经济、股份制经济、外商投资经济、港、澳、台投资经济单位工作，并由其支付工资的各类人员。

**职工工资总额** 指各单位在一定时期内直接支付给本单位全部职工的劳动报酬总额。

工资总额的计算原则应以直接支付给职工的全部劳动报酬为根据。各单位支付给职工的劳动报酬以及其他根据有关规定支付的工资，不论是计入成本的还是不计入成本的，不论是按国家规定列入计征奖金税项目的，还是未列入计征奖金税的，不论是以货币形式支付的还是以实物形式支付的，均包括在工资总额内。

**职工平均工资** 指企业、事业、机关单位的职工在一定时期内平均每人所得的货币工资额。它表明一定时期职工工资收入的高低程度，是反映职工工资水平的主要指标。计算公式为：

$$职工平均工资=\frac{报告期实际支付的全部职工工资总额}{报告期全部职工平均人数}$$

**职工平均实际工资** 指扣除物价变动因素后的职工平均工资。计算公式为：

$$职工平均实际工资=\frac{报告期职工平均工资}{报告期城镇居民消费价格指数}$$

**农林牧渔业总产值** 是以货币表现的农、林、牧、渔业全部产品的总量，它反映一定时期内农业生产总规模和总成果。

农、林、牧、渔业的统计范围包括国有经济的各种专业农(农、林、牧、渔)场以及国家各级机关团体学校、部队；集体所有制的乡、镇、村各级办农场；工矿企业经营的农、林、牧、渔业，农村各种经济组织和农户经营的农林牧渔业的农民家庭兼营的商品性工业等。

**(1) 农业** 包括种植业和其他农业。

种植业 包括谷物、豆类、薯类、棉、油料、糖料、麻类、烟叶、蔬菜、药材、瓜类和其他农作物的种植，以及茶园、桑园、果园的生产经营。

其他农业 包括采集野生植物的果实、纤维、树胶、树脂、油料以及柴草、野生药材、菌类等及农民家庭兼营的商品性工业。

**(2) 林业** 包括林木的栽培(不包括茶园、桑园和果园的栽培、管理和收获等活动)、林产品的采集和村及村以下合作经济组织和农户的竹木采伐。

**(3) 牧业** 包括除渔业养殖以外的一切动物饲养和放牧以及野生动物的捕猎和饲养。

**(4) 渔业** 包括水生动物和海藻类植物的养殖和捕捞。

农业总产值的计算方法通常是按农林牧渔业产品及其副产品的产量分别乘以各自单位产品价格求得，少数生产周期较长，当年没有产品或产品产量不易统计的，则采用间接方法匡算其产值，然后将四业产品产值相加即为农业总产值。

1957年以前的农业总产值中包括了厩肥和农民自给性手工业(如农民自制衣服、鞋、袜，自已从事粮食初步加工等)。1958年及以后的农业总产值，林业中增加了村及村以下竹木采伐产值；牧业中取消费厩肥产值；副业中取消了农民自给性手工业产值，增加了村及村以下办的工业产值；渔业中增加了海洋捕捞水产品产值。1980年及以后的农业总产值，在副业中增加了农民家庭兼营工业商品部分的产值。从1984年起村及村以下办工业产值划归工业。从1993年起，取消副业。将野生动物的捕猎划入牧业，野生植物采集和农民家庭兼营商品性工业划归农业。

**粮食产量** 指全社会的产量。包括国有经济经营的、集体统一经营的和农民家庭经营的粮食产量，还包括工矿企业办的农场和其他生产单位的产量。粮食除包括稻谷、小麦、玉米、高粱、谷子及其他杂粮外，还包括薯类和豆类。其产量计算方法，豆类按去豆荚后的干豆计算；薯类(包括甘薯和马铃薯，不包括芋头和木薯)1963年以前按每4公斤鲜薯折1公斤粮食计算，从1964年开始及以后改为按5公斤鲜薯折1公斤粮食计算。城市郊区作为蔬菜的薯类(如：马铃薯等)按鲜品计算，并且不做为粮食统计。其他粮食一律按脱粒后的原粮计算。

**水产品产量** 指人工养殖的水产品和天然生长的水产品的捕捞量。包括海水的鱼类、虾蟹类、贝类和藻类以及内陆水域的鱼类、虾蟹类和贝类，不包括淡水生植物。

**猪、牛、羊肉产量** 指当年出栏并已屠宰后除去头蹄下水后带骨肉(即胴体重)的重量。

**灌溉面积** 指具有一定的水源，地块比较平整，灌溉工程或设备已经配套，在一般年景下当年能够进行正常灌溉的耕地面积。

**农用化肥施用量** 指本年内实际用于农业生产的化肥数量。包括氮肥、磷肥、钾肥和复合肥。化肥施用量要求按折纯量计算数量。折纯法化肥施用量是把氮肥、磷肥和钾肥分别按含氮、含五氧化二磷、含氧化钾的百分之一百成份折算后的数量。复合肥按其所含主要成分折算。

**工业** 指从事自然资源的开采，对采掘品和农产品进行加工和再加工的物质生产部门。具体包括：⑴对自然资源的开采，如采矿、晒盐、森林采伐等(但不包括禽兽捕猎和水产捕捞)；⑵对农副产品的加工、再加工，如粮油加工、食品加工、轧花、缫丝、纺织、制革等；⑶对采掘品的加工、再加工，如炼铁、炼钢、化工生产、石油加工、机器制造、木材加工等，以及电力、自来水、煤气的生产和供应等；⑷对工业品的修理、翻新，如机器设备的修理、交通运输工具(包括小卧车)的修理等。

**工业统计调查单位** 工业统计调查单位分为两类：独立核算法人工业企业和工业活动单位。

**(1) 独立核算法人工业企业** 是指从事工业生产经营活动的单位。独立核算法人工业企业应同时具备以下条件：①依法成立，有自己的名称、组织机构和场所，能够承担民事责任；②独立拥有和使用资产，承担负债，有权与其他单位签订合同；③独立核算盈亏，并能够编制资产负债表。

**(2) 工业活动单位** 是指在一个场所从事一种或主要从事一种工业生产活动的经济单位。它包括独立核算工业企业按主营业务活动(即工业生产活动)划分的主营业务活动单位和非工业企业所属的工业生产活动单位(即原非独立核算工业生产单位)。工业活动单位，一般应同时具备以下三个条件：①具有一个场所，从事一种或主要从事一种工业活动；②单独组织工业生产、经营或业务活动；③单独核算收入和支出。

**国有经济工业**(即过去的全民所有制工业或国营工业) 指生产资料归国家所有的一种经济类型。包括中央和地方各级国家机关、部队、科研机构、学校、人民团体和国有经济企事业单位等举办的国有经济工业。1957年以前的公私合营和私营工业，后均改造为国营工业，1992年改为国有工业，这部分工业的资料不单独分列时，均包括在国有工业内。

**集体经济工业** 指生产资料归公民集体所有的一种经济类型，是社会主义公有制经济的组成部分。包括城乡所有使用集体投资举办的企业，以及部分个人通过集资自愿放弃所有权并依法经工商行政管理机关认定为集体所有制的企业。

**其他经济类型工业** 指除国有经济、集体经济、私营经济、个体经济、联营经济以外的其他经济类型工业企业(单位)。包括股份制经济(股份有限公司，有限责任公司)；外商投资经济(中外合资经营、中外合作经营、外资企业)；港、澳、台投资经济(与大陆合资经营、与大陆合作经营、港、澳、台资企业)及其他经济类型的工业。

**轻工业** 指主要提供生活消费品和制作手工工具的工业。按其所使用的原料不同，可分为两大类：(1) 以农产品为原料的轻工业，是指直接或间接以农产品为基本原料的工业。主要包括食品制造、饮料制造、烟草加工、纺织、缝纫、皮革和毛皮制作、造纸以及印刷等工业；(2) 以非农产品为原料的轻工业，是指以工业品为原料的轻工业。主要包括文教体育用品、化学药品制造、合成纤维制造、日用化学制品、日用玻璃制品、日用金属制品、手工工具制造、医疗器械制造、文化和办公用机械制造等工业。

**重工业** 是指为国民经济各部门提供物质技术基础的主要生产资料的工业。按其生产性质和产品用途，可以分为下列三类：(1) 采掘(伐)工业，是指对自然资源的开采，包括石油开采、煤炭开采、金属矿开采、非金属矿开采和木材采伐等工业；(2) 原材料工业，指向国民经济各部门提供基本材料、动力和燃料的工业。包括金属冶炼及加工、炼焦及焦炭化学、化工原料、水泥、人造板以及电力、石油和煤炭加工等工业；(3) 加工工业，是指对工业原材料进行再加工制造的工业。包括装备国民经济各部门的机械设备制造工业、金属结构、水泥制品等工业，以及为农业提供的生产资料如化肥、农药等工业。

根据上述划分原则，修理业中以重工业产品为修理作业对象的划为重工业，反之划为轻工业。

**工业总产值** 是以货币表现的工业企业在一定时期内生产的已出售或可供出售工业产品总量，它反映一定时间内工业生产的总规模和总水平。它包括：在本企业内不再进行加工，经检验、包装入库 (规定不需包装的产品除外) 的成品价值，工业性作业价值，自制半成品、在产品期末初差额价值。工业总产值采用“工厂法”计算，即以工业企业作为一个整体，按企业工业生产活动的最终成果来计算，企业内部不允许重复计算，不能把企业内部各个车间 ( 分厂 ) 生产的成果相加。但在企业之间、行业之间、地区之间存在着重复计算。

轻重工业总产值的划分也是按“工厂法”计算的，即一个工业企业在正常情况下生产的主要产品的性质属于轻工业，则该企业的全部总产值作为轻工业总产值；一个工业企业生产的主要产品的性质属于重工业，则该企业的全部总产值作为重工业总产值。

**工业增加值** 是指工业行业在报告期内以货币表现的工业生产活动的最终成果。

**固定资产原价** 固定资产原值指企业在建造、购置、安装、改建、扩建、技术改造某项固定资产时所支出的全部货币总额。它一般包括买价、包装费、运杂费和安装费等。

**固定资产净值** 是指固定资产原价减去历年已提折旧额后的净额。

**利税总额** 指企业利润总额、产品销售税金及附加和应交增值税之和。

**产品销售收入** 指企业销售产品的销售收入和提供劳务等主要经营业务取得的业务总额。

**产品销售税金及附加** 指企业销售产品和提供工业性劳务等主要经营业务应负担的城市维护建设税、消费税、资源税和教育费附加。

**产值利税率** 指报告期已实现的利润、税金总额 ( 包括利润总额、产品销售税金及附加和应交增值税 ) 占同期全部工业总产值的百分比，计算公式为：

$$\text{产值利税率}(\%) = \frac{\text{利税总额}}{\text{工业总产值}} \times 100\%$$

**全员劳动生产率** 指根据产品的价值量指标计算的平均每一个职工在单位时间内的产品生产量。是考核企业经济活动的重要指标，是企业生产技术水平、经营管理水平、职工技术熟练程度和劳动积极性的综合表现。目前我国的全员劳动生产率是将工业企业的工业增加值除以同一时期全部职工的平均人数来计算的。计算公式：

$$\text{全员劳动生产率} = \frac{\text{工业增加值}}{\text{全部职工平均人数}}$$

为了使各年度的全员劳动生产率数字可以比较，1990 年以前各年的全员劳动生产率均按指数换算成 1990 年不变价格。

**总负债** 指企业承担并需要偿还的全部债务。包括流动负债和长期负债、递延税项等，即为企业资产负债表的负债合计项。

**(1) 流动负债** 指企业在一年内或者超过一年的一个营业周期内需要偿还的债务合计，其中包括短期借款、应付及预收款项、应付工资、应交税金和应交利润等。

**(2) 长期负债** 指企业在一年以上或者超过一年的一个生产周期以上需要偿还的债务合计，其中包括长期借款、应付债务、长期应付款项等。

**所有者权益** 指企业投资人对企业净资产的所有权。企业净资产等于企业全部资产减去全部负债后的余额，其中包括投资者对企业的最初投入，以及资本公积金、盈余公积金和未分配利润，对股份制企业即为股东权益。

**货 ( 客 ) 运量** 指在一定时期内，各种运输工具实际运送的货物 ( 旅客 ) 数量。是反映运输业为国民经济和人民生活服务的数量指标，也是制定和检查运输生产计划，研究运输发展规模和速度的重要指标。货运按吨计算，客运按人计算。货物不论运输距离长短，货物类别，均按实际重量统计；旅客不论行程远近或票价多少，均按一人一次作为客运量统计。半价票、小孩票也按一人统计。

**货物 ( 旅客 ) 周转量** 指在一定时期内，由各种运输工具运送的货物 ( 旅客 ) 数量与其相应运输距离的乘积之总和；是反映运输业生产总成果的重要指标，也是编制和检查运输生产计划，计算运输效率、劳动生产率以及核算运输单位成本的主要基础资料。通常以吨公里和人公里为计算单位。计算货物周转量通常按发出站与到达站之间的最短距离，也就是计费距离计算。

**邮电业务总量** 指以货币表现的邮电部门用于传递信息和提供其他邮电服务的总数量。它综合反映了一定时期邮电工作的总成果，是研究邮电业务量构成和发展趋势的重要指标。根据邮电管理体制不同，分为中央国营业务总量和地方国营业务总量。它用各种邮电分类业务量，如函件件数、电报份数、长话张数、市内电话和农村电话的年均户数、订销报刊累计份数等，分别乘以相应的平均单价(不变价)，加总后再加上出租电路和设备的收入、代用户维护电话交换机和线路等设备的收入、其他业务收入求得。

**市内电话** 指接入县城(包括个别城镇)及县以上城市的市内电话网上，并按市内电话进行经营管理的电话。按计费办法分为包月制和计次制两种。

**(1) 住宅电话** 指话机装在居民住宅里的电话。它包括私人付费、公费和免费三个部分。

**(2) 私人付费电话** 指住宅居民自费安装并自己缴纳通话费的电话。

**无线寻呼电话用户** 指携带小型寻呼机，接收市话用户通过无线寻呼中心，在规定范围内向其发出声音、数字或文字显示信息的用户。目前在邮电部门办理登记手续的无线寻呼电话用户，每一部寻呼机按一户计算。

**移动电话用户** 指在邮电部门登记，通过移动电话交换机进入移动电话网、占有移动电话号码的电话用户。用户数量以实际办理登记手续进入邮电部门移动电话网的户数进行计算，一部或一台移动电话统计为一户。

**全社会固定资产投资** 固定资产投资是社会固定资产再生产的主要手段。通过建造和购置固定资产的活动，国民经济不断采用先进技术装备，建立新兴部门，进一步调整经济结构和生产力的地区分布，增强经济实力，为改善人民物质文化生活创造物质条件。这对我国的社会主义现代化建设具有重要意义。

**固定资产投资额** 是以货币表现的建造和购置固定资产活动的工作量，它是反映固定资产投资规模、速度、比例关系和使用方向的综合性指标。全社会固定资产投资包括国有经济单位投资、城乡集体经济单位投资、其他各种经济类型的单位投资和城乡居民个人投资。按照我国现行计划管理体制，全社会固定资产投资总额分为基本建设、更新改造、房地产开发投资和其他固定资产投资四个部分；城乡集体经济单位投资包括城镇集体所有制单位投资和农村集体所有制单位投资；其他各种经济类型单位投资包括联营经济、股份制经济、中外合资经营、中外合作经营、外资、与大陆合资经营、与大陆合作经营、港澳台独资及其他经济的单位投资。城乡居民个人投资包括城市、县城、镇、工矿区所辖范围内的个人建房和农村个人建房及购买生产性固定资产的投资。

**基本建设投资** 基本建设是企业、事业、行政单位以扩大生产能力或工程效益为主要目的的新建、扩建工程及有关工作。包括 (1) 列入中央和各级地方本年基本建设计划的建设项目，以及虽未列入本年基本建设计划，但使用以前年度基建计划内结转投资(包括利用基建设备材料)在本年继续施工的建设项目；(2) 本年基本建设计划内投资与更新改造计划内投资结合安排的新建项目和新增生产能力(或工程效益)达到大中型项目标准的扩建项目，以及为改变生产力布局而进行的全厂性迁建项目；(3) 国有单位既未入基建计划，也未列入更新改造计划的总投资在 5 万元以上的新建、扩建、恢复项目和为改变生产力布局而进行的全厂性迁建项目，以及行政、事业单位增建业务用房和行政单位增建生活福利设施的项目。

**更新改造投资** 更新改造是指企业、事业单位对原有设施进行固定资产更新和技术改造，以及相应配套的工程和有关工作(不包括大修理和维护工程)。包括：(1) 列入中央和各级地方本年更新改造计划的项目和虽未列入本年更新改造计划，但使用上年更新改造计划内结转的投资在本年继续施工的项目；(2) 本年更新改造计划内投资与基本建设计划内投资结合安排的对企、事业单位原有设施进行技术改造或更新的项目，和增建主要生产车间、分厂等其新增生产能力(或工程效益)未达到大中型项目标准的项目，以及由于城市环境保护和安全生产的需要而进行的迁建工作；(3) 国有企、事业单位既未列入基建计划也未列入更新改造计划，总投资在 5 万元以上的属于改建或更新改造性质的项目，以及由于城市环境保护和安全生产的需要而进行的迁建工程。

**房地产开发投资** 包括各种经济类型的房地产开发公司、商品房建设公司及其他房地产开发单位统一开发的包括统代建、拆迁还建的住宅、厂房、仓库、饭店、宾馆、度假村、写字楼、办公楼等房屋建筑物和配套的服务设施、土地开发工程，如道路、给水、排水、供电、供热、通讯、平整场地等基础设施工程的投资。包括非房地产企业实际从事房地产开发或经营活动，不包括单纯的土地交易活动。

**新增生产能力** 指通过固定资产投资活动而增加的设计能力或工程效益，它是用实物形态表示的固定资产投资的成果。新增生产能力的计算，是以能独立发挥生产能力或效益的单项工程(或项目)为对象。当单项工程(或项目)建成，经有关部门鉴定合格，正式移交投入生产，即可计算新增生产能力。

新增生产能力或工程效益有以下几种表现形式：

(1)以建设项目或单位工程建成后的年产能力表示。如煤炭开采、石油开采等。

(2)以建设项目或单项工程建成后处理原料的能力表示。如选矿工程的年处理矿石能力，洗煤厂年洗原煤能力等。

(3)以新增的主要设备数量或容量表示。如棉纺锭枚数，发电机组容量等。

(4)以建筑物容积、容量、面积或长度表示。如水库容量、铁路公路里程等。

新增生产能力的数量一般按设计能力计算。设计能力是指设计文件中规定的在正常情况下能够达到的生产能力，而不论投产后的实际产量如何。以设备数量、建筑物容积、面积、长度等表示的新增生产能力(或效益)，则按建成的实际数量计算。

**施工和竣工房屋建筑面积** 房屋建筑面积是从房屋外墙线算起的各层平面面积的总和，包括房屋结构(如柱、墙)占用的面积和地下室面积。多层建筑按各自然层面积总和计算，包括房屋内的楼隔层，突出墙面的眺望间、门斗、有柱雨罩的面积。不包括突出墙面结构的构件、艺术装饰等所占的面积，如台阶等。凹阳台、挑阳台按其水平投影面积一半计算建筑面积。

**住宅建筑面积** 指施工和竣工房屋建筑面积中供居住用的施工和竣工房屋建筑面积。

**竣工面积** 指在报告期内房屋建筑按照设计要求已全部完工，达到住人和使用条件，经验收鉴定合格，正式移交使用单位的建筑面积。

**房屋建筑面积竣工率** 指一定时期内房屋竣工面积占同期房屋施工面积的比率。它是从房屋建筑施工速度的角度反映投资效果和建筑业经济效益的指标。

**新增固定资产** 指通过投资活动所形成的新的固定资产价值。包括已经建成投入生产或交付使用的工程价值和达到固定资产标准的设备、工程、器具的价值及有关应摊入的费用。它是以价值形式表示的固定资产投资成果的综合性指标，可以综合反映不同时期、不同部门、不同地区的固定资产投资成果。

**建设项目投产率** 指一定时期内全部建成投入生产项目个数占同期正式施工项目个数的比率。它是从项目建设速度的角度反映投资效果的指标。

**固定资产交付使用率** 指一定时期新增固定资产与同期完成投资额的比率。它是反映各个时期固定资产动用速度，衡量建设过程中投资效果的一个综合性指标。

**年底自来水生产能力** 指年底城建部门管理的自来水厂和自备水源的社会单位取水、净化、送水、出厂输水干管等环节的实际生产能力。

**年底供水管道长度** 指从送水泵到用户水表之间所有管道的长度。

**全年供水总量** 指公用自来水厂和自备水源的社会单位全年的供水总量，包括有效供水量及损失水量。

**生活用水量** 指居民日常生活与公共福利设施的用水量。包括居民、饮食店、旅馆、医院、理发店、浴池、洗衣店、游泳池、商店、学校、机关、部队等单位的用水量。

**城市人口用水普及率** 指城市用水的非农业人口数(不包括临时人口和流动人口)与城市非农业人口总数之比。计算公式：

用水普及率＝(城市用水的非农业人口数 ÷ 城市非农业人口数)×100%

**全年供气总量** 指全年售给各类用户的全部煤气量。包括工业用量、家庭用量和其他用量。

**城市用气普及率** 指使用煤气(包括人工煤气、液化石油气、天然气)的城市非农业人口数(不包括临时人口和流动人口)与城市非农业人口总数之比。计算公式：

$$城市煤气普及率=\frac{城市用气的非农业人口数}{城市非农业人口总数}$$

**年底实有铺装道路长度** 指除土路外，路面经过铺装宽度在3.5米以上的道路，包括高级、次高级道路和普通道路。

**城市下水道总长度** 指所有排水总管、干管、支管及暗渠、检查井、连接井进出水口等长度之和。

**城市污水日处理能力** 指污水处理厂每昼夜处理污

水量的设计能力。

**年末实有公共汽(电)车** 指年底可参加营运的全部车辆数，包括年底营运车辆数和库存查封未参加营运的车辆，不包括非营运车辆，如架线车、油罐车、工程车、货车及其他专用车辆和借入的客运车辆。

**城市园林绿地面积** 指城市公共绿地、专用绿地、生产绿地、防护绿地、郊区风景名胜区的全部面积。

**公共绿地** 指供游览休息的各种公园、动物园、植物园、陵园以及花园、游园和供游览休息用的林荫道绿地、广场绿地。不包括一般栽植的行道树及林荫道的面积。

**能源生产总量** 指一定时期内全国(地区)一次能源生产量的总和，是观察全国(地区)能源生产水平、规模、构成和发展速度的总量指标。一次能源生产量包括原煤、原油、天然气、水电及其他动力能(如风能、地热能等)发电量。不包括低热值燃料生产量、生物质能、太阳能等的利用和由一次能源加工转换而成的二次能源产量。

**能源消费总量** 指一定时期内全国(地区)物质生产部门、非物质生产部门和生活消费的各种能源的总和，是观察能源消费水平、构成和增长速度的总量指标，能源消费总量包括原煤和原油及其制品、天然气、电力。不包括低热值燃料、生物质能和太阳能等的利用。能源消费总量分为三部分，即终端能源消费量、能源加工转换损失量和损失量。

(1) 终端能源消费量 指一定时期内全国(地区)物质生产部门、非物质生产部门和生活消费的各种能源在扣除了用于加工转换二次能源消费量和损失量以后的数量。

(2) 能源加工转换损失量 指一定时期内全国(地区)投入加工转换的各种能源数量之和与产出各种能源产品之和的差额。它是观察能源在加工转换过程中损失量变化的指标。

(3) 能源损失量 指一定时期内能源在输送、分配、储存过程中发生的损失和由客观原因造成的各种损失量。不包括各种气体能源放空、放散量。

**社会消费品零售额** 指各种经济类型的批发零售贸易业、餐饮业、制造业和其他行业对城乡居民和社会集团的消费品零售额。这个指标反映通过各种商品流通渠道向居民和社会集团供应的生活消费品来满足他们生活需要，是研究人民生活，社会消费品购买力、货币流通等问题的重要指标。社会消费品零售额包括：(1) 售给城乡居民作为生活用的商品和修建房屋用的建筑材料；(2) 售给机关、团体、学校、部队、企业、事业单位的职工食堂和旅店(招待所)附设专门供本店旅客食用，不对外营业的食堂的各种食品、燃料；企业、单位和国营农场直接售给本单位职工和职工食堂的自己生产的产品；(3) 售给部队干部、战士生活用的粮食、副食品、衣着品、日用品、燃料；(4) 售给来华的外国人、华侨、港澳台同胞的消费品；(5) 居民自费购买的中、西药品、中药材及医疗用品；(6) 报社、出版社直接售给居民和社会集团的报纸、图书、杂志、集邮公司出售的新、旧纪念邮票、特种邮票、首日封、集邮册、集邮工具等；(7) 旧货寄售商店自购、自销部分的商品；(8) 煤气公司、液化石油气站售给居民和社会集团的煤气灶具和罐装液化石油气；(9) 农民售给非农业居民和社会集团的商品。不包括售给国民经济各部门企业、事业单位(包括国有经济的农场)生产经营用的各种原料、燃料、设备、工具等和给批发零售贸易业、餐饮业作为转卖用的商品、旧货寄售商店受托寄售卖出的商品、服务业的营业收入、邮局出售邮票的收入、自来水、电力、煤气生产(供应)单位的产品供应收入，也不包括农民之间的商品销售。

**批发零销贸易业商品购、销、存总额** 指以各种经济类型的批发、零售贸易业(不包括个体)为总体的商品购、销、存。

**商品购进总额** 指从本企业(单位)以外的单位和个人购进(包括从国外直接进口)作为转卖或加工后转卖的商品。这个指标反映批发零售贸易业从国内、国外市场上购进商品的总量。商品购进总额包括：(1) 从工农业生产者购进的商品；(2) 从出版社、报社的出版发行部门购进的图书、杂志和报纸；(3) 从各种经济类型的批发零售贸易企业(单位)购进的商品；(4) 从其他单位购进的商品，如从机关、团体、企业、单位购进的剩余物资，从餐饮业、服务业购进的商品，从海关、市场管理部门购进的缉私和没收的商品，从居民收购的废旧商品等；(5) 从国(境)外直接进口的商品。不包括企业(单位)为自身经营用，和未通过买卖行为而收入的商品以及销售退回、商品升溢等。

**商品销售总额** 指对本企业(单位)以外的单位和个人出售(包括对国(境)外直接出口)的商品。这个指标反映批发零售贸易业在国内市场上销售商品以及出口商品的总量。商品销售总额包括：(1) 售给城乡居民和社会集团消费用的商品；(2) 售给工业、农业、建筑业、运输邮电业、批发零售贸易业、餐饮业、服务业等作为生产、经营使用的商品；(3) 售给批发零售贸易业作为转卖或加工后转卖的商品；(4) 对国 ( 境 ) 外直接出口的商品。不包括：出售本企业 ( 单位 ) 自用的废旧包装用品，未通过买卖行为付出的商品，经本单位介绍，由买卖双方直接结算，本单位只收取手续费的业务，购货退出的商品以及商品损耗和损失等。

**城乡集市贸易成交额** 指在农村集市和城市集市上买卖双方(包括农民、非农业居民、机关、团体、工商企业、个体商贩)成交的全部商品金额， 是反映集市贸易规模的综合性指标。

**批零贸易业法人机构** 指独立核算批发零售贸易业、餐饮业法人企业。 独立核算法人批发零售贸易企业、餐饮企业应同时具备以下条件：

(1) 依法成立，有自己的名称、组织机构和场所，能够承担民事责任；

(2) 独立拥有和使用 ( 或授权使用 ) 资产，承担负债，有权与其他单位签订合同；

(3) 会计上独立核算，并能编制资产负债表。

**批零贸易业网点** 指本批发零售贸易企业 ( 单位 ) 设立的从事批发、 零售贸易业务的自然单位 [ 包括本企业 ( 单位 ) 自身 ]，凡具有独立固定的营业场所，配备一定的业务人员，不论单位大小，不论是否单独核算，均按自然网点计算，即有一个点就算一个网点。不包括同一营业场所内各柜组以及派出的流动推销小组，流动售货车等。

**城市居民消费价格指数** 是反映城市居民所购买的生活消费品和服务项目价格变动趋势及其程度的相对数。编制城市居民消费价格指数，可以观察和分析消费品的零售价格和服务项目价格变动对职工货币工资的影响，作为研究职工生活和确定工资政策的依据。

**利用外资** 指我国各级政府、部门、 企业和其他经济组织通过对外借款、吸收外商直接投资以及用其他方式筹措的境外现汇、设备、技术等。

**对外借款** 是我国利用外资的主要部分。包括我国通过外国政府贷款， 国际金融组织贷款，外国银行商业贷款，出口信贷以及对外发行债券，股票等方式，从境外筹措的资金。

**外商直接投资** 是指外国企业和经济组织或个人 ( 包括华侨、港澳台胞以及我国在境外注册的企业 ) 按我国有关政策、法规，用现汇、实物、 技术等在我国境内开办外商独资企业、与我国境内的企业或经济组织共同举办中外合资经营企业、合作经营企业或作合作开发资源的投资 ( 包括外商投资收益的再投资 ) 以及经政府有关部门批准的项目投资总额内，企业从境外借入的资金。

**旅游人数** 指来我国参观、访问、旅行、探亲、访友、休养、考察、参加会议和从事经济、科技、文化、教育、体育、宗教等活动的外国人、华侨、港澳和台湾同胞的人数。不包括外国在我国的常住机构，如使领馆、通讯社、企业办事处的工作人员；来我国常驻的外国专家、留学生以及在岸逗留不过夜人员。

**国际旅游 ( 外汇 ) 收入** 指入境旅游的外国人、华侨、 港澳台同胞在中国大陆旅游过程中发生的一切旅游支出，对于国家来说就是国际旅游 ( 外汇 ) 收入。

**进出口总额** 海关进出口总额指实际进出我国国境的货物总金额。 包括对外贸易实际进出口货物，来料加工装配进出口货物，国家间、联合国及国际组织无偿援助物资和赠送品，华侨、港澳台同胞和外籍华人捐赠品，租赁期满归承租人所有的租赁货物，进料加工进出口货物，边境地方贸易及边境地区小额贸易进出口货物 ( 边民互市贸易除外 )，中外合资经营企业、中外合作经营企业、外商独资经营企业进出口货物和公用物品，到、离岸价格在规定限额以上的进出口货样和广告品 ( 无商业价值、无使用价值和免费提供出口的除外 )，从保税仓库提取在中国境内销售的进口货物，以及其他进出口货物。进出口总额用以观察一个国家在对外贸易方面的总规模。我国规定出口货物按离岸价格统计，进口货物按到岸价格统计。

**财政收入** 国家财政参与社会产品分配所取得的收入， 是实现国家职能的财力保证。财政收入所包括的内容几经变化，目前主要包括：

**(1) 各项税收** 包括增值税、营业税、消费税、土地增值税、城市维护建设税、资源税、城市土地使用税、印花税、固定资产投资方向调节税、个人所得税、企业所得税、关税、农牧业税和耕地占用税等。

**(2) 专项收入** 包括征收排污费、征收城市水资源费收入， 教育费附加收入等。

**(3) 其他收入** 包括基本建设贷款归还收入、 国家能源交通重点建设基金收入、国家预算调节基金等。

**(4) 国有企业计划亏损补贴** 这项为负收入，冲减财政收入。

**中央财政收入和地方财政收入** 按财政体制划分的中央本级收入和地方本级收入。1994 年分税制财政体制以后，属于中央财政的收入包括关税、海关代征消费税和增值税，消费税，中央企业所得税，地方银行和外资银行及非银行金融企业所得税，铁道、银行总行、保险总公司等集中缴纳的营业税、所得税、利润和城市维护建设税，增值税的 75% 部分，海洋石油资源税和证券(印花)税 50% 部分。属于地方财政的收入包括营业税，地方企业所得税，个人所得税，城镇土地使用税，固定资产投资方向调节税，城镇维护建设税，房产税，车船使用税，印花税，屠宰税，农牧业税，农业特产税，耕地占用税，契税，增值税 25% 部分，证券交易税(印花税)的 50% 部分和除海洋石油资源税以外的其他资源税。

**中央财政支出和地方财政支出** 根据政府在经济和社会活动中的不同职责，划分中央和地方政府的责权，按照政府的责权划分确定的支出。中央财政支出包括国防支出，武装警察部队支出，中央级行政管理费和各项事业费，重点建设支出以及中央政府调整国民经济结构、协调地区发展，实施宏观调控的支出。地方财政支出主要包括地方行政管理和各项事业费，地方统筹的基本建设、技术改造支出，支援农村生产支出，城市维护和建设经费，价格补贴支出等。

**预算外资金收支** 预算外资金是有关单位凭借国家权力或由国家授权而取得的没有纳入国家预算管理的财政性资金。其收入包括地方财政部门的各项附加收入，集中事业收入，专项收入等，事业行政单位的专用基金，经营性服务纯收入，行政事业性收费，专项资金，中小学勤工俭学收入，税收分成等。其支出包括固定资产投资支出，城市维护支出，福利奖励支出，行政事业支出等。

**信贷资金** 国家银行用于发放贷款的资金叫信贷资金。中国人民银行信贷资金的来源有各项存款、对国际金融机构负债、流通中货币、银行自有资金及当年结益等。信贷资金的运用有各项贷款、黄金占款、外汇占款、财政借款及在国际金融机构中的资产等。

**存款** 企业、机关、团体或居民根据可以收回的原则，把货币资金存入银行或其他信用机构保管并取得一定利息的一种信用活动形式。根据存款对象的不同可划分为企业存款、财政存款、机关团体存款、基本建设存款、城镇储蓄存款、农村存款等科目。它是银行信贷资金的主要来源。

**城乡居民储蓄存款余额** 包括城镇居民储蓄存款和农民个人储蓄存款两部分。不包括居民的手存现金和工矿企业、部队、机关团体等集团存款。储蓄存款余额，是指城乡居民存入银行及农村信用社储蓄的时点数(存入数扣除取出数的余额)，如月末、季末或年末数额。

**贷款** 银行或其他信用机构根据必须归还的原则，按一定利率，为企业、个人等提供资金的一种信用活动形式。我国银行贷款分为流动资金贷款、固定资产贷款、城乡个体工商户贷款以及农业贷款等科目。

**承保额** 又叫保险金额。它是保险人对被保险人负担损失补偿或约定给付的金额。它是保险合同上的最高责任额，也是计算保费的依据。

**保费** 又叫保险费。是保险人根据保险合同的有关规定，为被保险人取得因约定危险事故发生所造成的经济损失补偿(或给付)权利，付给保险人的代价。包括财产险和人身险储金收入。

**赔款** 保险事故发生后，经查证确属保险责任范围以内的保险标的损失，保险人根据保险合同的规定履行赔偿义务，给予被保险人的款项叫做赔款。赔款可分为已决赔款和未决赔款两种。

# 中国统计出版社最新图书简目

(仅供参考,以实际出版为准)

## 统计资料

中国统计年鉴　中国统计摘要　中国第三产业统计年鉴
中国第三次全国农业普查综合资料　国际统计年鉴　金砖国家联合统计手册
中国-东盟国家统计手册　中国农村统计年鉴　中国县域统计年鉴
中国农产品价格调查年鉴　中国城市统计年鉴　中国价格统计年鉴
中国贸易外经统计年鉴　中国零售和餐饮连锁企业统计年鉴　中国商品交易市场统计年鉴
大中型批发零售和住宿餐饮企业统计年鉴　中国住户调查年鉴　中国工业统计年鉴
中国环境统计年鉴　中国能源统计年鉴　中国建筑业统计年鉴
中国房地产统计年鉴　中国固定资产投资统计年鉴　中国对外直接投资统计公报
中国人口和就业统计年鉴　中国劳动统计年鉴　中国社会统计年鉴
中国科技统计年鉴　中国高技术产业统计年鉴　全国企业创新调查年鉴
中国文化及相关产业统计年鉴　2018年时间利用调查资料　中国妇女儿童状况统计资料
中国基本单位统计年鉴　中国教育统计年鉴　中国教育经费统计年鉴
中国民族统计年鉴　中国残疾人事业统计年鉴

## 省级综合统计年鉴系列

北京 天津 河北 山西 内蒙古 辽宁 吉林 黑龙江 上海 江苏 浙江 安徽 福建 江西 山东 河南 湖北 湖南 广东 广西 海南 重庆 四川 贵州 云南 西藏 陕西 甘肃 青海 宁夏 新疆 新疆生产建设兵团

## 市(县)级综合统计年鉴系列

滨海新区 石家庄 唐山 邯郸 保定 沧州 邢台 廊坊 承德 衡水 秦皇岛 张家口 太原 大同 阳泉 长治 晋城 朔州 晋中 运城 忻州 临汾 吕梁 呼和浩特 呼和浩特新城区 鄂尔多斯 包头 沈阳 大连 长春 吉林 延吉 四平 通化 松原 哈尔滨 齐齐哈尔 黑龙江垦区 上海浦东新区 南京 无锡 徐州 常州 苏州 南通 连云港 淮安 盐城 扬州 镇江 泰州 宿迁 江阴 丹阳 海门 杭州 宁波 温州 嘉兴 湖州 绍兴 金华 衢州 舟山 台州 丽水 合肥 安庆 马鞍山 福州 厦门 宁德 漳州 龙岩 南昌 九江 上饶 新余 抚州 萍乡 赣州 吉安 景德镇 济南 青岛 潍坊 枣庄 日照 滕州 郑州 洛阳 平顶山 三门峡 商丘 信阳 济源 汝州 武汉 十堰 荆州 宜昌 荆门 咸宁 长沙 广州 深圳 惠州 东莞 汕尾 南宁 柳州 桂林 梧州 来宾 河池 防城港 海口 三亚 成都 贵阳 黔南 毕节 昆明 西安 咸阳 延安 宝鸡 安康 铜川 汉中 榆林 兰州 庆阳 银川 乌鲁木齐 兵团一师 兵团十师

## 调查年鉴系列

天津 内蒙古 上海 浙江 福建 河南 湖北 湖南 广东 广西 重庆 四川 云南 甘肃 宁夏

## 统计方法应用/实用手册

实用SAS统计分析教程　Python数据分析基础　统计公文知识问答　领导干部统计知识问答
乡镇统计人员岗位知识培训系列教材：辅助调查员岗位基础知识　乡镇统计人员岗位基础知识
县级统计人员岗位知识培训系列教材：Excel在统计工作中的应用　简明统计分析
地市级统计人员岗位知识培训系列教材：统计报告与演示　中国国民经济核算体系（2016）基础知识
全国统计专业技术资格考试系列考试用书：统计业务知识（第四版）　统计业务知识学习指导与习题
全国统计专业技术资格考试系列考试用书：统计相关知识（第四版）　统计相关知识学习指导与习题

## 统计通俗读物/统计科普图书

我国20个统计指标的历史变迁　联合国工业发展组织：2016年工业发展报告
中国古代统计发展史　理解国民账户

## 重点图书

波澜壮阔四十年　砥砺奋进铸就辉煌——改革开放40年与时俱进的中国统计
新编英汉汉英统计大词典　中国国民经济核算体系2016　国民经济行业分类注释
挑大学选专业2019—考研择校指南　挑大学选专业2019—高考志愿填报指南　中华医学统计百科全书